Александр Круглов

ЗОНДЕР КОМАНДА

Сборник документов и материалов
о деятельности зондеркоманды 4а
на оккупированной территории СССР
в 1941–1943 гг.

The Historical Expertise
Chişinău
2025

УДК 94
ББК 63 3(2)622
К84

Круглов А. И.

К84 Зондеркоманда. Сборник документов и материалов о деятельности зондеркоманды 4а на оккупированной территории СССР в 1941–1943 гг. — Chişinău : The Historical Expertise, 2025. — 376 с.

ISBN 978-3-68959-995-9 ISIA Media Verlag

В сборнике на основе документов из архивов Германии и Украины исследуется деятельность зондеркоманды 4а в основном на территории Украины, а также Воронежской, Курской и Сталинградской (ныне Волгоградской) областей РФ, которая за весь период своей деятельности, с момента создания в июне 1941 г. и до роспуска в ноябре 1943 г., истребила около 90 тыс. человек.

Сборник состоит из двух частей. В первой части помещены собственно документы и материалы, раскрывающие в полном объеме преступную деятельность зондеркоманды 4а в 1941–1943 гг. Вторая часть — это биография оберштурмфюрера СС Августа Хэфнера — одного из офицеров команды в июне–сентябре 1941 г. Июнь–сентябрь 1941 г. — это тот период, в течение которого команда совершила наибольшее количество массовых расстрелов: если за все 28 месяцев деятельности на оккупированной советской территории команда истребила около 90 тыс. человек, то только за первые три месяца своей деятельности в Украине (с конца июня до конца сентября 1941 г.) — около 50 тыс., и Хэфнер в ряде этих расстрелов играл ключевую роль.

УДК 94
ББК 63 3(2)622

ISBN 978-3-68959-995-9

ПРЕДИСЛОВИЕ

Готовясь к нападению на СССР, руководство нацистской Германии, как и в военных кампаниях 1939–1940 гг., приняло решение использовать «органы рейхсфюрера СС» в тылу сухопутных сил для «немедленного обезвреживания всех большевистских главарей и комиссаров» и ликвидации «еврейско-большевистской интеллигенции», что, по мнению Гитлера, позволило бы «с минимумом военных сил создать зависимое от нас социалистическое государственное образование»[1]. Эти указания Гитлера нашли отражение в «Инструкции об особых областях к директиве № 21 (план "Барбаросса")» от 13 марта 1941 г., подписанной начальником штаба Главного командования вермахта (*Oberkommando der Wehrmacht, OKW*) Вильгельмом Кейтелем. В инструкции, в частности, отмечалось, что

> *«для подготовки политического управления в оперативном районе сухопутных сил на рейхсфюрера СС по поручению фюрера возлагаются специальные задачи, которые вытекают из окончательно ставшего неизбежным столкновения двух противоположных политических систем. В рамках этих задач рейхсфюрер СС действует самостоятельно и на свою ответственность [...] Рейхсфюрер СС отвечает за то, чтобы выполнение его задач не нарушало хода боевых операций. Дальнейшие детали Главное командование сухопутных сил должно согласовать непосредственно с рейхсфюрером СС»*[2].

Для «согласования деталей» по линии полиции безопасности и СД Гиммлер назначил шефа полиции безопасности и СД Рейнхарда Гейдриха, а тот уполномочил вести переговоры с представителем Главного командования сухопутных сил (*Oberkommando des*

---

[1] См. дневник ОКВ (штаб оперативного руководства вермахта), запись от 3 марта 1941 г. (Kriegstagebuch des Oberkommandos der Wehrmacht (Wehrmachtführungsstab). Bd.1. — Frankfurt/Main, 1965. — S. 340–341).

[2] Bundesarchiv-Militärarchiv, RW 4/v. 522.

Heeres, ОКН) генерал-квартирмейстером Эдуардом Вагнером сначала начальника IV управления РСХА бригадефюрера СС Генриха Мюллера, а затем начальника отдела Е (контрразведка) этого управления штурмбаннфюрера СС Вальтера Шелленберга. Переговоры начались еще в январе 1941 г., после подписания Гитлером 18.12.1940 г. директивы № 21, и завершились составлением 26 марта 1941 г. проекта приказа «о деятельности зондеркоманд и оперативных групп и команд в оперативной зоне». После согласования с Главным командованием вермахта (управление абвера — адмирал Вильгельм Канарис и управление обороны страны — генерал-майор Вальтер Варлимонт) и Гейдрихом приказ «о регулировании деятельности полиции безопасности и СД в сухопутных войсках» 28 апреля 1941 г. был направлен в эти войска. Приказ, в частности, устанавливал, что оперативные и зондеркоманды подчиняются армии в отношении передвижения, размещения и снабжения, должны поддерживать тесную связь с абвером, получают специальные указания от шефа полиции безопасности и СД и имеют право «в рамках их задач под свою собственную ответственность осуществлять репрессивные мероприятия в отношении гражданского населения»[1].

14 июня 1941 г. этот приказ был дополнен новым приказом «о военной организации и пр. сил полиции порядка и полиции безопасности (СД), деятельность которых предусмотрена в тыловых армейских и войсковых районах». В этом приказе сухопутные войска, предназначенные для проведения операции «Барбаросса», информировались о составе, численности и распределении оперативных и зондеркоманд. В частности, численность оперативной команды устанавливалась в пределах 136–160 человек, а численность зондеркоманды — в пределах 70–82 человек; каждая оперативная команда могла иметь 31–37 легковых машин, 3 мотоцикла и 6 грузовых машин, а каждая зондеркоманда — 17–20 легковых машин и 2 мотоцикла[2].

---

[1] См. приказ ОКХ от 28.4.1941 г. (Trials of war criminals before the Nuerenberg Military Tribunals. Vol. X. — Washington, 1950. P. 1240–1241).

[2] См. приложение № 3 к приказу ОКХ от 14.6.1941 г. (United States National Archives and Record Administration (hereafter NARA), Record Group RG-242,

Формирование оперативных групп началось 16 мая 1941 г., когда территориальные органы гестапо, уголовной полиции и СД получили телеграмму из РСХА с предписанием обеспечить явку поименно названных чиновников 19 мая в школу пограничной полиции в Претцш-на-Эльбе (Саксония). Эта школа и близлежащие городки Дюбен и Бад-Шмидеберг стали местом формирования оперативных групп. Здесь во второй половине мая 1941 г. было собрано более 2000 чиновников и служащих полиции безопасности (гестапо и уголовной полиции) и СД, которые 20 июня 1941 г.[1] были распределены по четырем оперативным группам (A, B, C и D) и 16 командам примерно одинаковой численности.

Одной из таких команд была зондеркоманда 4а, входившая в оперативную группу C (*Einsatzgruppe C*).

Согласно показаниям в 1947 г. фюрера команды Пауля Блобеля, по состоянию на 28 июня 1941 г. в команду входили 52 человека (7 офицеров и 45 унтер-офицеров и рядовых), а именно:

— 11 человек в штабе команды (Блобель, переводчик унтерштурмфюрер СС Мюллер и 9 человек — 2/4/3 — в составе канцелярии и продовольственного обеспечения),

— постоянный офицер связи при штабе 6-й армии с посыльным;
— команда (1/6/2) по вскрытию сейфов (фон Радетцки);
— подкоманда унтерштурмфюрера СС Ханса (1/6/3);
— подкоманда унтерштурмфюрера СС «Кальсена»[2] (1/6/3);
— подкоманда унтерштурмфюрера СС Янссена (1/6/3)[3].

Согласно показаниям Вальтера Остермана, который был так называемым «ширрмейстером» (*Schirrmeister*), т.е. содержателем технического имущества (каптенармусом) команды, в команде в конце июня 1941 г. имелось около 100 человек, в том числе:

---

microcopy T-501, roll 7, frame 91).

[1] Смотри годовой отчет (июль 1941 г. — 30.6.1942 г.) командира полиции безопасности и СД в «генеральном округе Эстония» от 1.7.1942 г. («Einsatzkommando 1а была сформирована 20.6.1941 г. в Bad Schmiedeberg») (ГАРФ, фонд 7021, опись 97, дело 881).

[2] Правильно: Callsen.

[3] Doc. Blobel № 1 // NARA M 895 roll 22. Янссен и Ханс имели тогда звание не унтерштурмфюрер, а оберштурмфюрер СС.

8–10 офицеров, ок. 30 чиновников, ок. 25 шоферов, 3–4 человека кухонного персонала[1].

С июня 1941 г. до конца марта 1942 г. команду возглавлял штандартенфюрер СС Пауль Блобель, с конца марта до августа 1942 г. — оберштурмбаннфюрер СС Эрвин Вайнман/Erwin Weinmann, с середины августа 1942 г. до февраля 1943 г. — оберштурмбаннфюрер СС Эуген Штаймле/Eugen Steimle, в феврале — ноябре 1943 г. — штурмбаннфюрер СС Фридрих Шмидт/Friedrich Schmidt. В начале деятельности в составе команды было еще восемь фюреров (офицеров) СС, в том числе четыре фюрера были так называемыми «кандидатами руководящей службы» („*Anwärter des Leitenden Dienstes*“) — криминал-комиссары из гестапо и уголовной полиции, а также фюреры СС в СД 1910 года рождения и младше, отобранные в 1940 г. для подготовки к занятию руководящих постов в системе полиции безопасности и СД. Этими фюрерами были («кандидаты руководящей службы» выделены курсивом):

Гауптштурмфюрер СС Куно КАЛЛСЕН (СД);
Гауптштурмфюрер СС Вальдемар фон РАДЕТЦКИ (переводчик);
Оберштурмфюрер СС Август ХЭФНЕР (гестапо);
Оберштурмфюрер СС Курт ХАНС (уголовная полиция);
Оберштурмфюрер СС Адольф ЯНССЕН (гестапо);
Оберштурмфюрер СС д-р Генрих ФУНК (уголовная полиция);
Оберштурмфюрер СС Пауль МАТЫСИК (гестапо);
Унтерштурмфюрер СС Альфред МЮЛЛЕР (переводчик).

В начале октября 1941 г. «кандидаты руководящей службы» были возвращены в Берлин для продолжения учебы, также убыли Генрих Функ и Пауль Матысик. В качестве замены в команду в октябре-ноябре 1941 г. были откомандированы восемь фюреров СС, а именно:

гауптштурмфюрер СС Гейнц ХЕЛЛЕНБРОЙХ (гестапо);
оберштурмфюрер СС Александр РИСЛЕ (уголовная полиция);
оберштурмфюрер СС Арнольд ВИХЕРТ (уголовная полиция);

---

[1] Протокол допроса 30.6.1964 г. Вальтера Остермана // BArch B 162/5652, Bl. 2455.

оберштурмфюрер СС Христиан ШУЛЬТЕ (СД);
унтерштурмфюрер СС Виктор ВОЙТОН (гестапо);
унтерштурмфюрер СС Курт КНИГГЕ (уголовная полиция);
унтерштурмфюрер СС Вильгельм МЮЛЛЕР (гестапо);
унтерштурмфюрер СС Хайнц ГРУНЕРТ (гестапо).

В начале июля 1941 г. команде был придан 3-й взвод (свыше 30 человек, командир взвода — гауптвахтмейстер Пауль Тэкельбург/ Paul Täckelburg) 3-й роты 9-го резервного полицейского батальона. В декабре 1941 г. этот взвод сменил 3-й взвод (командир — лейтенант полиции Вилли Тильман Фридрих/Willi Tilmann Friedrich) 2-й роты 3-го резервного полицейского батальона.

В конце июля 1941 г. оперативной группе С была придана 3-я рота (120–130 человек, командир — оберштурмфюрер СС Бернхард Графхорст/Bernhard Grafhorst) 1-го батальона 14-го пехотного полка СС (до октября 1941 г.). Хотя формально эта рота подчинялась штабу группы, фактически по крайней мере два взвода роты были приданы команде.

В конце сентября 1941 г. в состав команды входили:
— 9 офицеров (2 из СД, 2 из уголовной полиции, 3 из гестапо и 2 переводчика из общих СС)
— 25 чиновников гестапо и уголовной полиции;
— 16 шоферов (минимум);
— 18 переводчиков;
— 30 полицейских;
— 24 резервиста войск СС,
всего минимум 122 человека, а скорее всего (включая не учтенных поименно шоферов), — свыше 130 человек (без приданных взводов войск СС).

Мы не разделяем той точки зрения, которая содержится в некоторых публикациях на эту тему, что будто бы команды СД комплектовались из «профессиональных убийц». Какого-то особого отбора в эти команды не было; считалось, что если человек является штатным сотрудником гестапо, уголовной полиции или СД, то этого достаточно, чтобы поручить ему и требовать выполнения какого угодно задания. Многие члены этих команд получили в руки оружие и были одеты в форму СС со знаками различия, соответствующими их чиновничьему званию, только в июне 1941 г. Правда, были среди них и садисты-антисемиты, которым нравилось убивать евреев и вообще убивать, однако таких было немного. Большинство же членов этих команд не испытывало к евреям особой ненависти, но тем не менее, будучи втянутыми в порожденный ожесточением военного времени процесс возрастающей бесчувственности и равнодушия к жизни вообще, привыкшие к беспрекословному послушанию и вере в авторитет, получив приказ, они послушно становились в строй стрелков и нажимали на курок. Только очень немногие, ссылаясь на свое религиозное воспитание, наотрез отказывались участвовать в убийствах беззащитных женщин и детей; таких, как правило, без особых последствий для них возвращали в их отечественное ведомство.

Постоянное участие в убийствах психически калечило всех членов этих команд. Чтобы органы безопасности не оказались в конце концов состоящими из законченных психопатов («закалку на Востоке» должны были пройти все чиновники и служащие, ротация кадров в командах была постоянной, особенно среди офицерского состава), руководство этих органов постоянно искало способы «гуманизации» массовых убийств для уменьшения нагрузки на психику их непосредственных исполнителей. И хотя от «эстетики расстрелов» полностью отказаться было невозможно (царившая в командах круговая порука требовала от каждого члена команды хотя бы один раз лично участвовать в расстреле, чтобы не было разговоров, что кто-то «ни при чем»), наряду с ней с конца декабря 1941 г. — начала января 1942 г. стала применяться бескровная ликвидация — посредством «газовых автомашин» («душегубок»)[1].

---

[1] «Душегубка» была советским изобретением и по своему прямому назначению — для убийства людей — была впервые применена в 1936 г. Её «отцом» был начальник административно-хозяйственного отдела Управления НКВД по Москве и Московской области Исай Берг (расстрелян в 1939 г. по обвинению в заговоре сотрудников НКВД против руководителей государства) (Аргументы и факты. — 1993. — № 17. — С. 12). Из следственного дела по обвинению Берга И. Д.: «Берг тогда являлся начальником оперативной группы по приведению в исполнение решений тройки УНКВД МО. С его участием были созданы автомашины, так называемые душегубки. В этих автомашинах перевозили

Гестапо узнало об этом советском изобретении, очевидно, в 1940 г., когда между ним и НКВД существовали тесные контакты и происходил обмен «опытом работы». С конца 1941 г., когда отрицательные последствия влияния массовых расстрелов на психику их участников уже не вызывали сомнения, оно попыталось решить эту проблему путем применения «газовых машин».

Для выполнения возложенных на команды СД задач на большой территории их собственных сил было явно недостаточно. В связи с этим I управление (управление кадров) РСХА 19 января 1942 г. направило всем оперативным группам циркуляр, разрешающий, после первоначального запрещения, усиливать полицию безопасности «подходящими элементами» из местного населения; после соответствующего обучения их следовало использовать только под контролем немецких чиновников полиции безопасности[1]. На основании этого распоряжения при отдельных командах стали создаваться отряды вспомогательной полиции (так называемый *Sicherheits-Schutzmannschaft*) из числа подходящих местных жителей. Они активно использовались при проведении облав, арестов, оцеплении места казни, в самих расстрелах, несли охранную службу. Еще раньше, уже с июля 1941 г., в команды зачислялись в качестве переводчиков местные жители немецкой национальности (как мужчины, так и женщины), которые не только помогали допрашивать арестованных, но и принимали участие в расстрелах,

---

арестованных, приговоренных к расстрелу, и по пути следования к месту исполнения приговоров они отравлялись газом. Берг признавал, что он организовывал приведение в исполнение приговоров с применением автомашины (душегубки), объясняя это тем, что он выполнял указание руководства УНКВД МО и что без них невозможно было бы исполнить столь большое количество расстрелов, к которым арестованных приговаривали три тройки одновременно. Из рассказов на допросах Берга и из разговоров, которые ходили среди сотрудников УНКВД МО, было известно, что процедура приведения приговоров, организованная Бергом, носила омерзительный характер: приговоренных к расстрелу арестованных раздевали догола, связывали, затыкали рот и бросали в машину. Имущество арестованных под руководством Берга расхищалось». (*Жирнов Е.* «По пути следования к месту исполнения приговоров отравлялись газом» // журнал *Коммерсантъ Власть* (Москва), № 44 от 09.11.2009. — С. 56).

[1] Anklageschrift gegen Bruno Streckenbach vom 30.6.1973, Staatsanwaltschaft Hamburg, Az. 147 Js 31/67; BArch, B 162 / Dok. Sammlung UdSSR 402.

в том числе в «еврейских акциях». Наконец, по крайней мере, с октября 1941 г., местные жители принимались на службу в команды в качестве шоферов и автослесарей.

Что касается круга подлежащих ликвидации лиц, то первые указания на этот счет шефы оперативных групп и начальники оперативных и зондеркоманд получили в устной форме от Гейдриха на совещании в Берлине 17 июня 1941 г. В общем и целом в тылу немецких войск захвату и ликвидации подлежали все политические и расовые противники нацизма. К политическим противникам относились функционеры коммунистической партии, партизаны, саботажники, террористы, советские активисты, в то время как расовым противником были евреи. Сначала, в июне-июле 1941 г., расстрелу подлежала еврейская интеллигенция, а также евреи — советские и партийные служащие, с третьей декады июля — все евреи-мужчины (кроме тех, кто использовался на работах), а со второй половины августа — все евреи поголовно[1]. Ликвидации также подлежали и так называемые асоциальные элементы, под которыми понимались цыгане, психически больные, бродяги.

С июня 1941 г. до июля 1942 г. зондеркоманда 4а была придана 6-й армии (командующий — генерал-фельдмаршал Вальтер фон Рейхенау) с задачей обеспечивать безопасность в тылу этой армии. Обеспечение безопасности состояло в выявлении и расстреле коммунистов, партизан, саботажников, шпионов, диверсантов и особенно евреев. Первые расстрелы лиц этой категории команда произвела в городе Сокаль (Львовская область) 28–30 июня 1941 г. Тогда были расстреляны 317 человек, в том числе 183 «еврейских коммуниста». 30.6.1941 г. команда расстреляла 300 евреев и 20 «грабителей» в Луцке (Волынская область), 2.7.1941 г. — 1160 евреев в Луцке «в качестве возмездия за зверства НКВД», а 6.7.1941 г. — 50 «польских агентов и шпионов». Вслед за этими казнями последовали расстрелы в Ровно и Житомире, так что в общей сложности до конца июля 1941 г. команда расстреляла 2531 человека, в основном евреев. В августе 1941 г. последовали новые казни, в основном евреев, в Житомире и в других населенных пунктах

---

[1] См. подробно: *Ogorreck R.* Die Einsatzgruppen und die „Genesis der Endlösung". Berlin, 1996.

Житомирской и Киевской областей, так что к 24.8.1941 г. количество казненных командой достигло 7152 человек.

С третьей декады августа 1941 г. команда начала производить поголовное истребление евреев в тылу 6-й армии. Первой акцией, в ходе которой команда расстреляла не только взрослых евреев, но также детей, была акция в Белой Церкви. Самой крупной по своим масштабам подобной акцией была «еврейская акция» в Киеве, где только 29–30.9.1941 г. команда с помощью двух полицейских батальонов и роты войск СС расстреляла около 34 тыс. евреев. В октябре-ноябре 1941 г. отряды команды произвели поголовное истребление евреев в ряде населенных пунктов Киевской (Борисполь, Переяслав, Горностайполь, Дымер), Черниговской (Козелец, Чернигов, Остер, Нежин) и Полтавской (Лубны, Полтава) областей.

По состоянию на 6.9.1941 г. команда расстреляла 11 328 человек, к середине сентября 1941 г. — свыше 15 тыс. человек, к середине октября 1941 г. — 55 432 человека (включая около 34 тыс. человек в Киеве), к 9.11.1941 г. — 57 243 человека, к 30.11.1941 г. — 59 018 человек, в основном евреев.

С середины ноября 1941 г. до середины 1942 г. команда дислоцировалась в Харькове, где за это время расстреляла свыше 15 тыс. человек (евреи, душевнобольные, коммунисты, саботажники).

В июле 1942 г. команда была придана 2-й армии и действовала в Воронеже и Курске, где также производились массовые расстрелы евреев, душевнобольных, коммунистов, партизан. С февраля 1943 г. команда действовала на территории Сумской области и в основном вела борьбу с партизанами.

В ноябре 1943 г. команда была распущена, а ее личный состав был распределен между разными ведомствами полиции безопасности и СД, в основном в Белоруссии.

В общей сложности с июня 1941 г. до ноября 1943 г. команда на территории Украины, а также Воронежской, Курской и Сталинградской (ныне Волгоградской) областей РФ истребила около 90 тыс. человек.

В данном сборнике представлены документы, раскрывающие в полном объеме преступную деятельность зондеркоманды 4а в 1941–43 гг. При этом использованы следующие архивы:

Федеральный архив Берлин-Лихтерфельде/Bundesarchiv Berlin-Lichterfelde;

Федеральный архив — филиал в Людвигсбурге/Bundesarchiv Ludwigsburg;

Федеральный архив — филиал во Фрайбурге/Bundesarchiv Freiburg;

Архив Яд Вашем, Иерусалим/Yad Vashem Archiv, Jerusalem;

Архив Мемориального музея Холокоста США/U. S. Holocaust Memorial Museum Archive;

Государственный архив РФ (ГАРФ).

Большая часть документов публикуется впервые. Некоторые из публикуемых документов издавались ранее, но до сих пор являлись малоизвестными или труднодоступными.

Документы публикуются, как правило, в хронологическом порядке и, по-возможности, полностью. Сокращены тематически малосущественные тексты, повторы, некоторые формальные элементы делопроизводства (они обозначены многоточием в квадратных скобках: [...]).

Научный аппарат сборника включает: введение ко всему сборнику, указания на источники, примечания к документам

В сборнике представлены также краткие биографические справки всех офицеров зондеркоманды 4a, служивших в этой команде в 1941–43 гг.

Часть материала помещена в таблицы.

Сборник состоит из двух частей. В первой части помещены собственно документы и материалы, касающиеся деятельности команды. Вторая часть — это биография оберштурмфюрера СС Августа Хэфнера — одного из офицеров команды в июне-сентябре 1941 г. Июнь — сентябрь 1941 г. — это тот период, в течение которого команда совершила наибольшее количество массовых расстрелов: если за все 28 месяцев деятельности на оккупированной советской территории команда истребила около 90 тыс. человек, то только за первые три месяца своей деятельности (с конца июня до конца сентября 1941 г.) — около 50 тысяч, и Хэфнер в ряде этих расстрелов играл ключевую роль.

Часть I

ДОКУМЕНТЫ И МАТЕРИАЛЫ

Донесение о событиях в СССР № 8 от 30 июня 1941 г.

[...]
Оперативная группа В[1]:
ЕК 4а:
29.6.41 в Сокале.
Предусмотрено продвижение в Луцк.
[...]

Донесение о событиях в СССР № 9 от 1 июля 1941 г.

[...]
Оперативная группа В:
ЕК 4а:
Дислокация: 1.7. Сокаль-Луцк.
[...]

Донесение о событиях в СССР № 14 от 6 июля 1941 г.

[...]
Оперативная группа *В*
Место расположения: Л ь в о в.
[...]
ЕК 4а:
Место расположения: Л у ц к.

Также всегда в составе наступающих войск действует в районе Луцка. 2000 расстрелянных в качестве контрмеры за убийство украинцев[2]. Конфискован материал. В Бродах конфискованы 50–60 сейфов с материалом ГПУ.
[...]

---

[1] С 11.7.1941 г. — оперативная группа С (Einsatzgruppe C).

[2] Согласно донесению начальника тюремного отделения управления НКВД по Волынской области от 3.9.1941 г., 23 июня 1941 г. в тюрьме в Луцке

Заявление Августа Хэфнера от 3 ноября 1947 г. о начале деятельности зондеркоманды 4а

1.8.1937 г. я добровольно поступил на службу в пограничную полицию, после прохождения отбора 1.9.1940 г. был переведен в Берлин для подготовки к сдаче экзамена на аттестат зрелости для одаренных, сдал там экзамен и затем в рамках курса для «кандидатов на руководящую должность» стал учиться в университете. Примерно в середине мая 1941 г. курс был прерван и участники курса, в том числе и я, переведены в школу пограничной полиции в Претцше. Туда, а также в Шмидеберг и Дюбен, регулярно прибывали члены полиции безопасности и СД, командированные войск СС, а также призванные в связи с чрезвычайными обстоятельствами шофера, и по снабженческо-техническим причинам сведены в роты. Примерно в начале третьей недели июня 1941 г. эти до сих пор существовавшие роты были распущены и преобразованы в команды в соответствии с их полицейской квалификацией. Далее, были выделены машины и ручное огнестрельное оружие. Я сам был придан зондеркоманде 4а.

Какие-либо объявления о намерениях, целях и задачах вначале сделаны не были. В течение 20-го или 21 июня 1941 г. командам были приданы переводчики. Штандартенфюрер Блобель был назначен командиром ЗК 4а, и я был привлечен им в качестве адъютанта, хотя штатной должности «адъютант» не было.

23 июня 1941 г. зондеркоманда 4а отправилась в путь. В течение следующих дней Блобель сообщил мне, что он должен явиться к командующему 6-й армией генерал-фельдмаршалу фон Рейхенау относительно деятельности в тылу армии. Я присутствовал при этой

и возле тюрьмы были расстреляны около 1000 заключенных и около 1000 человек, которые обвинялись по бытовым статьям, оставлены в тюрьме (*Білас I.* Репресивно-каральна система в Україні 1917–1953. Суспільно-політичний та історико-правовий аналіз. У двох книгах. Книга друга. — Київ, 1994. — С. 272–273). Согласно другому документу — донесению начальника тюремного управления НКВД УССР от 28.6.1941 г., в тюрьме в Луцке 23 июня 1941 г. были расстреляны около 2 тысяч заключенных (Там же. — С. 236).

встрече — 26-го или 27 июня 1941 г. Блобель сообщил командующему, что он имеет указание выполнять задачи полиции безопасности в тылу 6-й армии. Отвечая на вопрос, Блобель доложил командующему, что к ним, с одной стороны, относится информация обо всех жизненных областях, особенно о политических проблемах, и, с другой стороны, выявление, арест и допрос всех лиц, которые мешают общему спокойствию и порядку и особенно мероприятиям и передвижениям вермахта. Блобель указал на то, что к этим лицам особенно относятся агенты, парашютисты, саботажники и члены групп сопротивления. Командующий сказал Блобелю, что выполнение подобных задач в сфере его армии ему представляется важным. Кроме того, Блобель указал на то, что, как ему известно, в тылу группы армий должна также действовать оперативная команда 5. После этого Рейхенау решил, что ЗК 4а будет подчиняться непосредственно ему и должна действовать в тылу его армии. Он оставляет за собой местные отчеты о деятельности, в остальном ЗК 4а должна взаимодействовать с компетентными фельдкомендатурами или командирами дивизий и обо всем информировать его. Рейхенау и Блобель продолжили беседу во время прогулки, но я в ней не участвовал. Примерно через полчаса оба вернулись, после чего командующий в моем присутствии распорядился о снабжении ЗК 4а снабженческими подразделениями штаба армии через офицера связи при штабе армии, который должен обеспечивать курьерскую связь между штабом армии и ЗК 4а, а также решать все снабженческие проблемы. Блобель сразу назначил меня офицером связи. После обсуждения по картам военного положения в присутствии других офицеров я был направлен к Iс[1] штаба армии.

После окончания этого совещания я сопровождал Блобеля в Люблин, где он через средства связи командира полиции безопасности в Люблине отослал отчет о совещании. Содержание отчета мне не известно.

В один из следующих дней (вероятно, 28-го) я для выяснения каких-то снабженческих вопросов посетил ортскомендатуру Сокаля. Так как ортскомендант по моей форме сразу опознал меня как

---

[1] 1с — начальник разведотдела.

члена полиции безопасности, он сообщил мне, что в Сокале с момента захвата 22.6.1941 г. партизаны ежедневно убивают 10–15 немецких солдат. Поэтому он нуждается в подходящей помощи, так как произведенные допросы выявили другие круги. Он спросил меня, не имеется ли для этого соответствующих сил полиции безопасности. После того как я дал краткое разъяснение задач и подчиненности, он приказал мне добиться в штабе 6-й армии немедленной деятельности ЗК 4а в Сокале. Штаб 6-й армии удовлетворил это требование, и я передал оперативный приказ ЗК 4а. В связи с другой поездкой в следующие дни в Сокаль в ЗК 4а я узнал, что на основании сотрудничества гражданского населения и вермахта были произведены многочисленные аресты. От командира ЗК 4а я получил приказ затребовать в штабе 6-й армии и доставить соответствующие инструменты и материалы для отряда по взлому сейфов. Из-за этого задания и из-за неоднократных передислокаций штаба 6-й армии в следующие дни я лишь спустя примерно 8–10 дней после долгих поисков нашел ЗК 4а в Луцке.

Прибыв под вечер, я в месте расквартирования нашел только двух членов команды, которые, совершенно подавленные и расстроенные, сообщили мне, что в Луцке происходят ужасные вещи, из-за этого у Блобеля случился нервный срыв, и он совершенно недееспособный лежит в своей комнате. Все другие в разъезде. Я пошел в комнату к Блобелю, чтобы доложить о себе. В первый момент он меня не узнал. После нескольких совершенно бессмысленных слов он сообщил мне в бессвязной форме, что после захвата Луцка были выкопаны трупы 4 немецких летчиков, которые, по сведениям населения, 22.6.1941 г. близ Луцка совершили вынужденный прыжок. Вскрытие трупов врачом вермахта показало, что 4 летчика еще при жизни были обработаны сварочным аппаратом и притом таким образом, что у них резаком были отделены руки, ноги и голова и тела четвертованы. Далее, в замке были обнаружены обработанные пулеметами и ручными гранатами трупы, около 2000 украинцев и фольксдойче, из которых еще 20 были живы в тяжелом состоянии. Немедленно произведенное расследование вермахта и ЗК показало, что эти зверства были совершены еврейским населением под руководством еврейского комиссара НКВД. Командующий по этому поводу был в Луцке и распорядился о расстреле в качестве возмездия 3000 евреев, причем ЗК 4а должна принять участие. Затем Блобель вновь стал говорить совершенно бессмысленно. В это время пришел старший полевой врач вермахта, который, как он мне позднее сообщил, уже неоднократно навещал Блобеля для лечения. Во время принципиальной беседы со старшим полевым врачом тот потребовал немедленного направления в люблинский инфекционный госпиталь из-за подозрения на тиф и необходимости изоляции из-за умственного расстройства. Состояние больного действительно требовало немедленных мер. Так как на надлежащую отправку рассчитывать было нельзя, врач сделал успокаивающую инъекцию.

В течение этого времени прибыли члены команды, которые подтвердили мне сообщение Блобеля о зверствах и также говорили о распоряжении командующего. С людьми почти невозможно было говорить, так как все они в той или иной степени были в шоке. Это же касалось и прибывших офицеров. Я попытался подготовить отправку Блобеля. В это время вернулся отряд по взлому сейфов под руководством офицера. Он передал мне большую кучу бумаг с сообщением, что речь идет о секретных документах 5-й русской армии, которые должны быть немедленно переданы в штаб 6-й армии. Офицер заявил мне, что хочет произвести отправку Блобеля и сам немедленно проинформирует об этом инциденте шефа оперативной группы С — бригадефюрера СС д-ра Раша. После примерно 3–4-часового пребывания в Луцке я вновь вернулся в штаб 6-й армии.

После возвращения в штаб 6-й армии я сообщил офицеру абвера о событиях в Луцке. Тот сказал мне, что он информирован о зверствах и распоряжении командующего. В связи с этим я узнал, что согласно армейскому расследованию в Кременце при прибытии немцев были обнаружены около 180 убитых украинцев и фольксдойче, обваренные до смерти в кипящей воде, около 18 еще лежали в котлах. Так как инициатором была еврейка-комиссар НКВД, население после оставления города русскими до прибытия немцев (2–3 часа) убила в Кременце всех достижимых евреев.

NARA M 895, roll 22, frames 24–27.

Донесение о событиях в СССР № 19 от 11 июля 1941 г.

[...]

Оперативная группа С

Место расположения: Ровно

ЕК 4а:

[...] ещё в Ровно, где казнено 240 большевистских, главным образом еврейских, функционеров, агентов и пр. Передовая команда 4а выступила в Чуднов с целью достичь Житомира, поскольку на территории до некоторой степени обеспечена безопасность. Другой взвод 4а по желанию АОК[1] взял на себя обеспечение безопасности на территории южнее Ровно шириной 20 км на восток. Из Люблина прибыл взвод команды особого назначения.

[...]

Вечернее донесение от 10 июля 1941 г. АОК 6/1с[2] в группу армий Юг/1с, в ОКХ/отдел иностранные армии Востока, в АОК 2 и АОК 4

[...]

4) В Шиколозы [Szikolosy] (6 км южнее Кременец) были схвачены 6 коммунистических функционеров. Они поддерживали отношения с находящимися в лесах партизанами и призывали оказывать сопротивление немецким войскам. Они были переданы СД[3] и расстреляны. В Кременце были переданы СД и расстреляны 3 арестованных украинским комитетом функционера, а также один подозрительный еврей.

[...]

Nürnb. Dok. NOKW 2295.

---

[1] АОК — Armee-Oberkommando — штаб армии.

[2] 1с — разведотдел.

[3] Имеется в виду зондеркоманда 4а.

Донесение о событиях в СССР № 24 от 16 июля 1941 г.

[...]

Оперативная группа С:

Место расположения З в я г е л ь.

[...]

ЕК 4а:

отправилась из Кракова через Замосць в Сокаль, а оттуда в район Луцка. В Сокале 28.6.1941 г. среди обнаруженных там штатских пленных были выявлены 17 коммунистических функционеров, агентов и партизан, которые были расстреляны.

29.6. с помощью украинской милиции были выявлены еще 117 активных коммунистов и агентов НКВД, которые в тот же день были казнены.

Наконец, 30.6. в Сокале с помощью местных, надежных украинцев были схвачены и ликвидированы 183 еврейских коммуниста.

30.6., кроме того, команда выявила и немедленно казнила в Горохове 7 коммунистических функционеров.

Передовая команда, которая 27.6. была послана в Луцк, обнаружила, что большая часть города горит. По данным ортскомендатуры, в поджогах виновны только евреи. В тюрьме в Луцке большевики перед своим уходом из 4000 заключенных там украинцев расстреляли 2800. По показаниям 19 украинцев, которые пережили резню с более или менее тяжелыми ранениями, в арестах и расстрелах вновь в значительной степени участвовали евреи. В самом городе все находится в полном беспорядке. Все магазины разграблены населением. Для поддержки ортскомендатуры после прибытия оперативной команды были использованы все имеющиеся силы, которым удалось сохранить по крайней мере крупные склады продовольствия. После этого начались планомерные обыски общественных зданий и розыски ответственных за поджоги и грабежи евреев и коммунистов. При этом удалось арестовать 300 евреев и 20 грабителей, которые 30.6. были расстреляны.

После того как 2.7. были обнаружены трупы 10 солдат вермахта, в качестве возмездия за убийство немецких солдат и украинцев с помощью взвода полиции порядка и взвода пехоты были расстреляны 1160 евреев.

Наконец, 6.7. удалось разыскать в совокупности 50 польских агентов и шпионов, которые также были ликвидированы.

Успешно протекали и планомерные обыски оперативной команды, которые везде могли быть проведены до прибытия частей абвера и ГФП. Так, 28.6. в 3 партийных зданиях и банке после вскрытия сейфов удалось обнаружить списки агентов и другой важный материал.

1.7.41 были проверены помещения русского штаба военного округа и изъят материал, который, между прочим, содержал секретные инструкции по мобилизации.

В Луцке в зданиях советских органов и в центральных различных коммунистических ведомствах после вскрытия сейфов был захвачен важный материалов, в том числе список русских агентов в разных странах.

[...]

Из приговора суда присяжных при земельном суде Дармштадт от 29 ноября 1968 г. по делу бывших членов зондеркоманды 4а о расстрелах в Сокале и Луцке в конце июня — начале июля 1941 г.

[...]

Еще 22 июня 1941 г., в день начала русской кампании, самое позднее 23 июня 1941 г., ЗК 4а из района подготовки к деятельности отправилась в направлении Украины для деятельности в тылу 6-й армии. Через Лигниц, Глейвиц, Краков и Замосць команда 27 июня 1941 г. прибыла в город Сокаль на Буге и тем самым на советско-русскую территорию Украины.

В то время как Блобель и офицеры подразделения расквартировались в двухквартирном доме, унтер-офицеры и рядовые разместились в здании школы с большим двором, в котором были поставлены многочисленные машины полностью моторизованной команды.

В Сокале команда совершила 3 казни, в ходе которых близ находящегося за городом кирпичного завода были расстреляны

1. 28 июня 1941 г. 17 человек;
2. 29 июня 1941 г. 117 человек; и
3. 30 июня 1941 г. 183 человека.

1. Расстрел 17 коммунистических функционеров 28.6.1941 г.

Обвиняется: Пфарркирхер.

А. Установленные факты и оценка доказательств

Под вечер 28 июня 1941 г. командир подразделения Блобель в месте расположения команды в здании школы сформировал экзекуционную команду из 15–20 человек. Эта команда была доставлена к расположенному в 2–3 км восточнее Сокаля кирпичному заводу. Кирпичный завод находился примерно в 50 м справа от дороги в восточном направлении. Примерно в 100–200 м левее дороги была яма, возможно, бывшая глиняная яма. К этой яме от кирпичного завода доставляли по 6–8 штатских, которые должны были стать на колени лицом к яме. Примерно в 6–8 м от них заняла позицию экзекуционная команда, причем для каждой жертвы были назначены 2 стрелка. Первый ряд стрелков стал на одно колено, второй ряд стоял в полный рост. По приказу офицера производился залп из карабинов 98К, причем пораженные жертвы падали в яму. В совокупности были расстреляны 17 человек, среди них 2 женщины. Командир подразделения Блобель стоял у ямы и контролировал казнь [...] Одним из стрелков был обвиняемый Пфарркирхер. Он стрелял минимум дважды. Когда он в месте расположения занимался обеспечением довольствия, Блобель назначил его стрелком [...]

2. Расстрел 117 коммунистов 29.6.1941 г.

Обвиняются: Каллсен, Хэфнер, Ханс, Трилл.

А. Установленные факты и оценка доказательств

Тотчас по прибытии команды в Сокаль 27 июня 1941 г. Блобель из чиновников, переводчиков и шоферов сформировал розыскные отряды, которые с помощью украинской милиции должны были искать «подозрительных лиц», в том числе коммунистических функционеров и евреев. Эти отряды получили списки и уехали на легковых машинах, чтобы арестовать людей. Отчасти дома, в которых должны были жить коммунистические функционеры, указывали также осведомители из населения. Арестованные были доставлены к месту расположения команды и оттуда без допроса на грузовиках отвезены к уже упомянутому кирпичному заводу в 2–3 км восточнее Сокаля. Там они были заперты и взяты под охрану. 29 июня 1941 г. по приказу Блобеля ЗК 4а расстреляла 117 из них, которые в «Донесении о событиях в СССР» № 24 от 16 июля 1941 г. были названы «активными коммунистами и агентами НКВД». 30 июня 1941 г. ЗК 4а расстреляла в Сокале еще 183 жертвы, которые в «Донесении о событиях» названы «еврейскими коммунистами» [...] Перед казнью 29 июня 1941 г. Блобель приказал участвовать в казни всем присутствовавшим членам команды, в том числе офицерам. Он велел команде построиться и произнес речь, в которой он подчеркнул, что участвовать должны все, что речь идет о казни врагов германского рейха, которые действовали против вермахта или действовать собирались [...] Затем команда была доставлена к кирпичному заводу и распределена на стрелков, охрану и оцепление. Местом казни в этом случае также была яма, которая находилась примерно в 200 м от дороги. Жертвы примерно по 10 человек сменяющими друг друга двумя членами караульного отряда от кирпичного завода отводились через дорогу в лощину, где они передавались другим членам ЗК 4а. Из лощины были слышны выстрелы, но место казни видно не было. Отсюда жертвы по мере продвижения казни отводились к яме, на краю которой каждый раз по 6 жертв должны были становиться на колени лицом к яме. По приказу «огонь», который давал офицер ЗК 4а, экзекуционная команда численностью 12 человек (первый ряд становился на одно колено, а второй стоял в полный рост) производила сзади залп с небольшого расстояния. В одну жертву каждый раз стреляли два стрелка. Среди жертв была 20-летняя девушка, будто бы коммунистический функционер, которая по дороге к месту казни от отчаяния рвала на себе волосы и беспрестанно кричала: «Господин, почему? Почему?» Один из стрелков от ужасных и необычных событий упал в обморок, и по приказу командира подразделения Блобеля «шписс»[1], умерший обвиняемый Хун, заменил его человеком из оцепления [...]

---

[1] «Шписс» — ротный фельдфебель.

3. Расстрел 7 коммунистов [в Горохове]

Обвиняется: Ханс.

Установленные факты, оценка доказательств и правовая оценка

30 июня 1941 г. подкоманда ЗК 4а под руководством обвиняемого Ханса, машиной которого управлял его личный шофер, умерший свидетель Маурер, в количестве нескольких легковых машин поехала в Горохов, небольшой городок, находящийся примерно в 40 км восточнее Сокаля. Приказ о поездке отдал начальник команды Блобель, будто бы по требованию тамошнего ортскоменданта, а целью поездки было освобождение населенного пункта от «нежелательных элементов». Подкоманда Ханса во второй половине дня приехала в Горохов. Также 30.6.1941 г. в Горохове были расстреляны 7 человек. Участвовала ли и как участвовала подкоманда Ханса в этой казни, с достаточной надежностью не могло быть установлено.

Обвиняемый Ханс показал, что он с подкомандой по приказу Блобеля и по требованию тамошнего ортскоменданта поехал в Горохов с заданием «принять меры по линии полиции безопасности». Когда он прибыл туда во второй половине дня, ортскомендант [...] сообщил ему, что он должен «разобраться с нежелательными элементами населенного пункта», т. е. произвести расстрелы. Он это не сделал, так как это не входило в его задачу. Еще в тот же вечер он со своей подкомандой поехал в Стоянов, чтобы после ночевки там на следующий день вернуться в Сокаль [...]

4. Расстрел 300 «евреев и грабителей» 30.6.1941 г. [в Луцке]

Обвиняется: Конзее.

А. Установленные факты и оценка доказательств

Еще 27 июня 1941 г. командир подразделения Блобель отправил из Сокаля передовую команду в Луцк. В этой передовой команде в качестве офицеров находились гауптштурмфюрер СС фон Радецки, оберштурмфюрер СС д-р Функ и обвиняемый Янссен, а также обвиняемый Конзее и еще 20–25 членов ЗК 4а. Передовая команда прибыла в Луцк в ночь с 27 на 28.6.1941 г. и расквартировалась в здании бывшего банка. Последующие события следующим образом описываются в «Донесении о событиях в СССР» № 24 от 16.7.1941 г.:

[см. соответствующее «Донесение...»]

300 евреев были арестованы небольшими группами с помощью местных украинцев, которые сообщили адреса мнимых зачинщиков. 20 грабителей были будто бы схвачены на месте преступления. Все они были доставлены в тюрьму и без тщательного расследования расстреляны 30.6.1941 г. близ тюрьмы в Луцке [...] В каждую жертву стреляли 2 стрелка с расстояния 6–10 метров. Другие детали казни, в которой участвовал взвод полиции порядка, не установлены. Однако установлено, что обвиняемый Конзее по приказу офицера как стрелок дважды 5 раз выстрелил в жертвы и затем был сменен [...]

5. Расстрел примерно 1160 евреев 2 или 3 июля 1941 г. близ замка [в Луцке]

Обвиняются: Каллсен, Хэфнер, Ханс, Янссен, Конзее.

Установленные факты

Главная команда ЗК 4а под руководством командира подразделения Блобеля 1 июля 1941 г. отправилась из Сокаля в Луцк. В этот день была годовщина свадьбы Блобеля. Блобель, который страдал от энтерита (понос), уже во время поездки принял много алкоголя. При прибытии в Луцк, будучи пьяным, он говорил членам подразделения, среди них обвиняемому Каллсену, о том, что он хочет город заклеймить; будут расстреляны несколько тысяч евреев. Передовой командой уже были начаты приготовления к массовой казни евреев. После прибытия Блобеля эти приготовления были ускорены. С помощью объявлений в точно не установленный день все работоспособные евреи-мужчины в возрасте 16–60 лет были призваны явиться к находящимся на окраине Луцка развалинам замка, который еще назывался Лубарда[1], для земляных работ [...] Этому призыву последовали минимум 1160 евреев-мужчин. На территории замка они были собраны, зарегистрированы и взяты под охрану. Затем во дворе замка они должны были выкопать длинный ров, который должен был стать их собственной могилой. 3 июля 1941 г. эти минимум 1160 евреев были расстреляны во дворе замка в выкопанном рву ЗК 4а с участием

---

[1] Правильно – замок Любарта.

взвода полиции порядка, взвода пехоты и добровольцев из подразделений вермахта. Со сборного пункта, который находился на территории замка рядом с двором замка и на котором евреи находились под охраной, они группами по 10–30 человек [...] отводились во двор замка. Здесь эти 10–30 жертв должны были становиться на колени лицом ко рву. Экзекуционная команда стреляли в жертвы сзади, команду «огонь» давали офицеры ЗК 4а. В каждую жертву из карабинов стреляли 2 стрелка. В еще живых производили так называемые «выстрелы пощады» из пистолета [...] В конце казни в ров были выпущены очереди из пулемета, так как в нем еще были признаки жизни. Затем тем временем умерший обвиняемый Хун велел посыпать трупы хлорной известью и засыпать ров [...] [Блобель] из-за своей болезни был не в состоянии руководить рассматриваемой здесь и предписанной им казнью. Поэтому в день казни он остался в месте расквартирования и поручил руководство и контроль за ходом казни обвиняемому Каллсену.

В месте расквартирования Блобель в присутствии свидетеля фон Радецки принял очень много алкоголя, в котором он видел средство против своей болезни. В течение второй половины дня 3 июля 1941 г. он, после того как был осмотрен врачом, свидетелем Бауэром, своим шофером, в сопровождении обвиняемого Хэфнера и свидетеля фон Радецки был доставлен в Люблин в военный лазарет, в котором он находился до 7 июля 1941 г. [...]

Обвиняемый Каллсен по приказу Блобеля из-за неспособности последнего самое позднее утром дня казни принял руководство и контроль за казнью. Он принял рапорт построенной команды, которая затем отправилась на место казни. Он сам также отправился на место казни, руководил казнью путем отдачи необходимых приказов и контролировал выполнение отданных приказов. Вечером он вернулся с командой в место расквартирования.

[...]

Justiz und NS-Verbrechen. Sammlung deutscher Strafurteile wegen national-sozialistischer Tötungsverbrechen 1945–1999, Bd. 31 / Herausgeber Christian F. Rüter, Dick W. De Miidt. — Amsterdam: Amsterdam University Press, 2004 (Lfd. № 694).

Из показаний 10.1.1968 г. бывшего военнослужащего 3-й роты 699-го мостостроительного батальона Вилли Шпанга о расстрелах в Сокале в конце июня 1941 г.

[...] Кирпичный завод находился в метрах 60–70, возможно, в 80 метрах от дороги. Если идти от дороги в направлении кирпичного завода, сначала приходишь на открытое место. Там стояли грузовики подразделения, которое совершало расстрел, и евреи, которые были доставлены на этих машинах. Евреи были, это было заметно, очень возбуждены. Евреи выглядели какими-то отчаявшимися, слышались выстрелы, которые звучали примерно в 20 метрах от места сбора. Среди евреев были не только мужчины, но также женщины и подростки. Я никогда не забуду, как девушка с черными как смоль волосами, довольно полная, так сильно дергала свои длинные волосы, что выдернула волосы из головы. Сжатый кулак был полон волос. Эта девушка также была расстреляна, возможно, спустя минут десять. Когда я пришел на то место, где были евреи, казнь уже происходила. Там стояли еще около 120 евреев, возможно, их было только 100. Евреи стояли группами по 4–5 человек, нет, не группами, они стояли рядами, они были окружены охраной. Затем я увидел, как евреи, каждый раз примерно 5–10, доставлялись по проходу на место расстрела — к яме, которая находилась, возможно, в метрах 20. Они должны были идти туда пешком, один из охранников говорил «отваливай». Охранник делал рукой соответствующий знак. У ямы евреи должны были становиться поперек к яме. На насыпи из вынутой земли стоял офицер. Этот офицер держал наизготовку автомат. Он давал экзекуционной команде, которая стояла за евреями, команду «огонь», говоря: «пли». Стрелки стреляли из карабинов 98 по стоящим перед ними жертвам. Они падали отчасти в яму, отчасти падали возле ямы. Некоторые были мертвы, некоторые нет. Офицер, который стоял наверху, после казни кричал: «огонь прекратить, трупы сбросить». Если он видел, что кто-то еще шевелится, он производил добивание. Он делал это перед тем, как говорил «трупы сбросить».

Это была ужасная картина. Я еще сегодня хорошо помню, что одному из стрелков стало плохо. Он сказал офицеру: «я больше не могу, мне плохо». Офицер крикнул: «отойдите в сторону, вы трус, следующий». Это был старый человек, которому стало плохо, он снял свой шлем и ушел с бледным видом. У него был пот на лице [...] Когда мой товарищ и я возвращались, мы проходили мимо дома, который находился примерно в 200 метрах от этого кирпичного завода в направлении Сокаля. На лестнице этого дома сидели примерно 12 окровавленных комиссаров. Мы опознали их как комиссаров, так как у них были красные фуражки. Мой товарищ сказал мне: «Затем будет их очередь». Их охраняли, и притом люди, которые носили полицейскую форму [...]

BArch B 162/5670, Bl. 4–5.

Из показаний 22.1.1968 г. военнослужащего 3-й роты 699-го мостостроительного батальона Вильгельма Рипперта о расстрелах в Сокале

[...] Это могло быть через неделю после вступления в Россию, то есть 29.6.1941 г., когда я с несколькими товарищами пошел прогуляться, чтобы осмотреть русские пограничные укрепления. Я знаю точно, что это было воскресенье, так как мы были свободны от службы.

Мы уже были на обратном пути в Сокаль на нашу квартиру, когда мы проходили мимо кирпичного завода. Этот кирпичный завод, как и линия бункеров, находился несколько восточнее Сокаля. Пешком дорога могла занять полчаса. Кирпичный завод находился несколько в стороне от дороги. После того как мы подошли, мы увидели, что близ кирпичного завода работают. Мы еще удивились, так как все же было воскресенье. Мы из любопытства подошли поближе, чтобы увидеть, что там происходит. Мы увидели, что штатскими была выкопана яма. Этих штатских охраняли военнослужащие вермахта под руководством лейтенанта. Лейтенант и солдаты принадлежали не к нашей роте. Я не могу сказать, к какому подразделению они принадлежали. Имя лейтенанта мне также не известно.

Штатскими, которые должны были выкопать яму, были евреи. Это были, вероятно, 10–15 мужчин, которых солдаты подгоняли.

Яма была размером 5×5 метров и примерно 2½ метра глубиной. Мы спросили, что здесь будет. Солдаты сказали нам, что вечером состоится расстрел. Также евреи, которые выкопали яму, будут расстреляны. Спустя некоторое время мы пошли дальше в направлении города. По дороге нам навстречу шла колонна штатских. Приблизившись, мы увидели, что это были евреи и, вероятно, прочие русские штатские. Говорили о том, что среди них были и коммунистические функционеры. Я увидел примерно 10 молодых и старых женщин. Детей я не видел. Во всей колонне могло быть примерно 130 человек. Люди пели и молились. Когда колонна прошла мимо нас, мы из любопытства пошли за ней, чтобы увидеть, что произойдет. Колонна охранялась. Сегодня я уже не могу сказать, был ли это вермахт, СС или полиция. Мы не могли попасть на место расстрела, так как оно было оцеплено. В оцеплении были члены СС. С места, где мы находились, я увидел, что штатские группами примерно по 5 человек загонялись в яму. Само собой разумеется, мы слышали и выстрелы, которые звучали в яме. Расстреливала команда из 10 человек. Эту команду я видел, как она построилась и отправилась в яму. Расстрельная команда имела винтовки. С командой был офицер. Однако его звание я установить не мог, так как мы находились не очень близко. Офицер и члены экзекуционной команды были в форме СС. Вокруг места казни, в основном на насыпи из выброшенной земли, стояло некоторое количество офицеров СС и также штатских [...] Собственно расстрел, который происходил в яме, мы с нашей позиции видеть не могли. Кроме того, вокруг ямы еще находилась насыпь из выброшенной земли. Я не могу сегодня сказать, как долго продолжался расстрел. Я могу допустить, что от 1 до 1½ часов. Я хочу сказать, что расстрел происходил очень быстро. Хотя мы собственно расстрел видеть не могли, мы все же слышали команды «прицелиться», «огонь». Также офицера, который давал команду «огонь», мы с нашей позиции видеть не могли. Расстрелы происходили вечером [...] Сегодня я уже не могу сказать, видели ли мы засыпку ямы. Я считаю, что нет, так как в следующий вечер и в последующие вечера вновь были расстрелы [...]

BArch B 162/5670, Bl. 30–32.

Из показаний на судебном процессе в Дармштадте 17.10.1967 г. бывшего члена зондеркоманды 4а Адольфа Янссена о событиях в Луцке

[...] Мы выехали из Шмидеберга в понедельник, 23.6., и в первый день доехали до Лигница. Мои сведения можно проверить, руководствуясь личным делом Мейера. Я помню это так точно потому, что я там познакомился с Мейером. На следующий день мы отправились в Глейвиц. Там была остановка, так как в Глейвице находилась на постое оперативная группа *C*. На следующий день мы отправились в Краков и после ночевки — в Сокаль. У моей машины сломалась рессора, поэтому я должен был остаться и прибыл только тогда, когда произошел пресловутый воздушный налет. Но я хотел бы разъяснить, что этот воздушный налет с флагами со свастикой на радиаторах ни к чему не привел, а он состоялся близ моста. Блобель уже подготовил команду под руководством Радецки и Функа. Блобель сказал мне, что я предназначен для Люблина, но сначала должен с передовой командой отправиться в Луцк, там будто бы русские перед своим уходом расстреляли каких-то людей. Он дал мне задание выяснить, что произошло, и через 2 дня вернуться для доклада. Радецки поехал со мной в штаб армии, так как я должен был в штабе армии сообщить об отъезде. Я припоминаю, что штаб армии находился в большой усадьбе. Мы пошли через луг, где в шезлонге грелся на солнце какой-то господин в тренировочном костюме. Этот господин встал, и я узнал в нем генерал-фельдмаршала ф. Рейхенау. Он был информирован о том, что мы направляемся в Луцк, мы разговорились. Он сказал, что ожидает наш доклад через оперативную команду. Сначала мы ехали западнее Буга, пробивались, были обстреляны и, наконец, прибыли в Луцк. Когда мы прибыли, Луцк горел, и еще шли уличные бои. Я припоминаю, что этим вечером был арестован русский офицер генерального штаба. Ночью он был допрошен. Я это помню так хорошо потому, что его предсказание об исходе войны оправдалось. На следующее утро русский офицер был отправлен в тюрьму, которая находилась на возвышенности. Когда мы туда прибыли, там были русские военнопленные, которые в большую воронку от бомбы складывали последних украинцев, которые еще лежали вокруг. Они показали мне и другие воронки от бомб, которые уже были заполнены трупами. Количество 2500 было установлено в ходе допроса выживших. Положение было ужасным. Я встретил еврейского зубного врача, который избежал резни. Он оказал выжившим первую помощь. Я попросил помощи у ближайшего главного перевязочного пункта. В связи с этим я узнал, что 4 сбитых летчика были заперты в подвале и подвергнуты страшным истязаниям и избиениям. Паяльными лампами в их телах были выжжены настоящие дыры. Сам я трупы не видел, но услышал об этом от ортскоменданта. В этот день я провел еще допросы и на следующий день поехал назад в Сокаль. Моего шофера и моего переводчика я оставил в Луцке. Прибыв в Сокаль, я сразу продиктовал мой первый отчет о расследовании. Я передал Блобелю мой отчет, и он приказал мне снова поехать обратно в Луцк. Я поехал назад. В пути я находился дольше, так как я искал одного агента. Я, должно быть, вернулся в Луцк на следующий день около полудня. Я продолжил свою работу и услышал, что поступила радиограмма, согласно которой в качестве возмездия за убитых украинцев и 4 убитых летчиков должны быть расстреляны 3000 евреев. Кто мне об этом сообщил, я уже не знаю. Я знаю только, что я сказал д-ру Функу, которого я тогда повстречал: «Ты разве не знаешь, как хозяйничают большевики?» Он в ответ: «Что я должен делать? У меня приказ генерал-фельдмаршала». Я больше не беспокоился об этом деле, так как оно меня не касалось. Вечером незадолго до казни 1160 человек, как это указано в донесении о событиях, прибыла команда. Я пошел на место расквартирования и встретил там несколько пьяных. Мне сказали, что обнаружена бочка крымского вина и люди набросились на него. Я был этим очень возбужден и обругал их. Неожиданно пришел Блобель. Я припоминаю, что мы тогда размещались на первом этаже здания банка. Из задних окон можно было видеть замок. Я оцениваю расстояние в 800–1000 метров. Блобель пришел в невообразимой для меня одежде: в домашних туфлях, галифе, со спущенными подтяжками и в распахнутой рубашке. Когда он услышал, что я ругаю людей, он сразу стал на их сторону. У меня сложилось впечатление, что он был пьян. Он сказал: «Как очень чувствительному вам вообще ничего нельзя сказать. Если вы что-то имеете, приходите ко мне, у меня еще есть сочувствие к рядовому составу».

Я не мог с ним препираться и попросил его о разговоре с глазу на глаз. Я пошел с ним в его комнату. Затем у меня была дискуссия с Блобелем, но я вскоре заметил, что с ним говорить бесполезно. Я вышел из комнаты и встретил одного товарища. Долгое время я считал, что это был д-р Функ, но теперь на основании показаний Каллсена я считаю, что это был он. Этот человек, с которым я беседовал, описал мне то, что произошло перед домом. Я рассказал ему о моей ссоре с Блобелем и сказал ему, что я это просто так не оставлю. Вечером Блобель созвал всех офицеров и еще раз объявил нам приказ, который отдал ф. Рейхенау, а именно, что в качестве репрессалий должны быть расстреляны 3000 евреев. Затем Блобель сказал: «В этом городе я не оставлю в живых ни одного еврея; на этот город мы поставим наше клеймо». В этот момент я прозрел и подумал: «Этот человек должен быть убран, он невыносимый». Я обсудил с д-ром Функом, как мы сможем устранить Блобеля. Я знал, что Блобель страдает диареей, и использовал это для того, чтобы поговорить с врачом, чтобы он сделал Блобелю уколы. Мы договорились на следующий день напоить Блобеля. На следующее утро команда отправилась на акцию. Радецки и я остались в месте расквартирования. Я не хотел, чтобы Блобель меня видел. Я был для Блобеля красной тряпкой, в то время как ф. Радецки относился к нему с пониманием. Блобель потребовал алкоголя, и мы дали ему любое количество. Позднее я поехал на главный перевязочный пункт, нашел врача и описал ему дело не совсем так, как оно было в действительности. Я сказал ему, что у нашего командира дизентерия, и он пытается побороть свою болезнь алкоголем, и если она быстро не пройдет, он допьется до смерти. Я прикинулся озабоченным и сказал, что я должен позаботиться о том, чтобы с нашим командиром ничего не случилось. После некоторых сомнений он заявил, что готов что-то сделать. Позднее я послал за ним машину. Радецки был с Блобелем в комнате, затем Блобелю был сделан укол. Я припоминаю, что во второй половине этого дня в Луцк прибыл господин Хэфнер, подробнее я об этом сказать не могу. Я не знаю, имел ли он задание или нет. Затем пришел связной и сказал, что одного из офицеров просят в ортскомендатуру, будто бы прибыл штаб СС. Мы заранее договорились, что ф. Радецки доставит Блобеля в Люблин. Поэтому он остался с Блобелем, в то время как я пошел в ортскомендатуру. В отправке Блобеля я не участвовал, а только наблюдал за ней из ортскомендатуры. В ортскомендатуре я встретил Мейера, о котором я уже говорил. С ним был еще один оберштурмбаннфюрер, был один из врачей и пришли из СС. Мне было сказано, что на пути сюда находится Екельн, который будто бы был высшим фюрером СС и полиции. Штаб Екельна должен был прибыть на следующий день. Я рассказал Мейеру историю с Блобелем, но в той версии, какую я изложил врачу, а именно, что Блобель тяжело болен и мы, исходя из его здоровья, должны были отправить его в госпиталь. Я польстил Мейеру, что его приход — это подарок свыше, и попытался его побудить принять руководство нашей командой до тех пор, пока не будет принято соответствующее решение. В течение первой половины следующего дня в Луцк прибыл Екельн. Я доложил о моих расследованиях. Екельн удивился: «Вы что же, придерживаетесь такого же распорядка службы, как на родине? На это у нас нет времени, мы должны действовать по-другому». Он приказал, чтобы передовая команда установила связь с Клейстом и распорядился, чтобы я отправился с передовой командой. Затем я поехал в Ровно к д-ру Функу, который руководил этой командой. В тот же день мы отправились в путь [...] Я старался, чтобы приказ Блобеля расстрелять всех евреев не был выполнен. Приказ ф. Рейхенау мы тогда воспринимали как нечто неизбежное. Мы не видели никакой возможности обструкции в отношении генерал-фельдмаршала. Но последующий приказ Блобеля расстрелять всех евреев мы хотели обойти. Как происходил расстрел, я не знаю. Я не имел к нему никакого отношения. Как солдат я придерживался принципа: «Делай только то, что тебе приказано, и не заботься о том, что происходит вокруг». Блобель никогда не стал офицером. Он хотел все делать сам. Он был только эсэсовцем, одетым в офицерскую форму. Он нас, офицеров, неоднократно донимал придирками, что я считал абсолютно недопустимым. Когда Блобель был удален, расстрел уже происходил. Кто был руководителем казни, я не знаю. Мне об этом ничего не рассказывали, и меня это не интересовало. Приготовления производились под руководством д-ра Функа и Радецки [...]

BArch B 162/17908, Bl. 155–161.

Из показаний 16.6.1965 г. Августа Хэфнера о расстреле евреев в Луцке

[...] Я вернулся в Луцк (это должно было быть в начале июля 1941 г.) из какой-то поездки. Когда я после многих расспросов нашел свое подразделение, люди слонялись вокруг в подавленном настроении. Я заметил, что что-то назревало, и спросил, что происходит. Кто-то сказал мне, что Блобель с нервным срывом лежит в своей комнате. Я пошел в комнату. Блобель был там. Он нес околесицу. Он говорил о том, что нельзя расстрелять так много евреев, нужен плуг, чтобы их запахать. Он был совершенно разбит. Он угрожал застрелить из пистолета офицеров вермахта. Я видел, что он взвинчен, и спросил Янссена, что назревает. Янссен сказал мне, что имеется приказ фон Рейхенау, согласно которому 3000 евреев должны быть расстреляны в качестве возмездия за то, что в замке в Луцке были обнаружены 2000 трупов. К этому времени еще не было сделано никаких приготовлений для выполнения этого приказа. По крайней мере, мне об этом ничего не было известно. Я распорядился, чтобы нашли врача. Кто его нашел, я уже не знаю. Этот врач, когда он увидел состояние Блобеля, сделал ему укол и распорядился доставить в госпиталь в Люблине. Во время этого осмотра Блобель постоянно хватался за пистолет. Уговорами мне удалось его успокоить, так что он не выстрелил. Я заявил, что готов вместе с шофером Бауэром доставить Блобеля в Люблин. Среди нас, офицеров, царила некоторая беспомощность. Было неясно, кто в отсутствие Блобеля должен принять командование. Насколько я могу вспомнить, Ханс, Янссен и я напирали на Каллсена, чтобы он как гауптштурмфюрер и старший по званию офицер взял командование на себя. Каллсен отбивался, как мог, так как точно знал, что предстоит расстрел евреев. Затем кто-то предложил информировать Раша. Я даже считаю, что это был я. Затем я поехал с Бауэром в Люблин. Блобеля мы разместили в «Адмирале». В Люблине мы сдали его в лазарет [...] Затем мы поехали назад. Об этом можно спросить Бауэра.

Когда мы снова приехали в Луцк, на площади (это, должно быть, была базарная площадь) стояло много солдат. Это были люди всех родов войск, также организации «Тодт». Я знал, когда подошел к площади, что будет расстрел евреев. Я сразу понял, что это за история, когда увидел солдат. Я подошел к яме. Я увидел, что майор вермахта сунул тяжелый пулемет, который дали ему солдаты, вертикально в яму и засадил в яму всю ленту. Если я правильно помню, он еще выкрикнул: «Да тут еще некоторые живы!» Тогда рядом с этим человеком из горы трупов поднялся старик и крикнул: «Дайте мне еще пулю!» Я не знаю, кто застрелил этого человека. Я был в ужасе от того, что много людей лежали в яме ранеными. Людей обрекали на жалкую смерть. Когда я это увидел, я стал искать кого-нибудь из нашей команды. Я считал, что этот приказ выполнила наша команда. Я прошел вдоль части рва и не увидел никого из нашей команды. Затем в ведомстве я встретил разных членов нашей команды. Я полагаю, как мне помнится, что в нашем ведомстве я встретил Каллсена, Янссена и Ханса. Я спросил их: «Ради бога, что здесь происходит?» Я также еще спросил: «Кто произвел расстрел; кто командовал?» Я не получил никакого прямого ответа. Кто-то сказал, что здесь был д-р д-р Раш [так в оригинале] и приказал произвести расстрелы [...]

BArch B 162/5653, Bl. 3087–3089.

Из показаний 28.5.1964 г. бывшего члена зондеркоманды 4а Курта Вернера о расстрелах в Луцке в начале июля 1941 г.

[...] Большая часть команды, к которой принадлежал и я, пошла в направлении развалин Луцкого замка. Идти пришлось десять-пятнадцать минут [...] Придя к развалинам, я увидел, что там выкопана большая яма. Яма была длиной 30–40 метров, шириной около 2,5 метров и глубиной приблизительно два метра. Яма находилась не в развалинах, а в поле перед ними. Едва лишь мы подошли к краю ямы, как привели первых евреев. Они были в окружении украинских полицейских. Казнь началась так: первые пятнадцать евреев должны были стать на колени на краю ямы, лицом к яме и спиной к стрелкам. За каждым стоящим на коленях находилось два стрелка. Оба должны были целиться из своих карабинов в затылок. Таким образом, было приблизительно тридцать стрелков. Среди них находились не только члены зондеркоманды 4а, но также военнослужащие вермахта, которые принимали участие в этой казни совершенно добровольно и по собственному желанию. Стрелок, который стоял рядом со мной, был унтершарфюрер СС Густав Крэге. Мы все время оставались вместе и должны были стрелять в одну жертву. Как только пятнадцать жертв становились на колени на краю ямы, офицер СС давал команду стрелять: «Целься, огонь!». Эта команда подавалась еще и еще, пока убитые евреи не падали в яму, и пятнадцать следующих становились на колени на краю ямы. Я помню только, что казнили лишь мужчин. Я не припоминаю ни одной женщины или ребенка. У всех мужчин были бороды, и без колебаний можно было опознать в них евреев. Как я помню, вся казнь продолжалась около четырех часов. За все это время нас с Крэге ни разу не сменили, и мы были вынуждены выполнять обязанности стрелков с начала до конца. Но военнослужащие вермахта время от времени сменялись. Если меня спросят, сколько евреев мы с Крэге убили за это время, я мог бы дать приблизительную цифру от 40 до 50 евреев. Если меня спросят, сколько всего было убито евреев, я скажу, что не могу дать точную цифру. Тем не менее, если исходить из принципа, по которому другие стрелки за тот же самый период убили также 40–50 евреев, то можно вывести цифру в около 750 казненных евреев. Когда наша команда уже пошла с места расстрела, я услышал сверху от развалин замка автоматные очереди. Это было, наверное, подразделение войск СС, которые было к нам прикомандировано. Я не знаю, были ли там полицейские. Если моя память мне не изменяет, во время этой казни Крэге находился рядом со мной и должен был стрелять в ту же жертву, что и я, поэтому Крэге должен также вспомнить все это, при условии, конечно, что он захочет рассказать правду […]

BArch B 162/5651, Bl. 2296f.

Из показаний 6.11.1962 г. шофера в зондеркоманде 4а Рудольфа Бузе о расстреле евреев в Луцке

[…] Первый раз массовую казнь я видел в Луцке в июне 1941 г. спустя примерно неделю после начала войны с Россией. Вечером мы прибыли сюда с нашей оперативной командой и подготовили квартиры. Обратив внимание на постоянно повторяющиеся выстрелы, я с несколькими товарищами пошел выяснить причину. Мы подошли к старой и толстой каменной стене, высота которой была примерно 2,5 метра. За этой стеной стреляли. Мы нашли вход и вошли во двор старого монастыря или подобного здания. В этом дворе был вырыт ров длиной примерно 30 метров и шириной около 3 метров. В этом рву уже находилось большое количество расстрелянных людей. Я видел только трупы мужчин. Одновременно я увидел, как вновь созданная украинская милиция привела ко рву новую группу мужчин числом до 20 человек. Приведенные должны были стать на колени перед рвом лицом ко рву. Сзади этих осужденных на расстоянии примерно 5 метров находился, став на колени, ряд земельных стрелков немецкого вермахта. Из этой позиции осужденные были расстреляны из карабинов. Я видел, что за время моего наблюдения были приведены и расстреляны еще примерно три группы примерно по 20 человек каждая. Из разговоров я услышал, что казненные были евреями. Осужденным перед расстрелом не нужно было раздеваться. Все они были в гражданской одежде. Относительно количества расстрелянных я ничего сказать не могу. Но я считаю, что их должно было быть несколько сот. Ров был заполнен трупами примерно до одного метра ниже края. По моим тогдашним подсчетам, он мог быть минимум 2 метра глубиной. После окончания этого массового расстрела был установлен старый, охлаждаемый водой пулемет и трупы во рву были подвергнуты непрерывному огню. Я слышал страшные крики и пришел к выводу, что только часть казненных была перед этим фактически убита. Я еще хорошо помню, что из глубины рва кто-то крикнул: «Здесь, я еще жив!». После этого это место некоторое время обстреливалось. Затем стало тихо. Ров был зарыт милицией и земельными стрелками. Я еще помню, что во время казни упомянутые лица не кричали и не стенали. Я вообще был удивлен следующим. Так случилось, что стрелок не попал. Осужденный остался сидеть, пока стрелок не перезарядил и не попал в него [...]

BArch B 162/3771, Bl. 634–635.

Из дневника фельдфебеля санитарной службы из фельдкомендатуры 579 Алоиза Кройтле/Alois Kräutle

[...] 2 июля мы поехали в Луцк через Буг. На тамошней дороге я насчитал около 180 разбитых броневиков и много брошенных пушек и противотанковых орудий. В 12 часов мы достигли цели. В городе все разгромлено, магазины разграблены и выглядят ужасно. В тюрьме у крепости был русский санитарный склад с очень хорошими инструментами и прочим санитарным материалом. Рядом с крепостью находится военная тюрьма, и там имеется могила 2800 украинцев, которые были расстреляны советами перед приходом в город немцев. В качестве контрмеры гестапо объявило, чтобы все евреи мужского пола в возрасте 16–60 лет утром 3 июля явились для земляных работ для устройства канализации, взяли с собой лопаты и кирки и пищу на 1 день. Затем с 4 до 8 часов все были расстреляны. Их было 1180 человек. Пленные русские должны были вырыть могилу, в которой все оказались. За несколько дней до этого уже были расстреляны 280 человек. 6.7.1941 г. были расстреляны 70 человек, в том числе 2 женщины [...]

BArch B 162/5302, Bl. 119.

Из протокола допроса в качестве свидетеля Алоиза Кройтле 3.7.1961 г.

[...] На 1-й или 2-й день после нашего прибытия в Луцк по всему городу были размещены плакаты, в которых все евреи мужского пола в возрасте 16–60 лет призывались явиться для земляных работ в крепость близ собора. Они также должны были взять с собой питание на 1 день. Так как близ этой крепости находился русский аптечный склад, оберштабсарцт д-р Ригель [...] дал мне задание обеспечить сохранность этого склада для наших целей. В связи с этим я наблюдал, как собранные в крепости евреи были зарегистрированы членами СС [...] Насколько я сегодня еще помню, речь шла примерно о 1300 евреях. Регистрация происходила таким образом, что каждый еврей должен был подойти к столу, чтобы там дать сведения о себе [...] Я полагаю, что она [регистрация] началась примерно в 6 часов утра. В тот же день после 12 часов я вновь пришел в крепость. К этому времени эти евреи были уже расстреляны.

В только что имевший место короткий перерыв я еще раз перечитал свой дневник, который был тогда заведен и регулярно велся. На его основании я следующим образом исправляю свои прежние показания:

[...] Сама регистрация была проведена 3 июля 1941 г. [...] Теперь я также припоминаю, что в связи с этой регистрацией был выбран определенный круг лиц (врачи, ремесленники и пр.). Согласно моим записям, в тот же день, т. е. 3 июля 1941 г., были расстреляны 1180 евреев. Эти сведения я получил от полицейского чиновника, который у меня лечился. Сами расстрелы, согласно моим записям, были произведены [ге]стапо [...] Расстрелы производились выстрелом в затылок, жертвы не были раздеты. Я сам расстрелы в этот день наблюдал с очень небольшого расстояния, примерно с 10 метров. В связи с этим офицер СС, который контролировал расстрелы, спросил меня, не хочу ли я получить винтовку для участия в расстрелах, т. с. он дал мне приказ добыть винтовку. Когда я ему заявил, что из-за принадлежности к Красному Кресту я не могу стрелять, он послал меня к черту словами: «Здесь не спектакль». В связи с этим я припоминаю, что примерно в то же время мимо этого места проходил унтер-офицер вермахта, который на своей машине ехал за продовольствием. Он попросил офицера СС дать ему винтовку. Он получил ее и затем также участвовал в расстреле. Однако вскоре он был уведен его цальмейстером и расстрелян. Расстрелы производились группами по 30–50 человек. Жертвы становились у уже вырытых ям (насколько я еще помню, было 2 или 3 таких ямы) и расстреливались из карабинов. Они падали вперед в ямы, в основном лицом вниз. В тех случаях, когда жертвы не были сразу мертвы, чаще всего из пистолетов производились выстрелы пощады [...] Я еще помню, что один еврей, когда он уже стоял на краю ямы для расстрела, достал из кармана военный билет бывшей кайзеровской армии, высоко его поднял и крикнул, что в первую мировую войну он был немецким солдатом. Производивший контроль офицер СС крикнул ему: «Повернись, ты, свинья!» («Dreh' Dich um Du Schwein!»). Сразу после этого он был расстрелян [...]

Другой расстрел был произведен 6.7.1941 г. Были расстреляны 70 мужчин и 2 женщины [...]

BArch B 162/5302, Bl. 125–126.

Донесение о событиях в СССР № 28 от 20 июля 1941 г.

[...]

Оперативная группа Житомир.

Отчет оперативной группы С:

[...]

В Ровно 9.7.41 удалось с наступлением темноты при участии милиции арестовать 130 большевиков, функционеров и осведомителей НКВД, которые тем временем были ликвидированы[1].

[...] В одной деревне близ Ровно коммунисты из-за украинской хаты стреляли по немецким войскам. За это были испепелены несколько деревень.

Из сообщения одного фольксдойче стало известно, что одна большевистская террористическая группа проводит ночью собрания и планирует нападение на фольксдойче и город Ровно. Путем планомерных розысков удалось арестовать руководителя банды [...]

В Ровно в совокупности до сего времени было совершено 240 казней. Речь идет главным образом о еврейских, большевистских агентах и осведомителях НКВД. Вчера сюда прибыла из Люблина команда особого назначения и теперь вместе с милицией будет производить дальнейшее прочесывание города и его окрестностей.

---

[1] Первая акция против евреев была проведена в Ровно 8–9 июля 1941 г.: вечером 8 июля с помощью «украинской милиции» члены зондеркоманды 4a произвели аресты евреев, ночь продержали их во дворе здания государственного банка, а утром 9 июля расстреляли на окраине города (см. также: *Барац В.* Бегство от судьбы. Воспоминания о геноциде евреев на Украине во время Второй мировой войны. – Москва: Арт-Бизнес-Центр, 1993. – С. 11–12).

Как теперь стало известно, русские также здесь перед своим уходом угнали или убили украинскую интеллигенцию. Считают, что в последние дни перед уходом русские убили около 100 влиятельных украинских деятелей. Трупы до сих пор не обнаружены. Начаты поиски.

В Кременце русские убили 100–150 украинцев. Часть этих украинцев была, по-видимому, брошена в котел с кипящей водой; об этом говорит то, что трупы при их эксгумации не имели кожи. В рамках самопомощи украинцы в качестве возмездия убили дубинками 130 евреев.

[...]

Из показаний бывших полицейских 3-го взвода 3-й роты 9-го резервного полицейского батальона о расстрелах евреев в Ровно и Звягеле

Показания 29.10.1963 г. Эрнста Бёрнике:

[...] Незадолго до нашего отъезда в Ровно к нам пришел штандартенфюрер СС Блобель и произнес короткую речь. При этом стало окончательно ясно, что мой взвод придан ЕК 4а, фюрером которой был Блобель. В своей речи Блобель нам сказал, что еврейское население должно быть уничтожено. Он сказал совершенно ясно, что евреи должны быть расстреляны. Что эти мероприятия распространяются также на женщин и детей, он, правда, не сказал, однако это следовало из его высказываний. Мы все были очень поражены этой речью, и различные члены моего взвода в очень возбужденном состоянии возражали [командиру взвода] Тэкельбургу/Täckelburg. В нашем присутствии Тэкельбург заявил Блобелю протест против предусмотренного вида нашего использования. На это Блобель заявил, как я слышал от самого Тэкельбурга, что мы должны осуществлять предусмотренную деятельность, а в случае отказа мы наши семьи больше не увидим. Как сказал Тэкельбург, Блобель совершенно ясно заявил, что в случае отказа мы сами будем расстреляны. [Командир роты] Гауптман Крумме, который также был во время речи Блобеля, в нашем присутствии Блобелю ничего не сказал. После первых расстрелов в Ровно Крумме нам сказал, что он немедленно поедет в Берлин, чтобы там выяснить, должны ли мы и дальше заниматься предусмотренной деятельностью при ЕК 4а. Насколько я помню, он отсутствовал 8–14 дней и вернулся с решением, что мы должны остаться при ЕК 4а. Насколько я знаю, во Львове были еще другие члены СД ЕК 4а. Их общее количество я могу оценить в 30–35 человек. Однако имен в этой связи я уже не помню. Мы не поехали с этими людьми в Ровно, т. е. я хочу сказать, что эти члены ЕК 4а ехали отдельно.

Во время остановки в небольшом населенном пункте на пути в Ровно, в котором мы переночевали, Тэкельбург со взводом поупражнялся в совершении казней. Для этого он велел взводу построиться в два ряда. Первый ряд должен был опуститься на колено. Затем для упражнения были отданы команды «заряжай», «прицелиться», «огонь». При этом предполагалось, что по одному осужденному должны стрелять два человека.

Мы тогда имели на вооружении карабины 98к. Это вооружение не изменилось в течение всего времени принадлежности к ЕК 4а.

После нашего прибытия в Ровно мы разместились в небольшом здании, в котором раньше, вероятно, был банк […] После нашего прибытия в Ровно мы установили, что там уже находятся другие члены (основной состав) ЕК 4а. Я оцениваю численность основного состава ЕК 4а в 120 человек.

Еще в тот же день мы были назначены для проведения еврейской акции в еврейском квартале Ровно. Весь взвод (без гауптмана Крумме и майстера Бидермана) на наших двух грузовиках был отвезен к еврейскому кварталу и там произвел оцепление. У нас было задание никого не впускать и не выпускать. В еврейском квартале уже находились другие члены ЕК 4а с украинскими переводчиками. Затем эти люди шли в отдельные дома и в общей сложности забрали около 250 человек. Эти евреи на наших грузовиках были отвезены за город, где они, как я установил позднее, были приняты другими членам ЕК 4а. Во время поездки евреев охраняли 2 члена СД и 2 полицейских. Я сам не был в сопровождающей команде, а должен был с другими членами моего взвода ждать в еврейском квартале. После того как евреи были увезены, мой взвод также на наших грузовиках поехал на место казни. Оно находилось на открытом поле в 6–7 км от города. Я думаю, что мы ехали в северо-восточном направлении. Когда мы приехали, вокруг еще стояли (под охраной) евреи. Я увидел, что местность была неровной, и позднее я еще заметил, что примерно в 200 м находилась яма. Мы сами сменили прежнюю охрану евреев. После того как это было сделано, прежняя охрана повела к яме группу в 10–15 евреев и там расстреляла. Как происходил расстрел у ямы, я не знаю, так как я со своего места это видеть не мог; я слышал только выстрелы. После того как прозвучали первые выстрелы, команда моего взвода численностью 8–9 человек повела к яме другую группу евреев и, как я считаю, там расстреляла. В течение этого времени первая группа вернулась и забрала новую группу евреев. Так обе группы, меняясь, производили казнь.

После того как все евреи были расстреляны, мы все пошли к яме и могли увидеть, что она была 8–10 м длиной и примерно 4 м шириной. Глубину я не мог оценить, так как расстрелянные евреи лежали рядами друг на друге. У ямы я увидел врача СС, который на наш вопрос подтвердил, что евреи действительно мертвы [...] Казнью руководил унтер- или оберштурмфюрер Мюллер. Блобеля я в этот день не видел [...] Других офицеров я не видел. Из членов СД, которые участвовали в этой казни, я могу вспомнить только некоего Халле или Халлера, который, насколько я знаю, был обер- или гауптшарфюрером. Названное мне имя Франц мне ничего не говорит [...].

Вероятно, дня через два после описанной мною акции в Ровно в еврейском квартале была проведена еще одна акция. Вновь мой взвод в еврейском квартале был назначен для оцепления и члены СД с их украинскими переводчиками вновь прочесали еврейские дома. В ходе этой акции было схвачено только 50–75 евреев. Эти люди в течение 3–4 дней под нашей охраной занимались уборкой в различных зданиях. Ночью они под охраной вермахта находились в одной бывшей гостинице. По истечении этого времени эти евреи были также расстреляны членами моего взвода и СД близ первого места казни. В этом случае акцией руководил один шарфюрер, имени которого я уже не помню. Уже упомянутый шарфюрер Халле также присутствовал. Во время этой акции я также не был назначен стрелком. После того как евреи были доставлены на место казни, я должен был немедленно вернуться в город [...] После того как мы примерно 8 дней были в Ровно, мы поехали дальше в Житомир [...]

BArch B 162/5647, Bl. 1329–1332, 1334.

Показания 11.2.1947 г. Фридриха Эбелинга:

[...] Перед прибытием в Ровно наша группа примерно 4 дня находилась в городе Львов, где нами в поисках документов был произведен обыск в одном правительственном здании. Обыск был произведен функционерами СД, а полицейские, в том числе и я, оцепили здание. В остальные дни нашего пребывания во Львове я нес караульную службу. Когда мы находились в Ровно, наша группа действовала в следующем составе: 20 членов СД, взвод войск СС (около 30 человек) и наш 3-й взвод полиции (примерно 33 человека). Руководителем всей группы ЕК 4-А был штандартенфюрер Блобель. Командиром полицейского взвода был цугвахтмейстер Тэкельбург, который в июле-августе 1942 г. был откомандирован из нашего батальона.

В город Ровно мы прибыли в начале июля 1941 г., точное время я уже вспомнить не могу, это должно было быть примерно в 15–16 часов. Еще в тот же день по приказу штандартенфюрера Блобеля наша группа провела облаву на евреев. Нашему полицейскому взводу было приказано окружить один квартал. В окружении участвовал также я. Обыски и аресты евреев были произведены функционерами СД и СС. Облава началась примерно в 20–21 час и была закончена в 23–24 часа. В общей сложности были арестованы около 400 человек. Это были евреи-мужчины в возрасте от 30 до 65 лет. Женщины и дети арестованы не были. После окончания облавы все арестованные под охраной нашего полицейского взвода были отведены в один сарай, где они под охраной полиции оставались всю ночь и следующий день. Я лично участвовал в конвоировании пленных. На следующий день, примерно в 18–19 часов, арестованные под охраной нашего полицейского взвода, взвода СС и членов СД пешком были доставлены из города на место расстрела. На окраине города находилась кирпичная стена. У этой стены были собраны все арестованные, они находились там под охраной полиции и СС. Я сам также участвовал в охране пленных у стены. За стеной находилась большая, заново выкопанная яма. Мне не известно, кто выкопал эту яму. Примерно в 10 м от ямы находилась команда, производившая расстрел, она состояла примерно из 20 человек. В эту команду входили члены СД и СС и полицейские, но в каком отношении, я уже не помню. Арестованные приводились группами по 20 человек и должны были становиться на край ямы спиной к стрелкам. Этот массовый расстрел был проведен под командованием оберштурмфюрера или гауптштурмфюрера Ханса, который лично давал команду «огонь». По каждой группе производился залп. Тех, кто после этого залпа еще был живым, функционеры СД добивали из автоматов. Трупы расстрелянных падали в яму, землей их не засыпали, а сразу подводилась следующая группа. Глаза арестованным не завязывали. Команда, производившая расстрел, постоянно менялась, так что в ходе этого массового расстрела в расстреле должен был участвовать каждый полицейский и каждый член СД и СС. Я лично все время охранял арестованных у стены и лишь в последнюю очередь принял участие в расстреле, причем я сделал только один выстрел, так что я застрелил одного человека [...]

Кроме вышеупомянутого мною массового расстрела, наша группа ЕК 4-А в городе Ровно больше никаких акций не проводила. Примерно через 2 дня после этого расстрела мы отправились дальше в город Звягель, который находился в направлении города Житомир.

В город Звягель прибыла вся команда ЕК 4-А, в старом составе, около 80 человек. Сразу после нашего прибытия в Звягель функционеры СД объявили, что все мужчины еврейской национальности должны явиться в здание СД, так как они там будут зарегистрированы и отправлены на работу. Но это был обман, так как евреи, когда они явились для регистрации, были там арестованы. В совокупности этим способом было арестовано около 200 человек. Все арестованные оставались примерно 4–5 часов под охраной полиции во дворе здания. Я сам также был среди охранников. Примерно в 16–17 часов, точную дату я уже не помню, но я знаю, что это должно было быть в середине июля, все арестованные под охраной полиции были уведены из города и там, примерно в 300 м от города, расстреляны. Я лично также участвовал в отправке арестованных на место расстрела. Как арестованные, так и функционеры СД и СС на место расстрела шли пешком. Расстрел происходил следующим образом: арестованных подводили группами по 20 человек, и они должны были становится на край уже ранее выкопанной ямы, спиной к стрелкам. Глаза арестованным не завязывали. Яма находилась примерно в 200 м от того места, на котором находились остальные арестованные. Команда, которая производила расстрел, состояла из 20 человек. Половина из них были эсэсовцами, другая половина — полицейскими. Как полицейские и эсэсовцы были выстроены во время расстрела, я уже точно вспомнить не могу. Я знаю, что на одной стороне рядом со мной стоял полицейский, но кто это был, я уже не помню. Руководил расстрелом оберштурмфюрер Ханс, он также давал приказ «огонь». Каждый раз после расстрела группы из 20 человек функционеры СД добивали из автоматов еще живых. Функционеры СД сбрасывали трупы расстрелянных в яму, их не засыпали, а сразу приводили следующую группу арестованных — всегда 20 человек, которых расстреливали таким же способом. Так были расстреляны все 200 человек. Все расстрелянные были мужчинами в возрасте от 25 до 65 лет. Женщины и дети расстреляны не были. После того как расстрел был закончен, яма с трупами, точно так же, как это было при массовом расстреле в городе Ровно, была засыпана полицейскими и эсэсовцами. Я сам, как и вся команда, которая участвовала в расстреле, в засыпке ямы не участвовал. Во время этого расстрела в городе Звягель я лично застрелил 10 советских граждан [...]

BArch B 162/19220, Bl. 2–6.

Показания 14.2.1947 г. Йоганнеса Фишера:

[...] Уже перед нашим прибытием в Ровно там были произведены аресты советских граждан еврейской национальности. В совокупности были арестованы 80–100 человек. Они под охраной полиции были заперты в одном большом гараже. После прибытия нашего взвода в городе Ровно была проведена облава на евреев.

Наш полицейский взвод произвел оцепление, а функционеры СД и СС произвели аресты евреев. Я лично в качестве постового находился в оцеплении городского квартала. Во время этой облавы были арестованы около 100 человек (евреи). Вся эта группа евреев (200 человек) была расстреляна в городе Ровно на площади близ водопровода. Это были мужчины в возрасте от 20 до 40/45 лет. Яма для расстрела была выкопана русскими военнопленными. В расстреле участвовали две команды по 10 человек каждая. Одна команда состояла из функционеров СС, другая — из полицейских нашего взвода. Во вторую команду входил и я. Евреев подводили к яме группами по 10 человек, и они должны были становиться к нам спиной. Глаза им не завязывали. Расстрелом руководил оберштурмфюрер Ханс или оберштурмфюрер Хун, точно я сказать не могу. Обе команды расстреляли по 100 человек. Я лично сделал 4 выстрела и таким образом застрелил четырех советских граждан. После этого я не мог дальше стрелять и был заменен кем-то другим. После расстрела яма была засыпана русскими военнопленными [...]

BArch B 162/19220, Bl. 18–19.

Показания 30.10.1963 г. Йоганнеса Фишера:

[...] Украинское население на следующий день после нашего прибытия в Ровно согнало евреев и передало их оперативной команде 4а. Кроме того, украинцы также выдали различные квартиры евреев, сообщили о них команде, и затем евреи были забраны СС. Это был тот взвод СС, который был придан оперативной команде 4а. Численность этого взвода составляла примерно 30–40 человек [...] Согнанные евреи были заперты в 2 гаражах, которые были возле нашего места расквартирования. Сгон произошел утром, а во второй половине дня они уже были расстреляны [...] Евреев было более 80. Во второй половине дня наш полицейский взвод под руководством Тэкельбурга препроводил их на место казни. Среди евреев были также калеки, которых должны были нести их собственные люди. До места казни нужно было идти примерно полчаса. Мы должны были следить, чтобы ни один еврей не удрал. Место казни находилось у фабричной территории или старой водопроводной станции, во всяком случае, так это выглядело. Там была только одна яма, вырытая русскими военнопленными. Это были примерно 6 военнопленных, они все были еще очень молодыми. На расстреле эти русские военнопленные не присутствовали, однако из сданных евреями сапог они могли взять подходящие.

Расстрел этих примерно 80 евреев проходил так, что сначала приданный взвод СС должен был расстрелять примерно 20 человек, затем настала очередь членов СД с другими примерно 20 людьми и остаток был прикончен 3-м взводом. Гауптштурмфюрер Хун (это был не «шписс», фамилия которого также была Хун) обратился к нам с короткой речью. Он выразился в том смысле, что мы без сомнений должны производить расстрел, так как за все отвечает фюрер или «Берлин» и евреи это все равно, что свиньи. Теми из 3-го взвода, которые были назначены для расстрела, командовал не командир взвода Тэкельбург, а команду «огонь» давал гауптштурмфюрер Хун. Насколько я знаю, команда гласила: «зарядить — приготовиться — огонь». Евреям перед расстрелом не были названы причины, по которым они должны расстаться с жизнью. На смерть они шли спокойно. Расстрел происходил так: в одну жертву должны были стрелять из карабинов два стрелка, причем один целился в голову, а другой — в сердце. Евреи должны были становиться на колени у ямы спиной к стрелкам. От этих двух прицельных выстрелов евреи опрокидывались в яму. Необходимое добивание производил сам гауптштурмфюрер Хун. Во время этой казни он производил добивание из пистолета и в конце расстрела проверил, все ли евреи мертвы. Собственными глазами я еще видел, что 6 русских военнопленных сначала посыпали яму хлором, а затем ее закопали [...] Точную дату расстрела я уже назвать не могу, однако полагаю, что это могло быть начало июля 1941 г. К яме всегда подводилось по 10 евреев [...] Спустя один или 2 дня был еще один расстрел евреев, но в том ли же месте, что и первый, я уже сказать не могу. Были расстреляны приблизительно 30 или 40 евреев. Я на этом расстреле не присутствовал, а услышал о нем только из разговоров в кругу товарищей [...] Уже в Ровно командир 3-й роты гауптман Крумме попытался договориться с Блобелем о том, чтобы в будущем во время расстрела евреев полиция использовалась только для оцепления. Если сказать вкратце, Крумме ничего не добился [...]

BArch B 162/5647, Bl. 1377–1379.

Показания 1.11.1963 г. Эриха Хайдборна:

[...] После нашего прибытия во Львов мы были размещены в большом здании. В этом городе мы, насколько я помню, также узнали, что мы будем приданы оперативной команде 4a. Насколько я помню, мы были во Львове 8–14 дней. В течение этого времени (день я уже не помню) к нам явился штандартенфюрер Блобель как командир ЕК 4a и произнес речь [...] сначала он указал на зверства, совершенные русскими перед их уходом. Под конец он заявил, что евреи являются нашим врагом и что от них исходит большая опасность эпидемии. Поэтому они должны быть уничтожены. Он сказал также, что это уничтожение будет произведено путем расстрела. Во Львове не было речи о том, что эти расстрелы должны производить мы. В то время считалось, что мы будем приданы СД для поддержки, то есть мы должны охранять места расквартирования и пр. Только в Ровно стало ясно, что мы должны производить казни. По этой причине и так как мы этот способ деятельности не воспринимали, наш командир взвода Тэкельбург в Ровно сделал соответствующее заявление Блобелю. Как проходила эта беседа, я, естественно, не знаю, так как я на ней не присутствовал. Тэкельбург сообщил нам, что Блобель высказался в том смысле, что кто не примет участие, сам будет расстрелян. Насколько мне известно, гауптман Крумме и гауптман Ханс, который был командиром 1-й роты, также старались избавить роты от этого вида деятельности и, как рассказывали, оба даже сделали соответствующее заявление в Берлине [...] Но так как наша деятельность продолжалась, старания обоих господ явно ни к чему не привели.

Совершенно верно, что Тэкельбург на пути из Львова в Ровно репетировал со взводом расстрел. Из этого я должен сделать логический вывод, что Тэкельбург уже в то время знал, что нам предстоит [...]

Во Львове мой взвод еще не был задействован. Я, правда, видел, что на стадионе несколько сот евреев охраняли члены СД и несколько членов моего взвода. Для этой охраны был назначен также я. Охрану мы несли в течение одного дня, и вечером ворота были открыты и несколько членов СД стали избивать евреев палками, выгоняя их наружу. После этого евреи были освобождены. Ни в коем случае не было так, что евреи были увезены на грузовиках и затем расстреляны.

[...] Уже на второй день нашего пребывания в Ровно весь мой взвод был назначен для казни. Рядом с нашим местом расквартирования находился гараж, в котором СД собрала примерно 40–50 евреев мужского пола. Этих евреев я должен был сначала охранять. В этом месте я могу указать на то, что другие члены моего взвода были назначены для оцепления в еврейском квартале, и евреи, которых я должен был охранять, поступили в результате облавы, организованной СД. После того как накопилось примерно 40–50 евреев, они пешком были доставлены за город на довольно открытую местность. Также во время этого марша я был назначен в охранение. При прибытии на открытую местность я увидел, что там была выкопана яма размером примерно 5×2×2. У ямы находились члены СД и люди моего взвода, которые затем группами расстреляли приведенных нам евреев. Если я еще правильно помню, экзекуционная команда не была смешанной: один раз стреляла команда СД и один раз — наша команда. Расстреливали по 5–6 человек. Евреи одетыми должны были становиться лицом к яме на край ямы, так что они после залпа падали в яму. После того как евреи, которые из описанного мною гаража были отведены из Ровно на место казни, были расстреляны, я вернулся на место расквартирования. Других задач у меня в этот день не было. Однако я позднее слышал, что расстрел еще продолжался, но я не знаю, сколько еще евреев в Ровно были расстреляны. Когда я пришел с партией к яме, там не было ни одного трупа [...]

Я должен мое изложение дополнить или исправить еще в одном другом пункте: евреи из гаража были доставлены на место казни не пешком, а на грузовике. Насколько я помню, евреев в гараже охраняли только 2 человека. Кто был другим, я уже не знаю [...]

Я полагаю, что могу вспомнить о том, что я должен был стрелять примерно 10 раз. После этого я был сменен и вернулся на место расквартирования.

Я не помню, что евреи сначала были собраны у стены. Названная мною на первом допросе роща могла находиться примерно в 150 м [...]

Члены моего взвода стреляли из карабинов. По одному осужденному должны были стрелять два стрелка, причем мы должны были целиться в затылок [...]

По истечении примерно недели мы в полном составе отправились дальше в Житомир. По дороге туда мы на одну ночь и один день остановились в Звягеле. Вскоре после прибытия в Звягель СД схватила примерно 30 мужчин, в основном евреев, и, если я правильно помню, одного политрука. С другими 4 или 5 членами моего взвода я вновь был назначен в экзекуционную команду; кто еще со мной был назначен, я уже не знаю. Вместе с СД и жертвами мы пошли на окраину города, и там 30 человек были расстреляны. Ямой в этом случае была воронка. Во время этого расстрела экзекуционная команда была смешанной, то есть мы из полиции и СД стреляли вместе в составе одной экзекуционной команды, причем численность команды вновь была примерно 10 человек, и каждый раз расстреливалось 4 или 5 осужденных [...]

BArch B 162/5647, Bl. 1409–1415.

Донесение о событиях в СССР № 30 от 22 июля 1941

[...]

Оперативная группа С.

Место расположения: Житомир

сообщает:

В Житомире были расстреляны 187 русских и евреев, которые отчасти как штатские пленные были выданы вермахтом.

Легковая машина оперативной команды 4а в Житомире была обстреляна из одного дома. Преступник, мальчик 12 лет, схвачен.

Расследование еще не закончено. Начато проведение мероприятий возмездия.

Так как в окрестностях Житомира будто бы скрываются коммунисты и евреи, совместно с вермахтом начаты планомерные розыски.

[...]

Донесения о событиях в СССР № 37 от 29 июля 1941 г.

[...]

Оперативная группа С.

Место расположения Житомир, сообщает:

В Житомире имелось примерно 30 000 евреев, они составляли свыше 30 % всего населения[1]. Большая часть из них бежала перед приходом немецких войск. По осторожным подсчетам, в настоящее время в Житомире находится еще около 5000 евреев (9 % всего населения) [...] В самом Житомире до настоящего времени при сотрудничестве штаба группы и передовой команды 4а в совокупности расстреляно около 400 евреев, коммунистов и осведомителей НКВД. Вследствие этого число казненных оперативной командой 4а составило **2531.**

В Житомире создан большой лагерь для пленных; в этом лагере также размещены штатские пленные. С большой вероятностью можно предположить, что среди этих штатских пленных находятся бывшие политкомиссары, которые, очевидно, по указанию в назначенное время отделились от войск и каким-либо способом облачились в штатскую одежду. Этим способом удалось разыскать 3 политкомиссаров в штатском, которые после первоначального отрицания это также признали. Попытка заставить их дать правдивые сведения об их задачах и их деятельности во всех случаях потерпела провал [...]

Как уже сообщалось, был арестован еврей в возрасте 12 лет, который стрелял по машине оперативной команды 4а. Все попытки схватить возможных инспираторов потерпели провал. В качестве возмездия вновь будет проведена акция против евреев.

---

[1] Согласно переписи населения в январе 1939 г., в Житомире проживали 29 053 еврея (30,56 % всего населения).

В то время как везде Советы уничтожили или забрали с собой весь материал, оперативной команде 5 удалось захватить в Кременце важный материал, который касается главным образом НКВД. Материал передан дальше.

[…]

Донесение о событиях в СССР № 38 от 30 июля 1941 г.

[…]

Донесения оперативных групп и команд

Оперативная группа С

Место расположения: Житомир, сообщает:

Поджоги продолжаются. По согласованию с генералом Рейнхардтом при поддержке вермахта была проведена гросс-акция, которая привела к аресту 200 коммунистов и евреев. После установления личности и проверки 180 коммунистов и евреев были расстреляны. При проверке, как и в других городах, было вновь установлено, что влиятельных лиц больше не имеется. Все же существует вероятность, что прежде всего евреи в настоящее время сщс скрываются в окрестностях города; в скором времени в ходе планомерного прочесывания деревень они должны быть схвачены.

Был доставлен 12-летний еврей, который признался, что поджег целый переулок. На допросе он показал, что к этому его подстрекали родители, а также третья сторона.

По сообщению ЕК 4а из Звягеля, там продолжается саботаж. Вермахт сгоняет в одно место штатских и в качестве возмездия проводит казни. В сотрудничестве с вермахтом и украинцами в лагере для штатских пленных выявлены 34 политкомиссара, агента и пр., которые тем временем прикончены […]

Казни:

Проскуров 146, Винница 146, **Бердичев 148**, Шепетовка 17, **Житомир 41**, Хоростков 30. В последнем населенном пункте население убило еще 110 евреев […][1]

---

[1] Жирным выделены пункты, в которых расстралы производила зондеркоманда 4а.

Донесение о событиях в СССР № 47 от 9 августа 1941 г.

[...]

Оперативная группа С:

Место расположения: Ж и т о м и р.

[...]

3. Казни.

В Житомире в последние дни было прикончено ок. 400 евреев, в основном саботажников и политических функционеров.

В Троянове, где расположенное там саперное подразделение уже расстреляло коммунистов, были ликвидированы еще 22 еврея.

В Коростышеве за саботаж, шпионаж и грабежи было устранено 40 евреев, тем более что стало также известно, что вернувшиеся евреи тиранят население и установили тесную связь с вооруженными бандами в окрестностях Коростышева.

Одновременно были предприняты розыски будто бы спрыгнувших в штатском парашютистов. При этом прежде всего попался один военнослужащий Красной Армии в штатском, шатавшийся в лесу; у него не было документов, и он давал противоречивые сведения о своей личности и причине своего пребывания в лесу. По подозрению в шпионаже он был расстрелян на месте. Наряду с этим удалось с помощью украинской милиции схватить штатского, который был идентифицирован как русский парашютист. Немедленно были извещены компетентные ведомства вермахта.

В Черняхове были прикончены 110 евреев и большевиков. Были также прикончены 2 еврейских коммуниста, которые пытались заманить небольшие команды в засаду.

В Бердичеве до прибытия ЕК 5 действовало отделение ЕК 4а. За грабежи и коммунистическую деятельность были казнены 148 евреев. ЕК 5 до настоящего времени расстреляла еще 74 еврея.

[...]

Далее, в ходе поисков в Макарове были выявлены 14 евреев, которые были партизанами и осведомителями НКВД или несли ответственность за высылку.

Кроме того, был арестован фольксдойче по фамилии Грюнвальд, который с 1935 года близ Житомира был руководителем кооператива. Населением тамошней немецкой колонии он был обвинен в том, что в сотрудничестве с НКВД занимался планомерными высылками фольксдойче. Кроме того, он был обвинен в том, что всячески терроризировал немецкое население. В связи с тем, что речь шла о фольксдойче и он энергично отвергал все обвинения, обвинительный материал был тщательно проверен, причем все обвинения оказались правильными. Он был ликвидирован.

Кроме того, сегодня был арестован 60-летний еврей, который признался в том, что с 1905 г. был большевиком и с 1918 г. народным судьей. Во время допроса он сознался в 1000 убийствах. Завтра он вместе со своим палачом в присутствии всего населения Житомира будет публично повешен на базарной площади.

[...]

Из приговора Житомирского областного суда от 15.3.1974 г. по делу бывших полицейских Черняховской районной полиции, участвовавших в расстрелах евреев в Черняхове летом 1941 г.

В один из дней конца июля 1941 года, в первой половине дня, к указанному месту, где уже были вырыты ямы, подсудимые Шлапак, Дарнапук и Вайс вместе с другими полицейскими привели группу лиц 40–50 человек, в числе которых были старики и дети. По команде немецкого офицера СС, которую на русский язык переводил Вайс, жертвы ставились по 10–15 человек вдоль ямы и расстреливались в спину.

Во второй половине того же дня Вайс, Шлапак и Дарнапук в числе других полицаев приконвоировали вторую группу граждан в количестве около 50 человек. Они таким же образом были расстреляны...

Через некоторое время, в августе 1941 года, туда же за железнодорожную насыпь на автомашинах была привезена новая группа граждан в количестве свыше 150 человек. С участием Шлапака, Дарнапука и Вайса они также были расстреляны.

Дарнапук не признал себя виновным в расстрелах, заявив, что был на месте расстрела лишь один раз, и приходил туда с целью позвать бывшего начальника районной управы Пивовара.

Шлапак между тем пояснил, что как сам лично, так и Дарнапук и Вайс непосредственно расстреливали жертвы. Делали это по взмаху флажка офицера и по команде Вайса, игравшего там еще роль переводчика. Он заявил, что сам лично и Дарнапук расстреляли в общей сложности не менее чем по 16 человек, а Вайс расстрелял около 8[1].

Из показаний бывшего члена (резервист войск СС) зондеркоманды 4а Йоганнеса Дайнлайна об акциях в Барановке и Бердичеве летом 1941 г.

Показания 2.6.1964 г.:

Насколько я помню, казни евреев, в которых участвовала команда 4а, были в Барановке, южнее Звягеля[2], и в Бердичеве. Обеими казнями руководил командир Блобель. Насколько я помню, присутствовали также Радецки и, возможно, Войтон[3]. Это могло быть во время продвижения летом 1941 г. В Барановке я был назначен стрелком. В Барановке были расстреляны приблизительно 100 евреев. Это были исключительно мужчины.

В Бердичеве, где я вновь фигурировал в качестве стрелка, были казнены примерно 50 евреев-мужчин[3]. Когда меня спрашивают о других членах ЗК 4а, которые были на казни в Б., то я припоминаю только «шписса» Хуна [...]

BArch B 162/5651, Bl. 2374.

---

[1] Приговор судебной коллегии по уголовным делам Житомирского областного суда от 15.3.1974 г. по делу Вайса, Вира, Прищепы, Дарнапука и Шлапака (Дело по обвинению Вайс Р. Р. и других, в: Архив Управления СБУ в Житомирской области). Согласно эксгумации останков людей, заключению судебно-медицинской экспертизы, всего за железнодорожной насыпью было расстреляно не менее 382 человек; трупы расстрелянных были зарыты в 9 ямах.

[2] Барановка находится в 33 км южнее Звягеля (Новоград-Волынский).

[3] Войтон в то время входил в штаб оперативной группы С, в команде с октября 1941 г.

Показания 9.8.1965 г.:

Я еще пережил казнь в Бердичеве[1]. Это могло быть во время продвижения. Точное количество евреев, которые были расстреляны, я назвать не могу. Их могло быть 50–100 человек. Я уже не могу сказать, где было место расстрела. Насколько я помню, на казни был Блобель. Я полагаю, там также был Войтон. Но точно я не знаю. Я также наверняка не знаю, был ли на этой казни ф. Радецки. Я думаю, что могу вспомнить, что там был Хун. Точно я это сказать не могу.

Когда мы продвигались вперед, казнь была также в Барановке. В Барановке были расстреляны примерно 100 евреев. Это были, насколько я помню, только мужчины. Стреляли из карабинов. Я полагаю, что казнь в Барановке была совершена командой, которая поехала в Барановку из Звягеля. Кто руководил этой передовой командой, я не знаю.

BArch B 162/19202, Bl. 324.

Показания бывшего оберштурмфюрера СС Августа Хэфнера (зондеркоманда 4а) на судебном процессе в Дармштадте 17.10.1967 г. об испытании разрывных пуль в Житомире в июле 1941 г.

Я сам с главной командой поехал из Звягеля [Новоград-Волынский] в Житомир. Так как машины для меня не нашлось, я поехал на трофейном русском грузовике. Я вернулся из какой-то курьерской поездки, тут Блобель мне приказал с другими членами «руководящей службы» идти на вскрытие трупов. Вскрытие мы до сих пор не

---

[1] На судебном процессе в Дармштадте 5.2.1968 г. Дайнлайн заявил: «Бердичев мне известен, но что там было, я сказать не могу... Я действительно не могу сказать, была ли казнь в Бердичеве...» (BArch B 162/17912, Bl. 1151, 1157).

В Барановке 19.7.1941 г. были расстреляны 74 еврея (Акт районной комиссии от 10.1.1944 г. // Зверства немецко-фашистских захватчиков. Документы. Вып.13. — Воениздат, 1945. — С. 50).

В Бердичеве, согласно *Ereignismeldung UdSSR* №38 от 30.7.1941 г., зондеркоманда 4а расстреляла 148 евреев.

видели, и как будущие руководящие криминальные чиновники мы, безусловно, должны были принять в нем участие. Где все это было, я сначала не знал. Я уже не помню, с кем я поехал. Мы прибыли на местность, которую я мог бы назвать кладбищем. В центре находилось здание, которое внешне выглядело как железнодорожная сторожевая будка. Но это была, пожалуй, небольшая часовня. Блобель на месте расквартирования заявил, что в этом должны участвовать все члены «руководящей службы». Но все ли пришли, я сказать не могу. Я еще помню, что на этом кладбище нас было трое. Когда мы туда пришли, там уже был оберштабсарцт[1], который представился мне как д-р Паннинг. Д-р Паннинг сделал приготовления к казни, о которой мне самому не было ничего известно. Я перед этим не имел никакого представления о том, будет ли казнь. Во всяком случае, я должен констатировать, что он беседовал с членами команды, которые находились позади часовни. Затем каким-то членом команды, в которую также входили шупо, был приведен человек, который рассматривался как жертва. Д-р Паннинг повернулся и спросил, можно ли начинать. Мы тогда посмотрели на Каллсена, Каллсен посмотрел на нас, и все закончилось тем, что Каллсен слегка наклонил голову. Затем всё взял в свои руки д-р Паннинг. Поблизости находились два ящика, которые можно назвать ружейными ящиками. Возле ящиков находился унтер-офицер санитарного подразделения, которого д-р Паннинг назвал своим шофером. По распоряжению д-ра Паннинга этот унтер-офицер подавал отдельные винтовки. Это были русские, французские и английские винтовки. Д-р Паннинг давал указание, какими патронами должна быть заряжена соответствующая винтовка. Отчасти патроны для определенных винтовок заменялись. Затем д-р Паннинг велел поставить жертвы в определенное положение — отчасти они должны лечь, отчасти они должны повернуться. Затем он дал стрелку винтовку и указал, в какую часть тела он должен стрелять — или в плечо, руку, ногу или в определенные части лица. В жертву каждый раз производилось 2–3 выстрела. Последний выстрел каждый раз был смертельным. Насколько я помню,

---

[1] Оберштабсарцт (Oberstabsarzt) — звание в медико-санитарной службе Германии, соответствует званию майора.

были расстреляны примерно 7–8 человек. Мы сами по отношению к этому факту стояли совершенно растерянными. Мы не могли ничего поделать. Ни один из нас, трех офицеров, не давал в какой-либо форме приказ или организационные указания. Каллсен не отдавал никакого приказа о расстреле. Все дело находилось исключительно в руках оберштабсарцта. Затем трупы были доставлены в часовню. Оберштабсарцт начал вскрывать трупы. Я еще припоминаю, что он давал разъяснения, что он должен установить, какие последствия отдельные выстрелы вызывали в отдельных частях тела. Это исследование было предписано потому, что было установлено, что против немецких солдат использовались русские разрывные пули, что обнаружилось при обследовании раненых и трофейных боеприпасов. Я первый раз присутствовал при таком вскрытии, на котором людей разрезали так, как там происходило. Затем нам дали знать, что это конец. Мы пошли назад. Ни один из нас ничего не сказал. Для нас было просто слишком тяжело, что мы там видели [...]

На допросе я показал, что стрелками были два человека, которые сменяли друг друга. Стрелял всегда только один. Также со стороны д-ра Паннинга было видно, что плохо, если бы оба стреляли, так как д-р Паннинг хотел научно установить, попала ли пуля в цель и куда именно.

По некоторым жертвам стреляли из одной и той же винтовки, но разными патронами; в других случаях менялась винтовка. Оберштабсарцт д-р Паннинг каждый раз приказывал готовить винтовку. Всем жертвам сначала наносилось ранение, затем, возможно, еще одно ранение, и затем следовал смертельный выстрел. Расстояние между стрелками и жертвами каждый раз менялось, оно могло колебаться между 4 и 10 метрами. Расстояние в каждом случае определял д-р Паннинг. Расстрел происходил на территории кладбища.

После того как все дело стало более чем мрачным, для меня практически было совершенно ясно, что здесь не обошлось без генерал-фельдмаршала фон Рейхенау, который в то время также был в Житомире. Вспомнив об отданных им приказах, я понял, что подобные вещи он или приказал, или они зависели от его решения. Я считал абсолютно бесполезным выступать против, поскольку оберштабсарцт был из ОКВ, а мы подчинялись Блобелю. Это дело я также считал грубым нарушением международного права. Я обдумывал мысль выступить против этого дела. Говорил ли я об этом с другими, я уже не помню. Но я хорошо помню, что в ходе нашей беседы мы пришли к единому мнению, что если Германия и дальше будет делать то, что происходит здесь, на Востоке, то наше поведение не будет ничем отличаться от поведения коммунистической партии по отношению к собственному народу. Это была картина, которую я для себя лично составил и которая в основном совпадала с мнением моих товарищей.

BArch B 162/17908, Bl. 191–197.

ПРИМЕЧАНИЕ

Д-р Герхарт Паннинг был доцентом и руководителем судебно-медицинского института военно-медицинской академии в Берлине. В начале июля 1941 г. он был уполномочен произвести медицинскую экспертизу «большевистских зверств» и действия советских разрывных пуль. Сначала действие разрывных пуль проверялось путем выстрелов в землю, воду, куски картона, доски и разделанные части лошади. Полученные при этом данные Паннинга не удовлетворили, и поэтому он решил проверить действие разрывных пуль на живых людях. С этой целью он со своим помощником Вильгельмом Крёше отправился в штаб 6-й армии, где обратился за помощью к начальнику разведывательного отдела майору Пальтцо и армейскому судье д-ру Нойману. По их совету Паннинг пришел к Блобелю и попросил его о поддержке. Блобель с готовностью выделил для опытов минимум шесть военнопленных, которые как «нежелательные» были отобраны в лагере военнопленных в Житомире, а также стрелков.

В 1942 г. в журнале «Немецкий военный врач» Паннинг опубликовал статью о результатах своих исследований, в которой он сообщил, что для проверки действия разрывных пуль были обследованы раненые этими пулями немецкие солдаты, а также расстрелянные этими пулями «русские» (6 выстрелов в голову и 5 — в грудь или живот), то есть всего было убито 11 пленных. Бывший шофер команды Курт Вернер, который был назначен стрелком, говорил о 8–12 расстрелянных пленных, в то время как бывшие полицейские 3-го взвода 3-й роты 9-го резервного полицейского батальона Лауэр и Шмидт, назначенные в оцепление, говорили о нескольких пленных, привезенных на грузовике (Landgericht Darmstadt Ks1/67 (Gsta), Urteil v. 29.11.1968 gegen Kuno Callsen u. a.).

Об этих экспериментах было доложено в ОКВ. Эксперт по международному праву в ОКВ (управление Заграница/Абвер) граф Гельмут фон Мольтке в письме жене 12.9.1941 г. так отозвался о них: «[...] Вчера на мой стол легло следующее: один офицер сообщает, что у русских обнаружены запрещенные международным правом боеприпасы: пули дум-дум. Что действительно речь идет именно о них, подтверждается заключением оберштабсарцта д-ра Паннинга; для проверки он использовал эти боеприпасы во время казни евреев. При этом обнаружилось следующее: при попадании в голову пуля реагировала так и так, при попадании в грудь — так и так, при попадании в живот — так и так, при попадании в конечности — так и так. Эти результаты научно обрабатываются, чтобы безупречно доказать нарушение международного права. Все же это высшая точка озверения и упадка, и ничего нельзя сделать. Но я надеюсь, что все же можно будет однажды привлечь к суду доложившего офицера и господина Паннинга [...]» (Die Verfolgung und Ermordung der europäischen Juden durch das nationalsozialistische Deutschland 1933–1945: Bd. 7: Sowjetunion mit annektierten Gebieten I. Besetzte sowjetische Gebiete unter deutscher Militärverwaltung, Baltikum und Transnistrien, bearb. von Bert Hoppe und Hildrun Glass. — München: Oldenbourg Wissenschaftsverlag, 2011, — S. 288 (Dok. 80)). В январе 1944 г. фон Мольтке был арестован за оппозиционную деятельность и в январе 1945 г. казнен.

Из показаний бывшего члена зондеркоманды 4а Йозефа Зуханека о расстрелах в Бердичеве

Показания 30.11.1965 г.;

[...] я должен был участвовать в оцеплении в Бердичеве. Я припоминаю, что тогда из карабинов были расстреляны около 80 человек. Кто руководил командой в Бердичеве и кто был назначен стрелками, я уже сказать не могу. Но я еще припоминаю, что стрелки стреляли из карабинов так плохо, что присутствовавшие офицеры должны были добивать почти каждого человека [...]

BArch B 162/19209, Bl. 1889.

Показания 20.1.1966 г.;

[...] первая казнь, которую я пережил, была в Бердичеве. Там были расстреляны примерно 70–80 человек. Туда поехала подкоманда. Насколько я сегодня могу еще вспомнить, в ее составе были два оберштурмфюрера. Кто это был, я уже сегодня сказать не могу. Расстрел был сразу за городом. Стреляли из карабинов. Стрелки стреляли очень плохо. Евреи, когда они слышали команду, бросались в яму. Кто давал команду, я сказать не могу. Должно было производиться добивание. Кто производил добивание, я сказать не могу. Я еще знаю, что это были оберштурмфюреры, которые были на казни. Когда мы поехали, мы не знали, что мы едем на казнь [...]

BArch B 162/19209, Bl. 1858.

Приказ командующего 6-й армией от 10 августа 1941 г. относительно «казней СД»

В различных населенных пунктах тыла армии органы СД рейхсфюрера СС и шефа немецкой полиции производят необходимые казни преступных, большевистских, в основном еврейских элементов.

Случается, что свободные от службы немецкие солдаты добровольно предлагают СД свое содействие при проведении казней, присутствуют на подобных мероприятиях в качестве зрителей и при этом их фотографируют.

В связи с этим командующий армией приказал следующее:

Всякое участие солдат армии в качестве зрителей или исполнителей на казнях, которые не предписаны военным начальником, запрещается.

Фотографии таких казней, если они уже сделаны, дисциплинарный начальник должен изъять и уничтожить. В будущем фотографирование запрещается.

Солдат, нарушивших этот приказ, следует наказывать за недисциплинированность.

Если СД обращается к ортскомендантам с просьбой произвести оцепление территории, предназначенной для казни СД, с целью недопущения зрителей, то такую просьбу следует исполнять.

Nürnb. Dok. NOKW 2176; Hamburger Institut für Sozialforschung (Hg.). Vernichtungskrieg. Verbrechen der Wehrmacht 1941 bis 1944. Ausstellungskatalog. — Hamburg, 1996. — S. 75.

Донесение о событиях в СССР № 58 от 20 августа 1941 г.

[...]

Оперативная группа С

Местонахождение Н о в о У к р а и н к а.

[...]

Оперативные команды продолжают операции по прочесыванию.

Теперь планомерно проверены почти все деревни и большие места в дальних окрестностях Бердичева и Житомира.

В Райке был выявлен и казнен комиссар НКВД и одновременно руководитель красной милиции.

В Ново-Чартории удалось ликвидировать коммунистического директора школы Катюку, а также еще одного члена коммунистической партии [...]

В лагере военнопленных в Бердичеве были выявлены и казнены девять евреев, подозреваемые в том, что они коммунисты.

В Янушполе, городе, где евреи составляют около 25 % жителей, в последние дни прежде всего еврейские женщины вели себя нагло и дерзко из-за наложенных на них теперь ограничений. При этом они на себе и своих детях рвали одежду. В качестве предварительного мероприятия возмездия прибывшей туда лишь после восстановления спокойствия командой были вначале расстреляны 15 евреев мужского пола. Будут проведены новые мероприятия возмездия.

Во Вчерайше на основании данных милиции были в совокупности расстреляны 22 функционера, грабителя и саботажника.

В Червонном, где все главные функционеры бежали, удалось в совокупности прикончить еще 5 функционеров.

В Холодках после отступления красных войск ещё осталось некоторое количество активных коммунистов, из которых теперь ликвидированы шесть старых членов партии, бургомистр, председатель колхоза и сотрудник НКВД. Кроме того, там удалось арестовать политкомиссара русского полка, допрос которого, однако, еще не закончен.

С привлечением взвода войск СС в Брусилове были выявлены и на месте ликвидированы 29 коммунистов и 5 агентов НКВД.

По срочному призыву о помощи ортскоменданта в Радомышле туда отправился отряд со взводом войск СС; там была обнаружена прямо-таки невыносимая обстановка. Сначала вновь назначенный бургомистр был разоблачен как осведомитель НКВД и член КП с 1925 г. Как было доказано, он до последнего момента был связан с коммунистическими бандами. Его заместитель также был большевиком. Далее, был выявлен житель, который ссылал семьи украинцев и фольксдойче. Наконец, были арестованы евреи, которые открыто высказывались против немецких военнослужащих и отказывались работать на ОТ и пр. В ходе этой акции в совокупности были расстреляны 113 человек.

В окрестностях севернее Житомира были прочесаны 12 сел, и здесь в совокупности были казнены 15 функционеров.

При проверке села Черняхов во время акции по поиску коммунистических функционеров был казнен 31 еврей, которые активно действовали по-коммунистически и отчасти выступали как политкомиссары.

В связи с акцией в Рудне и Троянове были схвачены и расстреляны 26 еврейских коммунистов и саботажников.

Как уже кратко упоминалось в «Донесении о событиях» № 47 от 9.8.41, в Черняхове удалось арестовать председателя «тройки» тамошнего района и его помощника-палача. После прихода немецких войск в Черняхове сначала царило спокойствие, так что оставшиеся евреи были вынуждены себя сдерживать. На следующий день после ухода войск оперативная команда 4а установила, что тем временем евреи, которые, как и везде, связались с рассеянными русскими бандами, терроризируют весь населенный пункт. На основании этого наблюдения посланная туда команда арестовала всех обнаруженных в городе евреев мужского пола и одновременно занялась розысками еще скрывающихся террористов. Наряду с главным преступником, народным судьей Кипером, были выявлены еще 15 членов ГПУ и другие 11 осведомителей [...].

Сам Кипер и его помощник-палач 7.8.41 были публично повешены на новом базаре в Житомире. В центре большой площади для обоих евреев была сооружена виселица, на которой оба еврейских убийцы были повешены. Место казни окружала многотысячная толпа. Также очень сильно был представлен вермахт. В казни должны были участвовать, кроме того, 402 еврея, которые были собраны оперативной командой 4а. Перед осуществлением казни через передвижную станцию громкой связи роты пропаганды на русском и украинском языках было объявлено о зверствах, совершенных Кипером и его помощником, а также о том, какое они понесут наказание. Кроме того, на двух больших щитах, укрепленных на виселице, еще раз указывалось на совершенные преступления. Это объявление приговора неоднократно прерывалось криками одобрения и аплодисментами. Местное население восприняло это возмездие за десятилетия еврейского ужаса с чувством глубокого удовлетворения. Вслед за этим был произведен расстрел 402 евреев из Житомира. Организация — как казни обоих еврейских убийц, так и расстрела — может считаться образцовой.

Теперь оперативная группа в совокупности прикончила свыше 8000 коммунистов и евреев. Из них только на оперативную команду 4а приходится 4335.

II.

Отношения с вермахтом, как и прежде, без всяких трений. Прежде всего, в кругах вермахта проявляется постоянно растущий интерес и понимание задач и потребностей полиции безопасности. Особенно это можно наблюдать непосредственно во время казней. С другой стороны, вермахт сам прилагает усилия к тому, чтобы способствовать выполнению задач полиции безопасности. Так, в настоящее время во все ведомства оперативной группы поступают сообщения вермахта о выявленных коммунистических функционерах и евреях. Иногда полиция безопасности даже является последним якорем спасения для вермахта. Так, например, ортскомендант Радомышля в поисках помощи 5.8.41 обратился к оперативной команде 4а с просьбой о поддержке, так как он сам был не в состоянии овладеть положением.

[...]

Из показаний шофера 6-го технического батальона Петера Аватера о расстреле евреев в Житомире 7 августа 1941 г.

[...] Так как я в этот день был свободен, я пришел к названному времени на базарную площадь. Я был один. Придя туда, я увидел уже 50–60 евреев, которых охраняли эсэсовцы. Охраны было примерно 8 человек. Вокруг в качестве зрителей стояли примерно 150 штатских. Естественно, среди зрителей были также военнослужащие вермахта. Евреи сидели на земле. Я протиснулся через зрителей и остался стоять примерно в 2 метрах от евреев [...] Охранники спрашивали стоявших вокруг людей, кто с кем хочет рассчитаться. Затем всегда появлялся украинец, который то одного, то другого еврея обвинял в каких-либо проступках. Этих евреев в сидячем положении опять-таки в основном украинцы избивали, пинали ногами и по-всякому истязали. Эти действия длились примерно 45 минут. Затем из этой группы были забраны 3 мужчин и повешены. Деревянный помост уже был готов. На помост свисали три петли. 3 осужденных должны были залезть в грузовик. После того как мужчинам была наброшена на шею петля, грузовик отъехал. Так была совершена казнь. Затем все собранные там евреи должны были залезть в грузовик. Они стояли очень плотно прижатые друг к другу. Затем по громкоговорителю было объявлено, что будет произведен расстрел. Это объявление было обращено к зрителям. Затем грузовик отъехал и, проехав примерно 150 м, остановился. На открытой местности находилась канава с водой, которая была примерно 150 см длиной и примерно 80 см шириной. Глубина могла составлять примерно 50 см. По обеим сторонам канавы стояли эсэсовцы. Евреи должны были поодиночке прыгать через канаву. Из-за плохого физического состояния — частично от истощения, но в основном из-за жестокого обращения, а также от того, что среди них было очень много старых людей — лишь единицы могли перепрыгнуть [...] Упавших в канаву людей эсэсовцы избивали, чем попало, и заставляли выбираться [из канавы] или вытаскивали. Многие больше не могли подняться из воды. Канава должна была быть свободной, так как она была только 80 см шириной и следующие должны быть через нее пропущены. Примерно в 30 м за канавой я увидел штабель бревен. Этот штабель был примерно 10 м длиной, 1,5–2 м высотой и примерно 1,5 м шириной. Эта стена из бревен использовалась как пулеуловитель. Евреи группами должны были становиться перед этой стеной лицом к ней. Там должны были становиться каждый раз по 5–6 человек. Затем им стреляли из карабинов в затылок. Так был расстрелян ряд за рядом. Мертвых каждого ряда сразу оттаскивали за штабель. Там находилась большая яма, которую я видел только издали [...] Я стоял примерно в 20 м от канавы и примерно в 50 м от штабеля. Для зрителей была протянута проволока в качестве ограждения. Ближе нельзя было подойти [...].

BArch B 162/3772, Bl. 139–141.

Из показаний 16 июня 1965 г. бывшего оберштурмфюрера СС Августа Хэфнера (зондеркоманда 4а) о расстреле евреев в Житомире 7 августа 1941 г.

[...] Однажды в августе в Житомире я пришел в ведомство. Там мне рассказали, что будут повешены народный судья Кипер и его помощник. Повешение будет публичным. Я даже считаю, что об этом было объявлено с помощью плакатов [...]

Спустя 2 дня Блобель приказал мне отправиться на место казни и там установить связь с офицерами штаба армии. Когда я пришел на площадь, там стояла виселица. Там было много людей. Был вермахт, отчасти также гражданское население [...] Близ виселицы сидели евреи [...] Под виселицу подъехал грузовик. На этом грузовике стояли жертвы. Затем я увидел, что грузовик отъехал, и люди повисли на виселице. Кто накинул людям на шею петлю, я не знаю [...] Блобель сказал мне: «Теперь будут расстреляны 400 евреев». Я поехал на легковой машине на то место, где была вырыта яма. К этой яме подъехали несколько легковых машин. Кто сидел со мной в машине, я уже не знаю. Когда мы стояли у ямы, на грузовиках были привезены евреи. Одна группа евреев стала на край ямы. Их было примерно 10–12. Они стояли лицом к стрелкам. На каждого еврея приходился 1 стрелок. Затем командир взвода войск СС отдал приказ «огонь». Жертвы упали спиной в яму. Когда было замечено, что многие жертвы не сразу умерли, способ расстрела был изменен. Состоялось совещание. На совещании присутствовали Блобель, судья 6-й армии, я сам и армейский врач [...] Результатом совещания был приказ взводу войск СС в дальнейшем стрелять в голову. Это привело к тому, что, если стрелки попадали, черепа жертв разлетались, и мозг отчасти брызгал стрелкам в лицо. Командир роты Графхорст, который чувствовал себя ответственным за своих людей, запретил такой способ расстрела. Поэтому способ расстрела был изменен еще раз. Как расстреливали, я не знаю. По приказу Блобеля я должен был уйти, так как военнослужащие вермахта в самой отвратительной форме набросились на евреев, ожидающих расстрела, в частности, они избивали их дубинками. На место сбора евреи прибыли частично истекающими кровью.

[...]

BArch B 162/5653, Bl. 3090–3092.

Из показаний бывших полицейских 3-го взвода 3-й роты 9-го полицейского батальона о массовых расстрелах, совершенных зондеркомандой 4а в Корце[1]

Показания Фридриха Эбелинга 11.2.1947 г.:

[...] В начале августа 1941 г., точный день я указать не могу, я в группе из 20 полицейских и примерно 10 функционеров СД и СС был откомандирован в город Корец. Этой группой руководил оберштурмфюрер Ганс. В городе Корец было объявлено, что все евреи-мужчины должны явиться для регистрации. Все люди, которые явились для регистрации, нами были арестованы. Было арестовано около 200 человек. Еще в тот же день, примерно в 14–15 часов, все арестованные

---

[1] В Корце в ходе акций 8 и 20.8.1941 г. были расстреляны около 460 евреев, в том числе 3 члена еврейского совета (Encyclopedia of the Ghettos during the Holocaust / Editor-in-Chief Guy Miron, co-editor Shlomit Shulhani. Volume 1. A — M. — Jerusalem: Yad Vashem: 2009. — P. 350). Отряд зондеркоманды 4а, вероятно, провел акцию 8.8.1941 г.

пешком были уведены за 400–500 м от города. Я лично участвовал в сопровождении арестованных. Примерно в 200–300 м от места сбора арестованных у стены одного разрушенного дома была выкопана яма. Кто выкопал эту яму, я уже точно сказать не могу, я уже не помню. Возможно, что арестованные сами выкопали яму. Для расстрела арестованных была сформирована команда из 15 полицейских и 5 эсэсовцев. Я также входил в эту команду и принял участие в расстреле. Арестованных группами по 20 человек подводили к яме, где они были расстреляны. После того как вся группа из 200 человек была расстреляна, полицейские и эсэсовцы закопали трупы расстрелянных. Все эти расстрелянные советские граждане были мужчинами в возрасте 20–60/65 лет. Женщины и дети расстреляны не были. Я лично во время этого массового расстрела застрелил 10 советских граждан [...] Вечером этого дня наша команда вернулась в Житомир [...]

BArch B 162/19220, Bl. 2–12.

Показания Рудольфа Лауэра 17.3.1947 г.:

[...] Из Житомира я ездил на расстрел также в город Корец, который находится в нескольких километрах западнее города Новоград-Волынский. В Корце были расстреляны около 200 человек, мною лично — 10 человек. Со мной на этот расстрел в Корец ездили полицейские Эбелинг, Пич, Фишер и другие, фамилии которых я уже не помню [...]

BArch B 162/19220, Bl. 27.

Донесение о событиях в СССР № 59 от 21 августа 1941 г.

[...]

Долго оборонявшийся Коростень севернее Житомира сразу после захвата был обследован с точки зрения полиции безопасности взводом оперативной команды 6[1]. Как везде, так же и здесь было установлено, что влиятельные евреи и функционеры бежали и весь

---

[1] Указание на деятельность в Коростене «взвода оперативной команды 6» ошибочно. В Коростене, как и в Радомышле, действовал взвод зондеркоманды 4a.

материал уничтожен. Могли быть прикончены лишь 53 еврея и 2 функционера […]

Так же вели себя евреи и в Радомышле, где уже неоднократно действовал взвод оперативной команды. В ходе розысков были выявлены многочисленные евреи, которые активно участвовали в высылке украинских и немецких семей в Сибирь. Как в Староконстантинове, так и здесь евреи отказывались выполнять работы, возложенные на них ортскомендантом […] В ходе этой и ещё одной акции в совокупности были прикончены 276 еврейских, коммунистических функционеров, саботажников, комсомольцев и коммунистических агитаторов.

[…]

Донесение о событиях в СССР № 60 от 22 августа 1941 г.

[…]

I. Дислокация.

[…] Отправившаяся в Васильков передовая команда группы тем временем вернулась, так как наступление на Киев прекращено и в обозримом будущем новое наступление на Киев не предвидится. Также посланная в Васильков оперативной командой 4а передовая команда пока осталась в Василькове, чтобы проверить тамошнюю территорию […]

V. Исполнительная деятельность.

Уже в прежних сообщениях было указано на то, что евреи с недавнего времени перестали сдерживаться. Этот факт вновь подтвердили последние акции.

Так, в Коростене евреи после оккупации города немецкими войсками подавали русским световые сигналы. Один еврей поджег свой дом, после того как он был конфискован для расквартирования вермахта. Другой еврей с готовностью назвал одному немецкому солдату обнаруженный ящик, в котором находился черный порох, безвредным и неогнеопасным. Приблизившийся с горящей сигаретой солдат вследствие возгорания получил серьёзные ранения.

В районе Брусилов-Корнин образовались еврейско-большевистские орды, которые терроризируют украинское население […]

[...]

В Черняхове вновь были казнены 13 евреев, среди них бывший колхозный руководитель, который одновременно был агентом ГПУ и распорядился о принудительной высылке нескольких местных семей.

[...]

Взвод оперативной команды 5[1] вновь действовал в Звягеле, где были выданы 230 гражданских пленных, которые были проверены. 161 человек был казнен. При этом речь шла о евреях, коммунистах, грабителях и саботажниках.

[...]

Из приговора суда присяжных при земельном суде Дармштадт от 29 ноября 1968 г. по делу бывших членов зондеркоманды 4а о расстрелах евреев в Белой Церкви и Василькове в августе 1941 г.

[...]

14 и 15. БЕЛАЯ ЦЕРКОВЬ

Убийство минимум 500 еврейских мужчин и женщин и 26 еврейских детей в августе 1941 г. в Белой Церкви.

Обвиняется: Хэфнер.

А. Установленные факты:

8 августа 1941 г. Блобель послал из Житомира к 29-му армейскому корпусу, который находился в районе Белой Церкви и должен был захватить Киев с юго-запада, так называемую передовую команду «Киев», которая при занятии Киева должна была вступить в город непосредственно с боевыми частями. Командой руководил обвиняемый Хэфнер, который специально для этого был сменен на посту офицера связи со штабом 6-й армии. Ему подчинялись переводчик, несколько человек из основного состава ЗК 4а, а также взвод 3-й роты батальона войск СС особого назначения с тем временем умершим обершарфюрером СС Егером как унтерфюрером. Общая

---

[1] В Звягеле действовала не ЕК 5, а ЗК 4а.

численность составляла 32 человека, 4 легковых машины, 2 грузовика и 1 мотоцикл. Так как прямое наступление на Киев вскоре было приостановлено, передовая команда как южная подкоманда осталась в Белой Церкви, откуда она затем 14 или 15 сентября 1941 г. под руководством обвиняемого Хэфнера численностью теперь уже 53 человека и 8 машин вновь была придана находящемуся в районе Василькова 29-му армейскому корпусу, чтобы в качестве передовой команды «Киев» немедленно вступить в Киев после его падения. В промежутке подкоманда выполняла «задачи полиции безопасности».

1. Белая Церковь 1:

Расстрел взрослых евреев населенного пункта.

Между 8 и 19 августа 1941 г. подкоманда при содействии украинской милиции во исполнение приказа об убийстве евреев по расовым причинам расстреляла в Белой Церкви еврейских мужчин и женщин, а именно минимум 500 евреев-мужчин и их жен. Фельдкомендант Белой Церкви зарегистрировал евреев, велел собрать их в одно место и попросил ЗК 4а произвести расстрел. Расстрел был произведен взводом 3-й роты батальона войск СС особого назначения при содействии украинской милиции на стрельбище на окраине Белой Церкви. Уголовно-правовое релевантное участие в этом расстреле начальника подкоманды Хэфнера не является достаточно доказанным для его осуждения.

2. Белая Церковь 2:

Расстрел минимум 26 еврейских детей.

[...]

Б. Оценка доказательств и правовая оценка по «Белая Церковь 1»

Хэфнер признает, что до 20.8.1941 г. в Белой Церкви по расовым причинам были расстреляны минимум 500 еврейских мужчин и их жен, а также часть детей. Однако он отрицает уголовно-правовое релевантное участие в этих убийствах.

Фельдкомендант Белой Церкви с помощью своих людей собрал в одно место 500 евреев-мужчин из Белой Церкви и попросил его их расстрелять. Он просьбу отклонил, так как у него не было соответствующего конкретного приказа, и пригнанных к нему евреев освободил. Тогда фельдкомендант обратился к Блобелю, который на следующий день с одним офицером команды приехал из Житомира. Блобель навел справки у фельдкоменданта и затем приказал расстрелять евреев Белой Церкви. Он, Хэфнер, указал на то, что он с переводчиками и следователями из основного состава ЗК 4а выполняет важные задачи по борьбе с бандеровцами, что также соответствовало действительности. Тогда Блобель распорядился, чтобы евреев расстрелял приданный взвод войск СС, и дал соответствующее указание непосредственно командиру взвода обершарфюреру СС Егеру. Вновь собранные по приказу фельдкоменданта евреи-мужчины, а также их жены — всего минимум 500 — и часть детей были затем расстреляны этим взводом и украинской милицией без его участия. Он только доложил команде в Житомир сообщенную ему Егером цифру казненных. Он, правда, узнал, что, кроме 500 евреев, взвод войск СС по просьбе фельдкоменданта расстрелял еще других евреев, собранных фельдкомендантом, но в этих казнях он также не участвовал. На месте казни он был только два раза. Первый раз, когда ему сообщили, что вследствие разложения трупов расстрелянных из уже закрытых могил пробиваются небольшие фонтаны крови и воды, и второй раз, когда он по просьбе 295-й пехотной дивизии приостановил дальнейшие казни.

[...]

16. ВАСИЛЬКОВ

Расстрел минимум 200 евреев и 60 душевнобольных в августе/сентябре 1941 г. в Василькове.

Обвиняется: Хэфнер.

А. Установленные факты

После расстрела детей в Белой Церкви, но еще до прибытия Янссена в южную подкоманду Хэфнера, то есть между 23 августа и 14 сентября 1941 г., Хэфнер получил от Блобеля приказ поехать со своей подкомандой в Васильков и там в соответствии с принципиальным приказом расстрелять евреев и потенциальных противников. Хэфнер сначала поехал в Васильков один и для выяснения деталей явился в тамошнюю ортскомендатуру. Здесь Хэфнер переговорил с компетентными офицерами, причем было определено, что казнь евреев Василькова должна состояться на следующий день. Вермахт в подходящем месте должен вырыть яму, а Хэфнер со своей командой должен евреев собрать и расстрелять. Затем Хэфнер вернулся в Белую Церковь, информировал обершарфюрера СС Егера о договоренностях и приказал ему на следующий день с его взводом 3-й роты батальона войск СС особого назначения вместе с ним поехать в Васильков, чтобы там произвести казнь. На следующий день Хэфнер, Егер и взвод войск СС поехали в Васильков[1]. Там Хэфнер явился в ортскомендатуру, где ему было указано расположение места казни. Хэфнер информировал об этом Егера и приказал ему евреев собрать и расстрелять. Сам Хэфнер на место казни не пошел, а занялся вопросом бандеровцев в Василькове. Вечером обершарфюрер Егер ему доложил, что он со своим взводом собрал и расстрелял 200 евреев; при этом место казни было оцеплено для сохранения тайны и предотвращения побега жертв. Затем Хэфнер, Егер и взвод войск СС вернулись в Белую Церковь.

Либо во время первых, либо, самое позднее, во время вторых переговоров Хэфнера в ортскомендатуре (точно это не установлено) партнеры Хэфнера по переговорам указали ему на то, что в лагере пленных в Василькове находятся душевнобольные женщины, которых они попросили Хэфнера также расстрелять. Этих душевнобольных женщин в длиной белой одежде русские будто бы перегнали через немецкую линию, чтобы нарушать линии связи. Хэфнер в это не поверил. Он понимал, что ортскомендатура на всякий случай хочет избавиться от душевнобольных. Хэфнер, который не был уверен, предусматривает ли общий принципиальный приказ также убийство душевнобольных женщин, заявил, что у него нет соответствующего приказа и он должен информировать своего начальника. Он связался с Блобелем, который ему заявил, что в соответствии с принципиальным приказом расстрелу подлежат также душевнобольные. Тогда Хэфнер приказал обершарфюреру Егеру вновь со своим взводом поехать в Васильков и расстрелять душевнобольных женщин. Это произошло спустя 2 дня после расстрела евреев. С применением оцепления для сохранения тайны и предотвращения

---

[1] Согласно записи в военном дневнике отдела 1с 29-го армейского корпуса, 1 сентября 1941 г. в Васильков прибыла зондеркоманда СС для того, чтобы проконтролировать осведомителей и ликвидировать сторонников движения Бандеры.

побега были расстреляны минимум 60 душевнобольных женщин. Был ли сам Хэфнер в Василькове во время этой казни, точно не установлено. Сам Хэфнер вспомнить это уже не может.

[...]

Б. Оценка доказательств по «С IX Васильков»

Приведенные факты основываются на показаниях обвиняемого Хэфнера, не верить которым у суда присяжных нет никаких оснований. Эти показания Хэфнер дал в основном уже во время предварительного следствия, причем об этой казни не говорилось в «Донесениях о событиях», а свидетели его в ней не обвиняли [...] В остальном относительно душевнобольных женщин имеется следующая запись 20.8.1941 г. в военном дневнике 29-го армейского корпуса:

«IVб и ГФП обсудили устранение душевнобольных, которые шатались в районе группы Шееле. Транспортабельные душевнобольные были отвезены в лагерь пленных Васильков (60–70 штук, в основном женщины). Остальные, около 30, были расстреляны».

[...] Хэфнер, правда, запомнил 90–95 расстрелянных душевнобольных. Однако не исключено, что он, чье личное непосредственное присутствие на казни не могло быть доказано, запомнил названное ему ортскомендантом первоначальное общее число душевнооль-ных, из числа которых уже в районе группы Шееле были расстреляны около 30 [...] Количество расстрелянных евреев Хэфнер определил в 200 или 220 человек [...]

Justiz und NS-Verbrechen. Sammlung deutscher Strafurteile wegen national-sozialistischer Tötungsverbrechen 1945–1999, Bd. 31 / Herausgeber Christian F. Rüter, Dick W. De Miidt. — Amsterdam: Amsterdam University Press, 2004 (Lfd. № 694).

Из показаний 12.2.1963 г. бывшего радиста в 295-й пехотной дивизии Франца Колера о расстрелах в Белой Церкви

[...] Как я уже показал, это было, насколько я помню, в первой половине дня в конце августа 1941 г., когда я обратил внимание на звуки выстрелов, которые многократно повторялись через определенные промежутки времени [...] Меня заинтересовали эти звуки выстрелов, и я решил посмотреть, что происходит. Я пошел в том направлении, откуда я слышал эти выстрелы. Я шел максимум пять минут, то есть расстояние составляло только несколько сот метров. Идти было недалеко. Когда я подошел, я первым делом увидел людей в гражданской одежде, стоящих на коленях. Как только раздался треск, я увидел, как эти стоящие на коленях люди как по команде кувыркнулись. Вы будете смеяться оттого, что я так выразился, но это было мое первое впечатление. Затем эти люди исчезли из поля зрения. Это меня еще больше заинтересовало, и я захотел выяснить, что же здесь происходит. Поэтому я остался стоять и очень внимательно следил за дальнейшим процессом. Я заметил, что за каждым из стоявших на коленях человеком стояли два солдата в форме, и притом в немецкой форме, вооруженные карабинами. Вскоре из одного сарая была вновь приведена группа из 10 человек. Группа состояла из мужчин и женщин и сопровождалась солдатами. Они были приведены к яме, где стояли те солдаты, которые стреляли из карабинов в приведенных людей. Приведенные люди должны были сначала стать на колени и притом лицом к яме. За этими жертвами стоял ряд стрелков из 20 человек и притом так, что за спиной каждой жертвы стояли два стрелка, которые дула своих карабинов держали примерно на уровне затылков жертв. Спустя короткое время я услышал звук выстрелов, и все стоявшие на коленях упали в указанную яму [...] Я еще точно помню, что я трижды видел, как цепь стрелков производила выстрел и женщины и мужчины падали в яму. Я также трижды видел, как этих людей приводили из находившегося поблизости сарая, который был удален от ямы примерно на 20 метров. Это происходило в такой очередности, и после третьего раза стало тихо. Больше к яме не приводили никаких людей, и я также больше не слышал выстрелов. Тем временем я увидел, как к упомянутому сараю подъехали два грузовика, и доставленные на них люди были отведены в сарай. Далее я помню, что после второго залпа в яму спрыгнули русские военнопленные в форме и вскоре вновь вышли, то есть они не были расстреляны. Также после последнего залпа военнопленные еще раз спрыгнули в яму. После каждого залпа я видел, как один из солдат смотрел в яму и стрелял туда из пистолета. Все происходившее я наблюдал примерно четверть часа. Если меня спросят о точном времени, то я его уже назвать не могу. Я полагаю, что это было между 10 и 11 часами. Но звуки выстрелов я слышал уже примерно часом раньше. После того как я больше не слышал выстрелов и больше никаких людей не приводили к яме, я подошел ближе к месту казни, я даже подошел к самой яме. Я стоял перед ней и все увидел. Я полагаю, яма была размером с комнату — примерно 2 метра шириной, 8 метров длиной, ее глубину я не видел, так в яме друг на друге слоями лежали трупы. Головы трупов отчасти наполовину были снесены выстрелом, их лица неузнаваемы. Все представляло собой массу мозгов, плоти и крови. Все выглядело ужасно, поэтому я эту акцию помню до сих пор. Далее, близ ямы стояли 20 стрелков и сзади еще 3–4 эсэсовца. Я предполагаю, что эта небольшая группа из 3–4 человек состояла из офицеров и что среди них были офицеры, которые командовали. Лишь теперь я отчетливо увидел, что это были эсэсовцы, так как вблизи я увидел череп на их фуражках и петлицах. Их форма была полевой формой СС. Так как я в свое время не был знаком со званиями СС, я не могу сказать, какое звание было у этих людей. После того как я посмотрел в яму и увидел эту ужасную картину, это было для меня прямо-таки внутренней потребностью, что я спонтанно спросил одного из эсэсовцев из числа стрелков, почему эти люди должны были быть расстреляны. Я почувствовал несправедливость, точнее сказать, почувствовал, что здесь происходит что-то несправедливое, так как расстреляны были штатские. Прежде всего я всю эту акцию не могу забыть потому, что казнены были также женщины. Сколько в процентном отношении составляли женщины в общем количестве жертв, я сказать не могу; я не могу даже приблизительно определить этот процент. Я точно помню, что последний залп был произведен по группе из 10 человек. Мне это запомнилось потому, что среди них находился мужчина, который стоял на коленях перед ямой, держа за руки двух женщин. Это выглядело так, будто он держал под руку или свою жену и свою дочь или своих двух дочерей. Подлежащие расстрелу шли на смерть спокойно — без криков и воплей и без особого беспокойства. Из удаленного на

20 метров сарая они должны были слышать, как была расстреляна предыдущая группа. Хотя они это не видели, но все же слышали и таким образом могли предчувствовать свою судьбу. После того как они стали на колени перед ямой, они не могли избежать мучений, увидев в яме своих расстрелянных сограждан. Как я уже упомянул, жертвы спокойно шли на смерть. Когда меня спросят, били ли или мучили приведенных людей перед расстрелом, то я могу ответить, что это не соответствует истине.

Теперь я более подробно остановлюсь на беседе с эсэсовцем, с которым я разговаривал и которого спросил, почему здесь происходит эта акция. На вопрос о причине этот эсэсовец ответил, что эти люди расстреляны по приказу «фюрера». Я еще стопроцентно знаю, что эсэсовец добавил, что у расстрелянных был тайный радиопередатчик, с помощью которого они поддерживали связь с русскими. Я спросил эсэсовца, что будет с детьми этих расстрелянных и кто о них позаботится. Он ответил, что у СС есть приказ расстрелять только людей от 14 до 60 лет, а дети расстрелянных будут казнены украинской милицией. Этот дополнительный вопрос я поставил не потому, что при этом не было никаких детей, а из-за возникшей у меня спонтанно мысли, что эти взрослые люди должны иметь детей. Когда эсэсовец сказал о «приказе фюрера», он первый раз упомянул о евреях. До этого я этих штатских евреями не считал. Об этом мне сказал только этот эсэсовец [...] Далее я наблюдал и на основании этого наблюдения вынес мнение, что все производившие расстрел эсэсовцы были нервными. Я не думаю, что они с особой радостью выполняли это задание [...].

Я должен добавить, что эту стрельбу в Белой Церкви я в тот же день слышал и во второй половине дня. Она была слышна точно так же, как и в первой половине дня. Я предполагаю, что теперь должны были быть расстреляны те лица, которые были привезены на двух грузовиках в первой половине дня во время моего наблюдения. Во всяком случае, во второй половине дня на месте расстрела я больше не был [...].

BArch B 162/5645, Bl. 917–921.

Из показаний 14.6.1965 г. бывшего кандидата в офицеры в 13-м авиаотряде связи особого назначения Вильгельма Либе о расстрелах евреев в Белой Церкви в августе 1941 г.

[...] С середины июля до середины/конца августа я со своим подразделением находился в Белой Церкви. Я знаю точно, что мы 15 августа еще были в Белой Церкви [...] Мы располагались в институте наследственной биологии. Я еще тогда, так как меня это интересовало, беседовал с профессором института об изменении наследственных факторов. Я еще припоминаю, что тогдашний военный врач был врачом из Бад-Мергентхайма. С ним я ходил по институту, чтобы найти запасные детали для рентгеновского аппарата. Когда мы ничего не нашли, мы вечером пошли прогуляться. Я знаю, что я однажды вечером я проходил мимо территории казармы. Это была тыльная сторона этой территории. Перед маленьким домиком я увидел часового. Насколько я помню, с примкнутым штыком. Это был эсэсовец. Он был еще не старым человеком. Я полагаю, ему было лет 26. Этот часовой стоял у угла дома. Близ него сидели три молодые девушки. Одна из этих девушек справляла нужду, это мне особенно бросилось в глаза. Было ужасно смешно видеть, как этот эсэсовец охранял с примкнутым штыком эту девушку, в то время как она справляла нужду. По этому поводу девушки улыбались и хихикали. Часовой окликнул меня и сказал: «Вам здесь нечего делать, здесь происходит казнь». Я улыбнулся и сказал, имея в виду этих девушек: «Неужели девушек?» Я думал, что он скажет, что девушки к этому не имеют отношения, но он только сказал: «Вы можете посмотреть». Я ответил: «Премного благодарен». Затем я повернулся кругом, но мысли о казни не оставляли меня и тогда я подошел поближе, чтобы увидеть, что происходит. Доступ на место казни был огражден стеной и в качестве входа служили высокие железные решетчатые ворота, которые были закрыты. Поэтому я не мог попасть на плац. С другими солдатами и штатскими я осталась стоять у ворот и через решетку видел место казни. Оно находилось примерно в 80 метрах. Я увидел, что перед глубокой ямой стояли на коленях примерно 9 девушек или женщин. Они стояли на коленях лицом к яме.

Другие 9 девушек ожидали у домика, у которого справляла нужду та девушка, которую охранял тот часовой СС. Меня особенно поразили спокойствие и дисциплина этих людей. За каждой девушкой, которые стояли на коленях перед могилой, находились по 2 стрелка. Стрелками были эсэсовцы. По приказу начальника они выстрелили в голову этих людей. Эти люди упали вперед в яму, если они были поражены. Часть опрокинулась. Было также видно, как у части разлетались черепа. Стрелки были отчасти забрызганы кровью. Они стреляли с расстояния примерно 5 метров. Это была ужасная картина. Я помню, что офицер СС стрелял из автомата в яму, при этом он шел по краю ямы. Он шел сначала по длинной, затем по короткой стороне, это была правая короткая сторона. Оттуда он также давал команды стрелять. Насколько я припоминаю, этот офицер СС в петлице имел три звезды и одну поперечную полоску. Это был крупный мужчина, я полагаю, ему было около 35 лет. После того как после казни железные ворота были открыты, я пошел к яме. Перед ямой были места, в которых собиралась кровь. В яму я не сходил. Яма была примерно 7–8 метров длиной, около 2¼ метра шириной, глубина ее, по моей оценке, первоначально была 4 метра. Когда я в тот день в нее заглянул, до края ямы было еще 2½ метра. В этой яме лежали слоями трупы. Трупы были присыпаны землей. Когда я стоял у ямы, этот офицер СС с тремя звездочками и поперечной полосой еще ходил у ямы и производил добивание. Когда он ушел, я видел, что они еще двигались. В тот первый вечер я видел, как описанным мною способом были расстреляны примерно 162 человека. Их расстреливали по 9 человек, в то время как другие 9 должны были ждать, пока их не подведут к яме. Люди, которые должны быть расстреляны, двигались к этой яме процессией. Они шли строем, причем каждый человек должен был держать руки на плечах предыдущего человека. На смерть они шли спокойно. В течение всего времени, когда я наблюдал эти казни, я видел только двух плачущих женщин. Для меня это было непостижимо.

После того первого вечера я еще не раз проходил мимо того места. Казни происходили всегда вечером, около 18 часов. Я был примерно 6 недель в Белой Церкви и лично видел примерно 6 казней, о других я слышал, когда товарищи приходили домой и говорили:

«Уже снова стреляют». В этих 6 казнях, которые я видел, могло быть расстреляно в совокупности 800–900 человек [...]

В тот первый вечер, когда я видел первый расстрел, в некотором удалении вокруг ямы в виде подковы сидело некоторое количество русских пленных и глядели. Жертвы были помещены в домике, который я уже описал. Я видел, что люди порой не хотели выходить [...].

Я не могу не упомянуть, что солдаты, которые были в Белой Церкви, знали все, что происходит. Каждый вечер в течение всего времени моего там пребывания были слышны винтовочные выстрелы, хотя противника поблизости не было. Когда солдаты приходили домой, они говорили: «Опять были расстрелы». Это всегда был залповый огонь. Во время казни, которую я видел, уже описанным способом были расстреляны 800–900 человек. Однако, судя по залповому огню, тому, что я видел, и по свидетельству солдат, расстреляны были около 3000 [...].

BArch B 162/5653, Bl. 3059–3063.

Из показаний 31.5.1965 г. бывшего оберштурмфюрера СС Хэфнера о расстрелах в Белой Церкви

[...] Однажды я вернулся из патрульной поездки. Я был вызван к командиру находившейся в городе 295-й п. д. Меня принял Ia, подполковник, фамилию которого я не знаю. Он сказал мне примерно следующее: расстрелы еврейских детей должны быть немедленно прекращены. В противном случае он применит против меня войска. Я сказал: я ничего не знаю о том, что дети будут расстреляны. Я немедленно об этом позабочусь и прикажу прекратить. В остальном эти расстрелы производились не по моему приказу, а по приказу кого-то другого. Подполковник сказал мне, что дело будет доложено командующему фон Рейхенау. Когда я покидал то место, где происходило совещание, вслед мне они крикнули «свинья».

— В Белой Церкви дети были расстреляны?
— Так точно.
— Кто отдал ответственный приказ о расстреле?

— Первый приказ отдал Блобель. Второй приказ был передан особоуполномоченным генерал-фельдмаршала фон Рейхенау. Затем дети были расстреляны. О расстреле евреев в Белой Церкви распорядился полевой комендант. Когда я три дня был в Белой Церкви, я был вызван к полевому коменданту. Он упрекнул меня в том, что я до сих пор не доложил о себе. Если я правильно помню, еще в тот же день 500 евреев были согнаны во двор нашего подразделения каким-то уполномоченным полевого коменданта, который сообщил, что по приказу полевого коменданта я должен велеть расстрелять этих евреев. Я заявил уполномоченному полевого коменданта, что у меня нет никакого повода, и я также не имею приказа производить расстрелы. Уполномоченный полевого коменданта велел оставить евреев во дворе, и я отдал моим людям приказ освободить евреев. Как я позднее узнал, освобожденных евреев полевой комендант вновь схватил. Было ли это в тот же или на следующий день, лично или по телефону, я уже больше не помню, полевой комендант вновь приказал мне расстрелять евреев. На мои возражения он мне заявил, что у него имеется приказ, согласно которому все евреи должны быть расстреляны и притом, как категорически определяется в приказе, оперативной командой. 500 евреев вновь были доставлены ко мне во двор, и я их вновь освободил. Тогда полевой комендант позвонил Блобелю. Блобель на следующий день прибыл в Белую Церковь. Он спросил меня относительно этих событий, и я сказал ему, что у меня нет никакого повода и также никакого приказа расстреливать евреев. Я отбивался от этого замысла и спорил с Блобелем. Блобель сказал: евреи должны быть расстреляны, и я должен это сделать. Я еще упрекнул его в том, что для расстрелов используют необученных криминальных чиновников, чтобы потом все свалить на способ [...] Он решил, что евреев должен расстрелять взвод войск СС под командованием обершарфюрера СС Егера. Это должно произойти по прямой договоренности между полевым комендантом и этими людьми. Евреи были расстреляны близ стрельбища. Это стрельбище относится к территории казарм. Была ли она огорожена или нет, я уже не знаю. Я дважды был на стрельбище, но это было не во время расстрелов. Сначала были расстреляны мужчины. Я не могу точно сказать, сколько было человек.

Во всяком случае, больше 500. Затем мне позвонил полевой комендант, или это он мне сказал лично, что теперь все мужчины расстреляны, несмотря на мое сильное сопротивление. Сейчас очередь женщин. Я сказал ему: «Господин подполковник, я могу дать вам хороший совет: держитесь от этого дела подальше!» Взвод войск СС должен был затем расстрелять женщин. Таким образом, дети остались без родителей.

— Кто расстрелял первую часть детей?

— Я считаю, что эти дети также были расстреляны солдатами войск СС. Я утром уехал и вечером вернулся. Я не хотел иметь к этому никакого отношения.

— Говорили ли вы с полевым комендантом о расстреле детей?

— Когда он мне все уши прожужжал, что у него теперь есть дети, которые хотят молока, а у него его нет, я ему сказал примерно следующее: «Он должен постараться поместить детей в украинские семьи». На это он сказал, что они уже пытались это сделать, но украинцы не хотят принимать детей. Я сказал ему примерно следующее: «господин подполковник, раз вы не последовали моему совету, то теперь посмотрим, как вы справитесь с детьми». Я больше не заботился об этом. Этим делом я вновь занялся, когда был вызван к генералу 295-й п. д.

— Как звали особоуполномоченного фон Рейхенау, который передал приказ?

— Это был капитан Лулай.

— Кем был передан приказ?

— Было созвано совещание.

— Кто участвовал в этом совещании?

— Капитан Лулай как особоуполномоченный командующего, полевой комендант, Ia 295-й п. д., а также его офицер для поручений, Блобель и я.

— Что было предметом совещания?

— На этом совещании я сначала изложил обстоятельства дела так, как я их изложил теперь. Ни одна сторона не возразила против моего доклада. Затем капитан Лулай по поручению командующего заявил офицеру Ia 295-й п. д. примерно следующее: генерал не должен заботиться о вещах, которые его не касаются. Принципиальные приказы и без того ему известны. Его поражает, что состояние обучения его дивизии является паршивым и ему следовало заботиться именно об этом. Когда Iа это проглотил, полевой комендант спросил, что будет с детьми. Блобель и я посмотрели друг на друга, и офицеры 295-й п. д. посмотрели друг на друга. Тогда заговорил капитан Лулай. Лулай сказал примерно следующее: господин командующий распорядился, чтобы в его области подчинения отданные в отношении евреев приказы выполнялись в полном объеме. После этого Блобель приказал мне расстрелять детей. Я спросил его: «Кто должен произвести расстрел?» Он ответил: «Войска СС». Я возразил. Я сказал ему: «Они все молодые люди. Как мы будем перед ними отвечать, когда они расстреляют маленьких детей?» На это он сказал: «Тогда возьмите своих людей». Я снова говорю: «Как они должны это сделать, если у них самих есть маленькие дети». Эта возня продолжалась минут 10. Ситуация становилась все щекотливее, так как рядом был посланник командующего. Блобель вскочил и ударил кулаком по столу, рявкнул на меня и сказал: «Знайте, что за невыполнение приказа полагается расстрел! Будете вы выполнять приказ командующего — да или нет?» Я сказал ему: «Штандартенфюрер, позвольте мне сделать последнее предложение». Он разрешил. Я предложил, чтобы детей расстреляла украинская милиция полевого коменданта. Ни одна сторона не возразила против этого предложения. Где-нибудь подальше вермахт должен вырыть ямы. Грузовик с прицепом одного тяжелого мостостроительного батальона, который находился в городе, должен доставить детей на место расстрела — это было определено на этом совещании.

— Кто на месте расстрела давал приказ «огонь»?

— Этого я не знаю.

— Были ли вы на том месте, где были расстреляны дети?

— Нет. Я только два раза был на стрельбище, где были расстреляны взрослые и первая часть детей. Один из моих людей побудил меня туда пойти, так как через некоторые промежутки времени на месте расстрела били фонтаны жидкости из воды и крови.

— Вы описали, что украинцы должны были расстрелять детей. Однако кто-то должен был передать украинцам приказ?

— Полевой комендант.

— Сколько было расстреляно детей?

— Я полагаю, на совещании называлась цифра 26.

[...]

— Шла ли на совещании, на котором присутствовал капитан Лулай, речь о том, что войска, которые все разнюхали, сами должны произвести расстрелы?

— Я об этом не помню. Если мне предъявляют, что Блобель будто бы говорил нечто подобное, то это может быть, но точно я сказать не могу.

— Как было установлено, что вторая часть детей была действительно расстреляна?

— Я лично присутствовал на расстреле 26 детей.

— Кто отдавал приказ? На месте расстрела.

— На месте расстрела я не сказал ни слова. У меня было только задание проконтролировать расстрел. Задание мне дал Блобель, и притом это было тогда, когда я был поставлен в безвыходное положение, когда он мне сказал, что я должен знать, что тот, кто не выполнит приказ, будет расстрелян. Под давлением, оказанным на меня Блобелем, я сказал тогда ему, что если дети должны быть расстреляны, то я это сделаю, так как я не хотел требовать этого от моих людей; из войск СС и моих людей никто не пошел на это со мной. Я просил о том, чтобы это сделали украинцы. Я пришел на лесной участок совершенно один. Вермахт уже выкопал яму. Дети были доставлены на тягаче. К этим техническим приготовлениям я отношения не имел. Украинцы стояли вокруг и дрожали. Дети были сняты с тягача. Они были поставлены над ямой и расстреляны, так что упали в яму. Куда бы в них не попадали, они были поражены. Они падали в яму. Стоял неописуемый крик. Эту картину я не забуду никогда в жизни. Особенно мне запомнилась маленькая белокурая девочка, которая взяла меня за руку. Позднее она была также расстреляна. Это меня потрясло больше всего. После того как дети были расстреляны, я уехал. Яма была близ лесного участка. Расстрел происходил в полчетвертого-четыре часа пополудни. Расстрел имел место на следующий день после переговоров с полевым комендантом [...].

— Производились ли «выстрелы пощады»?

— Нет. Я не сделал ни одного выстрела для добивания. В детей попадали 4–5 раз, пока они не умирали. Это было ужасно.

[...]

BArch B 162/5652, Bl. 2908–2915.

Донесение католического дивизионного священника при 295-й пехотной дивизии д-ра Ройсса от 20 августа 1941 г.

295-й пехотной дивизии
сообщаю:

Сегодня во второй половине дня, около 14.30, к евангелическому дивизионному священнику и ко мне пришли военные священники Тевес и Вильчек, военный госпиталь 4/607, и сообщили следующее:

Немецкие солдаты обратили их внимание на то, что в одном доме в невыносимых условиях заперты еврейские дети в возрасте от нескольких месяцев до 5 или 6 лет, чьи родители будто бы расстреляны; их охраняет украинская самоохрана. В окрестностях дома постоянно слышны стоны детей. Тогда они сами отправились туда, нашли подтверждение этому факту, но не увидели военнослужащих ни вермахта, ни других ведомств, которые здесь ответственно заботились о порядке или осуществляли охрану. Присутствовал только в качестве зрителей ряд немецких солдат, которые выразили своё негодование этими обстоятельствами. Они попросили нас сообщить нашему ведомству об этом деле.

Чтобы можно было составить точное сообщение — описанный инцидент порождал подозрение, что речь идет о самоуправстве украинской милиции, — я в сопровождении обоих военных священников и евангелического дивизионного священника, обер-священника вермахта Корнмана, пошел в этот дом и обнаружил следующее:

Во дворе перед домом, у которого были отчетливо слышны плач и стоны детей, находился часовой украинской милиции с винтовкой, ряд немецких солдат и несколько молодых украинских девушек. Мы сразу беспрепятственно прошли в дом и обнаружили в двух помещениях около 90 (у меня было время подсчитать) детей в возрасте от нескольких месяцев до 5, 6 или 7 лет. Какого-либо немецкого надзора со стороны вермахта или другого немецкого ведомства не было.

Некоторое количество немецких солдат, среди них унтер-офицер санитарной службы, при нашем приходе осматривали условия содержания детей. Кроме того, как раз подошел полевой жандарм из ортскомендатуры или фельдкомендатуры, который сказал, что он только пришел, чтобы расследовать случай грабежа, будто бы совершенного часовым украинской милиции.

Оба помещения, в которых размещались дети — к ним примыкало пустое третье помещение, — были в очень грязном состоянии. Дети лежали или сидели на полу, который был покрыт их выделениями. Мухи сидели большей частью на ногах и животах частично полуодетых детей. Несколько детей постарше (2, 3, 4 года) соскребали со стен известку и ели её. Двое мужчин, по внешнему виду евреи, пытались убрать в комнатах. Воздух был ужасно спертым, маленькие дети, особенно те, которым было лишь несколько месяцев, постоянно стонали и плакали. Производившие осмотр солдаты, так же как и мы, были потрясены этими невероятными условиями и выражали свое сильное негодование. В другом помещении, попасть в которое можно было через окно одной из детских комнат, находилось некоторое количество женщин и больших детей, кажется, евреев. В это помещение я не входил. В еще одном помещении были заперты несколько женщин, среди них женщина с маленьким ребенком на руках; по словам часового — украинского юноши в возрасте 16–17 лет, вооруженного палкой, — относительно них будто бы еще не было установлено, евреи ли они.

Когда мы вышли во двор, там происходил спор между вышеупомянутым полевым жандармом и украинским часовым, который охранял дом; этот часовой подозревался в грабеже, а также он уничтожил несколько удостоверений, которые немецкие военные ведомства выдали другим украинцам (речь шла о нескольких женщинах). На земле еще валялись обрывки. Полевой жандарм разоружил украинского часового, велел его увести и ушел сам.

Присутствовавшие немецкие солдаты, которые были во дворе, рассказали нам, что они здесь расквартированы (в доме поблизости) и со вчерашней второй половины дня слышат беспрерывный плач детей. Под вечер вчерашнего дня уже уехали 3 грузовика с детьми. При этом присутствовал чиновник СД. Шофер грузовика им рассказал, что это дети уже расстрелянных евреев и евреек, которых теперь также повезли на расстрел; расстреливает детей украинская милиция. Находящиеся в доме дети также должны быть расстреляны. Солдаты выражали сильнейшее негодование условиями, в которых находились дети; один из них еще упомянул, что у него самого дети дома. Так как не было никакого немецкого надзора, я потребовал от солдат, чтобы больше никто, особенно никто из населения, не входил в дом, чтобы об этом больше не было разговоров.

Тем временем помещения с детьми осмотрел неизвестный мне обер-врач вермахта и заявил мне, что срочно необходимо доставить туда воду; положение таково, что следует считаться с опасностью вспышки эпидемии.

Так как дом и дети не имеют немецкого часового или надзора и с тамошними условиями в любое время могут ознакомиться немецкие солдаты — как это уже происходило и вызывало негодование и критику — я докладываю об этом деле моему вышестоящему ведомству.

Groscurth H. Tagebücher eines Abwehroffiziers 1938–1940. – Stuttgart, 1970, – S. 538–539.

Донесение 1-го офицера штаба 295-й пехотной дивизии подполковника Гельмута Гроскурта от 21 августа 1941 г.

Отчет о событиях в Белой Церкви 20.8.41.

20.8. около 16.00 ко мне явились оба дивизионных священника и сообщили, что в одном доме города лежат около 90 еврейских детей, которые заперты без всякой пищи и воды около 24 часов. На основании сообщения священников военного госпиталя они ознакомились с условиями. Они являются невыносимыми, попытка побудить ортскоменданта вмешаться осталась безуспешной.

Дивизионные священники сообщили, что обстоятельства требуют срочной помощи, так как дом посещают многочисленные солдаты и санитарные условия могут иметь опасные последствия, как подтвердил главный врач военного госпиталя.

В связи с этим сообщением я в 16.30 с офицером для поручений обер-лейтенантом Шпёрхазе, дивизионным священником д-ром Ройссом и переводчиком зондерфюрером Тишуком отправился в дом, который находится в переулке, примерно в 50 м от улицы. Дом был виден с улицы, слышался плач детей. Во дворе стояли около 20 унтер-офицеров и рядовых. Часового перед домом не было. По двору слонялись несколько вооруженных украинцев. Дети лежали на подоконниках, окна не были открыты. В вестибюле первого этажа стоял украинский часовой, который немедленно открыл дверь в комнаты, в которых находились дети. В 3-х соединенных между собой помещениях находился еще один украинский часовой. Помещения были заполнены около 90 детьми и несколькими женщинами. В самой задней комнате, в которой лежали почти исключительно младенцы, женщина производила уборку. В остальных комнатах царила неописуемая грязь. Вокруг лежали тряпки, пеленки, нечистоты. Бесчисленные мухи покрывали частично голых детей. Почти все дети плакали или стонали. Вонь была невыносимой. Одна говорящая по-немецки женщина утверждала, что она совершенно невиновна, никогда не интересовалась политикой и не является еврейкой.

Тем временем пришел обершарфюрер СД, которого я спросил, что будет с детьми. Он сказал, что родственники детей расстреляны, и что дети также должны быть устранены. Не высказывая своего мнения, я отправился в ортскомендатуру и потребовал от коменданта объяснений. Он объявил себя некомпетентным, на известные ему мероприятия СД он не имеет никакого влияния, он предложил обсудить дело с фельдкомендантом, подполковником Ридлем. Я отправился к нему в сопровождении ортскоменданта и 01[1]. Фельдкомендант сказал, что начальник зондеркоманды у него был, информировал его о своем задании, и оно выполняется с ведома фельдкоменданта. На распоряжения оберштурмфюрера

---

[1] 01 — обозначение офицера для поручений в штабах немецкой армии.

он не имеет никакого влияния. Я спросил фельдкоменданта, считает ли он, что оберштурмфюрер имеет приказ высшего ведомства устранить также детей, мне об этом ничего не известно. Фельдкомендант возразил, что он убежден в правильности и необходимости этого приказа. Тогда я потребовал оцепить дом так, чтобы войска не имели возможности наблюдать эти события, которые уже вызвали сильную критику среди частей, так как расквартированные поблизости солдаты всю ночь слышали плач детей. Далее я потребовал, чтобы вывоз на расстрел был произведен незаметно. Я заявил, что готов предоставить в распоряжение части дивизии, если караула фельдкомендатуры будет недостаточно. Далее я заявил, что немедленно информирую группу армий для получения решения, следует ли продолжать расстрел детей. (Некоторое количество детей, по сведениям фельдкоменданта, уже было устранено днем ранее, и притом украинской милицией по распоряжению СД).

Фельдкомендант согласился с этим урегулированием и подчеркнул, что командир дивизии является старшим гарнизонным начальником и может отдавать все необходимые распоряжения. Пока не будет иметься решения группы армий, он «задержит» выполнение дальнейших мероприятий, но потребовал срочно письменный приказ. У меня было намерение прервать мероприятия, так как я считал, что вывоз детей состоится лишь в вечерние часы, а к этому времени будет иметься решение группы армий. Мне было ясно, что остановка мероприятий приведет к осложнениям с политическими ведомствами, и я хотел этого по возможности избежать. Но фельдкомендант заявил, что вывоз детей состоится очень скоро. Тогда я распорядился, чтобы фельдкомендант сообщил начальнику зондеркоманды, что он должен отложить вывоз до решения группы армий.

Сам я не хотел идти к начальнику зондеркоманды, чтобы как можно быстрее связаться с группой армий. Я полагал, что, учитывая принципиальное значение этого вопроса, группа армий должна быть немедленно информирована, и сама дивизия не может принять решение. Ia группы армий, с которым я немедленно связался, заявил, что делом должна заниматься АОК 6. С тамошним Ia[1] долгое время

---

[1] 1а — начальник оперативного отдела в штабах немецкой армии.

нельзя было связаться. Решение г-на командующего он смог получить только вечером. Тем временем ко мне явился оберштурмфюрер Хэфнер, начальник зондеркоманды, и потребовал подтверждения переданного ему приказа дивизии. Он выпрашивал письменный приказ. В этом я ему отказал, заметив, что окончательное решение ожидается в скором времени. Он заявил менее воинственным тоном, что об этом распоряжении должен доложить своему начальнику. Он имеет ясный приказ осуществить мероприятия. На это я заявил, что настаиваю на своем распоряжении и в случае необходимости силой добьюсь его выполнения. Я еще раз категорически заявил, что мне известны указания политических ведомств, но в интересах поддержания воинской дисциплины я должен требовать осуществления мероприятий в подходящей форме. Решение армии ожидается.

В 19.00 я доложил г-ну командиру дивизии об инциденте и принятых до сих пор мерах, которые он одобрил.

Около 20.00 поступило решение армии отложить дальнейшее выполнение. Тем временем под вечер один грузовик уже был загружен детьми и стоял у дома. Фельдкомендант был немедленно информирован 01, оберштурмфюрер был вызван 01 в штаб дивизии, где я передал ему указание армии. Офицер штаба дивизии проконтролировал выполнение и предписанное тем временем фельдкомендантом оцепление. В это оцепление частично были назначены украинцы с винтовками без удостоверений. Это оцепление украинцами было заменено немецкими солдатами. Фельдкомендант тем временем позаботился о воде и хлебе для детей.

21.8. около 11.00 появился гауптман Лулай[1] (офицер абвера, AOK 6) со штандартенфюрером Блобелем и оберштурмфюрером Хэфнером для предписанного армией совещания. Оно состоялось у фельдкоменданта. Гауптман Лулай перед прибытием в дивизию осмотрел местность, но в дом и место размещения детей не входил. Я изложил требование дивизии и категорически указал на то, что

---

[1] Речь идет, вероятно, о Гансе Фридрихе Августе Лулае (Lulay). 8.6.1949 г. в Амстердаме он был приговорен к 4 годам тюремного заключения за жестокое обращение со штатскими, которые должны были строить земляные укрепления для вермахта.

вмешательство дивизии было вызвано исключительно способом выполнения. Штандартенфюрер и оберштурмфюрер признали технические недостатки и заявили, что теперь положение вещей приводит к тому, чтобы найти форму быстрого окончания. Он, собственно, теперь не в состоянии осуществить задуманный расстрел. Фельдкомендант заявил, что первое сообщение сделали дивизионные священники. На это гауптман Лулай заметил, что, хотя он евангелический христианин, однако считает, что священникам лучше заботиться о душах солдат. Из формы и способа высказываний как фельдкоменданта, так и гауптмана Лулая следовало, что они, во-первых, ставят под сомнение правдивость дивизионных священников, во-вторых, что дело они рассматривают как «вынюхивание, чтобы что-нибудь найти». Они считают сообщение преувеличением и следствием любопытного вмешательства дивизионных священников. Штандартенфюрер на это ничего не сказал. Я вместе с 01 отбросил это неслыханное подозрение, так как дивизионные священники сначала посчитали, что речь идет о самоуправстве украинцев, которые однажды в Золочеве заставили дивизию вмешаться. Затем в ходе совещания фельдкомендант попытался перевести дело в идеологическую область и устроить дискуссию по принципиальным вопросам. Он заявил, что уничтожение еврейских женщин и детей считает крайне необходимым, все равно в какой форме оно проводится. Он несколько раз подчеркнул, что меры дивизии без нужды задержали устранение детей на 24 часа. К этому мнению присоединился штандартенфюрер и добавил, что будет лучше, если подразделение, которое пронюхало, само произведет расстрелы, и чтобы командиры, которые задержали мероприятия, сами возглавили это подразделение. Я в спокойной форме отверг этот замысел, не высказав своего мнения, так как хотел избежать личной резкости. При обсуждении мер, которые следовало предпринять, штандартенфюрер заявил, что командующий признает необходимость устранения детей и хочет его осуществить, поскольку в данном случае эти мероприятия уже начаты. Правильность этого мнения командующего мне уже подтвердил Ic[1] АОК 6.

---

[1] 1c — начальник разведотдела в штабах немецкой армии.

Затем обсуждались подробности осуществления расстрелов. Они должны быть произведены до вечера 22.8. Я в этом обсуждении не участвовал. Требуемые мною меры по обереганию войск будут осуществлены.

После совещания гауптман Лулай доложил г-ну командиру дивизии о его результатах.

Заключительные замечания.

1. Командиры должны прививать войскам чисто солдатские взгляды, не допускать насилия и жестокости по отношению к безоружному населению. Они целиком и полностью разделяют строжайшие меры против франктирёров. Но в данном случае речь идет о мерах против женщин и детей, которые ничем не отличаются от зверств противника, которые постоянно становятся известны войскам. Нельзя избежать того, что об этом будет сообщено на Родину и что это будет там сравниваться со львовскими зверствами. Войска ожидают вмешательства своих офицеров. Особенно это имеет значение для старых женатых людей. Поэтому офицер, уважая свое подразделение, вынужден вмешиваться, если подобные события разыгрываются на глазах у всех. Для поддержания воинской дисциплины необходимо, чтобы все подобные мероприятия осуществлялись в стороне от войск.

2. Осуществление расстрелов не привлекло бы внимание, если бы фельдкомендатура и ортскомендатура приняли необходимые меры по обереганию войск. Инциденты возникли из-за полного устранения обоих комендантов. Во время переговоров сложилось впечатление, что все казни объясняются предложением фельдкоменданта. Из расстрела всего еврейства города неизбежно вытекала необходимость устранения еврейских детей, прежде всего младенцев. Это должно было быть сделано сразу же с устранением родителей, чтобы предотвратить эти бесчеловечные мучения. Иное размещение детей фельдкомендантом и оберштурмфюрером было объявлено невозможным, причем фельдкомендант неоднократно заявлял, что это отродье должно быть истреблено.

Groscurth H. Op. cit. — S. 534—537.

Замечания к отчету 295-й див. о событиях в Белой Церкви командующего 6-й армией генерал-фельдмаршала фон Рейхенау[1] от 26 августа 1941 г.

Отчет скрывает факт, что дивизия сама распорядилась прервать казнь и затем попросила на это согласия армии.

Сразу после телефонного запроса дивизии я после переговоров со штандартенфюрером Блобелем отложил выполнение казни, так как она была предписана нецелесообразным способом. Я дал задание, чтобы утром 21.8. штандартенфюрер Блобель и представитель командования армии отправились в Белую Церковь, чтобы проверить обстоятельства. В принципе я решил, что начатая акция должна быть проведена целесообразным способом.

В заключительных замечаниях имеется предложение: «Но в данном случае речь идет о мерах против женщин и детей, которые ничем не отличаются от зверств противника, которые постоянно становятся известны войскам».

Я считаю это утверждение неверным и в высшей степени неуместным и нецелесообразным. К тому же оно содержится в открытом письме, которое прошло через многие руки.

Отчету вообще лучше было бы не появляться.

Groscurt H. Op. cit. — S. 541.

Из показаний 25.4.1966 г. бывшего переводчика в зондеркоманде 4а Йоганнеса Матерны

[...] Я был в Белой Церкви в одной подкоманде, которой руководил Хэфнер. Насколько я помню, в этой команде были Кайзер и Пушман и переводчик Нико. Нико был личным переводчиком

---

[1] Генерал-фельдмаршал (с июля 1940 г.) Вальтер фон Рейхенау (1884–1942) с июня 1941 г. командовал 6-й армией. С 30 ноября 1941 г. — главнокомандующий группой армий «Юг». Умер 17.1.1942 г. близ Полтавы от кровоизлияния в мозг. На посту командующего 6-й армией его сменил генерал-полковник Ф. фон Паулюс.

Хэфнера. Я сам занимался допросом сторонников Бандеры. Однажды на улице ко мне обратился один подполковник. Он был венцем. Он использовал обращение «господин партайгеноссе». Он спросил меня, являюсь ли я членом ЗК 4а. Я ответил утвердительно. Он сказал, что происходит нечто ужасное. Расстреливают еврейских детей. Весь город говорит о том, что в одном пустующем доме размещены еврейские дети, родители которых уже расстреляны. Я сам говорил с украинскими женщинами, которые давали детям молоко и прочую пищу. Дети должны были там жить несколько дней. Я отвел этого подполковника по его требованию к Хэфнеру. Хэфнер вернулся с подполковником, и мы поехали в штаб, который находился в особняке с большой верандой. Я видел из машины, что Хэфнер стоял, вытянувшись, на веранде и явно получал от генерала разнос. Хэфнер вернулся и сказал, что генерал запретил дальнейшие расстрелы. Насколько мне известно, Хэфнер не передал запрет дальнейших расстрелов украинской милиции, а отправился к командующему 6-й армией, который будто бы одобрил приказ о расстреле. Позднее я узнал, что дети были расстреляны. Я точно помню, что Хэфнер, возвращаясь от генерала, сказал: «Теперь я поеду к Рейхенау». Я также знаю, что сначала этот расстрел должен был произвести один молодой унтер-офицер со своими людьми, но они отказались […]

В Василькове я точно не был, в Фастове я был. Фастов я помню, так как я говорил с бургомистром этого города, который был школьным товарищем моего дяди. Это был д-р Селецкий, который сегодня будто бы живет в США. У него я провел первую половину дня, я сидел до полудня с ним и его сыном, который был студентом, и когда я после полудня с обоими вышел на улицу и стал искать команду, я заметил, что вновь что-то происходит с евреями. После того как мы прошли часть дороги, я услышал отдельные выстрелы. Тогда я посоветовал моим сопровождающим, что им лучше пойти домой. Я же пошел дальше в направлении этих выстрелов, и когда я приблизился, я сначала увидел двух священников вермахта, которые за всем наблюдали. Когда я достиг этого места, казнь завершалась. После этого были расстреляны, возможно, 6, возможно, 8 человек. Я видел женщин и мужчин. Расстреливал солдат войск СС, имя которого мне не известно, но о котором я знаю, что он раньше был членом Иностранного легиона. Руководителем этой подкоманды был тогда господин Хэфнер [...]

BArch B 162/19206, Bl. 1335–1336, 1337.

Из показаний бывшего переводчика в зондеркоманде 4а Йоганнеса Матерны на процессе в Дармштадте 6 февраля 1968 г.

[...] В Белой Церкви евреи уже были расстреляны, когда я туда прибыл. Руководителем команды был Хэфнер. Я был ему придан в качестве переводчика. Был ли я там сразу, я уже не знаю. Был еще один переводчик по имени Нико. Городская управа Белой Церкви приняла осиротевших еврейских детей. Они были размещены в одном пустующем доме. Добрые люди заботились о них, ухаживали и кормили. Однажды Хэфнер сказал мне: «Украинцы должны расстрелять еврейских детей. Пойдите и посмотрите, что там творится». Я пошел. Когда я еще недалеко ушел, я встретил подполковника вермахта. Я припоминаю, что он говорил на венском диалекте. Он обратился ко мне со словами: «господин партайгеноссе», «не могли бы Вы отвести меня к своему начальнику». Я сделал это, и подполковник говорил с господином Хэфнером. После этого Хэфнер уехал, я поехал с ним. Мы поехали к одному немецкому генералу, который занимал руководящую должность. Здание, в котором размещался штаб, было в саду. Господин Хэфнер пошел туда, и я видел из машины, что генерал устроил господину Хэфнеру хорошую головомойку. Хэфнер только сказал «да», сел в машину и затем сказал: «Господа, теперь мне еще нужно к господину фон Рейхенау». Я не думаю, что Хэфнер сказал, что он там должен быть. Он сказал только, что ему туда нужно. Из его поведения и характера задания, которое он мне дал, я заключаю, что не господин Хэфнер, а кто-то другой должен быть инициатором этого расстрела детей.

Было ли детей 100, я сказать не могу. Возможно, мне во время прежнего допроса была названа цифра 100, и я сказал, что детей могло быть 100.

Мне ничего не известно о том, что этих детей должны расстреливать эсэсовцы. Хэфнер сказал мне как-то, что молодые эсэсовцы, которые там находились, вообще отказались производить расстрелы, не только этих детей.

Я припоминаю, что также Кайзер и Пушман были в этой команде. Теперь я также вспоминаю, что расстрелы должны быть прекращены. Но я думаю, что было совершенно бессмысленно идти теперь к украинцам, так как казнь могла быть уже закончена. Поскольку это протоколируется, я это сказал следователю. Я в этом твердо убежден и могу с чистой совестью сказать, что Хэфнер послал меня с заданием разведать, действительно ли слух, что дети будут расстреляны, является правдивым [...].

BArch B 162/17912, Bl. 1167–1169.

Из заявления анонимного лица в «Центральное бюро по раскрытию нацистских преступлений» в Людвигсбурге 5.12.1966 г.

Анализируя мои дневники из России, я натолкнулся на следующие детали:

[...]

19, 20 и 21 августа 1941 г. я в качестве сопровождающего транспорта взвода по подвозу продовольствия был в Белой Церкви [...] Во время этого вызванного транспортными трудностями пребывания я во второй половине дня 21.8.1941 г. обнаружил следующее.

ЯМЫ	ЯМЫ

что-то вроде фабрики

ж.д. станция Белая Церковь

Обратив внимание на раздающиеся с интервалами винтовочные залпы, которые как раз были слышны, я подошел к вышеобозначенным ямам. Там на земле лежали примерно 500–800 евреев всех возрастов, мужчины, женщины и дети, с узлами, которые позволяли заключить, что им обещали, что их вывезут; перед примерно 3 глубокими ямами стояли примерно по 5 стрелков. Сначала должны были по вызову выйти мужчины, они становились на краю ямы и по команде «огонь» были расстреляны. У ямы взад-вперед ходил один из офицеров и стрелял из автомата во все, что еще шевелилось в яме. Жертвы в основном сами падали в яму. На стрелках была маскировочная одежда, отдававшие приказы офицеры и унтер-офицеры были, насколько я еще знаю, в форме полицейского полка. Один из евреев пытался бежать, но сразу был сзади застрелен и с мертвыми брошен в яму. Представитель евреев попросил хотя бы записать личные данные расстрелянных, но без успеха. Узлы должны были быть сданы раньше. После мужчин настала очередь женщин без детей. Прежде чем были расстреляны женщины с детьми, я был опознан как не принадлежащий к полиции и должен был бежать. Это было примерно в 16.00.

BArch B 162/5664, Bl. 183a, 183b.

Из показаний 16.4.1975 г. бывшего кандидата в офицеры (штабсфельдфебеля) и офицера для поручений в 415-м батальоне земельных стрелков (Landesschützen-Bataillon 415) Алоиза Цвада (Alois Zwad)

[...] Я полагаю, был конец августа 1941 г., когда мы продвинулись в Белую Церковь. Здесь одна рота 415-го батальона приняла охрану транзитного лагеря военнопленных[1]. Остальные роты батальона прочесывали окрестные леса в поисках рассеянных русских подразделений или солдат [...]

---

[1] В Белой Церкви с 1.8. до 11.9.1941 г. находился дулаг 170 (BArch B 162/5672, Bl. 160). Комендантом лагеря в то время был подполковник фон Дононп.

Однажды появился комендант лагеря с несколькими эсэсовцами и передал им отряд пленных (около десяти), которые были снабжены лопатами. Эта команда под контролем эсэсовцев вырыла близ стоящего в стороне небольшого дома внутри лагеря, но вне зоны пленных большую яму. Под вечер прибыли два крытых грузовика под охраной других эсэсовцев, высадили лиц в штатском и отвели их в дом, находящийся близ ямы. Эсэсовцы остались охранять этот дом. На следующее утро приехал грузовик с эсэсовцами, которые были вооружены винтовками. Дом и яма были оцеплены в значительной окружности, также для караула. Затем через короткие интервалы стали раздаваться винтовочные залпы. Спустя некоторое время был затребован отряд пленных, которые должны были засыпать землей трупы, находившиеся в яме. Постовой караула со своей караульной вышки видел происходившее и потом сообщил, что была произведена казнь примерно 30—35 лиц в штатском, среди них также несколько женщин […]
BArch B 162/5672, Bl. 198.

Из показаний 21.4.1975 г. бывшего мотоциклиста-связного 4-й роты 415-го батальона земельных стрелков Мельхиора Зетца (Melchior Setz)

[…] Я еще сегодня хорошо помню, как во время моего пребывания в Белой Церкви член 1-й или 2-й роты по имени Пауль Грюнер рассказал мне о массовых казнях и также показал массовую могилу, заметив: должен же я когда-то увидеть, что тут происходит. Он привел меня к находившейся поблизости яме примерно от 1,5 до 2 метров шириной и примерно 15 метров длиной, в которой накануне вечером произошла казнь. Трупы уже были засыпаны землей. На краю ямы я увидел череп ребенка. Грюнер рассказал мне, что в этом месте постоянно происходят расстрелы отобранных русских комиссаров из дулага 170, а также старых людей, в том числе женщин. Среди убитых находились также дети. Перед казнью жертвы должны раздеться. Их по очереди расстреливали из автоматов и затем засыпали землей, после чего в этой же яме позднее производились новые расстрелы […]
BArch B 162/5672, Bl. 188.

Из показаний 23.4.1975 г. бывшего военнослужащего 1-го взвода 3-й роты 415-го батальона земельных стрелков Рихарда Кернера

[...] Я вспоминаю, что во время продвижения в России 1-й и 2-й взводы роты были назначены для оцепления во время расстрела украинской милицией еврейских детей и взрослых. Я считаю, что этот случай был в районе Киев-Бердичев-Житомир. Украинская милиция однажды доставила три грузовика, загруженных детьми, и два или три грузовика взрослых к большой яме и расстреляла детей и взрослых. Расстрелы совершили шесть или восемь милиционеров. Я считаю, что эти милиционеры были в штатском [...] речь шла в общей сложности о 100 детях и взрослых [...] Расстрелы были произведены так, что эти шесть или восемь украинцев стреляли в кучу жертв. Я знаю точно, что не все сразу были убиты и умерли лишь в течение дня [...] Описанными мною расстрелами руководило явно подразделение СС, но я не видел никого из этого подразделения. В связи с этим я вспоминаю еще следующее: наш капитан вызвал 1-й и 2-й взводы роты и заявил, что мы должны произвести оцепление. Он не сказал, что должно произойти. Только когда мы прибыли на место казни, он лично распределил нас на наши места, сказал нам, что произойдет, и отдал приказ никому, ни солдату, ни штатскому не позволять наблюдать. Затем произошло то, о чем я сказал. Дети и взрослые были по очереди привезены на различных грузовиках и расстреляны этими украинцами. Я и другие товарищи видели, что два молодых человека смогли бежать. Мы были рады этому, так как мы подобные действия СС не могли понять [...]

BArch B 162/5672, Bl. 166–167.

Из военного журнала (Kriegstagebuch) отдела Ic/A. O. штаба 6-й армии (начальник отдела — майор Пальтцо), запись 2.9.1941 г.

[...]

8. Доклад абвер III, гауптман Лулай, о борьбе с партизанами и мерах против движения Бандеры.

9. Гауптштурмфюрер СС Каллсен и гауптштурмфюрер СС фон Радетцки, относительно замещения первого во время отсутствия.

а) борьба с Бандерой,

б) передано пожелание штаба армии: в принципе перед мероприятиями против евреев в месте расположения штаб армии должен быть ориентирован.

[...]

Klee E., Dreßen W. (Hg.) «Gott mit uns». Der deutsche Vernichtungskrieg im Osten 1939–1945. Frankfurt/Main, 1989. – S. 103.

Донесения о событиях в СССР № 80 от 11 сентября 1941 г.

[...]

Оперативная группа С

Место расположения Ново-Украинка.

Наблюдения и мероприятия полиции безопасности.

Исполнительная работа группы С в настоящее время включает в себя наряду с раскрытием партийного аппарата и чисткой местности от евреев как наихудшего разлагающего фактора также прежде всего борьбу с бесчинствами партизан, начиная со строго организованных банд и отдельных партизан и саботажников и заканчивая теми, кто фабрикует слухи.

[...]

Наряду с использованием партизан русские пытаются укрепить свою оборону путем распространения листовок и пропаганды шепотом [...] Носителями этой пропаганды шепотом в основном являются евреи [...] Нужные последствия вызвал слух, что немцы убивают всех евреев. Этим в первую очередь объясняется то, что оперативные команды всегда обнаруживают мало евреев. Согласно нашим наблюдениям, везде бежали 70–90 % первоначально имевшихся евреев [...] Так как слишком слабые команды в крупных городах не могут сами решить свои задачи, большое значение приобретает создание службы порядка из проверенных, особо надежных украинцев; наряду с этим с большим успехом создается в основном из фольксдойче сеть осведомителей [...] Доверие населения к работе оперативных команд укрепляется благодаря тому, что в случае необходимости принимаются строгие меры и против фольксдойче. Так, были расстреляны 2 фольксдойче, которые оказались большевистскими подстрекателями [...]

В Народичах в ходе крупной акции были арестованы и расстреляны 208, в одном сарае поблизости — 60 террористов.

В Андрушевке были обезврежены еще 6 большевиков.

В Коростене, согласно поступившим сообщениям, вновь собралось много ранее бежавших евреев и образовали очаг постоянного беспокойства. 238 евреев, которых украинская милиция согнала в одно здание, были расстреляны.

В Фастове, где ГФП, ортскомендатура и ландесшютцен-батальон уже прикончили около 30 партизан и 50 евреев, настоящее спокойствие было установлено лишь тогда, когда ЗК 4а расстреляла одного бывшего террориста и всех евреев в возрасте 12–60 лет, в совокупности 262 человека[1].

Вследствие этого число казненных ЗК 4а до 24.8.41 возросло до **7152 человек**.

[...]

BAB, Bestand R 58/217.

Из показаний 30.10.1963 г. бывшего обервахтмейстера приданного зондеркоманде 4а 3-го взвода 3-й роты 9-го резервного полицейского батальона Фридриха Эбелинга о расстрелах евреев в Коростене и Черняхове в августе 1941 г.

Как уже было сказано, меня в Житомире дважды включали в состав подкоманды. Первая подкоманда, которая состояла из около 30 членов ЕК 4а и около половины моего взвода, действовала в Коростене. Мы поехали туда из Житомира на грузовиках и после

---

[1] Еврейки с детьми в Фастове были расстреляны 6.10.1941 г. отрядом оперативной команды 5.

окончания акции в тот же день вернулись. В Коростене нами было расстреляно около 160 мужчин и женщин. При этом речь шла о евреях. Евреи должны были явиться на базарную площадь для регистрации. У стола они были занесены в списки и затем собраны. После окончания регистрации они были вывезены из города за несколько километров. Как далеко, я не знаю. Также в этом случае русские вырыли большую яму [...]

С базарной площади евреи на грузовике были отвезены прямо к яме и там сразу после прибытия расстреляны. Это повторялось так часто, пока все 160 евреев не были увезены с базарной площади. Я сам сначала охранял собранных на базарной площади евреев и после того, как была вывезена примерно половина евреев, также поехал к яме и там был стрелком. Также в этом случае стрелками были как члены ЕК 4а, так и товарищи моего взвода [...].

Спустя несколько дней после нашего возвращения в Житомир была проведена вторая операция. На этот раз целью был Черняхов. Также в этом случае были назначены от нас полувзвод и от ЕК 4а около 20 человек [...] На наших автомашинах мы поехали к Черняхову, т. е. не в сам город. Близ города стоял товарный поезд, который был загружен еврейскими женщинами и детьми. Среди них также были несколько мужчин. При нашем прибытии поезд охраняла милиция. После нашего прибытия евреи должны были высадиться и были согнаны украинской милицией в близлежащую лощину. Во время этой акции вся наша команда находилась в оцеплении. От моей позиции лощина была примерно в 200 метрах и не просматривалась. Поэтому я не мог видеть ход расстрела [...] Однако я точно знаю, что этот расстрел был проведен исключительно милицией. После окончания этой акции мы еще в тот же день вернулись в Житомир. Милиция осталась.

BArch B 162/5647, Bl. 1364–1366.

Из приговора судебной коллегии по уголовным делам Житомирского областного суда от 15.3.1974 г. по делу бывших полицейских Черняховской районной полиции относительно расстрела евреев в конце августа 1941 г.

[...] в балластном карьере возле села Дивочки Черняховского района с участием [бывших полицейских Черняховской районной полиции] подсудимых Шлапака, Дарнапка и Вайса было расстреляно свыше 150 человек еврейской национальности. Этих людей из мест, где они содержались под арестом, на автомашинах и пешком доставляли на железнодорожную станцию Горбаши, что на окраине Черняхова, грузили в вагон и мотовозом доставляли к месту казни.

Подсудимые Вайс, Шлапак и Дарнапук грузили людей в вагоны, применяя физическую силу, на месте казни производили разгрузку и принимали личное участие в расстрелах.

Лично Вайс застрелил одного человека, а Шлапак и Дарнапук — не менее по пять-шесть человек.

Во время погрузки людей на станции Горбаши Вайс обыскивал их, изымал деньги и другие ценности, которые передавал оккупационным властям. Всего им было собрано около 13 тысяч рублей денег [...]

Приговор судебной коллегии по уголовным делам Житомирского областного суда от 15.3.1974 г. по делу Вайса, Вира, Прищепы, Дарнапука и Шлапака (Дело по обвинению Вайс Р.Р. и других, в: Архив Управления СБУ в Житомирской области). Все подсудимые были приговорены к смертной казни через расстрел.

Из свидетельства С. Фридмана о расстреле евреев в Народичах

[...] 28 августа 1941 года немцы совместно с их пособниками — местными украинцами-националистами, которые показывали, где живут евреи, стали выгонять евреев на улицу, грудных детей оставляли при этом одиноким старикам. До сих пор стоит в ушах крик матерей, расстающихся со своими младенцами. Всех евреев согнали в сельский клуб — Дом культуры, по дороге украинские националисты и немцы избивали палками стариков, женщин, детей. В Доме культуры произвели регистрацию, всех записали и разместили отдельно мужчин, отдельно женщин и отдельно детей. В десять часов утра из клуба вывели около пятидесяти мужчин с лопатами и увезли на машинах за город, где заставили их выкопать большую яму, предназначенную для проведения расстрела. После обеда из клуба начали вывозить мужчин, а потом — женщин. Во время посадки на машины людей нещадно избивали палками. Во второй половине дня начался дождь. В это время стали сажать в машины детей. Меня тоже втолкнули в машину. Дождь усилился, пошел настоящий ливень, и нас, детей, вернули в помещение. А когда дождь прекратился, опять повели нас к машинам. Но в это время вернулась карательная команда, промокшие убийцы решили просохнуть. Нас вернули в клуб, а спустя несколько часов и вообще выпустили из клуба. В этот страшный день было расстреляно пятьсот евреев. Я потерял родных. Была расстреляна моя мама. Оставили в живых только немощных стариков, некоторых женщин, детей — всего двести пятьдесят человек [...][1]

Фридман С. Расстрелы в Народичах // Кровоточащая память Холокоста. Сост. О. Глушкин (http://palmnicken.ru/mediacorner/00/108_16.html).

Из отчета фельдкомендатуры 198, Белая Церковь, от 11 сентября 1941 г.

[...]

2. Сотрудничество украинцев.

...Много трудностей доставляют украинские националисты... По инициативе ФК в Фастове СД раскрыла посреднический центр с типографией и множеством листовок, которые здесь были распространены, и произвела примерно 40 арестов. Соответствующие

---

[1] См. также показания С. З. Фридмана 7.9.1945 г. (BArch B 162/7316, Bl. 19–22). Согласно показаниям 13.9.1945 г. бывшего полицейского И. Кострубы, расстреляны были около 300 человек взрослых евреев (BArch B 162/7316, Bl. 23–25).

лица должны быть отправлены обратно. Руководитель националистов в здешней местности недавно был арестован ФК и помещен в собственную вновь созданную тюрьму...

3. Еврейский вопрос

В Белой Церкви большая часть евреев расстреляна, другие бежали. Больше не имеется почти ни одного еврея...

IfZ Archiv, Gd01.54/33 (Callsen u. 9 Andere-Verfahren), Bl. 6915.

Донесение о событиях в СССР № 86 от 17 сентября 1941 г.

[...]

Оперативная группа C

Место расположения: Ново-Украинка.

[...]

По нашим наблюдениям, евреи, несмотря на проведенные против них крупные акции, продолжают вести себя вызывающе нагло, о чём свидетельствуют следующие примеры:

В Ушомир, где 1-я бригада СС расстреляла всех евреев мужского пола, через два часа после её ухода ворвались бандиты под руководством 4 евреев и сожгли 48 домов. В Житомире евреи неоднократно надоедали безоружной украинской милиции и в одном случае даже её обстреляли. В Корнине евреи написали угрожающее письмо председателю общины, которое они закончили словами: «Да здравствует партия Ленина и Сталина, да здравствуют еврейские коммунисты, смерть немецким бандитам!». В Черняхове одной еврейке удалось в присутствии сотрудника СД выдать себя украинскому бургомистру за фольксдойче, причем она предъявила фальшивое немецкое удостоверение. Со ссылкой на это мнимое удостоверение ортскомендатуры она потребовала садовый участок. В Житомире среди евреев процветает торговля из-под полы; награбленное имущество они обменивают на доставленные крестьянами товары. Евреи используют рабочие удостоверения, которые были им выданы, когда они были временно заняты в ведомствах вермахта, и не отобраны. Кроме того, они изготавливают фальшивые удостоверения [...]

Акции.

В Житомире в качестве нового мероприятия возмездия за непослушание евреев, которые саботировали по ночам даже распоряжения о затемнении и во время русских воздушных налетов освещали окна, ликвидированы 266 евреев [...]

В Коростене были расстреляны 160 человек, в Белой Церкви в ходе новых акций — 68 и в Тараще 109 человек[1], в основном евреи.

Тем самым зондеркоманда 4а уничтожила **6584** большевика, еврея и асоциального элемента.

Донесения о событиях в СССР № 88 от 19 сентября 1941 г.

[...]

Оперативная группа С.

Место расположения Ново-Украинка.

[...]

Мероприятия в сфере полиции безопасности.

6.9.1941 г. команда 4а провела еврейскую акцию в Радомышле. Там были собраны евреи со всех окрестностей. В связи с этим еврейские дома были сильно переполнены. В среднем в каждой комнате жило 15 человек. Вследствие этого санитарные условия стали совершенно неудовлетворительными. Ежедневно из домов выносили несколько еврейских трупов. Снабжать евреев, в том числе детей, было невозможно. В результате этого все сильнее становилась опасность эпидемии. Чтобы устранить такое состояние, команда 4а расстреляла 1107 взрослых евреев, а украинская милиция — 561 еврейского ребенка. Тем самым зондеркоманда 4а до 6.9.1941 г. в совокупности прикончила 11328 евреев. [...]

---

[1] Команда 4а в Тараще не действовала. Возможно, здесь имеет место описка и речь идет об акции не в Тараще, а в Василькове.

Из показаний 30.10.1963 г. бывшего полицейского в 3-м взводе 3-й роты 9-го полицейского батальона Йоганнеса Фишера о расстреле евреев в Радомышле

[...] в Радомышле наша передовая команда провела крупную казнь. Я сам не участвовал в сгоне евреев, а был уже в лесу на месте казни. Далее, я вспоминаю, что там были вырыты две большие ямы. Какой величины были ямы, я уже сегодня сказать не могу, во всяком случае, они были глубокими. Поскольку численность всей команды в Радомышле была только 30 человек, в этой акции должен был участвовать каждый. Я припоминаю, что я сам отчасти должен был быть в оцеплении и отчасти также стрелять. Все евреи доставлялись на грузовиках. Насколько я знаю, наша команда имела только два грузовика, поэтому другие грузовики для доставки евреев были предоставлены гарнизонной комендатурой. Нагруженные евреями грузовики прибывали постоянно, в то время как расстрел уже производился. Наши люди из 3-го взвода 3-й роты 9-го полицейского батальона были вооружены только винтовками и поэтому стреляли только из винтовок, в то время как СД стреляли из автоматов. Я не видел, чтобы евреи раздевались. Ценные предметы были отобраны. Расстреливали мужчин и женщин, детей я не видел. Те евреи, которых мы расстреливали, были расстреляны старым способом, то есть они должны были становиться на колени у ямы и 2 стрелка стреляли в них из карабинов. СД, напротив, расстреливала из автоматов. Для этого евреи должны спуститься в яму и стрелок шел в яме от одного человека к другому, так что он всегда стоял на спинах жертв [...]

BArch B 162/5647, Bl. 1383.

Из показаний 11 февраля 1947 г. бывшего обервахтмейстера 3-го взвода 3-й роты 9-го полицейского батальона Фридриха Эбелинга о массовых расстрелах, совершенных зондеркомандой 4а в Радомышле

[...] В конце августа 1941 г. в городе Житомир из состава нашей группы была образована передовая команда. В эту команду входили взвод СС из около 30 человек, 5–6 членов СД, в том числе два офицера, и 10 полицейских, в том числе и я. В начале сентября, точную дату указать я не могу, я с этой передовой командой поехал в город Радомышль. В городе Радомышль мы находились примерно 7–8 дней, после чего мы провели массовый расстрел евреев. Примерно через два дня после нашего прибытия в Радомышль украинская полиция провела в городе большую облаву на евреев. Схваченные евреи под охраной были доставлены украинской полицией в одно здание, где их охраняли немецкая полиция и эсэсовцы. Я также участвовал в охране евреев в этом здании. В общей сложности было собрано около 500 человек. Это были люди разного возраста. Среди схваченных находились около 200 женщин и 40 детей, в том числе даже было несколько младенцев. Примерно в 16–17 часов того же дня арестованные на грузовиках были доставлены в лес примерно в 1 км от Радомышля и там расстреляны. Для проведения расстрела была образована команда, которая состояла из 20 человек — из 10 полицейских и 10 эсэсовцев. В ходе расстрела часть людей была заменена другими. Я также входил в эту команду и участвовал в расстреле. На место расстрела наша команда прибыла на грузовике. Яма для расстрела была уже выкопана, но мне не известно, кем. Арестованные были собраны близ места расстрела и отводились к яме группами по 20 человек. Расстрелом руководил оберштурмфюрер Ганс, он также давал команду «огонь». Арестованные становились на край ямы спиной к команде, которая производила расстрел. Женщины были расстреляны отдельно от мужчин. Младенцы были отобраны у матерей. На глазах у матерей они были расстреляны обершарфюрером Крамером. Одной рукой он держал малыша за ногу, а другой стрелял из пистолета. Так были расстреляны все 500 человек. Яма была засыпана полицейскими и эсэсовцами. Я лично застрелил 20 советских граждан, среди них были 7–8 женщин [...]

BArch B 162/19220, Bl. 11–12.

Из показаний бывших полицейских Радомышльской районной полиции о расстреле евреев в городе

Показания бывшего полицейского Александра Карбовского 18.7.1947 г.:

[...] После того как при помощи всех полицейских под руководством [начальника полиции] Вахгольца и немцев из войск СС все арестованные были перемещены во двор полиции, начались вывозы на расстрел. Двор полиции усиленно охранялся полицейскими... участвовало в вывозе на расстрел до 8 машин. 4 из них были мобилизованы с суконной фабрики и других предприятий и 4 автомашины были от жандармерии и 2 из них — от команды СС — крытые, «черный ворон». Перед погрузкой на автомашины полицейские производили обыск евреям, отбирали оставшиеся при арестованных ценные вещи и одежду... Тут же Вахгольц меня и Горбаренко Михаила Ивановича назначил на одну из автомашин для конвоирования арестованных в лес за село Рудня на расстрел... По прибытии на место расстрела всех арестованных выгрузили с автомашины и положили вниз лицом рядами. Затем подымали один ряд, подводили к вырытой яме и стоя расстреливали. Трупы падали в яму. После этого подымали второй ряд, опять подводили к яме и расстреливали. Я стрелял из винтовки, немцы СС-овцы стреляли из автоматов. Мы, полицейские, стояли в 10 метрах на коленях и стреляли по команде Вахгольца в спину. Сзади нас стояли немцы и стреляли из автоматов в голову... На второй день после этого расстрела я был на отдыхе. Придя в полицию на третий день, я застал в полиции только детей и несколько сот женщин, которых в этот день продолжали вывозить на расстрел [...]

После массовых арестов приблизительно в сентябре-октябре 1941 г. происходили частичные расстрелы. По селам района полицейскими сельских полиций собирались разбежавшиеся евреи, сводились в полицию, затем расстреливались. Расстреливались коммунисты и военнопленные Советской Армии, а также цыгане [...]

Протокол допроса в качестве обвиняемого Карбовского А. К. 18.7.1947 г. (BArch B 162/5683, Bl. 135–136).

Показания бывшего полицейского Владимира Шуневича:
[...] по приказанию начальника полиции Вахгольца я вместе с полицейскими Матрущенко Иваном, Ревуцким Алексеем и начальником полиции Вахгольцем уехали в лес по направлению хутора Кельвич, 2–3 км от города Радомышль, в то место, где производились массовые расстрелы советских граждан еврейской национальности. Не доезжая до места расстрела 200 метров, машина... остановилась. Вышедший из кабины автомашины начальник полиции Вахгольц приказал нам следовать за ним. Пройдя метров 200, мы заметили две автомашины, на которых сидели женщины и дети. Возле этих двух машин стояли гестаповцы и полицейский Шкидченко Владимир. Подойдя к автомашинам, начальник полиции Вахгольц приказал мне, Шуневичу, Матрущенко Ивану, Ревуцкому Алексею снимать детей с автомашин и садить их на землю возле этих же автомашин, а женщин ссаживать с автомашин и ложить лицом к низу возле детей, которые были посажены на землю. Все это делалось руками лично моими и указанными мною полицейскими [...]

После всего этого группами в 10–15 женщин подводили к ямам, где стояли гестаповцы, примерно в 10–15 метрах от ям, и расстреливали. Гестаповцы были построены в два ряда. Первый ряд находился в положении с колена, а второй стоя, так они и расстреливали женщин и детей.

Кроме того, что стояли гестаповцы с винтовками и расстреливали женщин и детей, возле ямы находились и другие гестаповцы. Эти гестаповцы, когда подходили женщины с грудными детьми, отбирали детей и в упор выстрелами в голову из пистолета убивали детей, а потом бросали их в ямы, где были трупы их матерей.

Детей-подростков, которые нами были ссажены с автомашин и посажены на землю, начальник полиции Вахгольц, подойдя к ним, брал их, т. е. детей группами 5–6, приказывал им взять друг друга за руки и потом подводил к яме, где они и расстреливались гестаповцами. Тех детей, которые были малые, не могли подойти к яме и стать над обрывом ямы, брали за руки и, приподняв над ямой, расстреливали с пистолета и также бросали в яму.

Протокол допроса в качестве обвиняемого Шуневича В. Ф. 22.4.1944 г. (архив Управления СБУ по Житомирской области, следственное дело № 238, том 2, арх. № 30106).

Из отчета фельдкомендатуры 197 от 20 сентября 1941 г.

Почти на всей территории фельдкомендатуры больше нет ни одного еврея. Только в Житомире 18.9. еще находилось около 5000 евреев, согнанных в гетто [...] После того как евреи в Коростене большей частью были расстреляны СД[1], в последние дни вновь было установлено, что евреи в окрестностях Коростеня очень активно действуют против немецкого вермахта и терроризируют украинское население. Так, евреи в окрестностях Коростеня сорвали собрание украинских сельских хозяев [...] Тогда все евреи этой местности были расстреляны СД. Далее, была установлена связь между евреями в Коростышеве и Житомире и партизанами. В качестве репрессалии в последнее время в Коростышеве были расстреляны 60 евреев, в Житомире 19.9. также евреи, количество которых в настоящее время еще не известно [...]

United States National Archives and Record Administration (далее — NARA), Record Group RG-242, microcopy T-501, roll 34, frame 46.

Донесение о событиях в СССР № 94 от 25 сентября 1941 г.

[...]

Оперативная группа С

Местонахождение Смоленск[2]

1. Места дислокации.

Штаб группы еще находится в Ново-Украинке. После падения Киева дислокация будет перенесена туда. Зондеркоманда 4а

---

[1] Имеется в виду зондеркоманда 4а.
[2] Так в документе. Правильно — Новоукраинка.

и дальше в Житомире, подкоманды в Радомышле и Белой Церкви. Другие команды назначены в район Малин-Макаров[1], Коростень и восточнее Василькова.

Со штабом армии достигнута договоренность о том, что передовая команда оперативной команды 4а и штаба группы сразу после падения Киева вступит в Киев вместе с передовыми частями.

[...]

2. Мероприятия и наблюдения полиции безопасности

Во время подготовки к происходящему в настоящее время наступлению оперативные команды могли и далее проводить интенсивную обширную работу. На юге оперативного района при небольшой плотности еврейского населения упор делался на отдельные расследования и розыски, в то время как особенно в районах Житомира и Бердичева дело доходило до крупных акций. Этим объясняется разница в количестве казненных отдельными командами.

Количество казней, совершенных зондеркомандой 4а, теперь превысило 15 000 [...]

До столкновения с вооруженной бандой дошло в районе патрулирования приданной зондеркоманде 4а роты войск СС, которая без собственных потерь разгромила эту крупную банду, в бою застрелила 8 партизан, несколько ранила и одного пленила. Кроме того, в качестве трофеев были захвачены 1 легкий пулемет, 1 автомат, 6 карабинов, 1 наган, несколько ручных гранат и 2000 патронов.

Донесение о событиях в СССР № 97 от 28 сентября 1941 г.

[...]

Оперативная группа С.

Местонахождение Киев.

---

[1] 17.9.1941 г. в Макарове были расстреляны 39 евреев (см. протокол допроса в качестве свидетеля бывшего полицейского Чинакало Г. В. 13.9.1943 г.) (*Дело № 7566 по обвинению Скробач Федор Степанович, в пяти томах, том четвертый, л. 50–51 // ОГА СБУ, арх. № 39831*).

Передовая команда IV-А с 19.9. непосредственно со сражающимися войсками в Киеве. Штаб группы прибыл 24.9. В качестве резиденции штаба группы предусмотрено и конфисковано здание НКВД, улица 24-го Октября. Сегодня утром здание очищено и временные квартиры оборудованы в бывшем царском замке. Город при вступлении войск почти не разрушен. На главных улицах были устроены многочисленные баррикады и заграждения для танков. Кроме того, внутри города имеются мощные оборонительные сооружения. 20.9. взлетела на воздух цитадель, при этом погибли артиллерийский командир и штаб. 24.9. сильный взрыв в помещениях фельдкомендатуры, возникший при этом пожар еще не потушен. Пожар охватил центр. Разрушены самые ценные здания. Борьба с пожаром до сих пор почти безрезультатна. Теперь взрывы для локализации. Огонь у самого ведомства. По этой причине вынужденная очистка. Из-за взрывов значительное повреждение здания. Взрывы еще продолжаются, как и возникновение пожаров. До сих пор в зданиях обнаружены 670 мин. Согласно обнаруженному плану, заминированы все общественные здания и места, в том числе будто бы новое здание ведомства. Здание тщательно обыскано. При этом обнаружены и уничтожены 60 бутылок взрывчатой смеси Молотова. В музее Ленина 70 центнеров динамита, которые должны были быть взорваны по радио. Неоднократно наблюдалось, что в момент занятия зданий начинались пожары. В поджогах активно участвовали евреи. Будто бы имеется 150000 евреев. Проверить эти данные пока невозможно. В ходе первой акции 1600 арестов, приняты меры по захвату всего еврейства, предусмотрена казнь по меньшей мере 50 000 евреев. Вермахт приветствует меры и просит о радикальных действиях. Городской комендант ходатайствует о публичной казни 20 евреев. Арестовано большое количество чиновников НКВД, политкомиссаров, партизанских руководителей и партизан. Сегодня утром захвачены вражеские листовки. Установлена связь с вермахтом и властями. Активное участие в формировании городской администрации. Внедрены осведомители. Прибыла передовая команда высшего фюрера СС и полиции. Подробный отчет последует.

[…]

Донесение о событиях в СССР № 101 от 2 октября 1941 г.

[...]

Оперативная группа С.

Местонахождение Киев.

Зондеркоманда 4а в сотрудничестве со штабом группы и двумя командами полицейского полка «Юг» 29 и 30.9.41 казнила в Киеве 33 771 еврея.

[...]

Из отчета 454-й охранной дивизии от 2.10.1941 г. о расстрелах евреев в Киеве

[...] Евреи города были призваны для регистрации и помещения в лагерь явиться в определенное место. Явилось около 34 000, включая женщин и детей. Все они, после того как сдали все свои ценности и одежду, были убиты, что заняло несколько дней [...]
BA — MA RH 26 — 454/28.

Из отчета № 10 (составлен 5 октября 1941 г.) уполномоченного рейхсминистерства оккупированных восточных областей при группе армий «Юг» гауптмана д-ра Коха о расстрелах евреев в Киеве

[...]

Бандеровцы пока не смогли осуществить свой первоначальный план провозглашения самостоятельного правительства в Киеве, так как назначенная для этого команда СД «Киев» в Фастове и Василькове его сорвала; в первые дни после оккупации города они наклеили небольшие пропагандистские плакаты вплотную к немецким официальным объявлениям, однако без видимого успеха. Также листовки, в которых предпринималась попытка оправдать житомирское покушение, остались безрезультатными. Пожар в Киеве и последующее строгое просеивание населения привели к явному застою в организационном строительстве группы Бандеры.

[...]

ф/ Пожар Киева (24–29 сентября 1941 г.) разрушил как раз центр города, т. е. самую красивую и величественную его часть — с двумя крупнейшими гостиницами, главным почтамтом, радиоцентром, телеграфом и несколькими универмагами. Пожаром поражено пространство около 2 кв. км, без крова осталось около 50 000 человек, они кое-как размещаются в оставшихся квартирах. В наказание за явный саботаж 29 и 30 сентября ликвидированы евреи города, в общей сложности (по сведениям оперативной команды СС) около 35 000 человек, половина которых — женщины. Население восприняло казнь — поскольку оно о ней вообще знало — спокойно, многие с удовлетворением; вновь освободившиеся дома евреев были переданы нуждающимся в жилье [...].

Взрывы и городской пожар вызвали некоторые потери среди офицеров, солдат и в материалах [...]

Nürnb. Dok. 053-PS // Trial of the major war criminals before the International Military Tribunal. Vol. 25. Nuerenberg, 1948. — P. 100–101 (далее — Trial of the major war criminals).

Донесение о событиях в СССР № 106 от 7 октября 1941 г.

[...]

Оперативная группа С.

Место расположения — К и е в.

I. Киев

Передовая команда зондеркоманды 4а под руководством оберштурмфюреров СС Хэфнера и Янсена в количестве 50 человек вместе с боевыми частями вступила и Киев 19.9.41. Главная команда зондеркоманды 4а достигла Киева 25.9.41, после того как штандартенфюрер СС Блобель побывал в Киеве 21 и 22.9. Передовая команда штаба группы, гауптман полиции Крумме, оберштурмфюреры

СС д-р Кригер и Бройн и обершарфюрер СС Браун, прибыла в Киев 21.9., штаб группы — 25.9.41.

[...]

С самого первого дня оккупации Киева от населения стали поступать в большом количестве сообщения о минах и других подрывных устройствах. 20.9.41 мина замедленного действия взорвалась в цитадели, где разместился артиллерийский штаб. Среди других погиб генерал артиллерии фон Зейдлиц. 24.9.41 произошел взрыв в помещениях фельдкомендатуры, от которого в течение дня из-за отсутствия воды возник большой пожар. Большая часть центра города и некоторые большие здания в пригородах были разрушены новыми взрывами и возникшими пожарами. Чтобы сдержать пожар, вермахт был вынужден взорвать еще ряд зданий для предотвращения распространения огня на другие районы. Как результат этих необходимых взрывов среди других были эвакуированы ведомства штаба группы и зондеркоманды 4а. Здание, в котором находился штаб группы (бывш. замок, затем пансионат для девушек и в последние годы канцелярия НКВД), значительно пострадало от необходимых взрывов. Расчистка развалин и ремонт потребуют некоторого времени.

В здании штаба группы передовая команда в ходе обысков комнат здания обнаружила примерно 75 бутылок так называемых «коктейля Молотова» (горючее вещество) и обезвредила их. В другом случае поисковая группа вермахта обнаружила примерно 70 центнеров взрывчатки в музее Ленина [...] Согласно заявлениям населения, в Киеве находится красный саботажный батальон, а также многочисленные члены НКВД и коммунистической партии, которые имеют задание совершать различные акты саботажа. В последние дни акты саботажа, равно взрывы или пожары места не имели. Для их предотвращения были успешно осуществлены широкие контрмеры [...]

Отчасти вследствие разрушения зданий и предписанной принудительной эвакуации подвергшихся опасности проспектов приблизительно 25 000 человек были лишены крова и должны были провести первые несколько дней оккупации под открытым небом. Вызванные этим неудобства были приняты населением со спокойствием. Серьёзные инциденты или паника места не имели. Тем временем оцепленные и очищенные квартиры, поскольку они не были разрушены огнем или взрывами, вновь были предоставлены в распоряжение населения. Кроме того, достаточное число квартир освободилось вследствие ликвидации 29 и 30.9.41 приблизительно 35000 евреев, так что размещение бездомных теперь гарантировано и в настоящее время проводится.

[...]

II. Казни и другие мероприятия

Отчасти вследствие лучшего материального положения евреев во время большевистского режима и их деятельности в качестве осведомителей и агентов НКВД, отчасти вследствие взрывов и возникших пожаров антиеврейские настроения населения были очень сильными. Кроме того, было доказано, что евреи участвовали в поджогах. Население ожидало соответствующих репрессивных мероприятий со стороны германских властей. Поэтому по согласованию с комендантом города всем евреям было предложено явиться в понедельник, 29.9., к 8 часам утра в определенное место. Эти объявления были расклеены по всему городу членами украинской милиции. Одновременно было устно объявлено, что все евреи будут переселены. Во взаимодействии со штабом группы и двумя отрядами полицейского полка «Юг» зондеркоманда 4а казнила 29 и 30.9. 33 771 еврея[1]. Деньги, ценные вещи, белье, одежда были собраны и переданы НСВ для фольксдойче, а также городским властям для распределения среди нуждающегося населения. Операция была проведена без помех. Инциденты места не имели. «Переселение» евреев было одобрено населением. Факт, что в действительности евреи были ликвидированы, едва ли известен до сих пор; согласно имеющемуся опыту, это, однако, едва ли вызовет возражения. Эти меры были также одобрены вермахтом. Еще не схваченные евреи, а также те, кто постепенно возвращается после бегства в город, в каждом случае подвергаются соответствующему обращению. Равным

---

[1] Хотя все жертвы отнесены в документе на счет зондеркоманды 4а, в действительности эта команда расстреляла 10–12 тыс. евреев; остальные евреи были расстреляны 45-м резервным полицейским батальоном и ротой войск СС.

образом было арестовано и ликвидировано некоторое число чиновников НКВД, политических комиссаров и руководителей партизан.

Бандеровцы потеряли свое влияние вследствие арестов вне Киева, произведенных командами, и их деятельность свелась к простому распространению листовок и расклеиванию плакатов. Были произведены три ареста, новые аресты намечены.

Штабом группы, а также ЗК 4а и ЕК 5, которая также находится в Киеве, была сразу же установлена связь с местными властями. Сотрудничество с этими властями превосходное [...]

О деятельности ЕК из-за обширного материала будет детально сообщено в отдельном отчете о деятельности.

III. Житомир

После помещения евреев в ограниченный район, которое было проведено фельдкомендатурой по предложению зондеркоманды 4а, на базарах и т.д. стало очень спокойно. Одновременно заглохло определенное число до сих пор упорно циркулировавших слухов и, кажется, как будто и коммунистическая пропаганда вследствие изоляции евреев в значительной мере лишилась почвы. Однако уже через несколько дней оказалось, что простое пространственное ограничение евреев без создания гетто было недостаточным, и вновь возникли старые заботы. Многие учреждения получили жалобы на наглое поведение евреев на их рабочих местах. Было установлено, что еврейский район является источником активной пропаганды среди украинцев, согласно которой Красная Армия вскоре вернет потерянные территории. В местную полицию стреляли из засады ночью и даже днем. Далее, было обнаружено, что евреи продают свои вещи и покидают город, чтобы поселиться в Западной Украине, т.е. на территории, которая уже находится под гражданским управлением.

Однако замешанных во всем этом евреев можно было арестовать лишь в очень немногих случаях, так как они имели достаточно средств, чтобы избежать ареста. Поэтому 18.9. в фельдкомендатуре состоялось совещание по этому вопросу, на котором было решено ликвидировать евреев Житомира полностью и окончательно, так как все предупреждения и специальные мероприятия были безуспешными.

19.9. в 4 часа утра была начата эвакуация еврейского района, после того как вечером предыдущего дня он был оцеплен 60 членами украинской милиции. Транспортировка была проведена с помощью 12 грузовиков, которые были выделены фельдкомендатурой и городской администрацией Житомира. После того как была проведена перевозка и с помощью 150 заключенных сделаны необходимые приготовления, были зарегистрированы и казнены 3145 евреев […]

Из показаний 17.3.1966 г. бывшего «шписса» команды Генриха Хуна о расстреле евреев в Житомире в сентябре 1941 г.

Незадолго до убытия команды из Житомира состоялась большая акция. Подготовку провели Блобель и д-р Босс. Д-р Босс был украинцем или фольксдойче, который пришел к нам в Житомире и, как мы считали, рассказывал сказки. Он рассказывал, что он год должен был прятаться от русских и притом он сидел за изразцовой печью, чтобы спрятаться от НКВД. Я не верил этому парню. Во всяком случае, он, должно быть, побудил Блобеля расстрелять проживавших в еврейском квартале евреев Житомира. Милиция окружила еврейский квартал. Евреи были посажены на грузовики. Кто заказал грузовики, я не знаю. Грузовики поехали на местность близ леса. Там были вырыты несколько ям. Кроме охраны места расквартирования, которая должна была остаться, у этих ям находились все члены ЗК 4а, поскольку они не были в пути вместе с передовой или подкомандами. Я знаю точно, что там был Блобель, д-р Босс и унтерштурмфюрер Мюллер... Также во время этой казни вновь производился залповый огонь. Я был сначала назначен в оцепление и позднее также должен был расстреливать. Один из офицеров отдавал приказ «огонь». Кто это был, я уже сказать не могу. Расстреляны были евреи разного возраста и разного пола. Женщины могли держать детей на руках. Расстрел длился почти целый день. Было несколько отрядов, которые производили расстрел у разных ям.

Я не помню, чтобы Блобель в этот день контролировал казнь на лошади. В конце этой казни у меня, хотя я тогда не знал, что это такое, случился припадок. Я закричал и одним шофером был доставлен в лазарет. Я считаю, что это был Гольдман. В этом лазарете я находился около 14 дней. Поэтому я вновь присоединился к команде, когда она уже была в Киеве.

BArch B 162/5660, Bl. 29–30.

Из показаний свидетеля Пресман И. Я. о расстреле евреев в Житомире

Нас вели на расстрел в огромной многотысячной колонне, вместе гнали евреев и неевреев. Выбившихся из сил и тех, кто просто вызывал антипатию у палачей, пристреливали на ходу. Смертный путь остановился недалеко от села Довжик. Прямо возле дороги, вплотную к лесу, немцы поставили стол, к которому подводили обречённого. Имя, фамилию записывали для порядка в специальную ведомость. Тут же забирали все вещи, заставляли снять с себя одежду. Каждый шов внимательно прощупывали — искали спрятанные драгоценности. Некоторых отправляли к оврагу совершенно голыми. Я видел, как немец выбивал зубы у ещё живой очередной жертвы: он хотел присвоить золотые коронки. Никто из тех, кого вели на расстрел, не сопротивлялся, никто не просил защиты. Издевательства, унижения и страх сделали людей спокойными перед лицом смерти. Многие воспринимали смерть как избавление от неминуемых страданий. Группу людей подводили к заранее выкопанной яме. Могилы готовили те смертники, которые ещё имели силы. Людей связывали цепью. Женщины с грудными детьми на руках тряслись от холода, прикрывали детей. Стреляли на уровне груди взрослого человека, поэтому дети иногда падали в яму раненными и умирали мучительной смертью, задушенные сваливавшимися на них трупами. Мне удалось спастись, потому что немцы целились выше моего роста. Маму и брата убили. Мама успела накрыть меня собой. Немцы не обращали никакого внимания на тех, кто был ещё жив. Их засыпали землёй. Жители окрестных сёл утверждают, что ещё несколько дней после расстрела земля, почти жидкая от крови, двигалась волнами на месте убийств.

Коган Л. Холокост на Житомирщине // Матеріали міжнародної науково-практичної конференції для викладачів та студентів «Історичні уроки Голокосту та міжнаціональні відносини (до 70-річчя початку другої світової війни)», 23–24 жовтня 2009 року: збірник наукових праць. — Дніпропетровськ: Центр «Ткума»; 2010. — С. 327–328.

Из показаний 3.12.1963 г. бывшего штурммана СС в зондеркоманде 4а Генриха Хейера о деятельности в Киеве до акции 29–30.9.1941 г.

[...] В Киеве я впервые был назначен стоять в карауле у здания НКВД. Насколько мне известно, я был назначен только на один день, и притом в течение всего дня. В здании НКВД была тюрьма, и там были заключены евреи. Их нужно было охранять. В течение дня я вместе с переводчиком и еще одним человеком заходил в различные дома в Киеве, забирал там евреев и доставлял их в указанную тюрьму.

Если я правильно помню, «шписс» Хун дал переводчику записку, где были указаны несколько адресов евреев-мужчин. Переводчик знал, в каком районе города были те или иные улицы, и затем мы вместе заходили в дом. Что переводчик каждый раз говорил евреям-мужчинам, я не понимал. Я не мог говорить ни по-русски, ни по-украински. Евреи говорили или по-русски, или по-украински. Но из жестов я мог определенно заключить, что евреи призывались идти с нами. Практически речь шла об аресте. Каждый раз в здание НКВД в тюрьму доставлялись 4–6 взятых с нами евреев, и затем мы вновь шли по другим адресам евреев.

Я не знаю, ни сколько команд по сбору, кроме нашей, было назначено в этот день, ни сколько человек они во время отдельных походов или арестов забрали с собой.

Я могу это лишь оценить и не определить точно, однако полагаю, что евреев могло быть около 30 [...] Я не могу прямо сказать, что с ними случилось. Но я должен считать, учитывая метод работы нашей команды, что они позднее были расстреляны [...]

BArch B 162/5648, Bl. 1789–1790.

Из показаний Августа Хэфнера на судебном процессе в Дармштадте 7.11.1967 г. о расстрелах евреев в Бабьем Яру

«19.9. я должен был явиться в штаб 29-го корпуса в Василькове. Но, насколько я помню, я поехал в Фастов. Я там доложил о себе и получил задание находиться близ 29-го корпуса. Там я узнал, что Киев еще должен ждать 2–3 дня. 19-го я с Янссеном отъехал, так как мы хотели увидеть настоящий фронт. Мы заехали на ничейную землю, но были отогнаны и на следующий день вновь поехали туда. 18.9. состоялось совещание в командном автобусе. Присутствовали Обстфельдер, Эберхардт и все офицеры этой зондеркоманды. На совещании было объявлено, что Киев, вероятно, будет взят в первой половине дня 19.9., но команда может въехать только 20.9. 19.9. Янссен и я уехали. Мы беспрепятственно добрались до Киева. Центр города полностью сохранился. Только на окраине города были выявлены 8–10 небольших пожаров. Мы осмотрели город, а также здание, которое было нам предназначено. Вечером мы поехали назад в наше подразделение. На следующее утро пришел окончательный приказ, что мы должны вступить в Киев. Мы вступили с усиленным взводом войск СС. В этот день, 20.9., во второй половине дня произошел взрыв. Затем было так, что каждые полчаса где-нибудь взлетало на воздух здание и всюду грохотало. Я распорядился, чтобы все было тщательно обыскано в поисках мин и бомб. В связи с этим я также увидел двор, который упомянул Янссен. На стене были видны следы от пуль. Земля была совсем недавно зацементирована, и имелся водосток. Затем во второй половине дня взлетела на воздух комендатура. Подробности в этой связи я уже не помню. Этот взрыв положил начало большому пожару в Киеве. Я вспоминаю, что на следующий день в Киев прибыл полк пожарной охраны. Все это происходило между 20 и 29 сентября. Я проанализировал даты и притом потому, что взрыв комендатуры мне запомнился 23.9. Теперь я должен этот решающий день отнести на день вперед [т. е. на 24.9.], иначе перерасчет вообще не выходит. После этого взрыва я отправился в город, чтобы увидеть происходящее. Для каждого было непонятно, как могли возникнуть такие пожары. Когда я так стоял и глядел, на другом конце улицы поднялся сильный крик. В 50–70 метрах от меня стояли солдаты. Мимо была проведена группа людей. Они выглядели как пленные штатские. Я пошел и увидел на улице в направлении городской комендатуры большую толпу. Я расспросил, и мне сказали, что эта группа из 50–60 человек, в основном евреев, были теми, кто поджигал дома. Я сказал Янссену: «Ади, мы идем в наше ведомство», так как к нам подходили, во-первых, с этими поджигателями, и кроме того, так как наше место расквартирования было не очень далеко. Спустя 20–25 минут мы пришли на наше место расквартирования. Там для меня лежало сообщение, что я должен немедленно явиться к городскому коменданту. Я явился. Меня отвели в комнату, в которой были 3 офицера и притом один генерал-майор (для меня было ясно, что это был Эберхардт), один обер-лейтенант и еще один офицер. Эберхардт сразу заговорил со мной и сообщил, что 60 евреев схвачены как поджигатели. Они были доставлены к нему и по его приказу сейчас будут повешены. Он сказал, что Киев большей частью разрушен пожарами, что должно быть спасено то, что может быть спасено; если ему это не удастся, то он будет привлечен к ответственности. Он сказал, что он вынужден принять строгие превентивные меры и меры возмездия. Он спросил, уполномочен ли я произвести расстрел евреев. После истории с Белой Церковью мне ничего не оставалось, как утвердительно ответить. Это был бы третий раз, когда я должен был отказаться. Затем он меня спросил, сколько евреев в Киеве. Я сказал, что это мне совершенно неизвестно, и назвал в прикидку цифру в 5000. Теперь он мне приказал, чтобы я со своей командой расстрелял всех евреев Киева. Я сказал: «Господин генерал-майор, я это не в состоянии сделать уже по техническим причинам». Он сказал, что у меня будет 2 пехотных батальона и что я должен выполнить его приказ. Он сказал далее, что я должен выполнить все, что с этим связано: согнать евреев, выкопать могилы, произвести оцепление, достать боеприпасы и пр. Я вновь указал ему на то, что я технически не в состоянии выполнить его приказ, и предложил ему немедленно информировать об этом фюрера команды Блобеля. Эберхардт пригрозил мне, что за отказ выполнить приказ он немедленно предаст меня военно-полевому суду и велит расстрелять, если я не выполню его приказ. Я еще раз пояснил ему, что я действительно не в состоянии технически это сделать, но я хочу информировать Блобеля, чтобы он со своей командой немедленно прибыл в Киев. Затем он меня уполномочил информировать Блобеля. Я говорил об этом с Янссеном. Нам было ясно, что д-р Раш и Екельн сразу прибудут в Киев, и тогда судьба евреев будет предрешена. Из простого расчета выходило, что мы должны считаться с нашим отзывом, и если нам удастся всю историю затянуть еще на 2–3 дня, то мы выйдем из этого дела. Мы Блобеля не информировали. На следующий день я был вызван к Эберхардту. Я сказал ему, что я не смог связаться с Блобелем. Но это не соответствовало фактам, так как я даже не пытался с ним связаться. Тогда он предложил мне 60 000 патронов. Я вновь сказал, что ничего не выйдет. Я отказывался и защищался. Я обратил его внимание на мою задачу и под конец сказал ему, что если я предстану перед военно-полевым судом, то я сделаю его ответственным за то, что происходит со зданиями. Тогда он отступил и сказал, что я должен немедленно поехать в Житомир и информировать Блобеля. Я уже не знаю, поехал ли я в тот же день или на следующее утро. Я поехал в Житомир и нашел Блобеля в состоянии опьянения. На голове у него была огромная повязка. Были трудности взаимопонимания при передаче приказа Эберхардта. Он сказал, я должен вернуться в Киев и информировать Эберхардта о том, что он в Житомире занят одним расстрелом и будет в Киеве не ранее чем через 2–3 дня. Тем временем я узнал, что Блобель 2–3 дня назад так напился, что упал, и на голову должен быть наложен шов. Поэтому у него была повязка на лбу. Несомненно, он не хотел появляться в Киеве с повязкой. Это он мне подтвердил в 1947 г. в Нюрнберге. 26.9. я сообщил Эберхардту, что Блобель из-за расстрела еще будет находиться в Житомире и сможет прибыть в Киев через 1–2 дня. Затем я получил приказ немедленно уведомить Екельна и д-ра Раша. Я сказал, что я это сделать не в состоянии, так как я не знаю, где эти господа находятся в настоящий момент. Он приказал мне тогда, что, когда эти господа прибудут в Киев, я должен немедленно его уведомить. У меня была свобода действий. Я мог бы без труда связаться с высшим фюрером

СС и полиции — в этом не было никакой проблемы. После некоторой реорганизации было бы также просто произвести расстрел евреев. Я мог бы собрать 40–45 человек. Многие другие расстрелы были произведены с меньшим количеством людей. Если бы я захотел, я бы в этот день получил 40–45 человек и смог бы произвести расстрел евреев. Я этого не сделал, так как я считал это абсолютно несправедливым. Я был против того, чтобы казнить так много невиновных людей.

На следующий день прибыл Екельн. О нем мне сообщил связной войск СС. Вскоре ко мне пришел д-р Раш, и я сказал, что Эберхардт желает, чтобы он его немедленно нашел. Затем я занимался своими собственными делами. Вечером прибыла передовая команда, это могло быть около 5 или 6 часов. Я немедленно позвал Каллсена, Ханса и Янссена и информировал их о происходящем — что было запланировано и что в принудительном порядке должно произойти, а именно расстрел евреев. Я сказал, что мы должны найти другой путь, чтобы ЗК 4а и офицеров руководящей службы не впутать в это дело. Я хотел попытаться уговорить Блобеля, чтобы он с командой немедленно убыл дальше, и притом к штабу 6-й армии. В то время штаб находился в 60–100 км севернее Киева. Я сказал моим товарищам, что если нам удастся отсюда убраться, то я хочу попытаться так запутать следы, чтобы они нас искали со связным и не смогли найти. Янссен сказал: «Но если это провалится и если обнаружится, что ты все это организовал, то тебя возьмут за шиворот». Я сказал: «Мы попробуем». Я должен был переговорить с Блобелем, он был контактным в эти дни, так как не был пьян. Итак, я пошел к Блобелю и изложил ему дело. Он колебался. В то время как мы не могли объединиться, я сказал Блобелю: «Вы что же, добиваетесь того, чтобы в Киеве расстрелять евреев?» Он посмотрел на меня удивленно и сказал: «Хорошо, мы едем». Я хотел, чтобы Блобель вслед за этим сказал: «Немедленно садимся и уезжаем». Но он этого не сделал. Около 7 или в полвосьмого у него появилась идея сообщить Рашу об отъезде. Это было понятно, но мне также стало ясно, что с нашим планом ничего не выйдет. Когда Блобель через некоторое время вернулся, я по его лицу заметил, что дело пошло вкривь и вкось. Он отчитал меня и приказал всем оставаться на местах. Мы остались. На следующий день я был занят внутренними делами. Блобель утром уехал на совещание. На следующее утро, 29 сентября, состоялось объявление приказа офицерам. Нам было сообщено, что батальон полиции порядка и вся ЗК 4а, включая роту Графхорста, должны произвести расстрелы евреев Киева. Один офицер был назначен на пункт сбора имущества. Я получил приказ сначала идти к яме. Имена я уже назвать не могу. Я был до некоторой степени ошеломлен тем, что я тогда был единственным, кто был для этого назначен. Затем я узнал, что уже было построение, и все уехали. Подробностей я не знаю. Затем мы прибыли в эту местность, к оврагу Бабий Яр. Он находился северо-западнее Киева. Я не помню, чтобы севернее этого места расстрела находились дома. Я припоминаю, что по дороге мы видели большое количество евреев, которые двигались в этом направлении. Это была большая территория, на одной стороне — небольшие садовые участки, она была слегка холмистой. Случайно я также узнал, что должны быть созданы пункт регистрации и пункт сбора имущества. Когда я прибыл, там уже были охранная полиция и команда. Вокруг ходило много людей. Блобель давал указания. Блобель сказал, я должен идти с ним. Между нами произошел спор. Я защищался, так как я должен был идти на расстрел. Он сказал: вот впереди овраг, слева должны стрелять шупо, справа — СС. Я сказал, что знаю совершенно точно, что войска СС действуют по своему усмотрению и Графхорст сделает дело, но он прямо запретил вмешиваться в его действия. Он приказал мне, что я должен действовать, но не должен показываться у полицейского батальона. Днем раньше возникли неприятности: 2 полицейских офицера заявили, что из-за пары евреев ЗК 4а не нуждается в усилении. Но Екельн сказал, что ЗК 4а должна быть усилена. Чтобы не допустить в этом отношении никаких неприятностей, я не должен показываться. Блобель еще мне сказал: «Вы и так были обойдены расстрелами, из-за Вас у меня вчера были неприятности, и теперь в качестве наказания — действуйте». Я пошел вперед. Евреи шли несколькими рядами. Они должны были сдавать свой багаж, а некоторые из них — и верхнюю одежду [...] Примерно в 100 метрах перед оврагом стояли примерно 2–3 полицейских в качестве своего рода регулировщиков. Часть евреев шла в направлении шупо, другие — в направлении войск СС. Я встретил Графхорста и еще одного офицера его роты. Расстрел уже начался. Я наблюдал за ним. Относительно самого оврага я могу сказать, что он был чем-то вроде глиняного карьера, примерно 300—350 метров длиной, имел уклон, скос был разным. Я не помню ни бокового оврага, ни деревянного моста.

У войск СС был участок примерно 30 метров длиной. Графхорст рассказал мне, что евреи должны ложиться на дно вплотную друг к другу. Друг возле друга ложились примерно 4—6 евреев. Так они ложились до тех пор, пока не было заполнено все дно. Затем то же самое начиналось снова. Другие должны были ложиться на уже мертвых евреев. В течение двух дней могло образоваться 6—7 слоев. Сначала войска СС производили расстрел двумя расстрельными отрядами. Вся акция была названа «акцией по выстрелу в затылок». В действительности это было не так. То, как расстреливали солдаты войск СС, не подпадало под «выстрел в затылок». Я все это наблюдал некоторое время и шатался наверху на плато. Что мне было еще делать, если там был Графхорст? Затем я пошел в направлении шупо, чтобы посмотреть, что они там делают. Когда я подошел, я увидел, что там имеется 8—10 расстрельных отрядов. За поворотом должны были быть еще 2—3 расстрельных отряда, но я их видеть не мог. Я сразу же ушел и находился и дальше наверху на плато. В середине дня пришел Блобель и сказал, что войска СС и я будем сменены ЗК 4а. Я мог поехать на обед на место расквартирования и должен был вновь появиться, когда снова прибудут войска СС. Примерно в полтретьего мы вновь были на передовом сборном пункте. Нас вновь сменили, и с наступлением темноты дело было прекращено. Мы отправились на место расквартирования, и я больше ничем не интересовался. С меня было достаточно. На следующее утро вновь было то же самое. Я вновь должен был поехать. От войск СС пришли 12—15 человек. От них стрелял только один расстрельный отряд. В середине дня была такая же смена. Графхорста в середине дня уже не было. Я услышал, что он в этот день поехал в Берлин, чтобы попытаться отозвать свою роту. Неожиданно меня сзади окликнули моим званием. Я повернулся и увидел бригадефюрера Раша и уйму офицеров. Я увидел, как он там наверху стоит, белый как мел, и смотрит вниз в эту долину бедствия. Я обратился к нему и сказал: «Господин бригадефюрер, внизу это выглядит так, как было приказано сверху, — ручеек крови». Он мне приказал взять пистолет, спрыгнуть вниз и произвести добивание. Что я должен был делать? Я велел дать мне пистолет и спрыгнул вниз. Я сделал, вероятно, пару выстрелов на добивание. Раш удалился, и я вернул автомат. Я выбрался из ямы и через площадь пошел назад. Я отошел метров на 150–200, как тут пришел полковник шупо Франц. Он был один, я тоже. Я сказал ему: «Господин полковник, скажите-ка, вам приходилось когда-нибудь расстреливать до 10000 человек?» Он с ужасом посмотрел на меня. Тем временем он, должно быть, вспомнил, что мы знакомы. Он сказал: «До сих пор я произвел только один расстрел, и это были 9500». Этот человек был очень подавлен, было ясно. Он отсалютовал, и мы распрощались. Когда я вернулся на место расквартирования, мне было сообщено, что мы на следующий день должны убыть на родину. Вечером мы вместе выпили, возможно, 2–3 бутылки. О попойке не могло быть и речи, к тому же у нас пропала всякая радость. На следующий день мы на русском автобусе поехали назад. По дороге мы подобрали Ханса. Я в этот же вечер поехал из Ровно в Киев и сообщил Блобелю, что автобус сломался и нам нужна другая машина. Блобель вновь был со странностями. Машины он мне не дал. На следующий день я вновь пошел к нему. В его ведомстве я его не застал. Мне сказали, что он уже ушел. Я уехал, и тут я в первый раз осознанно посмотрел на эту гору одежды. Я спросил: «И сколько же у вас уже тут?». Мне ответили, что насчитали уже 35000. Затем я еще увидел, как подъехали старые дрожки. Извозчикам хорошо платили. Они грузили старых и больных евреев, у которых не было сил и которые не могли явиться на сборный пункт. Они были также расстреляны. Там еще были те, кто это делал. Я нашел Блобеля, получил грузовик и отъехал. Я уехал, не задерживаясь. Янссен и я попеременно вели машину, мы ехали через Варшаву, Франкфурт/Одер в Берлин. Каллсен сказал, что мы в Берлин прибыли 4 октября […]»

BArch B 162/17909, Bl. 388–398.

Из показаний бывшего оберштурмфюрера СС Августа Хэфнера 6.7.1965 г.

[...] Я должен еще раз подчеркнуть, что я во время акции получил от Блобеля приказ у рва заниматься наблюдением. Я считаю возможным, что я был сменен. Я также считаю возможным, что в качестве сменщика ко рву пошел Ханс, но это не точно. Я уже не помню, что я показал Блобелю маленькую белокурую девочку и велел ей бежать, так как у меня не хватило духу велеть расстрелять этого ребенка. Я знаю, что это обстоятельство говорит, возможно, в мою пользу. Тем не менее, я не могу сказать, как все происходило в деталях. Я знаю точно, что совершение казни было возложено на полицейский полк «Юг» и взвод войск СС. Я считаю, что Екельн, когда он поручил д-ру д-ру[1] Рашу и Блобелю совершение казни и ее организацию, хотел устроить д-ру д-ру Рашу «хороший отъезд».

Об отдаче приказа перед операцией я помню смутно. Но я знаю, что я получил приказ наблюдать за расстрелом. Я также знаю, что другой офицер получил приказ позаботиться о подсчете и еще один об одежде. Подробностей я уже не знаю. Когда после окончания казни я еще раз вернулся из Ровно, чтобы забрать грузовик, Блобеля в месте расквартирования не было. Поэтому я поехал на место расстрела, там я увидел, что украинец на дрожках привез евреев, которые не могли быстро идти. Они были расстреляны. После этого я спросил у одного человека, который подсчитывал, сколько уже. Он мне ответил: «примерно 30500[2]» [...]

BArch B 162/5653, Bl. 3283–3284.

---

[1] Так в документе: «доктор» в отношении Раша обычно повторяется дважды.

[2] Так в документе. Возможно, опечатка.

Из показаний бывшего полицейского 3-го взвода 3-й роты 9-го резервного полицейского батальона Антона Лауэра об акции в Киеве

Показания 4.6.1964 г.:

[...] Я сам, как и мои товарищи по полицейскому взводу, участвовал как в качестве часового, так и в качестве стрелка. Стрелки периодически менялись. Там были члены ЗК 4a, которые были назначены исключительно для зарядки автоматов. Местом расстрела был Бабий Яр. Перед этой гросс-акцией еврейское население Киева посредством объявлений было призвано явиться для эвакуации. Евреи — мужчины, женщины и дети — бесконечными непрерывными колоннами шли по аллее к этому месту. У меня еще теперь перед глазами картина, как они идут через двойной кордон вермахта и полиции. Отчасти у них были ручные тележки, детские коляски и много багажа. Одежда и багаж громоздились справа и слева от дороги так высоко, как деревья. Там расстреливали только из автоматов, после того как евреи должны были сложить свой багаж. Во время сдачи багажа евреям через переводчика разъяснялось, что их багаж будет погружен и доставлен по железной дороге. Затем евреи шли еще примерно 100 метров между местом сдачи багажа и краем яра. В начале расстрелов евреи должны были спускаться в овраг и ложиться на расстрелянных евреев, как сельди, и притом так, что головы подлежащих расстрелу должны быть между ног уже расстрелянных. Затем подходил стрелок с автоматом и убивал их выстрелом в затылок. Позднее от этого способа расстрела отказались. Когда я, например, сам был стрелком, евреи группами отводились только на край. Они становились спиной к стрелкам, которые с близкого расстояния убивали их выстрелом в затылок, так что они вперед головой падали в овраг [...] После этих расстрелов в Киеве члены ЗК 4a неделями занимались тем, что сортировали и обыскивали одежду. Ценности, которые находили много и часто, откладывались отдельно в сторону. Я сам в свое время в течение 14 дней вместе с помощниками считал только рубли. Захваченных денег были миллионы. Золото, украшения, часы и прочие ценности были собраны в мешки. Все эти ценности будто бы были отосланы в РСХА в Берлин.

Евреи проявляли полнейшую апатию к своей судьбе. Я ни разу не слышал крики и не видел, чтобы они сопротивлялись. Мне было непонятно, как они, отчасти видя, как убивают тех, кто перед ними, все же без колебаний также шли на расстрел. Я с ужасом вспоминаю эти события [...]

BArch B 162/19205, Bl. 2388–2390.

Показания 19.11.1965 г.:

[...] Мы все должны были построиться во дворе места расквартирования [...] Здесь были все, кто входил в команду, даже писари и санитары. Здесь были также все офицеры. Блобель произнес речь, в которой говорилось, что мы должны беспрекословно выполнять все отдаваемые в этот день приказы, иначе мы должны считаться с суровыми мерами, вплоть до расстрела и ареста семьи. Затем на грузовике мы поехали через Киев по большой тополиной аллее. На нашем пути мы уже видели, что по этой аллее движутся большие колонны евреев разного возраста и пола. Эта аллея примыкала к высокому плато. На этом плато евреи должны были раздеваться. Евреев охраняли подразделения вермахта и гамбургский полицейский батальон; насколько я помню, он имел номер 303 [...] Евреи должны были снять одежду, она нагромождалась большими кучами. После этого они должны были идти на край оврага и ложиться. Затем их расстреливали. Стреляли попеременно. Расстрел производился вдоль всей длины оврага. По мере надобности стрелки получали от других членов подразделения заряженные магазины автоматов. Расстрел длился два дня [...]

BArch B 162/5655, Bl. 4228–4229.

Из показаний 28 мая 1964 г. бывшего члена зондеркоманды 4а Курта Вернера о расстрелах евреев в Киеве

[...]

Тогда вся команда, за исключением караула, около 6 часов утра отправилась на эти расстрелы. Я сам сел в грузовик [...] Мы тогда ехали около 20 минут в северном направлении. Мы остановились на мощеной улице, которая заканчивалась на открытой местности. Там были собраны бесчисленные евреи, и там также было устроено место, где евреи должны были сложить свою одежду и багаж. В километре я увидел большой естественный овраг. Это была песчаная местность. Овраг был глубиной примерно 10 метров, длиной около 400 метров, шириной вверху около 80 метров и внизу около 10 метров.

Сразу после моего прибытия на место казни я вместе с другими товарищами должен был отправиться вниз в этот овраг. Это длилось недолго, и вскоре к нам по склонам оврага были приведены первые евреи. Евреи должны были ложиться лицом к земле у стен оврага. В овраге находились три группы стрелков, в совокупности около 12 стрелков. К этим группам по расстрелу одновременно сверху все время подводились евреи. Последующие евреи должны были ложиться на трупы ранее расстрелянных евреев. Стрелки стояли за евреями и убивали их выстрелами в затылок. Я еще сегодня помню, в какой ужас пришли евреи, когда сверху, с края оврага, в первый раз могли смотреть вниз на трупы в овраге. Многие евреи с испугу все время кричали. Невозможно себе даже представить, каких нервов стоило в этих условиях выполнять грязную работу. Это было ужасно.

Я должен был всю первую половину дня оставаться в овраге. Там я должен был некоторое время все снова стрелять, а затем я занимался тем, что заполнял патронами магазины автоматов. В течение этого времени стрелками были другие товарищи. В середине дня нас забрали из оврага, и во второй половине дня я с другими должен был наверху отводить в овраг евреев. В это время внизу в овраге производили расстрелы другие товарищи. Евреев мы подводили на край оврага, оттуда они сами по склону спускались вниз. В этот день расстрелы продолжались примерно до пяти или шести часов (17 или 18 часов). Затем мы вернулись на нашу квартиру. В этот вечер опять был выдан шнапс. Мы все были рады, что расстрел закончился. Я точно помню, что в этот день в овраге были фюреры СС д-р Функ, Янссен и Хэфнер и постоянно производили добивание не пораженных смертельно евреев [...]

На следующий день мы также рано утром поехали на это место казни. Вчерашние трупы лежали в овраге еще открытые. Я считаю, что также этот расстрел длился весь день. При этом я должен был вновь стрелять и заполнять магазины, а затем, как и вчера, наверху — после смены в овраге — подводить евреев к краю оврага. Подходили целые колонны евреев. Все были голыми. Это была ужасная картина [...] Также на второй день после расстрела был выдан шнапс. Я также знаю, что вечером офицеры напились [...]

BArch B 162/5651, Bl. 2304ff.

Из показаний 1 ноября 1963 г. бывшего полицейского 3-го взвода 3-й роты 9-го резервного полицейского батальона Антона Хейдборна

[...] Насколько я помню, моя подкоманда прибыла из Радомышля в Киев в качестве последнего подразделения ЕК 4а. В это время город уже горел. Часть моей команды сразу была отправлена дальше, в то время как я остался в Киеве. Через несколько дней после моего прибытия остальные члены моего взвода, которые находились при главной части ЕК 4а, на машине были доставлены по понтонному мосту через Днепр и через несколько километров высадились на местности, где было много оврагов. По дороге мы видели, что в это место также гонят бесконечные колонны евреев. Когда мы прибыли, расстрел этих евреев уже шел полным ходом. Что касается евреев, то речь шла о целых семьях, то есть мужчинах, женщинах и детях всех возрастов. Эти лица перед одним из оврагов или там, где овраг начинался, должны были раздеваться до нижнего белья, после того как они уже раньше должны были сложить в кучу их ценности и прочее имущество, которое они взяли с собой. Затем их отводили в сам овраг, и там члены СД расстреливали их слоями из автоматов. Я сам время от времени занимался тем, что заряжал магазины автоматов. Для этого я с несколькими товарищами сидел на краю оврага и мог очень хорошо видеть все, что происходило в овраге. Иногда я также должен был отводить евреев с места раздевания на место расстрела. Евреи в основном вели себя очень спокойно

135

и также очень спокойно шли на смерть. Расстрелы каждый раз производили группы членов СД в составе 3–4 человек. Насколько я помню, эти группы стреляли примерно 1 час и затем сменялись [...]

На третий день после казни мы еще раз поехали на место казни. При прибытии мы увидели, что в кустах сидит женщина, которая, по-видимому, благополучно пережила казнь. Эта женщина была застрелена членом СД (фамилия неизвестна), который нас сопровождал. Затем мы увидели, что из кучи трупов еще один человек подает знаки рукой. Я не знаю, была ли это женщина или мужчина. Я считаю, что также этот человек был добит членом СД, однако я этого не видел.

В этот день началась засыпка трупов. Для этого были назначены штатские. Были также частично взорваны стены оврага.

После этого дня я больше на месте казни не был. Мы несколько дней занимались тем, что разглаживали банкноты, которые принадлежали расстрелянным евреям. Я считаю, что речь шла о миллионных сумах. Что произошло с деньгами, я не знаю. Они были упакованы в мешки и увезены [...]

BArch B 162/5647a, Bl. 1421–1423.

Из показаний бывшего шофера в зондеркоманде 4а Виктора Трилла о расстрелах в Бабьем Яру

Показания 25.6.1960 г.:

[...] Я уже точно не помню, когда я прибыл с машинами в Киев. Было уже довольно холодно, я считаю, что уже был октябрь. Однако точно не припоминаю. Я передал неисправные машины ответственному за матчасть [Schirrmeister] команды, который остался в Киеве. Он распорядился о ремонте. Я в течение этого времени ничем не занимался. Возможно, на другой день после того, как я передал автомашины, Блобель вызвал к себе нас, трех водителей. Я уже не припоминаю имена других водителей. Итак, мы явились к Блобелю. В своем кабинете Блобель проинформировал нас, что состоится большая акция, в которой мы должны принять участие, так как мы в то время ничем не были заняты. Он нам подробно объяснил, что речь идет о казни большого количества евреев, которые должны быть расстреляны, так как это асоциальные элементы, бесполезные и нежелательные для Германии элементы. Кроме того, он прибавил, что речь идет о душевнобольных и бесполезных едоках. На другой день рано утром, когда все еще было в тумане, я поехал на грузовике из города вместе с одной командой. Мы не получили особого снаряжения или оружия. Когда я говорю «команда», то речь идет о 25–30 членах ЕК 4а. Кроме грузовика, поехало еще несколько легковых машин, в которых находились офицеры. За городом мы приехали на холмистую или покрытую лощинами местность. Выйдя из грузовика, все члены команды, которые были назначены непосредственно для казни, т.е. стрелками, получили автоматы и необходимые боеприпасы. Что касается автоматов, то это были автоматы типа «Шмайсер 42» австрийского производства с боковым магазином. Я полагаю, что в каждом магазине было 32 патрона. Каждый из стрелков получил по пять полных магазинов. Сразу, как только мы слезли из грузовика, в нос ударил запах разлагающихся тел. Это особенно коснулось нас, трех вновь назначенных водителей. Другие члены команды были, очевидно, в курсе, так как они начали смеяться, увидев нашу реакцию, и сказали, что теперь мы увидим все вблизи. Затем нас повели к лощине, которая была около 20 метров глубиной и подошва которой была шириной 15–20 метров. Было невозможно определить длину этой лощины, так как она имела разные изгибы. Эта лощина была частично заполнена трупами, которые были присыпаны известью. Собственно дна лощины уже нельзя было увидеть, поэтому я не могу точно сказать, какой была глубина лощины и сколько тел там уже находилось. Некоторые из тел, которые там лежали, были в нижнем белье. Во всяком случае, трупы были без обуви. Зрелище было отвратительным и ужасным. Экзекуционная команда численностью 11–12 человек должна была соскользнуть по склону к трупам, идти было невозможно. Когда мы достигли низа, то не было места, где стоять, то есть не было места, чтобы стоять на земле. Мы были вынуждены стоять на лежащих там трупах. Жертв приводили или они сами приходили из боковых оврагов или лощин, которые соединялись с той, где мы находились. Жертвы также должны были идти по трупам. Без особого требования они ложились и клали обе руки на затылок, они ложились лицом к земле. Это были еврейские женщины и мужчины разного возраста. Мужчин было большинство. Я уже не припоминаю, были ли там дети. Казнь происходила следующим образом: команда стояла поперек лощины в линию с боковым промежутком в 2 метра. Жертвы должны были проходить между стрелками до конца лощины. С другой стороны лощина была открыта, но ее не было видно из-за поворота, который там находился. Жертвы ложились одна рядом с другой на трупы, головой к закрытой стороне лощины. Стрелки подходили и стреляли сразу, без особого приказа, в затылок жертвам. Нам это объяснили заранее. Принимая во внимание тип автомата, который мы использовали, стрелять одиночными выстрелами было невозможно. Поэтому в каждую жертву практически производилось несколько выстрелов, что вызывало их мгновенную смерть. Эти жертвы имели лишь нижнее белье, верхнюю одежду и обувь с них снимали раньше, что я позднее сам видел. В зависимости от того, сколько в боковых рвах раздевалось евреев, они приходили на место расстрела мелкими или большими группами. Количество прибывавших колебалось от 2, 3 до 15 лиц. Овраг был заполнен несколькими так называемыми пластами по направлению к открытой его части. Я оставался в овраге приблизительно около 1 часа, и за это время нами, десятью стрелками, были расстреляны сотни евреев. Во время совершения расстрела Блобель был наверху на краю оврага со своими офицерами и наблюдал. Он постоянно что-то замечал и регулярно кричал в низ оврага. Вполне возможно, что расстрел, по его мнению, происходил не очень быстро. Я уже не припоминаю в деталях, что он кричал. Как я уже сказал, примерно через час свисток известил нас, что идет смена. Мы поднялись по склону наверх, где уже была наготове сменная команда. Они также были вооружены автоматами и отправились вниз, где расстрел происходил так же, как при нас. Я должен еще добавить, что во время расстрела 2–3 человека внизу в лощине непрерывно заряжали магазины и передавали их стрелкам. На вопрос, сколько магазинов я опорожнил, я должен сказать, что уже точно не знаю. Относительно криков Блобеля и других офицеров СС, я считаю, что в первую очередь они были адресованы команде, которая снаряжала магазины. Действительно, они не успевали, и мы часто оставались без боеприпасов. После этого расстрела меня освободили на три или четыре часа. За это время нам давали выпить (я думаю, ром). Каждый стрелок получил примерно 1/4 литра спиртного. Его было достаточно, чтобы преодолеть дурноту. Во время перерыва я осмотрел местность и смог увидеть очень разветвленную сеть оврагов. Я так и не смог понять, как образовались эти овраги. Сначала я подумал о русле высохшей реки. Во время осмотра я заметил, что евреев загоняли в боковой овраг, который был связан с оврагом, где расстреливали. При этом их охраняли члены команды и украинский вспомогательный состав (*Hilfswillige*). Там я также увидел огромную гору одежды. Очевидно, в этом овраге евреи должны были раздеваться перед расстрелом. Когда я заглянул в этот боковой овраг, там могло находиться около 300 евреев. Я видел только этот овраг, где находились еще живые евреи. Тем не менее, судя по положению дел, я думаю, что евреи были и в других оврагах, откуда их вели на место расстрела. Вне границ этих лощин или оврагов не видно было ни одного еврея. Я не смог увидеть, откуда их приводили в эти овраги, они все уже были там. Я уже упомянул, что спустя 3–4 часа я должен был снова спуститься в овраг в качестве стрелка. Все проходило так, как и раньше. Так как я имел перерыв на 3–4 часа, а расстрел не прекращался, то передо мной должны были действовать примерно 3–4 экзекуционные команды. Эти команды прибыли, наверное, в промежутке на место казни. После второго участия в расстреле моя деятельность на месте казни в этот день была закончена. Так же, как я описал, я должен был участвовать в казнях еще в два других дня, вероятно, в течение недели. По моему мнению, в промежутке казней больше не было [...]

BArch B 162/5641, Bl. 12–15.

Из показаний 29.6.1961 г.:

Выехав из города, мы на грузовиках поехали по аллее и свернули направо к мосту. У моста грузовики остановились, и мы должны были сойти. Под мостом, а также слева и справа от него находилась лощина, которая, на мой взгляд, была высохшим руслом реки. В этой лощине, справа от моста, уже лежали бесчисленные голые трупы. Они лежали многими слоями один на другом. Я почти хотел сказать, как сардины в банке. Это сравнение звучит смешно, но, к сожалению, это правда. Лощина, если смотреть от моста, поворачивала направо, где за этим изгибом находилась большая, округлая лощина. Возможно, это был бывший песчаногравийный карьер. В этом карьере опять-таки находились бесчисленные люди, относительно которых я уверенно могу сказать, что они все были евреями. Кроме того, в этом карьере лежали горы разной одежды [...] Находящиеся в карьере евреи должны были снять всю одежду. Затем их группами по 10–15 человек гнали в бывшее русло реки. На трупах, которые уже находились в русле реки, должны были занять позицию стрелки. Когда к ним подходила группа евреев, они давали короткие очереди по евреям и при этом, как правило, целились в головы. Где жертвы падали, там они оставались лежать. Сразу же к этому месту подводилась новая группа, где затем производился ее расстрел. Расстрельные команды состояли из 5 или 6 человек каждая. Они должны были оставаться в карьере примерно по 30 минут, где они почти беспрерывно должны были стрелять. Через это время она сменялась следующей командой. Смененные стрелки направлялись к находившимся на стоянке грузовикам, где употребляли спиртные напитки [...]

BArch B 162/17922, Bl. 245–246.

Из свидетельских показаний 217 бывшего шофера в зондеркоманде 4а Фрица Хёфера о расстрелах в Бабьем Яру

Показания 27.8.1959 г.:

[...] Однажды я получил задание поехать на своем грузовике за город. При мне в качестве провожатого был украинец. Было это где-то около 10 часов. По дороге мы обогнали евреев, шедших колонной с поклажей в том же направлении. Там были целые семьи. Чем дальше мы отъезжали от города, тем многолюдней становились колонны. На большом открытом поле лежали груды одежды. Они были целью моей поездки. Путь туда мне указал украинец.

После остановки близ куч одежды грузовик сразу же был загружен одеждой. Это сделали находившиеся там украинцы. На этом месте я видел, что прибывавших евреев — мужчин, женщин и детей — принимали украинцы. Они направлялись в различные места, где они по очереди должны были складывать сначала свой багаж, пальто, обувь, верхнюю одежду и также нижнее белье. В определенном месте они должны были также складывать свои драгоценности. Для каждого вида одежды была образована особая куча. Все это происходило очень быстро, и если кто-нибудь задерживался, украинцы подгоняли его пинками и ударами. Я думаю, что не проходило и минуты с момента, когда человек снимал пальто, до того, как он уже стоял совершенно голый. Не делалось никакого различия между мужчинами, женщинами и детьми. У подходивших евреев было достаточно возможностей, видя это раздевание, повернуть обратно. Еще сегодня я удивляюсь, что этого ни разу не случилось. Раздетых евреев направляли в овраг, примерно 150 метров длиной, 30 метров шириной и добрых 15 метров глубиной. В этот овраг вело 2 или 3 узких прохода, по которым спускались евреи. Когда они подходили к краю оврага, чиновники охранной полиции хватали их и укладывали на трупы уже находившихся там расстрелянных евреев. Это происходило очень быстро. Трупы были уложены слоями. Как только еврей ложился, подходил стрелок из охранной полиции с автоматом и стрелял лежащему человеку в затылок. Евреи, спускавшиеся в овраг, были настолько испуганы этой страшной картиной, что становились совершенно безвольными. Случалось даже, что они сами укладывались в свой ряд и ждали выстрела. Расстрел производили только два стрелка. Один стрелок действовал в одном конце оврага, другой — в другом. Я видел, как они, стоя на уже уложенных телах, стреляют в них — в одного за другим. Как только еврей от выстрела был мертв, стрелок шел по телам убитых к следующим евреям, которые успели лечь за это время, и расстреливал их. Это был конвейер, не различавший мужчин, женщин и детей. Детей оставляли с матерями и расстреливали вместе с ними. Я наблюдал за всем этим недолго. Подойдя к яме, я настолько испугался того, что увидел, что не мог долго туда смотреть. В яме я увидел уже 3 ряда трупов, уложенных на протяжении примерно 60 метров. Сколько слоев лежало один на другом, я разглядеть не мог. Вид дергающихся в конвульси-ях, залитых кровью тел просто не укладывался в сознании, поэто-му детали до меня не дошли. Кроме двух стрелков, у каждого про-хода в овраге находился один «укладчик» — это был полицейский, который так укладывал жертву на трупы, что проходившему мимо стрелку оставалось только сделать выстрел. Когда жертвы сходили в овраг и в последнее мгновение видели эту страшную картину, они испускали крик ужаса. Но их тут же хватали «укладчики» и при-соединяли к остальным. Шедшие следом за ними не могли видеть этой ужасной картины, ибо ее заслонял угол оврага. Во время раз-девания отдельных лиц большинство сопротивлялось, и возника-ло много крика. Украинцы не обращали на него никакого внима-ния. Они продолжали в спешке гнать людей через проходы в овраг. С места, где происходило раздевание, овраг не был виден, так как он находился на расстоянии примерно 150 метров от первой гру-ды одежды. Кроме того, дул сильный ветер, и было очень холодно. Выстрелов в овраге не было слышно. Из этого я сделал вывод, что евреи не знали заранее, что в действительности происходит. Я и се-годня удивляюсь, что со стороны евреев ничего не было предпринято против этой акции. Из города прибывали все новые массы, и они, по-видимому, ничего не подозревали, полагая, что их просто пере-селяют [...]

BArch B 162/2646, Bl. 4035ff.

Показания 30.6.1965 г.:

[...] Незадолго до падения Киева мы оставили Житомир. Я знаю точно, что Янссен был в передовой команде, а также Хэфнер. Были ли еще другие офицеры, я сказать уже не могу. В машине будто бы были Конзее, Вайруп или Фробёзе и Эйзель. В Фастове мы сделали остановку. Оттуда мы могли слышать артогонь. Когда мы остави-ли Житомир с передовой командой Киев, то это могло быть при-мерно 16.9. Я знаю точно, что это было после моего дня рождения. Когда мы сделали остановку в Фастове, то я припоминаю, что од-нажды в наше место расквартирования пришел гауптман вермах-та. Когда я его заметил, я заорал: «Внимание!», — хотя рядом стоял Хэфнер. За это Хэфнер устроил мне разнос. Затем он представился гауптману вермахта. О чем они друг с другом говорили, я не знаю. Под конец пришел еще сотрудник тайной полевой полиции. С ним был мальчик примерно 12 лет. Он рассказал, что этот мальчик стрелял из засады по немецким войскам. Один из чиновников по допросам спросил Хэфнера, что делать с мальчиком. Хэфнер ответил на своем швабском диалекте: «Ну, нам ничего не остается, как прикончить». Это он сказал как бы мимоходом. Затем мальчик был уведен. Как он был расстрелян, кто произвел казнь и где находилось место казни, я не знаю. Чиновник по допросам снова его увел. Кто был этим чиновником, я не знаю. Это был один из чиновников по допросам, которые входили в ЗК 4а. Я еще помню, что во время нашей беседы вечером один из людей передовой команды Киев (это был один из чиновников по допросам) жаловался в нашем кругу на то, что этот мальчик был расстрелян без всякого допроса относительно того, сделал ли он вообще что-нибудь. Я не могу уже сказать, сказал ли это Конзее, Эйзель, Вайруп или Фробёзе. Когда пал Киев, передовая команда прибыла в город. Я точно знаю, что в этой передовой команде был Янссен. Был также Хэфнер. Первую ночь мы провели на стадионе «Динамо». На следующее утро мы поехали в город. Мы прибыли на Короленко 33. Это здание, в котором размещалось НКВД. Когда мы зашли в это здание, я увидел человека, который шел босиком. Этот человек мгновенно исчез. Я считаю, что это произошло потому, что он увидел череп на наших фуражках. Здание было обыскано. «Трофейные» немцы, которые были с нами, должны были проделать большую работу. Они собирали мебель и прочие вещи, которые они могли использовать. Я сначала мало что видел в городе. Я был занят тем, что снимал мотор моей машины и устанавливал новый мотор. Когда я эту работу закончил, у меня машину забрали. Тем временем прибыли главная команда и BdS. Ведомства находились на Короленко 33, в то время как мы, рядовой состав, размещались в одном высотном доме. Это был высотный дом, в котором раньше жили члены НКВД с их женами. Это, вероятно, был конец сентября, когда в Киеве появились объявления, что евреи должны собраться в одно место. Это произошло. Евреи двинулись по улицам Киева в направлении оврага Бабий Яр. Украинцы даже выбрасывали на улицу евреев, которые прятались. В объявлениях указывалось, что евреи будут переселены. В подразделении было известно, что евреи должны быть расстреляны. В один из двух дней расстрела я на грузовике был послал на плато, которое находится у оврага Бабий Яр. Там я должен был забрать одежду. Я увидел, что евреи постоянно подходят. Они должны были сначала сложить свои пальто, затем в другое место верхнюю одежду и затем в еще одно место нижнюю одежду. Это были мужчины, женщины и дети всех возрастов. На входе в овраг — овраг шел отвесно вниз — жертвы хватали за руки и сбивали с ног. Когда они лежали, их расстреливали сзади из автоматов. Я сам был у ямы и все это видел. Это была ужасная картина. Трупы лежали слоями друг на друге. По моим подсчетам, этот овраг был длиной 50–60 метров и в верхней части шириной 15–20 метров. Когда я там был, было еще много места между верхним слоем трупов и краем оврага — минимум метров 12–15. На плато, которое примыкало к оврагу, стоял Блобель. Я видел, как к нему подошел Хэфнер, держа за руку маленькую белокурую девочку. Я стоял поблизости и слышал, как Хэфнер на швабском диалекте сказал Блобелю: «Штандартенфюрер, я не могу заставить себя застрелить малышку», на что Блобель кивнул, и Хэфнер велел девочке бежать. Девочка побежала в направлении города навстречу приближающимся колоннам евреев. Что случилось с девочкой, я сказать не могу [...]

BArch B 162/5653, Bl. 3206–3208.

Из показаний 28.2.1962 г. бывшего обершарфюрера СС в зондеркоманде 4а Эрнста Конзее о расстрелах в Бабьем Яру

[...] Уже во время нашего прибытия, насколько я помню, в тюрьму было посажено несколько сот евреев. Против этих арестов штандартенфюреру Блобелю заявил протест председатель евреев. Позднее арестованные до этого времени евреи были расстреляны. Часть работы команды в Киеве состояла в том, чтобы разгромить предполагаемую подпольную коммунистическую организацию и провести расследование взрывов, произведенных русскими с помощью реле. К нам явился военнопленный украинский лейтенант, который лично готовил взрывы. Благодаря его показаниям мы смогли не допустить взрывов, поскольку они еще не были произведены. Через несколько недель [правильно: дней. — *А.К.*] после нашего прибытия в Киев были вывешены объявления, согласно которым все проживавшие в Киеве евреи должны зарегистрироваться и прийти для использования на работах. Также здесь инициатором был, насколько мне известно, штандартенфюрер Блобель. В это время я из-за болезни прежнего «шписса» был назначен «шписсом». В тот день, в который евреи должны были явиться, были использованы вся команда, приданные взводы охранной полиции и войск СС и, по моему мнению, также другие находившиеся в Киеве подразделения. В конце улицы, которая вливалась в большой овраг, было установлено заграждение, через которое евреи должны были проходить. Там они регистрировались и должны были сдать свой багаж, который они обязательно должны были взять с собой. Относительно призыва явиться для использования на работах я, пожалуй, ошибся. Я полагаю, как мне помнится, что основанием для воззвания было якобы переселение. У входа в овраг члены всех привлеченных подразделений были назначены расстреливать приходящих евреев. Перед этим они должны были раздеться и голыми идти в яму. Одежду обыскивали украинцы в поисках драгоценностей, которые должны быть сданы команде. Я в связи с доставкой продовольствия один раз был у ямы и видел весь процесс. Мне тогда стало плохо. Также в этом случае евреи, насколько мне известно, ничего не делали для своей защиты. Они шли в яму, ложились и были застрелены. В овраге находилось много людей с автоматами, которые производили казнь. По краям оврага стояли постовые, так что бежать было практически невозможно. Тем не менее я слышал, что несколько человек, которые не были убиты, ночью бежали из ямы. Насколько мне известно, в первый день были расстреляны примерно 22 000 евреев и во второй день — примерно 10–12 000. На вопрос, почему евреи в Киеве были расстреляны, я хотел бы сказать, что нам, унтер-офицерам и рядовым, было сказано, что РСХА отдало приказ «очистить от евреев» всю местность, в которую мы приходили в России. Так как евреи внесли большой вклад в коммунистическую систему и в страдания украинского населения. По моему мнению, речь здесь шла о крайнем последствии многолетней пропаганды против евреев в Германии [...]

BArch B 162/5642, Bl. 467–468.

Из показаний 12.8.1965 г. бывшего оберштурмфюрера СС Курта Ханса (зондеркоманда 4 а)

[...] Насколько я помню, я только с Маурером прибыл из Радомышля в Киев, когда Киев уже был захвачен немцами. Это было много позднее падения Киева. К этому времени главная команда уже долгое время находилась в Киеве. В Радомышле или где-то еще рассказывали, что в Киеве начался голод. Поэтому я повез в своей машине в большой миске фрикадельки, которые я велел приготовить в Радомышле. Я не знал, где в Киеве было место расквартирования, и должен был его искать. По дороге я остановился, чтобы справиться о месте расквартирования. Нашу машину окружили русские дети, которым я велел дать фрикадельки. Дети были очень голодные. Затем мы поехали дальше и после долгих поисков нашли место расквартирования. Это было под вечер. Ночь я провел в месте расквартирования и при этом узнал, что с часу на час мы должны считаться[1] с нашей сменой. На следующее утро или в середине дня я был вместе с Хэфнером, Янссеном и фон Радецки. Мы услышали, что господа руководящей службы будут сменены. Я еще сказал, что мы должны сделать покупки для наших «мамочек». Поэтому я поехал с Маурером в Радомышль, чтобы организовать продукты. Из Радомышля мы вернулись на следующий день. В Радомышле мы ночевали в чем-то наподобие медпункта, так как там для нас квартир уже не было. Когда мы вернулись из Радомышля в Киев, в месте расквартирования не было ни одного офицера. Один из рядового состава рассказал, что в овраге Бабий Яр что-то происходит. Так как я должен был доложить о возвращении Блобелю, я добрался до этого оврага или меня туда как-то провели. Я пришел в овраг и увидел ад. Слева от меня — длинная очередь людей, которых охраняли полицейские и вермахт.

---

[1] Так в документе.

В центре оврага я пошел в направлении зловещего холма, на котором, насколько мне известно, собралась большая часть штаба оперативной группы С. Я стал искать Блобеля, чтобы доложить ему о возвращении. Примерно через полчаса я его увидел. Как только я подошел, он осыпал меня упреками: «Вы что, не видите, что здесь происходит, найдите себе место в овраге и помогайте»; под помощью он, несомненно, понимал расстрелы. Я ушел, что я мог себе позволить только под впечатлением, что сам Блобель всем был поражен. Когда я уходил, насколько помню, я встретил Янссена, которому сообщил, что потребовал от меня Блобель, на что Янссен мне заявил: «Я также получил от старика». Янссен и я покинули овраг.

Во время ухода приблизительно в конце оврага меня задержали две женщины (как потом оказалось, это были мать и дочь), не могу ли я оставить их в живых. Я велел доставить их к ведомству, и там они на коленях умоляли меня их пощадить. С большой опасностью для своей собственной жизни я этих женщин отправил домой. Это событие должен помнить и Янссен, а также, по моему мнению, низшие чины, которые находились в ведомстве.

В связи со сменой мы, сменяемые, на радостях от смены вечером устроили пьянку, в которой также участвовал фон Радецки. Тогда я первый раз узнал от фон Радецки о распространении объявлений, которое предшествовало казни. Тогда фон Радецки с удовлетворением сказал, что он в тексте объявления вместо «прикончить» написал «переселить», что на основании этих объявлений ожидалась небольшая явка, однако пришло огромное количество [...]

BArch B 162/5654, Bl. 3751–3752.

Из показаний 24.6.1965 г бывшего оберштурмфюрера СС Адольфа Янссена (зондеркоманда 4а)

14.9.41, это было воскресенье, я вернулся из Германии и вновь застал подразделение в Житомире. 15.9.41 я поехал с Хэфнером, который руководил передовой командой Киев, другой руководил Ханс, в Васильков [...] Когда 19.9.1941 г. Киев пал, я вместе с Хэфнером и людьми передовой команды прибыл в Киев [...] В Киеве сначала было спокойно. Вечером я все же вернулся в Васильков, где находился штаб [начальника тыла 6-й армии] фон Путткаммера. Через день я был вновь с Хэфнером в Киеве. Я еще помню, что в этот день в монастыре взлетел на воздух артиллерийский штаб. По моему мнению, взрыв был вызван дистанционно. В музее Ленина я сам обнаружил такое взрывное устройство. Когда я вместе с Хэфнером был в пути в Киеве, мы повстречали городского коменданта Эберхардта. Но это было несколькими днями позднее. Это было в тот день, когда на воздух взлетела городская комендатура. По дороге к городскому коменданту мне ничего особенного не запомнилось. Если меня спросят, видел ли я бегущих евреев с бензиновыми канистрами в руках, то это не соответствует действительности. Городской комендант говорил с Хэфнером и мною. Нас не просили прийти к городскому коменданту, как это утверждает Хэфнер. Хэфнер и я случайно встретили городского коменданта. Городской комендант знал меня и поэтому обратился ко мне, когда я подбежал к зданию, где произошел взрыв. Мы разговорились. Неожиданно подошел командир корпуса [фон Обстфельдер], который тогда находился в Киеве, и спросил Эберхардта, что произошло. Эберхардт доложил. Командир корпуса сказал на это: «Евреи должны быть расстреляны». Он считал, что эту акцию могли устроить только евреи. Тогда меня командир корпуса спросил, можем ли мы расстрелять евреев. Я сказал ему, что командиром команды являюсь не я, а Хэфнер, и расстрел уже из-за того невозможен, что у нас имеется только примерно 20 человек. Тогда командир корпуса отдал городскому коменданту приказ, чтобы казнь произвел полицейский батальон [...]

Когда команда выступила, чтобы провести акцию в овраге Бабий Яр, я был в городской комендатуре. Я точно помню этот день. Это было совещание у генерала. Меня спросили, сколько квартир освободили евреи и скольким бездомным можно помочь [...]

Я был один-единственный раз у оврага. Блобель приказал мне туда пойти. Это было необходимо, так как трупы не могли захоронить и саперное подразделение вермахта должно было взорвать края Бабьего Яра. Когда я был там с 3 офицерами-саперами, казнь была уже закончена. Когда я был у оврага, я не производил никаких добиваний. Я вообще не спускался к трупам [...]

BArch B 162/5653, Bl. 3176–3177.

Из показаний обвиняемого Адольфа Янссена
на судебном процессе в Дармштадте 7.11.1967 г.

[...] 22.9.[1] вновь было сильное сотрясение. Хэфнер как раз был в месте расквартирования, и мы поехали посмотреть, что произошло. Нам навстречу шли раненые штатские. Мы установили, что на этот раз это было здание городской комендатуры. Вокруг лежало много мертвых. Я еще припоминаю, что нам навстречу шел генерал-майор Эберхардт без головного убора и без портупеи. Когда Хэфнер и я стояли там с Эберхардтом, я услышал, что пришел генерал, который был непосредственным начальником Эберхардта. Первым вопросом генерала Обстфельдера было: «Господа, когда здесь будут расстреляны евреи?» Мы сказали, что ничего не знаем. На это генерал Обстфельдер: «Позаботьтесь о том, чтобы расстрелять евреев». Мы уклонились — у нас маленькая команда и мы не в состоянии это сделать. На это он сказал: «У вас же здесь есть охранная полиция и пр.» Я отдал честь и с Хэфнером ушел. Мы не хотели иметь такое задание [...]

[...] [30.9.1941 г. я] по распоряжению [коменданта города] генерал-майора Эберхардта был за городом. Насколько я знаю, со мной поехал [переводчик] Матерна. Под вечер я вернулся и во дворе места расквартирования встретил Блобеля и д-ра Раша. Они о чем-то беседовали. Я отдал честь и хотел пройти. Тут меня окликнул Раш. Он сказал мне: «Янссен, послушайте внимательно. Вы ведь знаете, тут за городом происходит эта акция по расстрелу. Мы вчера попытались с помощью русских военнопленных этих людей забросать землей. Но мы не смогли добыть столько земли, чтобы ее было достаточно. Однако, возможно, можно взорвать края этого оврага так, чтобы обрушить достаточно земли и покрыть трупы». Я спросил его, закончена ли эта акция. Он сказал: «да». «Спросите генерал-майора Эберхардта, может ли он выделить мне саперов, которые смогут взорвать эти края». Я сказал, что я не сапер и ничего в этом деле не понимаю. Но он полагал, что должен кто-нибудь тут быть, кто проинструктирует саперов. Он сказал далее, что Блобель во второй половине

---

[1] Правильно: «24.9.».

дня будет за городом, и я должен во второй половине дня с саперами также там быть. Я явился к генерал-майору Эберхардту и передал ему пожелание бригадефюрера Раша. Эберхардт поручил мне поехать в саперный батальон. Я должен там сказать, чтобы мне дали 2 офицеров, которые разберутся с этим делом. Блобель должен их там проинструктировать. Я все так и сделал. Я взял 2 офицеров, и мы поехали на описанное мною место. Я припоминаю, что там больше не было никакого оцепления и что я сначала увидел огромные кучи сложенной одежды. Там стояли люди команды. Сегодня я уже не знаю ни одного имени. Я спросил, где Блобель, и мне описали место, где я мог его найти [...] Я представил Блобелю обоих этих офицеров. Он пошел с ними к ямам. Я перешел дорогу и оттуда смог мельком заглянуть в эту яму. Там я увидел лежащих мертвых людей. Я сразу же пошел обратно, так как я не мог такое видеть. Блобель проинструктировал саперов, они попрощались и вернулись ко мне в машину. Затем я отвез их в их место расквартирования. На обратном пути мы говорили об этих вещах, и я еще сказал, что я рад, что я не имею ничего общего с этой историей. Я еще спросил, как они произведут взрыв, и они ответили мне, у них есть мысли на этот счет, но должны были сперва посмотреть. Так я их оставил. В этот день за городом ничего не взрывали. Взрывали ли вообще позднее, я сказать не могу. Насколько я помню, я на следующий день поехал назад в рейх [...]

BArch B 162/17909, Bl. 380–381, 383–384.

Донесение о событиях в СССР № 111 от 12 октября 1941 г.

[...]

Оперативная группа С

Местонахождение К и е в сообщает:

Мероприятия полиции безопасности

Общее число казненных зондеркомандой 4a теперь превысило 51 000. Кроме зондеракции в Киеве 28. и 29.9., для которой были выделены 2 команды полицейского полка «Юг», все до сих пор проведенные казни эта ЗК осуществила без чьей-либо помощи. Казненные лица в основном были евреями, небольшую часть составляют политические функционеры, а также саботажники и грабители.

[...]

26.9. полиция безопасности возобновила свою деятельность в Киеве. В этот день семь команд по допросу ЕК 4а приступили к работе в лагере для штатских пленных, в лагере для военнопленных, в еврейском лагере и в самом городе. В лагере для штатских и военнопленных были обнаружены и обстоятельно допрошены 10 политических комиссаров. По старой коммунистической тактике эти парни отрицали всякую политическую деятельность. Лишь при очной ставке с безупречными свидетелями 5 комиссаров сознались, т. е. они указали свою должность, но больше не дали никаких показаний. 27.9. они были расстреляны. В одном случае еврейский политрук пытался спасти себя, предложив золото. Он был препровожден на свою квартиру, где из тайника под полом глубиной 50 см извлек 21 золотую монету. Еврей был расстрелян.

Далее, были обнаружены 14 партизан, среди них руководящие лица. Они также оставались верными своей тактике молчания на допросах. Вновь они были разоблачены свидетельскими показаниями. В некоторых случаях было получено признание. Руководитель партизан, который призывал защищать Киев, также предпринял попытку спасти себя, предложив золото. В этом случае золотые часы и рубли были спрятаны за печкой. Все обвиняемые были расстреляны.

Были ликвидированы три еврейских функционера, которые также хотели откупиться золотом. Золото было конфисковано.

Объявление [от 15 октября 1941 г.] о сборе евреев в Лубнах

Все евреи, проживающие в г. Лубнах, должны явиться 16 октября 1941 г. к 9 часам утра в дом № 3 по ул. Замостье (бывшие городские дачи) с целью переселения.

Необходимо взять с собой продовольствие на три дня и теплую одежду.

Не исполнившие этот приказ будут РАССТРЕЛЯНЫ.

Кто самовольно будет заходить в закрытые еврейские квартиры или будет грабить эти квартиры, будет расстрелян.

Арийские жители города (украинцы и русские) призываются доносить о евреях, не исполнивших этого приказа.

Hamburger Institut für Sozialforschung (Hg.) Verbrechen der Wehrmacht. Dimensionen des Vernichtungskrieges 1941–1944. Ausstellungskatalog. — Hamburg, 2002. — S. 167.

Донесение о событиях в СССР
№ 119 от 20 октября 1941 г.

[...]

Оперативная группа C:

Расположение: К и е в.

Мероприятия полиции безопасности.

[...]

Передовая команда зондеркоманды 4а 4.10.41 в *Переяславе* с помощью украинских доверенных лиц провела еврейскую акцию. В совокупности были схвачены и ликвидированы 537 евреев (мужчины, женщины и подростки). Украинским населением и вермахтом эта акция была воспринята с одобрением.

8.10.41 зондеркоманда 4а обыскала *Яготин* в поисках подозрительных элементов. Во время этой акции было схвачено и ликвидировано 125 евреев.

В *Иванкове* зондеркоманда 4а при поддержке милиции 19.9.41 провела акцию, в ходе которой было схвачено и ликвидировано 166 человек. В этом же населенном пункте 21.9.41 были произведены обыски у коммунистов. Была арестована и казнена женщина-коммунист, начальник «секретного отдела». В этот же день были расстреляны еще 29 евреев.

Ортскомендатура в *Коростене* сообщила, что собрания крестьян окрестных деревень неоднократно срывались и что зачинщиками, очевидно, являются евреи. В ходе проведенной зондеркомандой 4а акции в совокупности было проверено и затем казнено 177 евреев, так как безупречно установлено, что они совершили ряд нетерпимых поступков.

13.9.41 в *Радомышле* зондеркоманда 4а схватила и уличила в активном шпионаже 3 подростков 13, 14 и 17 лет. Эти подростки по заданию русского капитана должны были пробраться на немецкие позиции, чтобы собрать сведения о численности и роде войск, снаряжении и вооружении. Добытые сведения они должны были передать находящемуся в Ирпене русскому капитану.

Во время поездки из *Вырвы*[1] в *Дедерев* зондеркоманда 4а задержала цыганскую банду в количестве 32 человек. Во время обыска их повозки были обнаружены предметы немецкой амуниции. Так как банда не имела документов и ничего не могла сказать о происхождении этих вещей, она была казнена.

Из показаний 13.9.1943 г. бывшего полицейского Чинакало Г. В. о расстреле евреев в Макарове 17.9.1941 г.

Жителей села Макаров и других сел Макаровского района, всего 39 человек евреев, мужчин и женщин посадили в сарай на территории ограды райисполкома. Сбор евреев производили полицейские и после вся жандармерия [...] В этот же день всех евреев 39 человек вывели на окраину села Макаров в сад колхоза «Видродження» и расстреляли. Расстрел производила полевая жандармерия. Во время расстрела я лично присутствовал. Перед расстрелом была выкопана яма, которую копали пленные красноармейцы. Нас полицейских заставили расстрелянных закапывать. Закапывал я, Альбов Юрий, Павловский Яков Степанович, Шульга Григорий, Титаренко Василий Захарович, Божек Иван Иванович и другие полицейские — всего было 17 человек.

Фамилии расстрелянных евреев следующие: Виницкий Мойсей и его жена Виницкая, Спивак и его жена, Модалевская и ее две дочки, Зарицкий Шлема и его жена и много других, фамилии их не помню.

Числа 20 июня[2] 1941 г. в селе Фасивочка Макаровского района поймали еврея, фамилии его я не знаю, был командиром Красной

---

[1] Вероятно, *Варва* (населенный пункт в Черниговской области).
[2] Так в документе. Вероятно, «числа 20 июля».

Армии, и привели его в село Макаров и кроме его арестовали в селе Макаров 14 человек евреев и расстреляли в саду «Видродження» [...]

Дело № 7566 по обвинению Скробач Федор Степанович, в пяти томах, том четвертый, л. 50–51 (ОГА СБУ, арх. № 39831).

Из показаний на допросе 23.12.1943 г. бывшего коменданта полиции в Иванкове Ивана Голубенко о расстреле евреев

Примерно в октябре месяце 1941 г. в г. Иванкове были собраны гестаповцами и полицейскими советские граждане-евреи, всего 150–200 человек, и временно помещены под охраной во дворе лесхоза. После чего в тот же день все они были расстреляны.

Тут были старики, женщины, молодые мужчины и дети, расстреливали целыми семействами... [Детей было] примерно 50 человек... разных возрастов, в том числе были и грудные дети.

Я лично выделял наряды полицейских, которые выполняли работу: вылавливали и собирали советских граждан во двор лесхоза, охраняли арестованных советских людей во дворе лесхоза, конвоировали советских людей на машинах к месту расстрела, также был выслан наряд для охраны на месте казни. Старшим этого наряда мной был выделен полицейский — мой заместитель Рябушенко Иосиф Андреевич, который и выбирал, и показывал немцам место, где будут расстреливаться советские граждане... Они были расстреляны около разважевского шоссе на правой стороне дороги. Место называется Попово болото, на песчаном бугре.

После отъезда отряда гестаповцев из Иванкова советские люди уничтожались мелкими группами от 5 до 30 человек, в большинстве были женщины и дети, причем на расстрел в Иванков привозили людей из Хабенского, Разважевского, Ново-Шепеличевского и др. районов.

После отъезда гестапо уничтожением людей руководил военный комендант Шефер

— немец и его переводчик Вегнер [...]

В первых числах января месяца из Хабенского и Ново-Шепеличского района привезли группу советских граждан на 6 подводах, около 30 человек, в том числе старики, женщины и дети и были сданы мне под охрану в арестное помещение. На второй день утром указанные были расстреляны за мостом по Киевскому шоссе [...] для сопровождения мной был выделен наряд полицейских 3 человека — Скрипченко Яким, Нечепуренко Борис и Радченко Борис. Расстреливали сами лично Шефер и Вегнер. В конце ноября месяца 1941 г. была расстреляна группа советских граждан в количестве 13 человек, в том числе 5 чел. детей от 5 до 10 лет. Взрослых конвоировали полицейские, фамилии которых я не помню, а для детей я выделил подводу, и полицейские Изюменко и Коваленко везли их к месту расстрела. Расстреливали их также около Киевского шоссе за мостом.

Дело № 1007 по обвинению Голубенко И. С. и др., лл. 19об—21об (ОГА СБУ, арх. № 56272).

Из показаний заместителя коменданта Иванковской районной полиции Иосифа Рябушенко о расстреле евреев

Показания 15.1.1944 г.:

В сентябре месяце 1941 г. мне Голубенко И. С. дал задание отвести наряд полиции к тому месту, где мобилизованное иванковским старостатом население рыли могилу для предстоящего в этот день массового расстрела евреев — советских граждан. Это задание Голубенко я выполнил. Отвел к месту расстрела трех человек полицейских, в том числе: Дживагу Александра Александровича, Сидоренко Ивана Захаровича и Фещенко Василия Михайловича. Сам я тут же возвратился обратно домой, также со мной обратно пошли Дживага А. А., а Сидоренко и Фещенко остались у места расстрела советских граждан.

Сначала нам Голубенко ничего не сказал, а староста Голубенко Степан Филиппович (умер) сказал, чтобы отвести полицейских к месту, где роют яму для устройства тира, но, когда я, отведя наряд полицейских, вернулся в Иванков, мне другие полицейские сказали, кто, сейчас не помню, что там будет не тир для стрельбы, а яма готовится для расстрела советских людей. Также сказали, что всех евреев собирают семьями под предлогом переселения и что меня искал комендант Голубенко и ругал за то, что меня не нашли, и грозил, что мне от гестапо за это попадет, причем также сообщили мне, что сам комендант Голубенко с гестаповцами поехал на автомашине к месту расстрела.

[...] от других слышал, что в этот день было расстреляно советских граждан около 200 человек.

[...] были и дети разных возрастов. Добавляю, что по приказанию старосты Голубенко С. Ф. (умер) мной был составлен список на евреев-мужчин — голов семей, более 30 человек [...]

Дело № 1007 по обвинению Голубенко И. С. и др., лл. 88–89 (ОГА СБУ, арх. № 56272).

Показания 30.3.1944 г.:

Массовые аресты немцы начали производить со дня приезда гестапо, т. е. с 15 сентября 1941 г., а первый массовый расстрел был произведен примерно числа 19- 20 сентября 1941 г. [...]

20 сентября 1941 г. под моим руководством был отведен караул из числа полицейских Фещенко Василий Михайлович, Сидоренко Иван Захарович и Дживага Александр Александрович, которые охраняли рабочих, рывших общую могилу по Розважевской дороге, не доходя Мослянковой березины. Это примерно будет 2,5 км от Иванкова.

Дело № 1007 по обвинению Голубенко И. С. и др., лл. 31 с оборотом (ОГА СБУ, арх. № 56272).

Из показаний 22.12.1943 г. бывшего полицейского Иванковской полиции Александра Дживага о расстреле евреев осенью 1941 г.

[...] В конце октября или в начале ноября месяца 1941 г. во двор лесхоза к складу г. Иванкова были согнаны при помощи полицейских около 200 человек советских граждан, которым предложили складывать ценные вещи и деньги в специально приготовленную корзину. Полицейский Рябушенко Иосиф Александрович — заместитель

Голубенко, с которым мы были в этом дворе, сказал мне, что сегодня этих людей будут расстреливать. Комендант полиции Голубенко приказал Рябушенко и с ним еще мне и Груше — полицейским отправиться к месту расстрела. В машине, в которой мы ехали, было еще несколько немцев и около 15 человек советских людей, которых мы сопровождали на расстрел. Как только мы приехали к месту расстрела, подошла еще другая машина, в которой также были советские граждане, привезенные на расстрел, их было около 30 человек, их сопровождали полицейские Шпак и Фещенко. Всех привезенных советских граждан на расстрел заставили лечь на землю лицом вниз и потом их по одному подводили к яме и расстреливали в затылок из пистолетов [...]

Советских людей расстреливали немцы, которых было около 12 человек.

Мы, полицейские — я, Фещенко, Груша, Кононенко и Сидоренко стояли от места расстрела на расстоянии примерно 80–90 метров, а полицейский Шпак Иван был около места расстрела.

При расстреле присутствовал комендант полиции Голубенко Иван Степанович. Он пришел к месту казни с группой мужчин советских граждан, конвоируемые немцами и полицейскими, всего в этой группе мужчин было около 80 человек, а на машинах возили только стариков, женщин и детей.

Сколько было всего детей, не знаю, также не могу сказать каких сколько было по возрасту. Однако вспоминаю, что только грудных детей было не менее 15 человек. Этих советских людей расстреливали по Розваже́вскому шоссе на правой стороне дороги, за Поповым болотом, так называемое урочище Масянковая березина, на песчаном валу [...]

Это была ужасная картина. Душераздирающие крики женщин, мужчин и детей, дети цеплялись за матерей, которых гестаповцы тащили к яме и расстреливали, потом убивали детей и бросали в яму. Нельзя было смотреть на эти ужасы. Я после этого около месяца был в кошмарном состоянии.

Дело № 1007 по обвинению Голубенко И. С. и др., лл. 78оборот-80оборот (ОГА СБУ, арх. № 56272).

Из показаний 8.11.1966 г. бывшего радиорепортёра 637-й мотороты пропаганды д-ра Вольфганга Бробейля о расстреле евреев в Переяславе

[...] Это произошло, когда я с частями роты находился в Переяславе. За день до нашего убытия из Переяслава, а именно 4 октября 1941 г., я в первой или второй половине дня увидел, как украинская милиция и члены СД загоняют во двор церкви евреев разного возраста и пола. При этом их били палками. Украинская милиция была в какой-то странной форме, бросались в глаза красные офицерские погоны. Я видел примерно 200 евреев. Я вернулся на место расквартирования и разговаривал с моими товарищами об этом деле. Все, которые там были, были в ужасе, даже нацисты. Было ясно, что эти люди будут убиты. Для всех военнослужащих вермахта и войск СС имелся приказ не присутствовать на казнях. Мы обсуждали вопрос, нет ли возможности добиться исключения. Затем пришел один из моих товарищей, чье имя я уже сказать не могу, и заявил, что ему в виде исключения было разрешено, чтобы мы могли увидеть казнь, но с полным запретом фотографировать. Мы пошли к кладбищу. Было уже под вечер. Погода была холодной. Мы пришли на место, которое было оцеплено. Там в лёссе была выкопана яма. Яма была примерно 2 метра шириной, 8 метров длиной и 1.20 метров глубиной. По обеим длинным сторонам ямы была выброшена земля в виде небольшой насыпи. Мы стояли на этой насыпи и притом слева от ямы, если идти к яме. За нами стоял руководитель команды. У него была коренастая фигура, на нем было, насколько я помню, кожаное пальто. Возможно, он был в очках. Рядом с ним стояли еще несколько членов СД. К тому времени, когда мы пришли, в яме лежали примерно 50 голых трупов: женщины, старые мужчины и дети. Кроме того, на противоположной стороне, несколько смещенными к яме, стояли, возможно, 100 евреев, которые еще были одеты и как раз раздевались. Их подгоняла украинская милиция. У торца ямы стояли 2 украинских милиционера, которые отводили полностью раздетые жертвы к 2 «зеленым» полицейским, которые стояли в яме. Эти два жандарма стояли буквально в крови. Бросалось в глаза, что у них были покрасневшие лица, и они были явно пьяными. Один из них имел богатырское телосложение. Жертвы, которые были доставлены в яму, должны были стать на колени или в полный рост перед этими жандармами. Затем жандармы производили выстрел из автомата и притом в затылок, так что жертвы падали вперед между уже лежащими перед ними трупами. Это была сатанинская картина. Особо жестокое событие до сих пор остается в моей памяти. Молодая голая женщина держала на руках ребенка. Богатырского сложения жандарм вырвал ребенка из рук женщины и бросил на кучу трупов. Затем он дал очередь из автомата. После этого женщина без сопротивления легла на ребенка, из головки которого струилась кровь, и приняла смерть. Женщины и дети, которые все это должны были видеть, кричали, в то время как старые мужчины с большим спокойствием воспринимали свою судьбу. Один из них пытался бежать, но был схвачен украинской милицией и доставлен к яме. Мои товарищи и я были на этом месте примерно 10 минут. Мы ушли с чувством, что мы были свидетелями ужасного преступления. Мы были настолько потрясены, что мы с трудом могли об этом говорить и с помощью шнапса пытались вытеснить пережитое [...]

BArch B 162/5664, Bl. 28–29.

Из показаний 10.11.1966 г. бывшего репортера 637-й мотороты пропаганды Карла Хольтца о расстреле евреев в Переяславе

[...] В один из этих дней (я еще знаю, что на следующий день мы вновь вступили в действие) я увидел или я об этом услышал, что евреи города были согнаны в одно место. Георг Цех, д-р Бробейль и я решили выяснить все дело. Я не могу сказать, было ли это в первой или второй половине дня, когда мы пришли в одно место сразу за Переяславом, где были собраны евреи всех возрастов и обоего пола; их охраняла украинская милиция. Я считаю, что там стояли минимум 200 человек. Люди верили, что они будут вывезены. Украинская милиция не препятствовала нам подойти к этим евреям. Я еще сегодня хорошо помню, что среди этих людей было несколько очень красивых молодых девушек. Сборный пункт был близ нашего места расквартирования. Некоторые евреи были погружены, другие уведены сомкнутой колонной. Я уже не помню, били ли евреев при этом. Евреи были легковерными и верили, что они действительно будут куда-то выселены. Все это произошло непосредственно после вступления войск. Цех, д-р Бробейль и я (возможно, с нами были еще 2 других) последовали за этой колонной евреев, которые были уведены на окраину города. Насколько я помню, слева находилось кладбище. Близ кладбища евреи были вновь собраны. Стояло оцепление, которое нас не пропустило. Слышались отдельные выстрелы, и притом очереди из автоматов. Из евреев, которые были собраны, каждый раз отделялись 10–20 и отводились к яме [...] удалось получить разрешение увидеть весь процесс. Под честное слово мы должны были заявить, что мы не будем ни сообщать, ни фотографировать. Мы подошли к яме. Насколько я помню, яма была длиной 10–12 метров, шириной 2–3 метра и примерно 2–3 метра глубиной. Яма была свежевырытой. Слева и справа находилась земляная насыпь. Мы стояли слева от ямы, если идти к яме. Группа из примерно 10 евреев должна была раздеться напротив за ямой. Затем евреев ударами и прикладами винтовок загоняли в яму, которая уже была частично заполнена трупами. Каждый раз туда отводились 2–3 еврея. Дети и молодые женщины ревели и вопили, в то время как старые мужчины воспринимали свою судьбу со спокойствием. Было заметно, что старые евреи молились. В яме стояли 2 или 3 стрелка в зеленой форме и темных брюках. Когда евреи становились к ним спиной, эти стрелки производили выстрел в затылок или голову, так что евреи падали вперед между уже лежащими там трупами. Все происходившее потрясало. Но особенно ужасным был факт, что женщины высоко поднимали своих детей и младенцев и должны были быть свидетелями того, что сначала они были застрелены. По моему мнению, стрелки употребляли алкоголь. Были ли они пьяными, я сказать не могу. Офицер СД, имени которого я не знаю, стоял слева от нас и наблюдал все происходившее. Офицер СД не проявлял никаких чувств. Я плохо помню этого человека. Я хорошо помню, что один из стрелков имел богатырское телосложение. Мы стояли там от 10 минут до четверти часа и затем ушли потрясенными. Во время войны я многое повидал, но эта картина превосходит все, что я видел. Мы тогда считали, что были собраны, возможно, 500 человек. Пока я там был, стреляли беспрестанно, я не могу сказать, сколько их было. Я помню, как одна женщина высоко подняла своего ребенка, чтобы показать, что ребенок должен остаться живым. Ребенок был застрелен, когда женщина его высоко держала. Женщина бросилась на ребенка. Затем к ней подошел стрелок, приставил свой автомат к затылку и выстрелил [...]

BArch B 162/5664, Bl. 22–24.

Донесение о событиях в СССР № 128 от 3 ноября 1941 г.

[...]

Оперативная группа С:

Место расположения К и е в.

[...]

Б. Исполнительная деятельность.

Что касается собственно казней, то команды группы ликвидировали до настоящего времени 80 000 человек. Среди них находятся 8000 лиц, в отношении которых в ходе следствия было доказано, что они занимались антинемецкой или большевистской деятельностью. Остальные были ликвидированы в рамках акций возмездия.

Некоторые из акций возмездия были проведены как гросс-акции. Самая крупная из этих акций имела место сразу после оккупации Киева; она охватила исключительно евреев с их семьями.

Возникшие при проведении такой гросс-акции трудности, прежде всего связанные с захватом, в Киеве были преодолены тем, что с помощью стенных объявлений еврейское население было призвано к переселению. Хотя прежде всего мы расчитывали на участие 5–6.000 евреев, нашлось свыше 30.000 евреев, которые вследствие в высшей степени искусной организации до последнего момента перед казнью еще верили в свое переселение.

[...]

Д. Сотрудничество с вермахтом и ГФП.

Что касается отношений оперативной группы и её команд с другими ведомствами, то особого внимания заслуживают её отношения с вермахтом. С самого начала оперативная группа преуспела в установлении отличных отношений со всеми армейскими штабами. Вследствие этого оперативная группа никогда не действовала вне оперативной зоны, а, наоборот, армия даже часто просила действовать как можно ближе к линии фронта. В большом числе случаев имело место даже то, что боевые части просили оперативную команду о поддержке. Передовые отряды оперативной группы участвовали в каждой крупной военной операции. Во вновь захваченные населенные пункты они вступали вместе с боевыми частями. Во всех случаях оказывалась всевозможная поддержка. В этой связи заслуживает упоминания участие в захвате Житомира, когда за первыми танками в город сразу же въехали три машины оперативной команды 4а.

Как результат успешной работы оперативной группы полиция безопасности пользуется большим уважением, в частности, у штаба армии. Офицер связи, находящийся при штабе армии, информируется обо всех военных операциях и, кроме того, получает всевозможную помощь. Командующий 6-й армией генерал-фельдмаршал фон Рейхенау также неоднократно высоко оценивал работу оперативных команд и поэтому поддерживает интересы СД в своем штабе. Этому способствовал чрезвычайный успех команд, например, захват генерал-майора Соколова, затем информация о плане взрыва моста парашютистами и передача другой важной военной информации.

Донесение штандартенфюрера СС Блобеля коменданту Киева генерал-майору Эберхардту от 28 октября 1941 г. относительно структуры подпольного горкома компартии в Киеве

Киев, 28.X–1941 г.
Уполномоченный шефа
полиции безопасности и СД при А. О.К. — 6.

Городскому коменданту Киева
Генерал-майору ЭБЕРХАРДТУ
Киев

По вопросу: структуры подпольного Городского Партийного Комитета коммунистической партии в Киеве.
Ссылаясь: на письмо от 25.X–41 г.

ПРИЛОЖЕНИЕ: 1

В приложении препровождаю доклад о построении подпольного Городского Партийного Комитета Коммунистической партии в Киеве с просьбой принять к сведению.

Командир С. К.– 4-а
СС Штандартенфюрер
(подпись неразборчива)

Киев, 28.X–1941 г.
Зондер Команда С/4-а.

ДОКЛАД

По вопросу: построения подпольного Городского Комитета
коммунистической партии в Киеве.

Как видно из показаний коммунистических работников, спустя короткое время после возникновения Германско-Советской войны, в Киеве был организован подпольный партийный аппарат коммунистической партии. Наподобие Киева, по всей Украине и во всех областях Советского Союза, оккупированных германскими властями, организованы так называемые подпольные организации коммунистической партии.

ОРГАНИЗАЦИЯ:

В отношении организационной структуры «Подпольный Партийный Комитет» в г. Киеве похож на прежние партийные организации.

В своей подпольной, направленной против германских оккупационных властей, партийной работе секретарь «Городского

Партийного Комитета» работает с помощью 9 секретарей подпольных районных партийных комитетов г. Киева, которые в такой же форме существовали и до войны.

Связь Городского Партийного Комитета с отдельными секретарями районных партийных комитетов осуществляется через 5–6 связных лиц, которые организационно принадлежат Городскому Партийному Комитету.

К каждому секретарю подпольного районного партийного комитета прикрепляются доверенные, в основном старые члены партии, для выполнения партийных задач.

Эти члены партии подбирают себе для работы убежденных и готовых к деятельности коммунистов, которые друг друга не знают.

В случае ареста одного секретаря подпольного районного партийного комитета из Городского Партийного Комитета направляется так называемый резервный, который автоматически принимает на себя функции.

Денежные суммы (в том числе и германские марки) для финансирования партийной работы предоставляются партийным работникам.

ЗАДАНИЯ:

Кроме общей задачи — большевистской пропаганды, работники подпольного партийного аппарата получают следующие особые задания:

распределение листовок;

распространение слухов;

возбуждение населения;

передача партийной литературы;

передача отчетов о настроении;

дача справок.

Собирание сведений о мероприятиях оккупационных властей, передача которых должна произойти по заданию вышестоящих партийных органов, через 4–6 недель после оккупации Киева.

Изданные до занятия Киева и сохраненные листовки, направленные против германских оккупационных властей, были, по предположению, работниками уничтожены.

ЛИЧНЫЙ СОСТАВ:

Весь секретный аппарат коммунистической партии построен на принципах строгой конспирации, как внутри, так и снаружи.

С целью препятствования деконспирации аппарата, партийные работники знают только своих непосредственных старших и подчиненных.

Как оказывается, к подпольной партийной работе привлекаются также и простые члены партии, которые продолжают выполнять свою трудовую деятельность. Принимаются меры к непривлечению евреев.

Бывшие работники местных партийных организаций ушли из Киева 18.IX, а большая часть еще раньше по приказанию СТАЛИНА по направлению Борисполя.

Партийные работники подпольных партийных организаций действуют под вымышленными именами, пользуются подпольными паспортами и переводятся в другие районы города с целью сохранения личной безопасности.

Для личных расходов привлеченные к партийной работе лица получили до момента взятия Киева от 2-х до 3-х тысяч рублей, отрезы и, за некоторым исключением, оружие и боеприпасы.

СЕКРЕТАРЬ ПОДПОЛЬНОГО ГОРОДСКОГО ПАРТИЙНОГО КОМИТЕТА:
Михаил РУДЕШКО.
Украинец, около 40 лет
Скрывается в районе Киева.
Меры по розыску приняты.
СВЯЗИСТ ПОДПОЛЬНОГО ГОРОДСКОГО ПАРТИЙНОГО КОМИТЕТА.
Иван ПОДОЛЬСКИЙ.
украинец, 34 года,
арестован.
СВЯЗИСТ ПОДПОЛЬНОГО ГОРКОМА ПАРТИИ.
Фима РАДИОНОВА
украинка, проживает в г. Киеве.
Место явки РУДЕШКО, поэтому не арестована,
Прикреплены доверенные лица.

СЕКРЕТАРЬ ПОДПОЛЬНОГО ЛЕНИНСКОГО РАЙПАРТ-
КОМА.

Александр ФЕДОРОВ,

Украинец, 64 года.

арестован.

ЗАМЕСТИТЕЛЬ СЕКРЕТАРЯ ПОДПОЛЬНОГО ЛЕНИН-
СКОГО РАЙПАРТКОМА.

Николай ТЫЧИНА,

украинец, 34 года,

арестован.

ЧЛЕНЫ ПОДПОЛЬНОГО ПАРТИЙНОГО КОМИТЕТА ЛЕ-
НИНСКОГО РАЙОНА.

Белорусс ПАРФИРЬЕВ,

Секретная фамилия КУДИНОВ, около 40 лет,

Приняты меры по розыску.

Мария ПЕНЬКОВСКАЯ,

украинка, 61 год,

арестована.

Варвара ГОНЧАРОВА,

русская, 50 лет,

секретная фамилия СТАШЕВСКАЯ.

Приняты меры по розыску.

Украинец ШПАК, около 52-х лет,

Проживающий в Киеве,

Приняты меры по розыску.

СЕКРЕТАРЬ ПОДПОЛЬНОГО РАЙКОМА ПАРТИИ КИ-
РОВСКОГО РАЙОНА.

Дмитрий ИЩЕНКО,

украинец, 32 года,

арестован.

ЧЛЕНЫ ПОДПОЛЬНОГО КОМИТЕТА КИРОВСКОГО РАЙ-
ПАРТКОМА.

Прасковья СИНЬКОВСКАЯ,

Русская, 43 года,

арестована.

Михаил ЧЕРНЫШ,
украинец, около 40 лет,
скрывается за Киевом.
Приняты меры по розыску.

СЕКРЕТАРЬ ПОДПОЛЬНОГО КАГАНОВИЧСКОГО РАЙ-
ПАРТКОМА.
Иван ШКЛЯР,
украинец, 50 лет,
арестован.

ЧЛЕНЫ ПОДПОЛЬНОГО КАГАНОВИЧСКОГО РАЙ-
ПАРТКОМА.
Федор ТУТЮН,
украинец, около 35 лет,
находится в Киеве.
Приняты меры по розыску.

Украинец ТАРАНЕНКО, около 35 лет,
приняты меры по розыску.

Следствие с целью ареста других связистов и секретарей остальных подпольных районных партийных комитетов продолжается.

К арестованным работникам подпольного аппарата коммунистической партии в Киеве будут применены после окончания следствия особые меры как к вредителям и противодействующим эле-
ментам, мешающим германскому строительству.

СС Штурмбанфюрер.

(подпись неразборчива)

ДАКО, ф. П–4, оп. 2, спр. 71д, арк. 37–43.

Донесение о событиях в СССР № 132 от 12 ноября 1941 г.

[...]
Зондеркоманда 4а
(Блобель)
Место расположения: Киев, перед. ком. в Харькове
[...]

Исполнительная деятельность

Число казней, произведенных зондеркомандой 4а, тем временем возросло до 55432. Среди казненных зондеркомандой 4а во второй половине октября 1941 г., наряду с относительно небольшим числом политических функционеров, активных коммунистов, саботажников и т. д., имеются в первую очередь евреи, и большую часть из них составляют евреи-военнопленные, переданные вермахтом. По просьбе коменданта лагеря военнопленных в Борисполе взвод зондеркоманды 4а расстрелял 14.10.41 752 и 18.10.41 357 евреев-военнопленных, среди них несколько комиссаров и 78 раненых евреев, переданных лагерным врачом. Одновременно этот же взвод казнил 24 партизан и коммунистов, которые были арестованы ортскомендантом в Борисполе. В связи с этим следует заметить, что беспрепятственное осуществление акций в Борисполе в первую очередь объясняется энергичной поддержкой со стороны тамошних ведомств вермахта.

Другой взвод зондеркоманды 4а действовал в Лубнах и бесперебойно казнил 1865 евреев, коммунистов и партизан, среди них 53 военнопленных и несколько евреек в форме. До войны в Лубнах проживали 35 000 человек, в том числе 14 000 евреев[1]. Произведенный теперь тамошним городским управлением подсчет дал 20 тысяч жителей, в том числе только 1500 евреев.

В ходе просмотра материала в здании НКВД в Лубнах был обнаружен план организации партизан в Лубнах и окрестностях.

В самом Киеве зондеркоманда 4а продолжала текущие расследования и аресты, которые большей частью заканчивались казнями. Речь идет почти без исключения о состоявших в К. П. ранее активных коммунистах [...]

137 грузовиков с одеждой, которая досталась нам в ходе проведенных в Житомире и Киеве еврейских акций, были предоставлены в распоряжение НСВ для дальнейшего использования. Большая часть после необходимой дезинфекции была распределена между фольксдойче. Между прочим, из этих запасов свою потребность в шерстяных одеялах и пр. мог также покрыть госпиталь войск СС.

---

[1] В Лубнах, согласно переписи 1939 г., проживали 2883 еврея (10,52 % населения).

В ходе начатого зондеркомандой 4а расследования по делу подпольного аппарата К. П. в Украине в Киеве уже арестован ряд функционеров. Полезные и подробные сведения о новой организации К. П. в Киеве дал украинец Иван Романченко; его еврейская жена, с которой он в разводе, бежала. Романченко с 1931 г. состоял в К. П. и в последнее время был штатным секретарем Ленинского райкома партии в Киеве и на основании нескольких кратковременных военных учений имел звание интенданта. Его месячная зарплата как партийного секретаря составляла 1200 рублей. Романченко был в состоянии дать сведения о большом количестве руководящих партийных функционеров, их сферах деятельности, затем о точной структуре и организации Центрального комитета КП в Украине и членах отдельных секретариатов и их сотрудниках в период до оккупации Киева. Далее, он дал сведения о количестве членов в отдельных районах, численности партийной организации в Киеве, КП в Украине и во всем СССР, а также сведения о социальном положении членов партии и функционеров, их зарплате и пр., о приказах относительно изъятия или уничтожении документов, о создании так наз. истребительных батальонов, их численности, вооружении и задачах. Показания Романченко содержат, далее, сведения об организации, количестве членов, местопребывании и составе ведомств комсомола.

Донесение штандартенфюрера СС Блобеля в оперативную группу С от 12 ноября 1941 г. относительно «ликвидации нелегального собрания в бывшем информационном центре НКВД в Киеве»

Зондеркоманде 4а конфиденциально стало известно, что в бывшем здании информационного центра НКВД в Киеве, который до революции принадлежал митрополиту Греко-Православной Церкви в Киеве, приходской совет Греко-Православной Церкви создал что-то вроде канцелярии без официального на то разрешения. Уже приблизительно две недели там ежедневно консультируют и опекают лиц разных кругов Киева и дальних окрестностей. В состав приходского совета входят священники и миряне. Наблюдения показали, что встречи были как-то целенаправлены и что это названное учреждение производит уведомления священников и мирян. Без сомнения, речь идет о каком-то центре подозрительного круга людей, который создается и формируется.

На основании этого факта и, особенно, понимания того, что 6 и 7 ноября, в годовщину революции КП, в названном месте достаточно заметно увеличилось количество посетителей этого бывшего церковного здания, а также Софийского собора, укрепилось появившееся еще с самого начала подозрение, что под прикрытием религиозной деятельности подпольные элементы КП или агенты НКВД организовывали, особенно в эти критические дни, нелегальные встречи. Поэтому утром 7.11.1941 г. весь комплекс домов был молниеносно оцеплен, а присутствующие задержаны для установления их личности с целью проверки. Были арестованы и подвергнуты обыску один архиепископ, 49 священников и 95 гражданских лиц. Архиепископом был архиепископ Волынский и Кременецкий по имени Алексий Громадский. До оккупации советами бывшей польской территории он являлся гражданином Польши и подчинялся православному польскому митрополиту в Варшаве. С момента оккупации территории, которую он опекал как церковный пастырь, он является советским гражданином и вместе со своими верующими подчинялся митрополиту в Москве. По его утверждению, в 1939 г. и в последний раз в марте 1941 г. по отдельному приглашению московского митрополита он был в Москве для беседы и рукоположения в епископы. Он утверждает, что в начале военных действий между Рейхом и Советским Союзом был арестован НКВД как архиепископ и пешим порядком отправлен на восток, и в конце концов, когда во время этого марша он упал обессиленный и его покинули, добрые верующие увезли его обратно. Поскольку связь с Москвой сейчас прервана, он, как носитель высшего сана на оккупированной территории Украины, обязан теперь по канонам Православной Церкви заботиться об опеке верующих и возрождении религиозной жизни на этой территории. В этом он нашел поддержку в виде великодушной помощи военных ортскомендатур, выдавших ему пропуски и проездные документы. Теперь как глава

Православной Церкви в Украине он был в Житомире и Бердичеве для освящения открытых храмов. Поскольку он находился рядом с Киевом, то решил поехать в Киев и выяснить возможность развития религиозной жизни в Киеве. Он намеревался назначить епископа Пантелеймона (Рудика), бывшего епископа Почаевского, архиепископом в Киеве.

Громадский появился в Киеве в сопровождении украинского руководителя Житомирской областной управы, а также заместителя бургомистра Бердичева, чтобы познакомиться с украинским обербургомистром Киева Багазием. У Багазия, который принял архиепископа как гостя у себя дома, состоялось обсуждение ситуации, во время которого было освещено состояние православной общины в Киеве. Сам Багазий отметил, что очень рад приезду архиепископа, поскольку среди священников и мирян православной общины Киева существуют большие различия. Одни отстаивают связь с Москвой, с Русской Православной Церковью, в то время как другие склоняются к Греко-Православной Церкви, и наконец, еще одна часть священников стремится к самостоятельной украинской церкви. Обербургомистр в разговоре утверждал, что в Киев ринулось много священников, политические взгляды и личности которых неизвестны. Исходя из этого, Багазий сам пригласил малоизвестного ему архиепископа в Киев для выяснения этих вопросов, хотя обе стороны трусливо пытаются подчеркнуть случайность приезда архиепископа в Киев.

Проверка личности архиепископа, показавшего документы, выданные ему ортскомендатурой в Кременце, не выявила до сих пор никаких обвинительных моментов. Его допрос, начавшийся непосредственно после ареста, был прерван несколькими взрывами, произошедшими в результате подрыва и поджога пока неизвестными лицами части здания зондеркоманды 4а. Архиепископ, которого взрывной волной сбросило со стула, с испуга ощутимо запачкал своё бельё. Допрос не продолжился, поскольку по распоряжению штаба оперативной группы он был снова передан под опеку обербургомистра Багазия.

Проверку и допрос остальных священников и задержанных гражданских лиц, которые шли в тот день полным ходом, из-за взрыва здания удалось продолжить только в последующие дни.

В результате этих проверок выяснилось, что православный священник Соломенской церкви в Киеве Александр Вишняков, род. 24.8.1890 г. в Перидольски-Погост, проживает в Киеве по ул. Бол. Васильковская 18/5, является агентом НКВД. Вишняков признался, что в 1937–1939 гг. находился в трудовом лагере в Биробиджане и после увольнения сотрудничал с НКВД как агент и информатор. Он имел задачу изучать настроения населения, религиозных кругов и воздействовать на них. Он составлял письменные отчеты, которые должен был передавать разным сотрудникам НКВД. Кроме того, он также признался, что в июне 1941 г. получил из канцелярии митрополита в Москве текст прокламации с требованием зачитать ее во время Богослужения. Это требование он выполнил, зачитав прокламацию во время службы, а также передал ее священнику церкви на Байковом кладбище Павлу Остринскому с требованием зачитать его во время службы.

Остринский в этом тоже признался.

Содержанием прокламации был призыв к верующим действовать против «банд проклятого Гитлера». При этом, как указывалось в прокламации, священники не должны стоять в стороне. Прокламацию я прилагаю.

Оба священника, Вишняков и Остринский, которые еще находятся под арестом, призывали население к партизанской борьбе и значительно помешали созидательной работе. Кроме того, без всякого сомнения, Вишняков как агент НКВД должен был выполнять другие задачи и свой священнический сан использовал в политических целях. Оба будут подвергнуты особому обращению.

Проверка остальных священников и гражданских лиц не выявила никаких обвинительных моментов. Из них шесть человек были признаны асоциальными элементами и переданы ЕК 5 для особого обращения. Оставшаяся часть гражданских лиц после строгого предупреждения была отпущена 8.11.1941 г.

10.11.1941 г. все другие священники, кроме двух вышеназванных, были освобождены, поскольку не удалось доказать их деятельности в пользу НКВД или подпольной КП. Перед освобождением все подписали обязательства, что в будущем они будут воздерживаться от любой деятельности, которая бы могла каким-либо образом повредить процессу развития в Украине. Обязательство я передаю как приложение.

Даже если в результате акции, проведенной 7.11.1941 г. против нелегального собрания православных священников и мирян, не появилось никакой прямой возможности для дальнейших мер против духовенства, то допросы и расследования дали возможность составить полную картину устремлений православных кругов, особенно духовенства. Судя по ним, духовенство не является гарантией того, что его не будет использовать НКВД для воздействия на верующих и для подпольной разведывательной работы. В этом состоит чрезвычайно большая опасность, тем более что местные ведомства вермахта поддерживают работу православных священников.

Важным в этой связи также является факт, что, по словам одного члена приходского совета, украинскому бургомистру Киева должен быть представлен календарь заседаний Киевского православного приходского совета.

В результате можно констатировать, что православная церковная община в Киеве своей работой и собранием составляет резервуар и нежелательное прикрытие для разного рода неблагонадежных и враждебных элементов, а ее энергичная работа по возрождению, в конце концов, противоречит указанию фюрера, которое содержится в первом абзаце соответствующего приказа[1] от 1.11.1941 г. — Tгб. № 172/41 g — (приказ РСХА от 15.10.1941 г. IV B 3a 45 B/41 gRs.).

ЦГАВО Украины, ф. 4398, оп. 1, д. 3, лл. 7–12.

Донесение о событиях в СССР № 135 от 19 ноября 1941 г.

[...]
Оперативная группа С
Место расположения: Киев
[...]

---

[1] Имеется в виду приказ оперативной группы С, в котором содержалось указание Гитлера.

Исполнительная деятельность

Для систематического обследования и полного захвата евреев и коммунистов в населенных пунктах в окрестностях Киева зондеркоманда 4а регулярно посылает подкоманды, которые без трений выполняют свои задачи в сотрудничестве с компетентными ортскомендантами немецкого вермахта. Так, 22.10.1941 в Козельце наряду с 11 коммунистами и партизанами, которые были переданы вермахтом, были казнены 125 евреев — остаток от массы в более чем 2000 до войны. В связи с этим украинская милиция, созданная в Козельце, оказалась полезной при сгоне и обеспечении рабочей силы для рытья ям.

23.10.1941 подкоманда зондеркоманды 4а посетила Чернигов, в котором перед войной проживало 70 000 человек, из которых на сегодня осталось 40 000. Из более 10 000 евреев осталось не более 260. Сам город почти полностью разрушен; говорят, что внутренняя часть была подожжена евреями перед вступлением в город немецких войск. Наряду с 8 коммунистами и партизанами, которые вновь были переданы ортскомендантом, подкоманда 23.10.1941 расстреляла 116 евреев и 144 — на следующий день. Когда та же подкоманда вновь проходила Чернигов 28.10.1941, могли быть схвачены еще 49 евреев, которые после казни 24.10.41 посчитали, что опасность миновала, и вышли из своих укрытий. В тот же день была выполнена просьба руководителя психбольницы в Чернигове относительно ликвидации 270 неизлечимых больных.

В Остре 29.10.1941 были арестованы и казнены 215 евреев, партизан, а также несколько функционеров К. П.

Попытка зондеркоманды 4а провести акцию в Нежине, где имеется около 325 евреев, трижды срывалась, так как невозможно добраться до этого населенного пункта по дорогам, которые раскисли от дождей и поэтому стали непроезжими для автомашин.

По этой же причине зондеркоманда 4а должна была временно отказаться от своего намерения усилить передовую команду, уже посланную в Харьков.

[...]

Из показаний 25.11.1943 г. бывшего полицейского в Чернигове Ивана Красиловца о расстреле евреев в городе

В ноябре м[еся]це 1941 года нас всех полицейских вызвали к начальнику полиции г. Чернигова к Шикутскому Петру Панфиловичу (он в период отступления немцев ушел с последними), который дал нам инструктаж следующего порядка: зайти в комнаты евреев — предупредить их, о том, что бы взяли продукты питания, одежду и ценные вещи и пойдем на 2-й кирпичный завод. Я лично сам в этом принимал участие. Нас евреи спрашивали: «Что нас ведут на присягу?». Мы отвечали: «Да». Еврейские 2 семьи мы отконвоировали на 2-й кирпичный завод. По описи в городской управе числилось 247 человек. Семей точно не знаю сколько. Очевидно, они все и были расстреляны.

Насильство над цивільним населенням. Чернігівська область. Документи органів держбезпеки. 1941–1943 / Автори-упорядники: Валерій Васильєв, Тетяна Гапієнко, Олена Лисенко, Роман Подкур. Науково-допоміжна робота: Ірина Ставнюк. — Київ: Видавець В. Захаренко, 2019. — С. 191.

Из показаний 25.11.1943 г. бывшего полицейского Игоря Андрусенко о расстреле черниговских евреев

В ноябре [правильно: в октябре] месяце 1941 года был расстрел евреев, который продолжался в течение 3-х суток. Дело происходило следующим образом. Нас всех охранников вызвали к нач. полиции г. Чернигова Ю. Шикуцкому (он ушел с немцами, его называли оберлейтенант), который нам отдал устное распоряжение: идти к еврейским семьям, сказав им: забирайте продукты питания, необходимую одежду и ценности, что вас переселяем в другую часть города. Мы их арестовывали и конвоировали ко 2-му кирпичному заводу. Кроме того, я и другие полицейские охраняли арестованных, предназначенных к расстрелу. Могилы копали рабочие, у которых не было паспортов. С комендатуры приехали до 7-ми офицеров карателей, фамилии которых я не знаю. Переводчик передал их распоряжение о том, чтобы раздевались по 2-е. Один из русских просил немцев, чтобы его не расстреливали и отпустили домой. В ответ он получил удары палки.

Раздевшись и в нижнем белье шли к могиле, где их расстреливали из автоматов. При моем присутствии расстреляли в [...] по правую сторону дороги, идущей на Гомель, более 100 человек. Ихнее белье и одежду грузили белье в машины и увозили в склады.

ГАРФ, ф. 7021, оп. 78, д. 39, л. 193.

Из отчета фельдкомендатуры 197 от 18. 12. 1941 г. за период с 29.11 по 18.12.41 включительно

[...]
Чернигов:

[...] Во второй половине октября СД[1] в совокупности расстреляла 260 евреев и 8 бандитов. 28.10.1941 были ликвидированы 48 человек, в том числе 30 евреев, остальные бандиты [...]

NARA, microcopy T-501, roll 6, frames 1013–1014.

Из показаний бывшего обершарфюрера СС в зондеркоманде 4а Виктора Трилла от 26 мая 1964 г. о расстреле евреев в ноябре 1941 г.

[...]
Я еще смутно помню, что наша подкоманда Полтава на пути из Киева в Полтаву произвела расстрел 15–20 евреев, в том числе также женщин и четырех-пяти детей в возрасте между полугодом и тремя четвертями года. Населенный пункт я уже назвать не могу [...] Я еще знаю, что в этом населенном пункте находилось русское кадетское училище. Расстрел произошел за населенным пунктом. Место расстрела сегодня я уже не могу описать. Я считаю, что я также должен был стрелять, но я еще точно знаю, что детей я не расстреливал. Я сегодня еще помню, как один товарищ сказал, что дети живучее взрослых. Он должен был расстрелять детей [...]

BArch B 162/5651, Bl. 2282.

---

[1] Под СД имеется в виду команда 4а.

Из показаний бывшего обершарфюрера СС Вильгельма Финдайзена от 29.9.1967 г. о применении в Киеве осенью 1941 г. газовой автомашины

[...] Мне было сказано, что вся деятельность и сама машина являются секретным делом. Было категорически запрещено фотографировать машину, и у меня был приказ никого не подпускать к машине. Затем я прибыл в ЗК 4а оперативной группы С [...] Машина была использована не сразу после нашего прибытия в Киев. Когда мы прибыли, команда проводила только отдельные акции. К этим отдельным акциям я не был причастен, так как я был шофером. Однажды вечером появились несколько офицеров и отобрали несколько человек, которые должны были идти вместе с ними. Они пошли в одну частную квартиру и забрали оттуда профессора и его дочь. Эти люди затем были отведены на одно открытое место поблизости, где была выкопана яма. Люди, т. е. офицеры, затем приказали расстрелять этих обоих лиц. Один офицер сказал мне: «Финдайзен, застрелите этих людей выстрелом в затылок!» Я отказался это сделать, как отказались и другие чиновники. Девушке, на мой взгляд, было лет 18–19. Так как и другие отказались, офицер сам расстрелял людей. Он, правда, обозвал нас трусами, но, кроме этого, ничего не сделал.

В Киеве был также первый раз использован газовый автомобиль. При этом у меня была только задача управлять машиной. Машина была загружена в ведомстве. Было погружено около 40 человек. Это были мужчины, женщины и дети. Я должен был тогда сказать этим людям, что они будут направлены на работу. Была приставлена короткая лестница, и людей затолкали вовнутрь. Затем двери машины были закрыты на засов, присоединен шланг [...] Я поехал за город к противотанковым рвам. Там машина была открыта. Это должны были делать пленные. Трупы были брошены в противотанковый ров [...] В Киеве [газовый автомобиль] применялся несколько раз [...]

BArch B 162/5669, Bl. 17–18.

Донесение о событиях в СССР № 143 от 8 декабря 1941 г.

[...]
Оперативная группа С
Место расположения К и е в.
[...]

Мероприятия команд полиции безопасности

Число казней, совершенных ЗК 4а, на 9.11.41 составило 57 243.

Подкоманда ЗК 4а 7.11.41 расстреляла в Горностайполе по законам военного времени 385 евреев, большая часть которых была согнана в Г. из окрестных сел. Возвращаясь в Киев, эта же команда расстреляла в Дымере 120 евреев и в Остре в тот же день — 30 евреев и партизан. Эта акция в сотрудничестве с ведомствами вермахта была проведена без всяких инцидентов.

[...]

Донесение о событиях в СССР № 156 от 16 января 1942 г.

[...]
Оперативная группа С
Местонахождение: К и е в.
[...]

Еврейский вопрос в Харькове

К этому вопросу приводят соображения о по возможности всеобщем захвате всех евреев. Согласно накопленному опыту, связь с саботажниками и партизанами в первую очередь поддерживается еврейской частью населения Харькова. Захват всех евреев окажет значительное содействие ликвидации партизанских бесчинств на этой территории. По согласованию с компетентным штабом корпуса и фельдкомендатурой зондеркоманда 4а начнет подготовительные работы для большой еврейской акции, как только будут закончены работы по оборудованию места расположения команды.

Деятельность подкоманды ЗК 4а в Полтаве

Подкоманда Полтава ЗК 4а 17.11.41 приняла обработку дел, оставленных ЗК 4b [...] За дни до 20.11.41 был допрошен ряд переданных коммунистов; большая часть из них была расстреляна.

23.11.41 была проведена крупная еврейская акция, после того как днем раньше с помощью объявлений еврейское население было призвано к явке. При этом в совокупности было расстреляно 1538 евреев […]

Деятельность подкоманды ЗК 4а в Лубнах

Подкоманда ЗК 4а в Лубнах 18.11.41 приступила к оценке оставленных передовой командой документов НКВД и исполнению текущих дел. Совместно с созданной в Лубнах украинской милицией на основании захваченных материалов могли быть арестованы ряд агентов НКВД и несколько руководящих коммунистов. 34 агента и коммуниста и 73 еврея были расстреляны.

Общее число расстрелянных ЗК 4а на 30.11.41 составило 59 018. […]

Из разведсводки заместителя наркома внутренних дел Украинской ССР С. Р. Савченко заместителю наркома внутренних дел СССР С. И. Серову от 4.4.1942 г. о расстреле евреев в Полтаве

По данным от 6 февраля 1942 г. немцы, заняв г. Полтаву, установили на улицах виселицы и повесили несколько местных жителей, запретив населению снимать их трупы. Поголовному уничтожению подверглось еврейское население города.

Над евреями немцы предварительно зверски издевались, заставляя, например, подметать улицы города ладонями рук. Обязали евреев носить на рукавах шестиконечные звезды, а также рисовать звезды на домах, где они проживали. За укрывательство евреев немецкие власти угрожали смертной казнью. 26 ноября 1941 г. немецким командованием был издан приказ, обязывающий все еврейское население города — мужчин, женщин и детей явиться с документами, деньгами, ценными вещами и запасом продуктов на три дня на Пушкарский переулок, якобы, для выселения их из Полтавы. Собравшихся стариков, женщин и детей немцы вывели на окраину города и около русского кладбища расстреляли из автоматов — мужчин и женщин, а детей отравили сильнодействующим ядом. Убирать

179

трупы расстрелянных и отравленных заставили военнопленных. Все имущество расстрелянных немцами было распродано. Русское и украинское население города исключительно отрицательно реагировало на эти чудовищные зверства немецких фашистов. Многие жители города, наблюдавшие издали расстрел невинных людей, получили нервное потрясение. (Сведения «Ани» и «Лены».)

Без срока давности: преступления нацистов и их пособников против мирного населения на временно оккупированной территории СССР в годы Великой Отечественной войны 1941–1945 гг.: Сборник документов: В 2 ч. Ч. 2 / отв. ред. А. В. Юрасов; отв. сост. Я. М. Златкис; сост. Е. В. Балушкина, К. М. Гринько, И. А. Зюзина, О. В. Лавинская, А. М. Лаврёнова, М. И. Мельтюхов, Ю. Г. Орлова, Е. В. Полторацкая, К. В. Сак. — Москва: Фонд «Связь Эпох», 2020. — С. 211–212.

Из докладной записки начальника управления НКГБ Харьковской области подполковника государственной безопасности Тихонова «О зверском расстреле в Харькове немецкими фашистами 470 психо- и нервнобольных» на имя Народного комиссара Государственной безопасности УССР, комиссара Государственной безопасности Савченко[1]

В результате опроса медицинских работников города Харькова, ряда сотрудников Психоневрологического института (бывшая Сабурова дача) и населения посёлка им. Кирова установлен факт массового умерщвления немцами психических и нервных больных, находившихся на излечении в институте.

18 декабря в 6 часов 30 минут в Психоневрологический институт, на территорию бывшей Сабуровой дачи (просп. Академика Павлова, 46), прибыло 10 грузовых крытых автомашин без подножек с 50–60 гестаповцами, большая часть которых владела русским языком[2].

---

[1] В источнике дата не указана.
[2] Имеется в виду зондеркоманда 4а.

Прибывший с машинами офицер, вызвав главного врача института, доктора А. А. Игнатова, приказал ему срочно подготовить больных для немедленной отправки в Полтаву якобы с целью «создания для них лучших условий». В связи с ограблением института немцами с первых дней оккупации Харькова, больные скудно питались один раз в день.

Одновременно было предложено закрыть все двери, из корпусов никого не выпускать, а медицинскому и обслуживающему персоналу неотлучно находиться при своих отделениях.

Гестаповцы оцепили выход с территории института, часть Салтовского шоссе между городом и посёлком им. Кирова и не пропускали на эту территорию посторонних. Затем началась погрузка больных на автомашины.

Перед выводом больных на улицу корпуса оцеплялись. Вывод и погрузка больных производились с большой поспешностью, гестаповцы торопили обслуживающий персонал. В результате больных выводили на улицу босиком, в нижнем белье, выносили завёрнутыми в простыни, одеяла и в таком виде погружали на машины. Многие больные, видя такое отношение к себе, инстинктивно почувствовали грозящую им опасность, заволновались, а некоторые из них подняли крик.

По мере загрузки машины отправлялись на восточную окраину города по Салтовскому шоссе к ранее оцеплённому гестаповцами большому оврагу, расположенному в 1,5–2 км от института между посёлком им. Кирова и русским кладбищем. Машины подъезжали кузовом к краю оврага, на дне которого был специально вырыт ров. В этот ров сбрасывались больные и тут же расстреливались из автоматов.

Через 15–20 минут машины возвращались в институт для погрузки очередной партии больных. Двое больных, умерших накануне ночью и находившихся ещё в палате, были также погружены в машину и увезены к оврагу. Таким образом, в течение 1,5–2 часов было зверски расстреляно 470 больных, в числе которых было более 20 человек выздоровевших.

С целью отвлечения внимания медицинского и обслуживающего персонала от происходящего, гестаповцы, по мере освобождения отделений от больных, инсценировали опрос и регистрацию сотрудников института, предлагая при этом медперсоналу и, в том числе, врачам, работу в качестве уборщиц в немецком лазарете. Затем гестаповцы силой оружия вынудили главного врача института Игнатова выдать им справку о том, что больные в количестве 470 человек отправлены им в г. Полтаву. Забрав все паспорта и ценности больных, хранившиеся в кассе института, гестаповцы покинули территорию Сабуровой дачи[1].

Зеленина Е. Оккупация: рассекречены документы трагических эпизодов в истории Харьковщины // Время. — 2001. — № 93. — С. 3.

Из письма бывшего главного врача Харьковской психиатрической больницы А. А. Игнатова

24 октября 1941 г. Харьков был занят фашистами. В психиатрической больнице было более 1000 больных [...] Ежедневно родственники забирали своих больных домой, некоторые сами уходили. Увеличилась смертность. На 24 декабря осталось немногим более половины наличного состава больных, что числилось на 24 октября.

24 декабря немецкое командование распорядилось перевести душевнобольных из г. Харькова в г. Полтаву под тем предлогом, что там якобы лучше обстояло дело с продовольствием. Это было среди ночи. Когда меня вызвали, немцы уже загружали машины больными. Мы все подумали о недобром. Немцы грузили больных так, как даже не грузят животных. В машины были погружены

---

[1] В больнице («Сабурова дача») на 18.11.1941 г. имелось 942 больных, на 6.12.1941 г. — 904 больных (Государственный архив Харьковской области, ф. р-2982, оп. 4, д. 382, лл. 2, 5).

В декабре 1941 г. сначала под предлогом перевода в еврейскую общину было выписано и затем расстреляно около 200 больных-евреев. Через некоторое время под предлогом перевода больных в Полтаву было вывезено и расстреляно еще 470 больных. Таким образом, всего было уничтожено 670 больных (Государственный архив Харьковской области, ф. П-2, оп. 14, д. 127, л. 5).

даже умершие, которых не успели вынести в прозекторскую. Позднее узнали, что больные были вывезены в район сельхозинститута и там расстреляны. Больница перестала существовать.

Цит. по: Федотов Д.Д. О гибели душевнобольных на территории СССР, временно оккупированной фашистскими захватчиками, в годы Великой Отечественной войны // Вопросы социальной и клинической психоневрологии. Том 12. — Москва: Московский научно-исследовательский Институт психиатрии МЗ РСФСР, 1965. — С. 452.

Из показаний 14.11.1943 г. бывшего шофера в зондеркоманде 4а Михаила Буланова о деятельности в Харькове в ноябре-декабре 1941 г.

23 сентября 1941 г. в разгаре ожесточенных боевых действий при наступлении немецко-фашистских войск на город Киев, поддавшись трусости и думая только о сохранении своей жизни, я сбежал из своей части, бросил винтовку, боеприпасы и сдался немцам в плен, а затем поступил к ним на службу в гестапо.

На службу в гестапо я поступил в городе Киеве в конце октября 1941 г. После сдачи в плен я был помещен в Дарницкий лагерь военнопленных, где встретился с бывшим шофером штаба нашей дивизии Гузенко Петром. По совету Гузенко я выдал себя за украинца, пострадавшего от Советской власти, жителя города Киева, и на третий день своего пребывания в лагере был освобожден с обязательством зарегистрироваться в городской комендатуре и бирже труда, что мною и было сделано. На бирже труда я встретил немецкого офицера, производившего отбор шоферов для службы в гестапо. Он вместе с другими шоферами — Гайдемаком Николаем, Ребяновым Дмитрием, Горабцовым Петром, Бондаренко Григорием принял меня на службу в гестапо в качестве шофера.

Немцы отбирали лиц, враждебно настроенных к Советской власти. Должен признать, что мне хотелось устроиться на работу у них, поэтому, дабы зарекомендовать себя человеком антисоветским, преданным немцам, я сказал офицеру, принимавшему меня на службу, что происхожу из семьи раскулаченного. Услышав это, офицер объявил, что я принят на работу шофером в гестапо, и отобрал у меня подписку в форме присяги на верность службы германскому командованию. Позднее, через несколько дней, другой офицер всем нам вновь поступившим сообщил, что задачей гестапо является очищение оккупированной территории от лиц, враждебно настроенных к германскому командованию, коммунистов, советских работников, работников НКВД и т. д.

Работая шофером на грузовой автомашине в отделении гестапо СК-4А с 22 октября 1941 г. по февраль 1943 г., я ездил с гестаповцами на аресты советских граждан, возил их на место расстрела. Участвовал также и в других мероприятиях, проводимых немцами по уничтожению советских граждан в городе Харькове.

Отделение гестапо СК-4А через несколько дней после моего поступления на службу переехало в город Харьков, где разместилось на улице Чернышевского, 76.

В ноябре месяце 1941 г. в городе Харькове по распоряжению гестапо под страхом расстрела на месте многим советским гражданам было предложено покинуть занимаемые в городе квартиры и поселиться в специально отведенных бараках в районе рабочего городка Харьковского тракторного завода. В пути следования к месту сбора население подвергалось неоднократному ограблению и издевательствам со стороны немецких солдат и сотрудников гестапо. Так, например, шофер гестапо немец Циммерман, а также другие немцы открыто грабили проходившую мимо нас колонну граждан, отбирали часы, деньги, ценности. Некоторые из гестаповцев «развлекались» тем, что заставляли шоферов, ведущих машины, направлять их в толпу проходящих людей с тем, чтобы давить колесами стариков, женщин и детей. По обращению гестаповцев и других немцев с переселяемыми людьми было видно, что они обречены на смерть. Как оказалось впоследствии, немцы под видом отправки в глубокий тыл из числа переселенных в бараки стали формировать партии по 200–300 человек, в том числе подростков, детей и стариков. Затем увозили их на расстояние 4–5 км в балку по дороге к Купянску и там расстреливали у заранее приготовленных больших ям[1].

---

[1] Имеется в виду расстрел евреев в Харькове в конце декабря 1941 г. — начале января 1942 г. в Дробицком яру по дороге в Чугуев.

Массовые расстрелы происходили ежедневно в течение продолжительного времени до тех пор, пока все население, находившееся в районе рабочего городка бывшего Харьковского тракторного завода, не было поголовно истреблено.

В декабре месяце 1941 г. гестаповцами было расстреляно 900 человек советских граждан, находившихся на излечении в Харьковской больнице[1]. Среди них было много детей и стариков. Расстрел их производился в 4–5 км от города Харькова в сторону г. Чугуева. Трупами были наполнены две большие ямы, которые заранее были подготовлены для этой цели. По доставке обреченных из больницы на место расстрела работало 10 трехтонных крытых автомашин. На одной из них работал и я.

Мне было предложено на трехтонной автомашине выехать в больницу, находившуюся на окраине гор. Харькова. Там уже находились и другие машины. Как только я поставил свою машину вплотную к парадному одного из больничных корпусов, гестаповцы стали выводить больных в одном белье и погружать их в кузов машины. В каждую машину погружалось до 40 человек. Погрузив свою машину, я отвез их к месту расстрела. Место расстрела было оцеплено гестаповцами. Там больных из машины вытаскивали и ставили к яме. На месте разгрузки слышался душераздирающий плач, вопли взрослых и детей. Больные, умоляя, просили о пощаде, однако гестаповцы не обращали на это внимание, расстреливали всех, сваливая их затем в яму. Насколько я помню, исключительным зверством отличались переводчик гестапо Берг Ганс[2] и медфельдшер Алекс. Оба они сопротивляющихся ударами сбивали с ног, сбрасывали в яму, а затем расстреливали. Я видел, как некоторые из сопротивляющихся, сброшенные в яму, будучи только ранеными, окровавленные, пытались подняться. Их снова сбивали с ног, а затем по приказанию

---

[1] К 16.12.1941 г. в больнице оставались 480 больных (*Петрюк П.Т., Петрюк А.П.* Психиатрия при нацизме: расстрел немецкими оккупантами пациентов Сабуровой дачи. Сообщение 8 // Психічне здоров'я. — 2012. — № 4. — С. 109–115).

[2] Правильно: Ганс Бер (Hans Bär).

участников этого злодеяния, шефа гестапо и переводчика Гансберг[1], закапывали еще живыми. Среди закопанных в ямах живыми было много подростков и детей.

В расстреле я лично участия не принимал, однако должен признать себя виновным в том, что способствовал гестаповцам в этом злодеянии, так как за четыре рейса своей автомашиной к месту казни доставил около 200 человек ни в чем не повинных советских граждан, которые были гестаповцами расстреляны.

ЦА ФСБ РФ, ф. К-72, оп. 1, д. 15, лл. 263–270.

Донесение о событиях в СССР № 164 от 4 февраля 1942 г.

[...]

Учет евреев в Харькове

[...] В первую очередь нужно было по согласованию с жилищным управлением города подыскать подходящую территорию для эвакуации евреев. Был выбран район, где евреи могли быть размещены в бараках заводского поселка. Затем 14.12.41 появилось воззвание городского коменданта к евреям Харькова. В нем евреи призывались до 16.12. включительно переселиться в указанный в воззвании поселок. Эвакуация евреев, если не считать несколько грабежей, которые были совершены на пути евреев к новым квартирам и в которых участвовали почти исключительно украинцы, проходила без осложнений. Количество охваченных эвакуацией евреев пока не установлено. Подсчет евреев начат. Одновременно идут приготовления к расстрелу евреев. 305 евреев, которые распространяли порочащие немецкий вермахт слухи, были немедленно расстреляны.

[...]

BAB, Bestand R 58/220.

---

[1] Так в документе. Правильно: Ганс Бер.

Из приговора суда присяжных при земельном суде Дармштадт от 29 ноября 1968 г. по делу бывших членов зондеркоманды 4а

[...]

20. ХАРЬКОВ 2:

Расстрел минимум 10 000 еврейских мужчин, женщин и детей города Харьков в начале января 1942 г.

Обвиняются: Рисле, Войтон, Пфарркирхер, Конзее, Трилл и Шульте. Также обвинялся тем временем умерший обвиняемый Хун.

А. Установленные факты

1. Вскоре после прибытия главной команды в Харьков, что произошло самое позднее 26 ноября 1941 г., ЗК 4а решила также здесь схватить всех евреев без исключения, чтобы их уничтожить во исполнение приказа об убийстве евреев. В Харькове еще было 300–350 тысяч жителей, в том числе более 10 000 еврейских мужчин, женщин и детей, которые не бежали при приближении фронта.

[...]

Убийство евреев Харькова во исполнение приказа об убийстве евреев «для окончательного решения еврейского вопроса» в Харькове должно было произойти так: сначала под предлогом эвакуации собрать по возможности всех доверчивых евреев в гетто, окружить его вооруженными часовыми и тем самым обречь беззащитных евреев на смерть. В качестве гетто были избраны бараки тракторного завода № 10 на восточной окраине Харькова. После того как 14.12.1941 г. появилось воззвание городского коменданта Харькова, доверчивые евреи с багажом, ручными тележками и повозками длинными колоннами потянулись через город в восточном направлении к тракторному заводу. После того как в бараки тракторного завода было загнано более 10 000 евреев, были сделаны последние приготовления к их убийству. Сначала Блобель хотел «опорожнить» гетто с помощью газового автомобиля. Однако, учитывая количество евреев, время, которое для этого потребовалось бы, показалось ему слишком большим. Поэтому он распорядился, чтобы евреи были расстреляны в так называемом Дробицком яру, примерно в 10 км восточнее Харькова близ дороги Харьков — Чугуев. Здесь в конце оврага, длина которого была несколько сот метров, советские военнопленные вырыли, используя также взрывчатку, два больших рва примерно 60 и 100 метров длиной и 20 метров шириной. Так как сил ЗК 4а, прибывшего в команду в Киеве взвода СС и приданного 3-го взвода 3-й роты 9-го резервного полицейского батальона казалось недостаточно, был также привлечен 314-й полицейский батальон. Затем на оперативном совещании офицеров были обсуждены детали расстрела и распределены задачи между членами подразделения, которые были задействованы почти все без исключения.

Казнь началась в первые январские дни 1942 г. Евреи из охраняемого гетто направлялись на место казни под вооруженной охраной отчасти пешком, отчасти подвозились к оврагу на грузовиках ЗК 4а и в газовом автомобиле. Сам овраг был окружен вооруженными постовыми, чтобы предотвратить побег и не допустить нежелательных свидетелей. В овраге стояли плотные цепи постовых, которые гнали евреев вдоль оврага, причем евреи должны были сдать деньги, ценные бумаги и ручной багаж и напоследок, несмотря на жгучий мороз, будучи осыпаемыми ударами, раздеться. Затем их загоняли в ров, где они, как и в Киеве, должны были лечь лицом вниз на окровавленные трупы уже расстрелянных и ждать выстрела из автомата.

[...]

Так как вследствие времени года дни и без того были короткими и из-за возникавших вследствие сильных холодов задержек, казнь затянулась на несколько дней. К тому же она неоднократно прерывалась налетами советской авиации. Еврейские мужчины использовали возникшее при этом замешательство и предприняли тщетную попытку избежать смерти, совершив побег, однако были застрелены. В общей сложности этим способом были расстреляны минимум 10 000 еврейских мужчин, женщин и детей.

2. Обвиняемым было доказано следующее участие в казни в соответствии с распределением задач на оперативном совещании:

а. Обвиняемый Рисле минимум один день казни в качестве офицера ЗК 4а был на месте казни, вместе с Блобелем контролировал выполнение отданных приказов и стоял рядом с Блобелем на краю рва [...]

б. Обвиняемый Войтон как начальник автопарка организовал использование подчиненных ему машин для доставки евреев на место казни, сам некоторое время контролировал вывоз, минимум один день был на месте казни, где он застрелил из автомата двух евреев, пытавшихся бежать во время воздушного налета, и затем спрыгнул в ров и там из автомата и затем из карабина, у которого была лучшая пробивная сила, производил добивание.

Ц. Умерший обвиняемый Хун выставил в овраге оцепление и также его там контролировал.

Д. Обвиняемому Конзее как унтер-офицеру команды с двумя помощниками было поручено позаботиться и вывезти из гетто имущество, оставшееся от вывезенных евреев. Этим он с грузовиком и помощниками занимался два или три дня. Наряду с этим он вел военный дневник, в котором подробно записал решение еврейской проблемы в Харькове. Не было доказано, что Конзее обеспечивал экзекуционные команды питанием.

Е. Обвиняемый Трилл участвовал минимум один день и при этом в меньшем из двух рвов лично стрелял, причем лично застрелил 80–100 жертв.

Ф. Обвиняемый Шульте как офицер ЗК 4а минимум один день вместе с Блобелем находился на месте казни, где контролировал выполнение отданных приказов [...]

Б. Оценка доказательств по «Харьков С XII 2»

[...]

Цифра минимум 10 000 еврейских мужчин, женщин и детей, по убеждению суда присяжных, вытекает из показаний обвиняемого Конзее. Конзее, который вел военный дневник и заносил в него все донесения об этой казни, заявил, что занесенное в военный дневник количество убитых находится между 10 и 20 000; он также определенно помнит, что первая цифра была 1 и при этом речь шла не о 1000, а о большей цифре [...] После того как Конзее уже на предварительном следствии назвал цифру 10–12 000 жертв, вышло минимум 10 000 убитых. Эту цифру также подтвердил обвиняемый Войтон, который заявил, что количество жертв составляло 10 000. Наконец, также свидетель Эбелинг, член приданного 3-го взвода 3-й роты 9-го резервного полицейского батальона, на основании своего знания хода событий считает, что достоверное количество убитых составляет 8–10 000 [...]

Свидетель Йордан, тогда офицер для поручений при начальнике оперативного отдела штаба 6-й армии, показал, что в феврале или марте 1942 г. из Харькова в штаб 6-й армии перед своим переводом приехал попрощаться офицер СС. Этот офицер — это был Блобель — во время обеда на вопрос, что произошло с евреями Харькова, достал свою записную книжку и назвал цифру 21 685 убитых евреев. В сведениях свидетеля, который заявил, что у него хорошая память на цифры и его показания о 23 000 жертв на предварительном следствии следует отнести к недоразумениям при оформлении протокола, суд ни в коем случае не сомневается. Однако эта цифра не противоречит определениям суда присяжных. Во-первых, определенное количество в 10 000 жертв является минимальной цифрой; во-вторых, представляется естественным, что Блобель при этом учел и евреев, которые были убиты перед и после большой казни в Дробицком яру, а также евреев, умерших в гетто от холода и голода.

Из показаний бывшсго обершарфюрера СС Виктора Трилла 25 июня 1960 г. о расстрелах евреев в Харькове

[...] На грузовике и нескольких легковых машинах, в которых находились офицеры, мы поехали за город в направлении тракторного завода. Примерно в 5–10 км за заводом мы остановились на открытой местности. Близ места казни была расположена зенитная позиция. Евреи уже были на месте. Также присутствовали члены нашей команды, которые охраняли евреев. Расстрел евреев производился в овраге. Это была расщелина, которая тянулась до середины большого холма. Я был включен в состав экзекуционной команды. Экзекуционная команда численностью 10 человек спустилась в расщелину, которая примерно 20 метров тянулась внутри холма. Евреев группами 20–25 человек отводили внутрь, где они должны были лечь на землю. Затем их убивали в затылок выстрелами из автоматов. Расстрел длился недолго, примерно 1½ часа. Вся процедура длилась дольше, так как нас постоянно обстреливали русские самолеты. Их огнем некоторое количество этих евреев уже было убито. Огнем был также ранен член команды[1]. Команда, производившая расстрел, не менялась в течение всей казни. Стены оврага затем были обрушены на трупы [...] Последующие казни больше не совершались путем расстрела, а производились путем применения газового автомобиля. Этот газовый автомобиль, который уже использовался в Полтаве, использовался также в Киеве и после этого также в Харькове [...]

BArch B 162/5641. Bl. 16–17.

Из показаний 11.5.1966 г. бывшего члена зондеркоманды 4а Виктора Войтона о расстреле евреев в Харькове

[...] Я вспоминаю далее, что ямы во время большой казни в Харькове были вырыты 2–300 военнопленными, которые были переданы вермахтом. Из этих военнопленных мы взяли к себе примерно 8 человек. Они должны были по приказу Блобеля вытаскивать трупы из газового автомобиля, когда он был применен [...]

Вечером перед гросс-акцией в Харькове члены подразделения пожаловались Блобелю на то, что только определенные люди должны были стрелять, в то время как другие получили возможность уклониться от этого дела. Блобель распорядился, чтобы участвовал каждый. Выступила вся команда. Остались только один больной, фамилию которого я уже не помню, и один полицейский. У меня было задание забрать заключенных и доставить их на тракторный завод № 10. Для этого поехал один грузовик, которым управлял Гольдман. Я на своей легковой машине ехал за этим грузовиком. Со мной был один волжский немец, фамилию которого я уже не помню. Я уже не знаю, откуда были забраны заключенные. Я полагаю, это было в центре города в тюрьме. Во время второй поездки два человека на месте казни попытались бежать. В это время происходила атака штурмовиков, во время которой был ранен в ногу «шписс» Пфарркирхер. Когда я увидел, что два человека побежали, выпрыгнув перед этим

---

[1] Имеется в виду ранение Хессельбаха 2 января 1942 г.

с грузовика, я сначала крикнул «стой!». Они не остановились. Тогда я дал по ним очередь из автомата, который был при мне, и попал. Одному я попал в бедро, другому в зад. Блобель видел происходившее, но не приказал позаботиться о том, чтобы люди были увезены. По моему мнению, они позднее были убиты. Мы поехали еще раз в город и забрали других примерно 30 заключенных. Когда я вновь подошел к яме, я увидел, что трупы уже лежали, уложенные друг на друга. Из-за сильного мороза взрыв не сделал яму достаточно глубокой. Для жертв не было достаточно места. Стрелки стояли на трупах. Я увидел, что в яме были еще живые. Тогда я, не получив для этого от кого-либо приказ, стал на трупы и сначала произвел выстрелы из своего пистолета. Когда я увидел, что пистолет не пробивает, я велел постовому, который стоял наверху, дать мне карабин и стал стрелять из него. Так я производил «выстрелы пощады». Я стрелял по тем людям, которые были еще живы и лежали под другими трупами [...] Было очень много таких, которые были еще живы. Добивание было необходимым. Я точно знаю, что на краю ямы стоял Рисле. Рядом стоял также Вихерт, однако я не могу это сказать стопроцентно. Присутствовал также обер-лейтенант полиции. Но был ли это Фридрих, я сказать не могу [...] Количество жертв я оцениваю в 10000; количество могло колебаться в большую или меньшую сторону [...] В то время, когда я там был, Блобель не стрелял. Однако говорили, что он первым начал стрелять [...] Расстреливали примерно 8 человек, другие заряжали магазины. Еще одни сортировали ценности. Кроме того, отдавались приказы о смене. Приказы исходили от той группы, в которой были Блобель и Рисле [...]

BArch B 162/5661, Bl. 32, 35–37.

Из показаний 28.2.1962 г. бывшего члена зондеркоманды 4а Эрнста Конзее

[...] В середине ноября я с несколькими товарищами по ведомству поехал в отпуск и вернулся 3 декабря 1941 г. Команда тем временем переместилась в Харьков, и мы приехали уже не в Киев, а прямо в Харьков. Там к этому времен на Чернышевской было устроено новое ведомство. Также здесь речь шла о трехэтажном здании с внутренним двором. Также в Харькове к этому времени были произведены аресты евреев, которые были назначены на работы и нами кое-как обеспечивались довольствием. После Рождества 1941 г. началась известная гросс-акция против еврейского населения, и притом, насколько я знаю, вновь по инициативе штандартенфюрера Блобеля. Перед этим евреи были помещены в гетто на окраине Харькова, и притом во что-то вроде бараков для рабочих, которые охранялись охранной полицией. Евреям было сказано, что они должны быть переселены в определенную местность в Украине. Для этого они должны быть доставлены на харьковские вокзалы. Поэтому они были призваны быть готовыми с вещами к отъезду в определенные дни. Если я правильно помню, все жители гетто сначала должны были быть увезены на газовом автомобиле. Однако это все же оказалось невозможным, так как с учетом количества принимающихся во внимание лиц акция затянулась бы на месяц. По этой причине близ Харькова вновь был найден овраг, в котором наряду с перевозкой газовым автомобилем должны были быть произведены казни. Насколько я помню, это место находилось в часе езды от гетто. Евреи были собраны в небольшие отряды и под охраной доставлены к этим ямам, где экзекуционная команда совершила казнь. Во время этой акции русские совершили на нас несколько атак с бреющего полета и при этом были ранены несколько членов команды. Я считаю, что общее число схваченных при этом евреев составляло приблизительно 10 000 [...]

BArch B 162/5642, Bl. 468–469.

Из показаний 17.10.1962 г. бывшего члена зондеркоманды 4а Генриха Хуна

[...] Блобель дал указание раввину или еврейскому совету, чтобы все проживающие в Харькове евреи собрались в определенное место в Харькове для регистрации или направления на работу. Оттуда евреи должны были быть отведены на место казни. Блобель нарочно оттянул казнь на несколько недель, чтобы в этом месте собралось как можно больше евреев. Тем временем он велел подготовить для расстрела ямы, находившиеся в котловине на окраине

Харькова. После того как он в промежутке неоднократно вызывал к себе на совещания еврейского раввина, он внезапно нанес коварный удар. С этой целью он утром распорядился, чтобы вся команда оцепила дорогу от еврейского лагеря до места казни, и люди группами были отведены на место казни. Место расстрела не было видно, так как оно находилось за котловиной. В котловине все евреи должны были сдать весь свой багаж, а также снять верхнюю одежду. На место расстрела они должны были идти только в нижнем белье. Во время этих событий русские штурмовики совершали настоящие обстрелы и атаковали место бортовым вооружением. Когда они спустя продолжительное время улетели, казнь была продолжена. После того как на второй день вновь имели место атаки штурмовиков, Блобель велел отложить казнь на несколько дней. Лишь спустя 3–4 дня казнь была доведена до конца, что заняло еще 3–4 дня. Принимали участие все члены зондеркоманды 4а, а также войска СС и взвод охранной полиции, и притом сменяя друг друга. Стоял 40–45 градусный мороз. Блобель, по моему мнению, только наблюдал, и отдавать приказ «огонь» велел своим офицерам, и притом вновь по очереди из-за сильного мороза. Расстреливали так же, как и во время всех казней, то есть как в Сокале, в Житомире или Киеве. Евреи подходили группами примерно в 20 человек, пели и плакали, и были очень замерзшими после того, как их голыми отводили в яму. Во время казней в Харькове ни один офицер подразделения не мог сказать, что он ни разу, сменяясь, не отдавал приказ «огонь», в то время как другие члены команды время от времени или расстреливали, или стояли в оцеплении [...]

BArch B 162/5644, Bl. 752–753.

Из показаний 26.11.1963 г. бывшего члена зондеркоманды 4а Ганса Вайрупа

[...] О захвате еврейского населения Харькова я много сказать не могу. Я почти не выходил из канцелярии и был полностью загружен работой. Но я знаю, что евреи в Харькове были собраны, доставлены в бывший барачный лагерь и там поселены. Цель этого сосредоточения, я полагаю, состояла в том, чтобы собрать вместе всех евреев для их будущего уничтожения. Точное время, когда эти евреи были казнены, я назвать уже не могу, но я считаю, что это было после Рождества, возможно, лишь в январе 1942 г. Евреи в их бараках, которые были на окраине Харькова, охранялись полицией. Из какого полицейского подразделения пришли эти люди, я сказать не могу. Они были затем в январе 1942 г. доставлены за несколько километров на открытую местность, к одной возвышенности. На этой местности находилось что-то вроде лощины, которую я сам видел, однако не могу сказать, была ли она естественного происхождения или была образована взрывами. Она была довольно длинной и глубиной примерно 20 метров. Евреи шоферами нашей команды на грузовиках были доставлены на вышеописанное место казни. Были назначены несколько водителей с грузовиками. Я считаю, что доставкой евреев занимались все наши шофера. Я сам был только один день назначен для содействия этим казням, однако знаю, что казнь длилась несколько дней, и были расстреляны приблизительно 20 000 евреев. Это были целые семьи, то есть женщины, мужчины и дети. В тот день, в который я должен был участвовать, моя задача состояла в том, чтобы вместе с другими товарищами охранять евреев с момента их прибытия и отводить их в лощину на расстрел. Как особое событие мне известно, что административному чиновнику, штурмшарфюреру СС Пфарркирхеру, на месте казни был отстрелян большой палец на ноге. Пфарркирхер с шофером нашей команды (с кем, я уже не знаю) на грузовике поехал на место казни. Он сидел впереди в качестве пассажира в водительской кабине грузовика. Как раз в это время налетели русские штурмовики и из бортового оружия открыли огонь по местности. При этом, как описывали, Пфарркирхеру попало. После этого расстрел евреев был прерван и лишь в следующие дни возобновлен. Почему Пфарркирхер со своим шофером повез на место казни солому, мне не совсем ясно, однако я предполагаю, что солома была использована для того, чтобы укрыть ею трупы. Пфарркирхер был направлен в военный госпиталь и вернулся лишь после выздоровления [...]

Общий контроль осуществлял Блобель [...] Из других офицеров точно присутствовали унтерштурмфюрер Мюллер, унтерштурмфюрер Войтон, возможно, также фон Радецки, если он не отсутствовал как связной с 6-й армией. Относительно него я не могу утверждать.

Я уже упомянул, что я должен был отводить евреев в лощину и таким образом видел, кто в качестве стрелков расстреливал в лощине евреев из автомата. Как первого я должен назвать унтершарфюрера Йозефа Зуханека. Он был из приданного нам взвода СС и был родом из Судет. Он был с самого начала в команде. Другими стрелками, которых я видел, были чиновники по допросу Вильгельм Кайзер, Трилл и, по-моему, также «шписс» Хун, а также Конзее. Кроме того, стрелками был еще ряд чиновников по допросу, я даже полагаю, что задействованы были почти все. В тот день, когда я был задействован, я не помню, что видел людей из нашего взвода полицейских резервистов.

В тот день, в который я был задействован, произошло одно совершенно особое событие. Неожиданно я увидел, как один еврей со штыком в руках побежал за Кайзером, который стоял в некотором удалении близ лощины. Выглядело так, как будто еврей хотел заколоть Кайзера. Я полагаю, что Кайзер хотел отвести или отвел группу евреев на расстрел, и в это время это и произошло. Кайзер не был ранен. Еврея одолели, но как именно это произошло, я уже сказать не могу [...]

BArch B 162/5648, Bl. 1756–1758.

Донесение командира 1-й роты 314-го полицейского батальона (Харьков) обер-лейтенанта охранной полиции Криста от 24 января 1942 г.

В период с 17.12.41 до 7 января 42 поочередно выставлялся караул для охраны гетто.

Во время несения караульной службы 1-й ротой несущие службу в гетто часовые неоднократно расстреливали евреев, которые ночью хотели покинуть гетто и не останавливались на оклик.

Равным образом по распоряжению СД были подвергнуты обращению по военному обычаю психически больные евреи и еврейки[1].

---

[1] В декабре 1941 г. под предлогом перевода в еврейскую общину из психиатрической больницы было выписано и затем расстреляно около 200 больныхевреев (Государственный архив Харьковской области, ф. П-2, оп. 14, д. 127, л. 5).

У этих подвергнутых обращению по военному обычаю евреев, наряду со сданной суммой в рублях, были также обнаружены 83 доллара и 850 шведских крон.

В вышеназванный период времени указанные платежные средства были сданы через компетентного цугв. охр. пол. Радингера.

Так как до сих пор обнаруженные в ходе этих акций рублевые платежные средства были конфискованы без точного установления личности, сведения о происхождении вышеупомянутых долларов и шведских крон получить невозможно.

Bundesarchiv R 2104/25.

Из спецсообщения начальника Управления НКГБ Харьковской области начальнику 2-го Управления НКГБ УССР от 5 сентября 1943 г. о расстреле евреев в Харькове в начале января 1942 г.

Согласно приказа немецкого командования от 15-го декабря 1941 года к 17-му декабря 1941 года были сосредоточены в бараках №№ 1, 2, 3, 4, 5, 6, 7, 8, 9, 10, 12, 13, 14, 15, 17, 18, 19, 20, 21, 88, 89, в бане и в помещении продуктового магазина Станкостроительного завода и в бараках ХТЗ № 92 и 93 — **шестнадцать тысяч евреев**, которые находились до первых чисел января 1942 г. в указанных помещениях с разбитыми стеклами, сорванными полами, без отопления, пищи и воды. Пытавшиеся приобрести себе пищу и воду у соседей или отпущенные на короткий срок для приобретения пищи и воды, за малейшее опоздание — расстреливались. Первые две недели, т. е. до января, массового умерщвления не было. Расстреливали одиночек, люди умирали от голода, от мучений. Трупы этих замученных и расстрелянных немцы зарывали в щелях и ямах от погребов во дворе бараков. Таких ям предварительной раскопкой обнаружено две. Примерно в первых числах января 1942 г., немецкими фашистами было произведено массовое зверское уничтожение евреев. В бараках было объявлено, что евреи будут вывозиться на работу в Полтаву и Кременчуг. В первый день после объявления из бараков в течение суток вывозились евреи на семи автомашинах (сделавших несколько рейсов) по Чугуевскому шоссе к большой яме, вырытой военнопленными в овраге под Малой Роганью, в 200-х метрах от подсобного хозяйства ХТЗ, и там были зверски расстреляны из автоматов. На другой и в последующие дни немцы, решив, что использование транспорта для этой цели дорого, уже не возили обреченных к месту зверской расправы, а водили партиями по 500–600 человек полураздетых и босых в январские морозы, в том числе детей, стариков и женщин. В день отправлялись на расстрел три партии, расстрелы продолжались 7 дней.

Яма, в которой зарыты жертвы немецких зверств, имеет в длину — 92 метра и в ширину — 12,5 метра. При пробной раскопке, произведенной нами, обнаружены останки трупов на глубине 10–15 см от поверхности. Кости и черепа в большинстве своем попадаются женские и детские.

Кроме того, установлено, что дня через три после массового зверского уничтожения, когда в бараках уже не оставалось ни одного живого человека кроме охраны из числа полицейских, к четырем баракам подъехало одновременно четыре больших машины с кузовами, имевшими плотно закрывающиеся двери в задней стенке. Машины задним ходом вплотную подъехали к дверям бараков и загородили от посторонних глаз узкое расстояние между автомашиной и входом в барак со стороны дверей. Для этого были использованы матрацы. В таком положении машины пробыли около часу. Что делали приехавшие с машинами немецкие офицеры точно не известно. Машины уехали. Через 5 дней после этого снова приехала группа офицеров (подчеркиваем, офицеров, а не солдат), облили эти четыре барака керосином и подожгли их. Через несколько дней немцы мобилизовали живущих вблизи граждан и заставили убрать и зарыть обгоревшие в бараках человеческие кости и полусгоревшие трупы. Тут же во дворе обгоревшие останки были закопаны в ямы. Эту яму мы обнаружили. Полагаем, что в данном случае, видимо, действовали «душегубки». Расследованием этого предположения занимаемся.

Опубликован в газ.: Дайджест Е (Харьков). — 2006. — № 7 (84).

Из показаний 4.3.1964 г. бывшего унтершарфюрера войск СС в ЗК 4а Эрвина Бартмана о расстреле евреев в Белгороде

[...] Вероятно, это был конец января 1942 г., когда в городе Белгород члены ЗК 4а приступили к проведению новой еврейской акции. На эту акцию мы поехали из Киева[1] по железной дороге. Мы все были размещены в одном железнодорожном вагоне. Численность этой отправившейся [на акцию] подкоманды могла составлять примерно 30 человек. Сколько офицеров СД было в этой подкоманде, я уже сказать не могу. Фамилии этих офицеров я уже не знаю. Я еще помню, что в том городе, вероятно, в один большой зал одного здания была согнана пара сотен евреев. Эти евреи были казнены на открытой местности между Белгородом и, возможно, Мелеховой. Во время этой акции я лично был назначен в оцепление и должен был частично также сопровождать доставку [евреев на место казни]. Стрелком во время этой акции я назначен не был. Расстрельная команда состояла из членов СД и гестапо ЗК 4а. Евреев расстреливали из автоматов. Были ли в свое время выкопаны ямы или расстреливали ли евреев на открытой местности, я уже не знаю. Расстреливали целые семьи. В этой акции участвовала вся команда [...]

BArch B 162/5649, Bl. 2032.

Заявление жителя Белгорода Леонида Телепнева (в 1942 г. — 33 года) от 3.9.1943 г. о подготовке и ходе акции в Белгороде

31 января 1942 г. ко мне на квартиру явился староста ул. Разина и задал мне вопрос: «Как у Вас обстоит дело с партийной принадлежностью?». Я ответил, что у меня все в порядке. «В таком случае собирайтесь и пойдемте со мной в полицию». В полицию я прибыл часов в 10 утра. Там уже находилось человек 15 членов и кандидатов

---

[1] Правильно — из Харькова.

199

партии. Меня зарегистрировали и отвели в комнату, где уже были арестованные тов.[арищи]. Часов в 12 дня в полицию явились голова города Пфецер[1], его заместители Рожков и Четвериков, которые всех нас осмотрели и пошли к нач. полиции Беланову[2] в кабинет, где по всей вероятности совещались.

В 3 часа дня нас всех арестованных построили по 3 человека и под конвоем отвели в концлагерь в здание склад аптеки № 8 по ул. Ворошилова, 1. По прибытии в концлагерь нас всех обыскали и все, что было в карманах, забрали русские полицаи, после чего отвели в камеру на 2-й этаж. В этой камере уже находилось человек 50 арестованных тов.[арищей] 30.1.42 и 7 человек, которые сидели заложниками. Часов в 7 вечера я услышал голос из соседней камеры моей родной сестры, которая мне сообщила, что ее и сына Юрочку [...] лет также арестовали и конфисковали вещи.

Вследствие того, что арестованные прибыли ночью, нас перевели вниз и женщин разместили по двум камерам. В нашей камере сидело 110 человек, а женщин сидело 55. Кроме того, в большой камере, которая находилась на 2-м этаже с восточной стороны, сидели семьи евреев. При аресте семей евреев одновременно забиралось все движимое и недвижимое имущество: деревянные вещи, столы, шифоньеры, буфеты, дрова, уголь, детские игрушки. Это все свозилось во двор аптеки № 8 и здесь же уничтожалось на топку. Я лично сам два дня топил печь. В камере, где находились евреи, была большая скученность, так как здесь находились малые дети, немощные старики. Передаваемая передача редко доходила до лица, кому передавалась, а в большинстве случаев забиралась полицаями. На протест был один ответ, что если много будешь говорить, пойдешь на качели, т. е. на виселицу, которая находилась в 200 метрах от концлагеря.

1 февраля приехал в концлагерь комендант г Белгорода немец Зауэр, голова города Пфецер, его помощник Четвериков и нач.

---

[1] Ганс Пфецер до войны работал директором сырьевого отдела на белгородском консервном заводе и даже собирался вступить в компартию.

[2] Семен Беланов (правильно Белан, 1907–1947) до войны был работником маслозавода.

полиции Беланов. Они обошли все камеры, осмотрели и сказали, что завтра будет комиссия по рассмотрению ваших дел, после чего по всему лагерю пошла суматоха. Тащили столы и ковры для оборудования комнаты для комиссии гестапо.

2 февраля 1942 г. прибыла комиссия гестапо, которая состояла из офицеров (со знаками мертвая голова). От старосты камеры потребовали список арестованных, по которому и начали вызывать на допрос на 2-й этаж. Допрос 110 человек из нашей камеры и 55 чел.[овек] женщин продолжался до 3.2.43 до 12 час. дня. На допросе были заданы следующие вопросы: фамилия, имя, отчество, год рождения, с какого года член и кандидат партии, где и чем работал, семейное положение и после этого допроса возвращали обратно в камеру. Допрос производили 4 офицера с двумя переводчиками, один, по всей вероятности, украинец.

По окончании допроса 4.2.43 примерно в [...] часов утра в нашу камеру вошли два офицера, один солдат и два переводчика, которые предложили всем стать плотной стеной к южной части камеры, после чего солдат гестаповец начал вызывать по фамилии всех тов.[арищей], и офицер, смерив глазами с ног до головы каждого вызываемого, указывал рукой становиться вправо или влево. Влево отобрано было человек 35, в том числе и я. Нам всем было сказано, что вы пойдете на дополнительный допрос и вывели из камеры, откуда повели на 2-й этаж к комнате, где происходил допрос. Всех нас построили в шеренгу по 3 человека и ст.[арший] офицер передал переводчику, что мы сейчас пойдем домой, чтобы немедленно все работали, вели себя, как полагается, так как вы являетесь заложниками, и за малейшее нарушение порядка в городе в первую очередь отвечать будете вы. После этого раздали паспорта и вещи, которые находились в камере, и строем вывели за ворота концлагеря. Женщин выпустили раньше, часов в 10 утра. Из 55 женщин в камере остались 18 человек, которые не вернулись. Евреев не допрашивали.

5.2.43 часов в 9 утра во двор приехали машины и начали грузить всех тех, которые остались в концлагере после нашего освобождения и отвозили в с. Михайловка в камышитовый завод, где раздевали догола. Детей, женщин и мужчин пристреливали в этом же заводе и подожгли. Из находившихся в концлагере аптека № 8 было уничтожено партийцев мужчин 75 человек, женщин 18 и евреев женщин, детей и мужчин человек 200[1].

ГАРФ, ф. 7021, оп. 29, д. 978, лл. 40–41оборот.

Показание жителя Белгорода Елизаветы Ветровой (не ранее 5 августа 1943 г.)

С приходом немецко-фашистских войск в Белгород, мне, как члену ВКП(б) пришлось сидеть в гестаповском застенке — по Базарной площади, возле аптеки № 8. Вот, что мне довелось там увидеть и пережить.

Нас в камере находилось больше 100 человек женщин. Ужасная теснота, сесть невозможно, приходилось все время стоять, воздух наполнен каким-то смрадом. В соседней камере, где находилось больше 400 человек евреев — женщин и мужчин с грудными детьми было еще темнее. Их не выпускали из камеры даже по естественным надобностям.

Питание наше состояло из воды, заправленной незначительным количеством муки. От голода и антисанитарных условий многие

---

[1] В начале 1942 г. в городе было зарегистрировано 30 евреев (Bfh. rückw. H. Geb. Süd, Abt. VII v. 16. März 1942, Lagebericht, Anlage: Städte über 10.000 Einwohner, in: Bundesarchiv Berlin, Film 13677, Bl. 1526). Вероятно, это были только местные жители, без учета беженцев.

Согласно акту от 14.2.1943 г., в начале января 1942 г. немцы приказали всем евреям Белгорода под предлогом эвакуации собраться с ценными вещами в комендатуре. Всего собралось свыше 2000 человек. В комендатуре у евреев отобрали все вещи, затем часть детей умертвили ядом, а всех остальных детей и взрослых вывезли за город, заперли в сарае камышового завода и сожгли (Зверства немецко-фашистских захватчиков. Документы. Выпуск 9. — Военное издательство Народного Комиссариата Обороны, 1943. — С. 28). Согласно акту городской комиссии от 14.11.1943 г., 5.2.1943 г. были расстреляны свыше 1700 человек (Оккупация (Белгородчина в октябре 1941 — августе 1943 гг.): документы и материалы; Правительство Белгородской области, Гос. архив Белгородской области, Центр документации новейшей истории; [авт.-сост.: А. Н. Крупенков, Т. И. Утенина, Л. Б. Хромых; рец. В. В. Овчинников]. — Белгород: КОНСТАНТА, 2010. — С. 189). Нам эти цифры представляются значительно завышенными.

заключенные, особенно дети, болели, медицинской помощи им не оказывалось. Многие заключенные обессилили от голода, и очень часто можно было слышать крики и стоны: «Дайте хоть кусочек хлеба». В этом же помещении, в подвале, томилось большое количество заключенных мужчин, условия их были невыносимые.

3 февраля 1942 г. нас освободили, оставили в нашей камере 11 человек женщин, а 4 февраля 1942 г. в 4–5 часов утра оставшихся женщин и евреев с маленькими грудными детьми посадили на автомашины и увезли.

В 12 часов этого же дня в селе Михайловка горел камышовый сарай. Жители села заявили, что в сарае жгли людей, выгруженных из нескольких автомашин.

Архив Яд Вашем, Иерусалим, подлинник в: ЦА МО РФ, ф. 32, оп. 11302, д. 104, л. 199.

Из заключения старшего оперативного уполномоченного УНКВД в Сумской области от 24.9.1943 г. об истреблении евреев в Сумах в феврале 1942 г.

[...] 19 февраля 1942 г. еврейскому населению было объявлено о явке всех полов и возрастов в полицию якобы для переселения в помещение сумской богадельни. Явившиеся люди, мужчины, женщины, старики и дети, в том числе врачи, научные деятели и деятели искусства, партиями направлялись в помещение бывшего Сумского аэроклуба, а оттуда партиями выводились к оврагу бывшего стрельбища и расстреливались. Лиц, не явившихся в полицию, арестовывали. В распоряжении о явке с целью грабежа евреям предлагалось забирать с собой все ценности и наиболее ценные вещи. 19 февраля 1942 г. к двум часам дня в помещении бывшего аэроклуба было собрано свыше 100 человек евреев, которых, начиная с 5 часов дня и до 9 часов вечера, немцы выводили к оврагу стрельбища партиями в 7–8 человек и расстреливали. Маленьким детям немецкие палачи смазывали под носом ядовитой жидкостью, от чего они быстро умирали, после чего их бросали в яму. 20 февраля 1942 г. на территорию бывшего аэроклуба было доставлено свыше 200 человек, которые также расстреливались в овраге группами в 7–8 человек и все были расстреляны. Следствием установлено, что расстрелы производились разрывными пулями, в результате чего трупы изуродовались, черепа, лицо и другие части тела вырывались. Лиц больных, которые не могли идти к оврагу, расстреливали на территории аэроклуба и по дороге, трупы сволакивались в овраг. Лиц больных и раненых еврейской национальности, находившихся в больнице и на квартире, к месту расстрела привозили на подводах и тоже расстреливали. Приносимые с собой ценности перед расстрелом отбирались, верхняя одежда и обувь снимались. К месту расстрела в большой мороз подводили полураздетыми [...] всего по данным материалов в овраге стрельбища расстреляно 350 человек мирного населения евреев — мужчин, женщин, стариков и детей.

ГАРФ, ф. 7021, оп. 74, д. 2, лл. 15об-16.

Донесение о событиях в СССР № 183 от 20 марта 1942 г.

[...]

Оперативная группа С

Местонахождение: Киев

[...]

В Харькове в период с 11 до 13.3.42 были арестованы 6 агентов НКВД и 24 активных коммуниста за пропаганду К. П.

[...]

Саботаж, отказ от работы

[...]

Согласно отчету ЗК 4а, Харьков, в кузнице два украинца призывали к отказу от работы. Они были повешены.

[...]

Прочее

[...]

В Харькове был арестован бывший штатный профессор Валерий Ковалев за антинемецкое поведение. Он является кавалером ордена Ленина.

[...]

Из отчета о деятельности группы 1с/ АО 6-й армии 24 марта 1942 г.

[...]

3) Штандартенфюрер Блобель из СД попрощался в связи с переводом. Рапорт преемника гауптштурмбаннфюрера[1] д-ра Вайнмана.

[...]

Донесение о событиях СССР № 187 от 30 марта 1942 г.

[...]

Оперативная группа С

Место расположения: К и е в

[...]

Движение сопротивления.

Коммунисты.

Число дел, касающихся борьбы с коммунистами, ежедневно возрастает. Украинская вспомогательная полиция очищается от политических и уголовных нежелательных элементов. Проникающая в Харьков с вражеского фронта враждебная пропаганда усиливается. Наряду с пропагандой посредством листовок в значительных размерах ведется пропаганда шепотом. Вражеская пропаганда стремится усилить в русском элементе и кругах КП веру в возвращение красных. С другой стороны, она пытается с помощью запугивания и угроз воспрепятствовать готовности украинцев помогать немцам. Пропаганду в первую очередь ведут члены партии, которые получают указания от курьеров. Они всеми средствами стараются разжечь недовольство населения и склонить его к пассивному и активному сопротивлению. Поэтому в рамках предписанных для города Харькова оборонительных мероприятий и для предотвращения увеличения опасного большевистского влияния в районах города, где оно особенно заметно, полицией безопасности были приняты меры против членов КП. При этом были арестованы и допрошены 236 человек. 193 человека были признаны агитаторами и опасными

---

[1] Так в документе. Правильно: оберштурмбаннфюрер СС.

подрывными элементами и расстреляны. Так же поступили с 64 евреями, которые имели фальшивые паспорта, скрывались и были уличены в распространении подрывных слухов в связи с вражеской пропагандой.

[...]

Донесение о событиях в СССР № 191 от 10 апреля 1942 г.

[...]

В Харькове еврейство, после того как было проведено его переселение, больше не видно. Тем не менее евреи еще скрываются в сельских районах, а также в городе. Украинцы, которые благодаря соответствующему разъяснению осознали разлагающее влияние еврейства, ежедневно доносят и захватывают скрывающихся евреев или семьи, которые дают им приют. Население Харькова, кроме отдельных проявлений, безусловно, негативно настроено к евреям.

[...]

Из показаний 14.11.1943 г. бывшего шофера в зондеркоманде 4а Михаила Буланова о деятельности в Харькове в первой половине 1942 г.

[...]

В период моего пребывания с командой гестапо в Харькове в начале января месяца 1942 г. туда из Германии была доставлена автомашина со специальным оборудованием, предназначенная для умерщвления людей. Эту машину знали все шоферы, обслуживающие гестапо, и называли ее «душегубкой». Немцы эту машину называли «газ-ваген».

«Душегубку» мне несколько раз приходилось ремонтировать, поэтому я довольно детально знаю ее устройство.

«Душегубка» представляет из себя большую грузовую машину с деревянным кузовом больших размеров. Внутри кузов обит оцинкованным пропаянным железом. На полу деревянные решетки.

Задняя часть кузова имеет двухстворчатую, герметически закрывающуюся дверь. Кузов вмещает 50–60 человек. Во внутрь кузова через специальные шланги от мотора по трубам поступает отработанный газ, от которого находящиеся внутри кузова люди задыхаются и умирают.

Шофером на «душегубке» ездил немец, фамилию его не знаю, 35–36 лет, высокого роста, худой, брюнет. Но мне приходилось производить ремонт этой машины и чистку ее кузова. Внутри кузова я часто находил мужские и женские туфли, детские ботиночки, шапочки, шарфики и другие предметы, оставшиеся от уничтоженных гестаповцами в «душегубке» советских граждан. Кроме того, я на грузовой машине вместе с полицейскими сопровождал «душегубку» к месту, где сваливали трупы задушенных.

Погрузка арестованных в «душегубку» производилась во дворе помещения гестапо (Чернышевская ул., дом № 76) и в тюрьме на Совнаркомовской. В момент погрузки машины от выхода из подвалов следственного отдела гестапо до двери «душегубки» выстраивались вооруженные палками и дубинками гестаповцы. Сквозь этот строй гнали обреченных к смерти советских граждан, их избивали дубинками, пинали ногами, женщин тащили за волосы. Если попадалась женщина с грудным ребенком, то его вырывали из рук матери и бросали под ноги уже погруженным в «душегубке», после чего туда же палками загоняли мать […] Людей в машину загружали до отказа, в положении стоя, плечом к плечу, после чего дверь герметически запиралась, включался мотор и «душегубка» следовала в район старых бараков городка ХТЗ.

К моменту приезда «душегубки» на место, находившиеся в ней люди — мужчины, женщины, старики и дети задыхались. Машина подавалась задом к одному из бараков, после чего открывалась дверь кузова. Обычно «душегубка» была так загружена, что при открытии дверей еще теплые трупы тех, кто находился ближе к выходу, падали на землю. Остальные теплые тела с искаженными предсмертными муками лицами и сведенными конечностями в различных позах лежали друг на друге. Непосредственно руководили зверским удушением людей в машинах «газ-ваген» гестаповцы немцы Каминский и Эмиль, они же распоряжались при выгрузке трупов.

207

Полицейские, которых я возил на своей машине, вытаскивали трупы из «душегубки» и сносили их в бараки. После наполнения бараков трупами, полицейские обливали их какой-то горючей жидкостью, а затем сжигали вместе с бараками. Я полагаю, что это гестаповцами делалось в целях сокрытия производимых ими злодеяний. Мне известно, что впоследствии на место сгоревших бараков немцы привозили мусор и шлак и засыпали ими места пожарищ.

Я сопровождал вместе с полицейскими «душегубку» около 20 раз. Последние несколько рейсов мы совершили в июне месяце 1942 г., но возили трупы уже не к баракам ХТЗ, а в Харьковский городской лесопарк «Сокольники», где сваливали их в две больших ямы, расположенные одна от другой примерно в 10–15 метрах. В основном это были мужчины и подростки. Обычно с мертвых сопровождающие «душегубку» полицейские верхнее платье снимали и брали себе. Полицейские наваливали трупы умерщвленных в «душегубке» в два-три слоя, после чего зарывали землей. Я видел, что в ямах на территории лесопарка, куда сваливались из «душегубки» трупы, находились и другие мертвые тела. Судя по огнестрельным ранам, это были расстрелянные[1].

Таким образом, при помощи «душегубки» в течение зимы и весны 1942 г. в городе Харькове гестаповцы истребили несколько тысяч советских граждан, в том числе стариков, женщин и детей.

В апреле месяце 1942 г. в Харьков прибыла еще одна команда гестапо и разместилась по улице Сумская, 100 и Семерьяновская[2], 13. С этого времени «душегубку» стали посылать в разные города.

---

[1] Из акта от 13.9.1943 г.: «Жители поселка Сокольники... рассказали: "Немецко-фашистские захватчики в июне 1942 г. через поселок Сокольники к заранее вырытым двум ямам с 3 часов ночи до 10 часов утра беспрерывно возили на автомашинах советских военнопленных, где все они были расстреляны"... "Туда же на 10 автомашинах были привезены женщины. Они были раздеты догола и расстреляны"...» (ГАРФ, ф. 7021, оп. 76, д. 844, лл. 28–29). Согласно показаниям свидетеля А. Ф. Беспалова, в конце июня 1942 г. в Сокольниках были расстреляны около 300 девушек и женщин (Судебный процесс о зверствах немецко-фашистских захватчиков на территории гор. Харькова и Харьковской области в период их временной оккупации. — ОГИЗ-Госполитиздат, 1943. — С. 16).

[2] Так в документе. Возможно, имеется в виду улица Семинарская.

Мне известно, что ее посылали в город Россошь. Как применялась «душегубка» в городе Россошь я не знаю, так как ее туда не сопровождал. Вместе с нею ездили другие шоферы.

[...]

Мне приходилось получать из рук гестаповцев в качестве вознаграждения одежду расстрелянных советских граждан в городе Харькове. После того как в районе старых бараков бывшего тракторного завода расстреляли всех содержащихся там, на месте осталось большое количество верхней одежды погибших. Я и другие шоферы указанную одежду на машинах возили в помещение гестапо, где она под руководством заведующего снабжением гестапо майора Войтени[1], переводчицы гестапо немки Фукс[2] сортировалась на хорошую и плохую, окровавленная отдавалась в стирку мобилизованным женщинам, а затем уже в чистом виде направлялась в Германию. Лучшую одежду разбирали офицеры гестапо. Часть попадала и нам. Таким образом я «приобрел» много ценной одежды и вещей, как, например, мужские и дамские костюмы, пальто, платье, обувь и прочее. Особенно много награбили таким образом шоферы Зимовец, Блохин, Гейдеман.

Архив Мемориального Музея Холокоста США в Вашингтоне, подлинник в: ЦА ФСБ РФ, ф. К-72, оп. 1, д. 15, лл. 263–277.

Из показаний 8.3.1966 г. бывшего командира 3-го взвода 2-й роты 3-го резервного полицейского батальона Вилли Тильмана Фридриха о применении «газового автомобиля» в Харькове

[...] Со 2-й ротой 3-го резервного полицейского батальона я в начале января 1942 г. прибыл для деятельности в Киев. [Командир роты] гауптман Ципперлинг, его денщик и я ехали вместе из Берлина в Киев. Мы были первыми, которые тогда из роты прибыли в Киев [...]

---

[1] Так в документе. Правильно: Войтон. Унтерштурмфюрер СС Виктор Войтон (Woithon) с конца октября 1941 г. был начальником автотранспортной части команды.

[2] Вероятно, имеется в виду Хильда Фукс.

Насколько я знаю, отдельные взводы в период с 11 до 15 января 1942 г. были назначены на соответствующие опорные пункты. От гауптмана Ципперлинга я получил приказ с моим взводом отправиться в Харьков и там явиться в зондеркоманду 4а. Мне еще было сказано, что в Харькове у ЗК 4а мы должны сменить другое полицейское подразделение. В моем взводе тогда было немногим более 20 человек. На грузовой машине (машина для перевозки рядового состава) мы ехали из Киева в Харьков около семи дней, так что мы прибыли в Харьков примерно 15 января. Я лично представился тогдашнему штандартенфюреру Блобелю и доложил о явке на службу с моим взводом. Блобель мне сказал, что я с моими людьми в первую очередь должен нести караульную службу, и кроме того, я должен обучать военному делу унтер-фюреров и низшие чины его команды. В остальном я должен выполнять свой долг и ожидать дальнейших приказов.

[...]

В каких-либо акциях против населения, под этим я также понимаю казни, я в Харькове со своими людьми никогда не участвовал. Я также никогда не занимался арестами людей. Но фактом является, что я примерно с февраля до мая 1942 г. по приказу Блобеля или его преемника д-ра Вайнмана с моими людьми назначался в оцепление во время использования газового автомобиля. Где было место стоянки упомянутого мною газового автомобиля, я сказать не могу. Но я припоминаю, что я несколько раз видел газовый автомобиль в тюрьме Харькова. Там я также с моими людьми порой привлекался к тому, чтобы образовать оцепление за пределами тюрьмы. Машина задом заезжала в тюрьму, и я иногда видел, как в нее загружались русские штатские, как мужчины, так и женщины. Газовый автомобиль выглядел как большая машина для перевозки мебели. Шофером машины был некий Финдайзен, который также принадлежал к ЗК 4а. Второго водителя я никогда не видел. Газовый автомобиль ехал затем с людьми в направлении тракторного завода, который находился за городом. Также здесь, близ тракторного завода, я должен был порой с моими людьми по приказу соответствующего фюрера команды образовывать оцепление. Здесь на открытой местности, где стояли старые бараки, люди выгружались русскими пленными. Я стоял примерно в 10 метрах от газового автомобиля и мог видеть, что люди были мертвы. Оцепление из людей моего взвода стояло несколько дальше. Мертвые люди затем доставлялись в бараки, и когда барак был заполнен, он обливался бензином и поджигался. Также русское население доставляло своих мертвых к этому барачному лагерю и складывало их снаружи.

Я полагаю, что во время перевозки в газовом автомобиле в общей сложности погибли от 750 до 1000 человек [...][1]

В тюрьме я видел оберштурмфюреров Вихерта и Рисле, как они по списку отбирали людей и определяли, кто конкретно должен быть увезен. Также на месте разгрузки близ тракторного завода находились унтер-фюреры СД.

Гауптман Ципперлинг дал мне указание ежемесячно представлять ему отчет. Это я делал и докладывал ему о деятельности моего взвода при команде 4а в Харькове и о самочувствии людей. В этих отчетах я в скрытой форме упоминал, что в такой-то промежуток времени в газовом автомобиле было убито относительно много людей. По договоренности с гауптманом Ципперлингом в моих отчетах в качестве формулировки я использовал слова «столько и столько людей были переселены». Количество убитых людей я узнавал от оберштурмфюреров Вихерта и Рисле, которых я об этом спрашивал. Я хотел бы еще упомянуть, что этих обоих фюреров СД я несколько раз спрашивал, почему эти люди убиты. Ответа оба не давали.

Уже в начале пережитой мною акции по газации я однажды написал личное письмо гауптману Ципперлингу, которое я велел передать ему одному члену взвода (отпускнику). В этом письме я попросил гауптмана Ципперлинга обратиться в Берлин и просить о смене моего взвода в Харькове. Я сообщил ему, что больше не могу отвечать за участие моих людей в таких акциях. Как я уже установил, различные члены взвода и особенно члены СД, которые уже

---

[1] Согласно акту от 15.9.1943 г., «в январе-марте 1942 г., за период оккупации гор. Харькова немцами, последними было сожжено 6 бараков рабочих ХТЗ вместе с находившимися там трупами людей, а также и с содержавшимися там мирными гражданами гор. Харькова. После сожжения остатки пожарища были зарыты в щелях, находившихся около бараков...» (ГАРФ, ф. 7021, оп. 76, д. 844, лл. 14–15; Государственный архив Харьковской области, ф. 2, оп. 14, д. 1, л. 100).

длительное время несли там службу, испытали шоковое состояние и душевный вред. Через некоторое время я получил от гауптмана Ципперлинга в одном письме ответ, что Гиммлер ему сообщил, что он видит приведенные причины, но в данный момент не может предоставить никакой замены для нашего подразделения. Я даже полагаю, что Ципперлинг лично был в Берлине и просил о нашей смене. Мои опасения проявились также позднее, когда один член СД однажды ночью в состоянии умопомешательства застрелил двух спящих членов моего взвода. Одного из членов взвода звали Каминский, а другой был шофером моего взвода. Кто был член СД, я не знаю.

Далее, я хотел бы указать на [командира 1-го взвода обер-лейтенанта] Бетца и [«шписса» роты мейстера полиции] Бюлова, которые однажды посетили меня в Харькове. В это время акция по газации уже происходила. Я говорил с обоими об этом и сказал им, что они могли бы в Киеве у гауптмана Ципперлинга ратовать за то, чтобы я с моим взводом в Харькове был сменен. Мейстер Бюлов незадолго до окончания войны погиб в Берлине, в то время как Бетц, как мне сегодня сказали, еще жив.

[...]

Насколько я помню, примерно в мае 1942 г. штандартенфюрер Блобель был сменен штурмбаннфюрером или оберштурмбаннфюрером д-ром Вайнманом. С моим взводом команда в Харькове насчитывала около 100 человек [...] Примерно в июне 1942 г. я с моим взводом и одной подкомандой ЗК 4а отправился вслед за боевыми частями. Наш путь проходил сначала из Харькова до Воронежа. По дороге и также в Воронеже никаких акций против русского гражданского населения не было. Из Воронежа мы затем с подкомандой, которой руководил фон Радецки, отправились в Курск. Это было поздним летом 1942 г.

В Курске я с моим взводом принял участие в качестве оцепления в казни примерно 100 мужчин. Также во время этой казни фон Радецки был фюрером подкоманды. Место казни находилось близ штаб-квартиры вермахта. Это был овраг за Курском, где люди были расстреляны СД. Я еще припоминаю, что фон Радецки присутствовал на месте казни. Давал ли он приказ «огонь», я уже сказать не могу. Я с моими людьми образовывал оцепление примерно в 20 метрах от места казни. Люди были расстреляны из автоматов [...]

В Курске я был сменен и вернулся в Киев. Здесь я принял штабную роту украинского вспомогательного состава и обучал ее [...]
BArch B 162/5659, Bl. 4774–4781.

Из «Особого распоряжения по снабжению № 38» начальника тыла 2-й армии (Korück 580) от 24 июля 1942 г.

[...]
3. Зондеркоманда Зипо и СД 4а (выдержка из А. Т.Б. № 194 от 19.7.42)

Для выполнения особых задач полиции безопасности в тылу армии вне расположения войск АОК 2 придана зондеркоманда Зипо и СД № 4а. Зондеркоманда выполняет свои задачи под собственную ответственность. Командование армии согласует задачи этой зондеркоманды с военной контрразведкой, деятельностью ГФП и потребностями операций.

[...]
NARA, microcopy T 501, roll 62, frame 146.

Из сообщений из оккупированных восточных областей № 15 от 7 августа 1942 г.

[...]
В сфере Харьков продолжались акции по чистке, и несколько сот человек были подвергнуты особому обращению.

Проведенная в городе Короча[1] акция против коммунистов, бандитов и евреев не привела к крупному результату, так как почти все евреи и коммунисты эвакуировались.

При продвижении в Воронеж[2] в здании областного комитета был захвачен важный актуальный политический материал [...]

---

[1] Короча была оккупирована 1.7.1942 г.
[2] Правобережная часть Воронежа была оккупирована 6–7.7.1942 г.

В Харькове были арестованы еще 3 члена украинской милиции. Арестованные склонили к дезертирству в совокупности 34 других милиционеров, все они схвачены [...]

Из акта, составленного жителями города Короча и представителями воинской части (1943 г.)

[...]

В детском саду детдома были расстреляны 35 чел., пригнанных в г. Короча, преимущественно евреев семьи, где были женщины и дети разных возрастов. Их же заставляли копать для себя яму, также и по улице Отрельской были расстреляны еще 9 чел. Все это происходило на глазах жителей города.

Подверглась нечеловеческим мукам комсомолка Ковалева Клава, ее продержали в подвале 10 дней, пытали и мучили, подозреваемую в партизанской принадлежности. После всего расстреляли и сейчас же расстреляли еще женщину и мальчика лет 12, неизвестных жителям Корочи.

Расстреляна была гр-ка Гринева с грудным ребенком за то, что она была жена работника сберкассы — жители города Корочи.

[...]

Врач, по национальности еврей, оказывал помощь лечением раненым красноармейцам, за это его привязали к дереву. В упор прострелили правое и потом левое плечо, обе ноги, бросили израненного в подвал, где он и умер 11-го июля 1942 г.

[...]

Архив Яд Вашем, Иерусалим, подлинник в: ЦА МО РФ, ф. 203, оп. 2847, д. 61, л. 148–148об.

Из показаний 28–31.8.1943 г. бывшего шофера в ЗК 4а Ивана Бойко

[...] команда ЗК 4-а, которая находилась в Харькове и насчитывала 140 человек, 12 июня 1942 г. была распущена и часть этой команды численностью 15 человек поехала в Волчанск и продолжала именоваться ЗК 4-а. Команда была переведена в следующем составе: руководитель команды — майор Радецкий, его помощник — унтер-офицер Гун, следователь команды — унтер-офицер Фелькер, шофер команды — унтер-офицер Берг Ганс, начальник гаража — унтер-офицер Мерентц Адольф, инспектор СД — капитан Войтон, шофер команды — унтер-офицер Степан Антон, переводчик команды — Линд Эдуард, переводчик Бард Эдуард, шофера команды — немец Альбин, Горобцов и я — Бойко. Кроме этих лиц имелся еще один немец по имени Эд, у него было прозвище «Черный» [...] Как я позднее узнал, этот немец поехал с нами, собственно, как палач для расстрелов советских граждан. С нами в Волчанск поехал также газовый автомобиль, который вел особый шофер, фамилии которого я уже не помню [...]

Команда вечером 12 июня 1942 г. прибыла в Волчанск. Мы были размещены в доме инвалидов. Инвалиды, которые ко времени прибытия команды находились в доме инвалидов, по приказу руководителя команды майора Радецкого были помещены в газовый автомобиль и притом под предлогом, что они будут отправлены в Харьков для излечения [...] в общей сложности было вывезено 90 человек. Этим зверским актом команда гестапо отпраздновала свое прибытие в город Волчанск.

С 13 до 24 июня 1942 г. команда в полном составе, за исключением нескольких лиц, участвовала в массовых расстрелах советских граждан в городе Волчанск. Я думаю, что 1 июля 1942 г. команда прибыла в город Короча, где она занималась тем же, что и в Волчанске, газовый автомобиль уехал в неизвестном мне направлении. После того как команда три-четыре дня была в городе Короча и расстреляла более 100 человек, она отправилась дальше в Курск. Там из нашей команды остались Ганс Берг, Войтон, Бард, Мерентц и еще один, которого я уже не помню. С остальным составом команда поехала в Воронеж, куда она прибыла примерно 20 июля 1942 г. По распоряжению майора Радецкого всем жителям города Воронеж было приказано в течение 48 часов покинуть город и отправиться в местечко Хохол, которое находилось в 40 км от Воронежа. Когда люди прибыли в Хохол там при поддержке тайной полиции, так называемой «ГФП», советским гражданам была устроена ужасная кровавая баня. Тогда были расстреляны приблизительно 2000 человек. Я сам присутствовал, когда следователь

Фелькер расстрелял 260 человек. После расстрела в деревне Хохол часть гестаповцев расквартировалась в Воронеже на улице Карла Маркса в здании бывшего сахарного треста, часть осталась в деревне Хохол. Те, которые были в Воронеже, занимались розысками партизан, а те, которые остались в деревне Хохол, их уничтожением. Так как я все время был в деревне Хохол, я не могу назвать лиц, с помощью которых гестапо в Воронеже выявляло коммунистов и партизан. Я только знаю, что ему в этой деятельности активно помогал некий Орехов, который занимал какой-то руководящий пост в районном центре Хохол.

В начале октября 1942 г. команда вновь была переведена в Курск; при нашем прибытии мы там встретили отделенные в свое время в Харькове от нашей команды небольшие группы из Нового Оскола, Россоши, Миллерово и Фатежа. Я хотел бы добавить, что в названных городах были оставлены несколько гестаповцев и группы прибыли в Курск не в их полном составе [...]

BArch B 162/5671, Bl. 145–147.

Из показаний 11.7.1943 г. бывшего полицейского Михаила Венедиктова о расстреле евреев в Курске летом 1942 г.

Второй случай массового истребления евреев произошел в июне 1942 г. В курской тюрьме содержалось около 100 человек еврейского населения — мужчин, женщин и детей, которые по официальному заявлению [«начальника гестапо»] майора Кунца были направлены в Полтаву, а фактически были расстреляны в районе Солянки[1].

ГАРФ, ф. 7021, оп. 29, д. 1, л. 29–29об.

---

[1] В Курске 6 июля 1942 г. были арестованы около 400 евреев, помещены в тюрьму, а затем расстреляны за городом в районе Солянки (*Альтман И.* Жертвы ненависти. Холокост в СССР 1941–1945 гг. — Москва, 2002. — С. 271).

Из показаний на судебном процессе в Харькове 16 декабря 1943 г. бывшего шофера и переводчика в зондеркоманде 4а Ивана Бойко

[...]

В октябре 1941 г. в г. Киев я пошел работать шофером, а также переводчиком в карательный отряд при гестапо.

Через некоторое время отряд переехал из Киева в Харьков, куда мы приехали 16 ноября 1941 г.

12 июня 1942 г. был получен приказ о выделении 15 человек. В это число попал и я, и мне надо было ехать в город Волчанск. По приезде в Волчанск для размещения прибывших была избрана больница. Больница была переполнена, но Гельмрих дал приказ очистить больницу от людей и вывезти их оттуда. После этого стали выполнять приказ. Немецкие солдаты, войдя в больницу, приказали всем больным одеться якобы для переезда в Харьков. Все начали одеваться, но ввиду того, что был отдан приказ не надевать на себя одежду, некоторые из них поняли, в чем дело, и здесь началась паника. Их гнали, они не хотели выходить. Больные рвались к дверям, но здесь кругом стояли гестаповцы и выходить не разрешали. В тех, которые пытались уйти, стреляли, и в результате этого много было ранено и убито. Затем началась погрузка в машину с применением палок и оружия.

В первый раз они вывезли 50 человек, а потом остальных. Всего было уничтожено 90 человек, около 80 больных, а остальные — обслуживающий персонал.

После того как наш отряд закончил работу в Волчанске, мы выехали оттуда в город Воронеж. Когда мы проезжали Белгород, газовый автомобиль остался в Белгороде. Через Курск мы приехали в Воронеж.

По дороге из Волчанска в Курск, а затем в Воронеж все время происходили аресты и расстрелы. По приезде в Воронеж фон Радецкий издал приказ, чтобы все жители, оставшиеся в городе, покинули его, а тот, кто останется в городе, будет расстрелян или повешен. Приказано было идти по направлению к местечку Хохол. Часть жителей была оставлена на месте, а других направили в другую сторону для проверки документов.

Прибывших пешком в местечко Хохол заключенных я и другие шофера повезли по направлению к селу Матреновка. По прибытии на место мы получили приказ разгрузить машину. Среди приехавших на машинах началась паника. Тех, кто пытался бежать, немедленно расстреливали [...]

Так продолжалось здесь несколько дней, и было расстреляно около 2000 человек[1]. После мы поехали в город Курск. Когда мы находились при гараже в городе Курск, шофер Ганс Хери рассказал мне, как расстреливали людей в Курске. Он говорил, что несколько машин подъехало к тюрьме. В них были погружены арестованные, которых по приказу Радецкого отвезли к баракам и расстреляли. Ввиду нехватки патронов осталось нерасстрелянных 25 человек. Радецкому посоветовали, чтобы их отвезли в тюрьму и расстреляли в следующий раз, но он отдал приказ — обратно в тюрьму не возить, а убить их лопатами, винтовками и другими предметами.

[...]

Судебный процесс о зверствах немецко-фашистских захватчиков на территории гор. Харькова и Харьковской области в период их временной оккупации. — ОГИЗ-Госполитиздат, 1943. — С. 66–68.

Из показаний на процессе в Харькове 16 декабря 1943 г. бывшего шофера в зондеркоманде 4а Михаила Буланова

[...]

Летом, когда команда СД была разбита по отделениям и выехала в разные города, районы и местечки, то мне пришлось с отделением команды СД поехать в станицу Нижне-Чирская. Числа

---

[1] В сентябре 1942 г. близ села Старо-Никольское были расстреляны 77 человек (20 мужчин, 47 женщин и 10 детей, главным образом евреи), привезенные на двух машинах из села Хохол; в с. Хохол они были эвакуированы из Воронежа (Воронежская область в Великой Отечественной войне. Сборник документов и материалов. — Воронеж, 1948. — С. 145–146). В самом Воронеже 27 августа 1942 г. были расстреляны 450 человек (в том числе 35 детей), которые находились в городской больнице, пострадав во время бомбежек города; расстрел был произведен командой СД, в которую входили Август Брух, Фелькер, Циммерман, Эдуард Золя (там же. — С. 158–161).

25–26 августа 1942 г. мне и шоферу Блохину было предложено приготовить машины. Когда машины были готовы, нам приказали вести их в Нижне-Чирскую детскую больницу. Когда мы приехали туда, то гестаповцы стали выводить детей из больницы и погружать в машины. Дети были оборванные, распухшие от голода. Многие дети сопротивлялись и не хотели погружаться в машину, но гестаповцы стали их уверять, что они поедут к дядям и тетям в город Сталинград. Некоторые дети, поддавшись уговорам, сели в машину, некоторые же сопротивлялись до конца, после чего гестаповцы насильно погрузили их в машину, и мне было приказано застегнуть сзади машины брезент. Когда я выполнил это приказание, то в сопровождении немцев поехал на станцию Чирская, где за мостом, в 3–4 км от станицы Нижне-Чирская, была заранее приготовлена яма. Подъехав к яме, я по приказанию шефа отделения, а также и другие гестаповцы стали водить детей к яме, около которой стоял гестаповец, немец Алекс, фамилии точно не знаю. В упор из автомата в голову он расстреливал детей, после чего сталкивал их в яму. Дети, видя происходившее, вырывались и кричали: «Дядя, я боюсь», «Дядя, я хочу жить, не стреляйте в меня» и т. п., но на это немцы не обращали внимания. Дети были в возрасте от 6 до 12 лет.

[...]

Судебный процесс о зверствах немецко-фашистских захватчиков на территории гор. Харькова и Харьковской области в период их временной оккупации. — Москва: ОГИЗ-Госполитиздат, 1943. — С. 49–50.

Акт от 12.8.1943 г.

Мы, нижеподписавшиеся — представитель районной комиссии Серафимовичского района Сталинградской области Таганова Анна Митрофановна, председатель Базковского сельсовета Маврина Анна Васильевна — в присутствии граждан хутора Базки Пристансковой Ольги Ефремовны, Лащёновой Нины Моисеевны и Каймаковой Евдокии Михайловны составили настоящий акт о зверствах, учинённых немецко-фашистскими извергами над престарелыми инвалидами Базковского дома инвалидов во время оккупации хутора Базки.

25 августа 1942 г. немцы на пяти грузовых автомашинах подъехали к дому инвалидов в хуторе Базки. Всех инвалидов, которые могли передвигаться, согнали во двор для погрузки в машины. Инвалида Суркова Филиппа Степановича, 1888 г. рождения, больного туберкулёзом, немцы расстреляли за то, что он не смог дойти до машины. Пять престарелых инвалидов: Прозоровская Александра Степановна, 1858 г. рождения, Ремнёв Тимофей Никитович, 1872 г. рождения, Бельская Любовь Степановна, 1870 г. рождения, Земцова Евдокия Максимовна, 1857 г. рождения, Рыбина Вера Филипповна, 1864 г. рождения, которые по старости и болезни не смогли встать с постели, фашистскими извергами были сожжены живыми во флигеле, где они жили. Факт учинённого злодеяния немецких оккупантов над престарелыми инвалидами подтверждают граждане хутора Базки, которые были очевидцами неслыханного злодеяния: Пристанскова Ольга Ефремовна, Лащёнова Нина Моисеевна, Каймакова Евдокия Михайловна.

Подписи: Таганова, Марвина, Пристанскова, Лащёнова, Каймакова

Зверства немецко-фашистских захватчиков в районах Сталинградской области, подвергшихся немецкой оккупации. Документы. Под общей редакцией А. С. Чуянова. Сталинград: Областное книгоиздательство, 1945.

Акт от 23.6.1943 г.

Мы, нижеподписавшиеся — председатель сельсовета ст. Нижне-Чирской Шишкин Лаврентий Андреевич, депутат сельсовета Артёмова Акулина Львовна, председатель колхоза «Красный партизан» Романов Георгий Архипович — на основании заявлений граждан станицы Нижне-Чирской Быстровой Анны, Шмелёвой Александры Яковлевны, Донсковой Елены Афанасьевны, Ястребовой Надежды Кузьминичны, Парамонченко Наталии Кузьминичны и других составили настоящий акт о расстреле детей Н.-Чирского детдома в количестве 47 человек в возрасте от 2-х до 12-ти лет.

Протоколом опроса свидетелей установлено:

В период временной оккупации станицы Нижне-Чирской немецко-фашистскими войсками и их сообщниками, то есть с 27 июля 1942 г. по 31 декабря 1942 г., немцы расстреляли воспитанников Н.-Чирского детдома в количестве 47 человек. Обстоятельства дела таковы:

1 сентября 1942 г. в детский дом станицы Нижне-Чирской явились два немца в чине офицеров и предложили кастелянше детдома Донсковой Елене Афанасьевне подготовить детей к отправке, но куда отправлять и зачем не сказали. Донскова спросила офицеров о том, сколько надо приготовить продуктов питания в дорогу. Один из офицеров ответил на русском языке, что продуктов детям не потребуется, они поедут недалеко. На второй день после этого к зданию детдома подошли две крытых автомашины. Офицеры предложили Донсковой вывести детей во двор и построить в колонну по 4 человека, что и было сделано. Проверив количество детей, офицеры разбили их на две партии, погрузили в машины и увезли в неизвестном направлении. По дороге между станицей Н.-Чирской и станцией Чир ЮВЖД, за рекой Чир, километрах в пяти от станицы Н.-Чирской, 47 детей были зверски умерщвлены и свалены в яму. Гр. Шмелёва Александра Яковлевна, две родных сестры Парамонченко и Ястребова, разыскивая расстрелянных немецко-фашистскими войсками своих родственников, обнаружили 8 сентября 1942 г. воспитанников Нижне-Чирского детдома, расстрелянных и сваленных в яму.

Чудовищное злодеяние над воспитанниками Нижне-Чирского детдома было совершено германским гестапо.

Акт подписали: Шишкин, Романов, Артёмова

Зверства немецко-фашистских захватчиков в районах Сталинградской области, подвергшихся немецкой оккупации. Документы. Под общей редакцией А. С. Чуянова. Сталинград: Областное книгоиздательство, 1945.

Письмо начальника тыла 2-й армии от 5 октября 1942 г. зондеркоманде 4а в Курске

Службе безопасности, зондеркоманде 4а СД
Херсонерштр. 81

С сегодняшнего дня Korück 580 проводит крупную операцию против банд в районе Михайловка и на участке Свапы восточнее

Михайловки на север. Небольшие группы бандитов двигаются через Свапу на юг, в долину Усожи на юго-восток и прорываются через дорогу Курск — Орел к железнодорожной линии Курск — Орел. Крайне необходимо обследовать населенные пункты на Усоже от Фатежа до Михайловки и в боковых долинах речек, которые с юга впадают в Усожу, и проверить на благонадежность особенно пришлых лиц, среди которых также находятся эвакуированные из Воронежа. Просим зондеркоманду 4а СД выполнить эти задачи, начиная с Фатежа и заканчивая Михайловкой, где затем явиться к гауптману Бергмейстеру, командиру 581-го батальона полевой жандармерии, который руководит операцией против бандитов из Михайловки, и оставаться при нем до окончания операции (примерно до 15.10.) для новых задач[1].

NARA, microcopy T 501, roll 73, frame 1041.

Передача пленных СД[2] в тылу 2-й армии

Месяц, год	передано пленных
Сентябрь 1942	88
Октябрь	42
Ноябрь	18
Декабрь	18
Всего	166

NARA, microcopy T 501, roll 73, frame 1008; roll 74, frames 145, 405, 783.

---

[1] На телефонограмме корюк 580 в штаб 2-й армии 8.10.42 имеется пометка: «Группа СД 4а акцию по чистке в долине Усожи и боковых долинах от Фатежа на запад и северо-запад до Михайловки сможет начать лишь с 10.10.42» (Т 501, roll 73, fr. 1062).

[2] Имеется в виду зондеркоманда 4а.

Из показаний 26.11.1963 г. бывшего обершарфюрера СС Ганса Вайрупа о расстреле евреев в Курске поздней осенью 1942 г.

...в Курске я участвовал в одной казни в качестве стрелка. Насколько я помню, тогда были расстреляны примерно 20–30 евреев. Это были в основном мужчины, однако среди них также были примерно 2 женщины. Евреи, вероятно, были схвачены, среди жертв также могла быть пара политических функционеров. Кем они были переданы, сегодня я уже больше не могу сказать. Я совершенно точно знаю, что я во время этой казни был как стрелок сменен, так как я больше не мог выдерживать нервной нагрузки. Точно так же я определенно знаю, что меня как стрелка сменил лейтенант или обер-лейт. Бетц. Он взял мой автомат и дальше стрелял из него во время этой казни.

BArch B 162/5648, Bl. 1764.

Из показаний 30.6.1964 г. бывшего гауптшарфюрера СС Вальтера Остермана о расстреле евреев в Курске поздней осенью 1942 г.

Я припоминаю, что в Курске поздней осенью 1942 г. были расстреляны 40–50 евреев. От места расквартирования евреи были отвезены к лесу в паре километров от Курска. Экзекуционная команда, состоявшая примерно из 8 человек, на место казни поехала на двух легковых машинах. Я сам управлял одной легковой машиной. На месте казни была выкопана глубокая яма. Там евреи были расстреляны. Я стоял у грузовика, на котором были привезены евреи, и время от времени выпускал 2–3 человека и затем вновь закрывал двери. Эти евреи должны были идти в яму и там лечь. Затем их расстреливали из автоматов...

Я припоминаю еще одну казнь в Курске поздней осенью 1942 г., в ходе которой были расстреляны примерно 70–80 евреев и притом мужчины и женщины... Эти люди были расстреляны за Курском в песчаной яме. Я сам сначала был назначен в оцепление, позднее должен был также стрелять... Возможно, что я лично расстрелял примерно 10 евреев.

BArch B 162/5652, Bl. 2463–2465.

Сообщение наркома госбезопасности СССР В. Н. Меркулова председателю ЧГК Н. М. Швернику от 16 октября 1943 г.

НКГБ СССР сообщает, что в процессе следствия по делу арестованного УНКГБ по Харьковской области бывшего шофера гестапо Бойко И. С. установлено, что при гестапо в г. Харькове существовали специальные команды «СК-4А» и «ЭК-5»70, чинившие зверства над советскими гражданами в гг. Харькове, Короче, Волчанске, Воронеже, Курске. В г. Харьков команда «СК-4А» прибыла 16 декабря 1941 года, а в феврале 1942 года туда прибыла т. н. душегубка, посредством которой гестаповцы стали умерщвлять советских граждан. Со дня прибытия до 12 июня 1942 года эта машина почти ежедневно вывозила за город и уничтожала от 800 до 1000 человек. О конструкции «душегубки» и ее практическом применении арестованный Бойко И. С. показал следующее: «Кузов машины имеет в длину около 5 метров, в ширину и в высоту по 2½ метра. Кузов похож на вагон, внутри обитый оцинкованным железом, на полу деревянные решетки, двери кузова обиты резиной и закрываются герметически. На полу автомашины под решеткой имеется одна металлическая труба диаметром в полтора дюйма. Труба выходит в кабину шофера, где стоит специальный резервуар, в котором находится какой-то газ. Машина изготовлена на французском заводе фирмы "Диана". Кузов ее изготовлен в Германии. Машина пятитонная, серого цвета, мотор шестицилиндровый. Перед погрузкой людей раздевали, а затем по 60–80 человек мужчин, женщин и детей вместе помещали в "душегубку". В машине обычно люди стояли, прижавшись друг к другу и издавали отчаянные крики, предчувствуя свою гибель. Поле того, как машина загружалась людьми и дверь ее закрывалась, шофер включал мотор, открывал ручку от крана, находящуюся у бака, вследствие чего из резервуара поступал газ, который и производил отравление.

В конце февраля 1942 года был случай, когда выехавшая с людьми "душегубка" по дороге испортилась и остановилась на Московской улице, ввиду чего "душегубку" доставили в гараж на буксире для ремонта. Когда дверь машины была открыта, нам представилась такая картина: в машине было 68 человек, все они были удушены газом, лица их были обезображены, распухли, глаза навыкате. Было видно, что люди умерли в страшных мучениях».

В конце декабря 1941 года был издан приказ, обязывающий все еврейское население г. Харькова в двухнедельный срок покинуть город и, захватив с собой ценности и продукты, собраться у тракторного завода для размещения на жительстве в специально приготовленных гетто. В соответствии с этим приказом 2 января на территории тракторного завода собрались 14000 евреев, в том числе женщины и дети, которые были зверски уничтожены. Арестованный Бойко показал: «Утром 2 января 1942 года началось шествие беззащитных женщин, детей и стариков еврейской национальности к тракторному заводу. Люди шли в сопровождении полицейских, которые по дороге избивали их и отбирали ценности и продукты. Когда собралось около 14 тысяч человек в указанном месте, гестаповская команда в полном своем составе приступила к их уничтожению... Техника уничтожения была следующая: заранее был приготовлен большой ров, который был заминирован. После того, как несколько тысяч людей заставили спуститься в ров, их подорвали... На месте этой трагедии раздавались душераздирающие крики о помощи, плач, стоны, крики малолетних детей и глубоких стариков».

В 20-х числах января 1942 года команда «СК-4А» совместно с полицией провели в г. Харькове облаву на мужчин. Было задержано около 1000 человек, из которых 200 человек было расстреляно за тракторным заводом, а 50 человек повешено.

12 июня 1942 года команда «СК-4А» в составе 15 человек выехала с «душегубкой» в г. Волчанск. Команда разместилась в доме инвалидов. По распоряжению возглавлявшего команду майора Радецкого, все больные-инвалиды и обслуживающий персонал, всего в количестве 90 человек, были посажены в «душегубку», под предлогом перевозки на лечение в г. Харьков, и таким образом уничтожены.

Наряду с этим с 13 по 27 июня 1942 года команда производила массовые расстрелы советских граждан г. Волчанска.

1 июня 1942 года команда переехала в г. Короча, где в саду за городом расстреляла более 100 человек.

В 20-х числах июля 1942 года команда гестапо прибыла в г. Воронеж, где был издан приказ, обязывающий все население города под предлогом близости к фронту в течение 48 часов покинуть город и прибыть в местечко Хохол (в 40 километрах от Воронежа). Прибывших по этому приказу в местечко Хохол около двух тысяч жителей г. Воронежа вместе с детьми немцы раздели догола и расстреляли. Оставшиеся в г. Воронеже около 500 человек больных, инвалидов и дряхлых стариков, лишенные возможности передвижения собственными силами, по распоряжению начальника команды Радецкого были вывезены на автомашине к пещере на окраине г. Воронежа и недалеко от станции Латная расстреляны. В сентябре 1942 года унтер-офицер команды Эд по кличке «Черный» в одном из домов г. Воронежа обнаружил больную женщину и двоих малолетних детей. По приказанию Эд, во дворе этого же дома была немедленно вырыта яма и женщина с детьми были живьем закопаны в ней.

В первых числах октября 1942 года команда «СК-4А» переехала в г. Курск, где производила массовое уничтожение советских граждан теми же зверскими способами. «В г. Курске был случай, когда вывезли на расстрел 300 человек советских граждан. В момент расстрела не хватило патронов. Тогда майор Радецкий отдал приказание уничтожить их, не тратя пуль. Члены команды стали колоть советских граждан штыками, бить прикладами, пока все 300 человек не были перебиты». (Из показаний Бойко И. С.)

15 марта 1943 года после вторичной оккупации г. Харькова немецкими войсками, туда прибыла другая команда гестапо «ЭК-5», состоявшая из 40 немцев и 200 русских. В первые же дни командой было арестовано 2500 человек советских граждан. Всех их вывезли в село Куряж (12 километров от Харькова) в лагерь военнопленных и там расстреляли. Этой же командой в лесопарке г. Харькова была расстреляна группа советских граждан, численностью около 3000 человек, в числе которой было много женщин и детей.

В августе 1943 года, за несколько дней до своего бегства из г. Харькова, немцы объявили всем жителям города, что лица, работавшие в немецких учреждениях, должны быть эвакуированы, так как органы советской власти, якобы, применяют к этой категории лиц жестокие репрессии. Всем желающим эвакуироваться предложено было прибыть на станцию к поезду. Около 500 человек, доверившись этой провокации, прибыли на станцию, где, отобрав вещи, их усадили в машины, вывезли в село Куряж и там расстреляли.

Особую активность в зверском уничтожении советских людей проявили сотрудники команды «СК-4А»: майор Радецкий — помощник начальника гестапо, Гун — старший следователь гестапо, Фелькер — следователь гестапо, Каминский — начальник тюрьмы гестапо, унтер-офицер ЭД под кличкой «Черный» и советские граждане — Хорченко Федор, Елохин Леонид и Зымовец Валентин, и сотрудники команды «ЭК-5»: майор Кранебите — начальник команды, капитан Венгольц — зам. начальника криминального отдела гестапо и капитан Кирхен — зам. начальника гестапо.

ГАРФ, ф. Р-7021, оп. 149, д. 5, л. 17–21.

Приказ командира зондеркоманды 4а штурмбаннфюрера СС Кристензена от 19 марта 1943 г. «всем руководителям внешних команд СД лично»

Задача полиции безопасности и СД заключается в выявлении и борьбе со всеми противниками империи в интересах обеспечения безопасности, а в оперативной зоне — особенно в интересах обеспечения безопасности войск. Наряду с уничтожением активных противников все остальные элементы, которые в силу своих убеждений или прошлого при благоприятных условиях могут стать активными врагами, должны устраняться посредством превентивных мероприятий. Полиция безопасности выполняет эти задачи в соответствии с общими указаниями фюрера со всей необходимой строгостью. Строгие меры особенно необходимы на территории, где действуют банды. Компетентность полиции безопасности в оперативной зоне основывается на приказах «Барбаросса».

Мероприятия полиции безопасности, проводимые в больших масштабах в последнее время, я считаю необходимыми по двум следующим причинам:

1. Положение на фронте в моей области настолько обострилось, что население, находящееся отчасти под влиянием хаотически отступающих венгров и итальянцев, открыто выступает против нас.

2. Усиленное движение банд, прежде всего из Брянских лесов, было другой причиной. Кроме того, новые бандитские группы, возникшие из населения, как грибы после дождя, быстро разрослись во всех районах. Обеспечение вооружением, очевидно, не представляло трудностей. Было бы безответственным, если бы мы пассивно наблюдали эту деятельность, не принимая никаких мер. Очевидно, что любые меры сопровождаются жестокостью.

Важными моментами жестоких мер я считаю следующее:

1. Расстрелы венгерских евреев.
2. Расстрелы агрономов.
3. Расстрелы детей.
4. Сожжение целых деревень.
5. Побеги заключенных СД.

Шеф оперативной группы С подтвердил еще раз правильность принятых мер и выразил свою признательность за радикальные действия.

Учитывая современное политическое положение, прежде всего в военной промышленности на родине, необходимо в широком объеме подчинить меры полиции безопасности делу обеспечения рабочей силы для Германии. Украина должна в короткое время поставить для военной промышленности 1 млн. рабочих, из которых нашей области надлежит выделять ежедневно 500 человек.

Поэтому работу внешних команд надлежит немедленно перестроить. С этой целью предписывается следующее:

1. Особые обращения следует ограничить до минимума.

2. Учет функционеров КП, активистов и прочих следует производить только путем составления списков, аресты не проводить. Не следует, например, арестовывать близких родственников членов КП. Также членов комсомола надлежит арестовывать только в том случае, если они занимали руководящие посты.

3. Необходимо широко поддерживать деятельность бирж труда и вербовочных комиссий. При этом не всегда можно обойтись без принудительных мер. На совещании с руководителями штабов по использованию рабочей силы было решено, что везде, где можно, освободить заключенных; они должны направляться в распоряжение уполномоченных бирж труда. При проверке деревень или, если это вызывается необходимостью, сжигании деревни все население принудительным порядком должно направляться в распоряжение уполномоченного.

4. В принципе детей больше не расстреливать.

5. Донесения о бандах, а также операции против банд сим не затрагиваются. Все же я хочу указать на то, что операции против банд можно проводить только с моего согласия.

6. Тюрьмы в принципе надлежит держать пустыми. Нам должно быть ясно, что славяне всякое мягкое обращение расценивают как слабость и в такие моменты немедленно ее используют. И если мы на основании вышеизложеного временно ограничим наши жестокие полицейские меры, то это вызывается лишь следующей причиной: самым важным является приобретение рабочих. Проверка отправляемых в рейх лиц не производится. Поэтому не следует выдавать никаких письменных справок о политической проверке и т. п.

Trial of the major war criminals before the International Military Tribunal. Vol. 31. Nurenberg, 1948, p. 493–495.

Из отчета о деятельности отдела Ic/AO штаба 2-й армии за период 1–31.3.1943 г., запись 9.3.1943 г.:

По распоряжению и. о. командира ЗК 4а (СД) были расстреляны различные венгерские евреи (члены венгерского рабочего батальона). Евреи частично продали свое оружие и форму и занимались антинемецкой пропагандой. Отчасти эти евреи был переданы СД венгерскими ведомствами. На основании приказа АОК 2 — IIа № 513.2.43 от 22.2.43 об обращении с венгерскими евреями в венгерских рабочих батальонах ЗК 4а было указано на то, что казнь таких евреев должна быть прекращена, если они не принимают активного участия в бандитской войне.

На основании второго донесения о расстреле коммунистов штурмбаннфюрер Шмидт (ЗК 4а) приглашается для переговоров. Штурмбаннфюрер подтвердил эти действия СД. Эти мероприятия, в связи с осуществляемым в настоящее время отводом годного к военной службе гражданского населения и наличием банд в тылу армии, кажутся нецелесообразными[1].

BArch B 162/5659, Bl 4723.

Служебная записка (Akten-Notiz) начальника отдела Ic/AO штаба 2-й армии подполковника фон Брунна от 10.3.1943 г.

8.3.43 я пригласил к себе фюрера ЗК 4а (СД) штурмбаннфюрера СС Шмидта, чтобы, согласно заданию, выяснить вопрос, участвовала ли СД в расстреле бывших коммунистов среди украинского населения. После оглашения обоих случаев (100 расстрелов близ Тиницы в районе Бахмача, 250 расстрелов в Бурыни) штурмбаннфюрер Шмидт заявил, что расстрел бывших коммунистов соответствует указаниям сверху. Он сам несет ответственность только за расстрел в Бурыни, в то время как расстрел близ Тиницы был произведен СД тыла армии. В списках коммунистов в районе Бурынь значится 1600 человек. У своих ведомств он нашел бы полную поддержку, если бы были ликвидированы все 1600. Он же поступил довольно великодушно, прикончив только 250 человек.

После обращения внимания на факт, что также были полностью сожжены подозреваемые в бандитизме деревни, в которых могли бы разместиться крупные подразделения, штурмбаннфюрер Шмидт

---

[1] Расстреляно было в конце февраля 1943 г. в Сумах будто бы ок. 600 венгерских евреев из рабочего батальона (Неизвестная Черная книга. — Иерусалим; Москва, 1993. — С. 207; см. также обвинительное заключение прокуратуры Франкфурт/Майн от 2.8.1967 г. по делу Теодора Кристензена и др.: BArch B 162/19300, Bl. 41–48: в конце февраля — начале марта 1943 г. были расстреляны минимум 250 венгерских евреев).

возразил, что это также соответствует изданным директивам. Например, при сожжении Корюковки (восточнее Щорса) в каждом втором доме взлетели на воздух боеприпасы. Суровые действия СД уже привели к тому, что партизанам было предписано не приближаться к частям СД, чтобы предотвратить мероприятия возмездия. На мое возражение, что сожжение деревень полностью является очень спорным, так как приличная часть населения из-за потери жилищ изгоняется в леса и тем самым попадает в руки партизан, он мне возразил словами фюрера: «террор должен быть сломлен только террором». Кроме того, он еще добавил, что перед сожжением деревни расстреливается все население, в большинстве случаев включая возможных непричастных.

BArch B 162/5659, Bl 4724–4725.

Из протокола допроса 31.3.1967 г. бывшего командира хозяйственной команды Отто Бюринга

[...] С середины марта 1943 г. до августа/сентября 1943 г. вся моя команда была в Бурыни. В первые дни моего пребывания в Бурыни ко мне пришел советник военной администрации Бухман и попросил меня спасти еврейского бухгалтера, который был арестован СД вместе с примерно 24 другими евреями, так как этот еврей является очень хорошим бухгалтером. Он услышал, что этот еврей вместе с другими должен быть расстрелян, поэтому я должен вмешаться. Во время переговоров вместе с советником военной администрации Бухманом и одним сопровождающим на сахарном заводе с фюрером команды СД в звании лейтенанта, тот мне заявил, что очень трудно освободить людей, так как проводится акция по спасению рассеянных немецких солдат. Коммунистические предводители и евреи представляют особую опасность для рассеянных. Однако еврейский бухгалтер все же был освобожден. В следующие дни я неоднократно слышал выстрелы на сахарном заводе и я узнал, что евреи были расстреляны [...]

BArch B 162/19201, Bl. 144–145.

Из отчета о деятельности отдела Ic/AO штаба 2-й армии за период 1–31.3.1943 г., запись 15.3.1943 г.

[...] Акция против находящейся в стадии создания бандгруппы в Красном Авангарде, которая проводится зондеркомандой 4а под руководством штурмбаннфюрера СС Шмидта, частью 696-го дивизиона полевой жандармерии, частью караульной роты штаба армии под руководством обер-лейтенанта Бендера. Пока арестованы 140 человек и руководитель банды Андрошенко [...]

BArch B 162/5659, Bl 4725.

Из отчета о деятельности отдела Ic/AO штаба 2-й армии с 1.4. до 30.6.1943 г., запись 3.4.1943 г.

Командование 2-й венгерской армии пожаловалось на расстрел венгерских евреев, которые были членами рабочих батальонов. Расстрелы были произведены СД (отчет о деятельности от 9.3.1943). Согласно телеграмме высш. фюрера СС и полиции в Киеве, ген. Томас, эти расстрелы, которые в основном имели место в Сумах, были одобрены 1ц 75-й пехотной дивизии и задним числом разрешены. Отчасти евреи были расстреляны немецкими солдатами и ОТ [...]

BArch B 162/5659, Bl 4720.

Из приговора советского военного трибунала от 18.6.1948 г. по делу бывшего гауптштурмфюрера СС в зондеркоманде 4а Фридриха-Вильгельма Шу

[...] Когда он был в Конотопе, Шу участвовал в руководстве карательной деятельностью Зк 4а. Кроме ежедневных арестов подозрительных лиц, в апреле 1943 г. при его содействии была произведена основательная проверка жителей города Конотоп, в результате которой были арестованы около 150 человек советских граждан и переданы местной полиции. В то же самое время часть контрразведки 2-й немецкой армии, подразделения жандармерии и армии с участием Шу в городе Конотоп провели облаву на партизан, во время которой были задержаны около 100 человек советских граждан. Около 40 из этих задержанных были арестованы за партизанскую и другую антифашистскую деятельность. Тогда с участием Шу были расстреляны около 20 человек, двух человек Шу застрелил лично [...]

BArch B 162/19210, Bl. 8901–8902.

Из приказа 2-й армии от 21 мая 1943 г. относительно деятельности СД в тылу армии

В последнее время в нескольких случаях СД были осуществлены расстрелы и принудительные мероприятия, которые из-за способа их осуществления вызвали значительное смятение среди населения и фактически означают саботаж наших устремлений по обеспечению, наконец, справедливого обращения с населением. Таким образом, наряду с оставлением без внимания изданных приказов об обращении с населением причинен большой вред собственным пропагандистским мероприятиям. Донесения об этих инцидентах доводятся до сведения армии с опозданием или в неполном объеме. Надлежит обеспечить, чтобы о подобных происшествиях немедленно сообщалось через Ic.

BArch B 162/19201, Bl 65.

Из отчета начальника тыла 2-й армии (Korück 580) от 29 мая 1943 г.

26.5.43 согласно приказа в Конотопе был произведен контроль движения. Осуществление было возложено на командира 696-го дивизиона полевой жандармерии. В его распоряжении находились следующие силы:

1. 1-я рота 696-го мотодивизиона полевой жандармерии (2 офицера, 100 унтер-офицеров и рядовых);

2. Зк 4а (1 офицер, 16 унтер-офицеров и рядовых);

3. группа ГФП 612 (1 офицер, 1 унтер-офицер);

4. группа армейской патрульной службы при штабе 2-й армии (6 офицеров, 12 унтер-офицеров и рядовых);

5. 21 переводчик, выделенный: 696-м мотодив. полев. жанд. — 6, Korück 580 — 6, Зк 4а — 4, ОК Конотоп — 4, группой ГФП 612 — 1.

Проверка гражданских лиц на внешнем оцеплении и на базаре привела к аресту около 350 человек, в основном женщин и молодежи без удостоверений. 3 арестованных были переданы Зк 4а, 2 — органам труда.

BArch B 162/19201, Bl. 67.

Заявление под присягой бывшего штандартенфюрера СС Эугена Штаймле от 14 декабря 1945 г.

[...]

Зондеркоманда 4а (15 августа 1942 г. — 15 января 1943 г.)

Команда входила в оперативную группу *С*, руководителем которой был начальник на Украине группенфюрер СС Томас в Киеве. Зондеркоманда была придана 6-й армии, которая в то время наступала на Сталинград. Местами расположения были Чернышевская, Нижне-Чирская, Калач.

Исполнительная деятельность во время продвижения в районе Дона была незначительной, так как территория была малонаселенной, и не попадался ни один еврей.

Я показал, что моя команда имела газовый автомобиль, но отрицаю его применение. Я знаю, что моими предшественниками, штандартенфюрером Блобелем и штандартенфюрером Вайнманом, совершались расстрелы евреев и другие зверства в основном во время прохождения Украины. Но я должен вновь отвергнуть обвинение, что во время моего командования мною производились расстрелы евреев [...]

В конце октября 1942 г. моя команда была переведена ко 2-й армии в Курск [...] Исполнительная деятельность состояла в разгроме подпольных коммунистических ячеек, в борьбе с саботажем и русскими агентами. На этой территории массовые расстрелы евреев или заложников во время моего командования также не производились. Не было во время моего командования и отправки рабочих в Германию.

[...]

Отдельные лица

{...}

Зондеркоманда 4а:

С начала до марта 1942 г. штандартенфюрер Блобель [...]

Штандартенфюрер Вайнман: руководил ЗК 4а с марта до августа 1942 г. Врач, руководитель СД в Берлине до 1941 г. Затем в IV управлении РСХА. Позднее начальник ЗПиСД в Праге. Был в Харькове во время визита Гейдриха[1] [...]

Штурмбаннфюрер и рег. рат Шмидт: мой заместитель и преемник. Пьяница и опустившийся человек. Руководил командой во время отхода в Чернигов. Позднее руководитель гестапо в Киле.

Штурмбаннфюрер СС и рег. рат Шлирбах: офицер связи со штабом оперативной группы С, юрист и фюрер СС.

Штурмбаннфюрер СС фон Радетцки: переводчик, уроженец Прибалтики, фюрер СС, пользовался популярностью в армии.

Крим. комиссар Рисле: организовал русскую уголовную полицию, интересовался полицейской работой.

Шофером газового автомобиля был бывший шофер Гейдриха.

[...]

Nürnb. Dok. NO 3842.

Аффидавит (письменное заявление под присягой) бывшего командира зондеркоманды 4а штандартенфюрера СС Пауля Блобеля от 6 июня 1947 г.

[...]

3. В июне 1941 г. я стал шефом зондеркоманды 4а. Эта зондеркоманда была придана оперативной группе С, последней руководил д-р РАШ. Выделенный мне оперативный район находился в сфере

---

[1] Гейдрих был в Харькове 30.3.1942 г.

6-й армии, которую возглавлял фельдмаршал фон РЕЙХЕНАУ. В январе 1942 г. я был сменен на посту шефа зондеркоманды 4а и в виде наказания переведен в Берлин. Там я некоторое время не был ничем занят. Я находился под надзором IV управления, бывшего группенфюрера МЮЛЛЕРА. Осенью 1942 г. я получил задание в качестве уполномоченного МЮЛЛЕРА поехать в оккупированные восточные области и там стереть следы массовых могил, возникших из-за казней оперативных групп. Это задание у меня было до лета 1944 г.

4. Затем я был командирован к начальнику в Штирии и должен был там стать связным между Главным имперским управлением безопасности и группенфюрером РЁССНЕРОМ в борьбе с партизанами, однако мне не поручили выполнение этого задания. В декабре 1944 г. я заболел и с февраля до апреля 1945 г. был в санатории в Марбурге на Драве. Там я получил приказ явиться 11 апреля 1945 г. в Берлин. В апреле 1945 г. я явился к Кальтенбруннеру и поехал в район Зальцбурга. Тем самым я уклонился от дальнейших приказов. Затем в начале мая 1945 г. я с группой в Раштадте попал в плен.

5. Во время моей службы командиром ЗК 4а, со времени её организации в июне 1941 г. до января 1942 г., мне предписывали по различным случаям казнить коммунистов, саботажников, евреев и других нежелательных лиц. Точное число казненных я уже не помню. Согласно поверхностным подсчетам, правильность которых я не могу гарантировать, я считаю, что число казней, в которых участвовала зондеркоманда 4а, колеблется между 10 и 15 тысячами.

6. Я присутствовал на нескольких массовых казнях и в двух случаях мне было приказано руководить казнями. В августе или сентябре 1941 г. состоялась казнь близ Коростеня, в ходе которой были расстреляны 700–1000 человек и на которой присутствовал д-р РАШ. Я разделил свое подразделение на несколько экзекуционных команд по 30 человек каждая. Сначала подчиненная полиции украинская милиция, население и члены зондеркоманды схватили людей, и были приготовлены массовые могилы. Из общего числа подлежащих казни лиц по 15 человек каждый раз отводились на край массовой могилы, где они становились на колени лицом к могиле.

Тогда одежда и ценности еще не собирались. Позднее это изменилось. Экзекуционные команды состояли из членов зондеркоманды 4а, милиции и полиции. Когда люди были готовы для казни, один из моих офицеров, возглавлявший экзекуционную команду, давал приказ стрелять. Поскольку они стояли на коленях на краю массовой могилы, жертвы падали, как правило, сразу в массовую могилу. Я всегда использовал довольно большие экзекуционные команды, так как я был против использования людей, которые были специалистами по расстрелу в затылок. Каждая команда стреляла примерно один час и затем сменялась. Еще не расстрелянные люди были собраны близ места казни и охранялись членами команды, которые в тот момент не участвовали в казни. Описанную здесь казнь я лично контролировал и видел, что никакие перегибы места не имели.

7. Зондеркоманда 4а убивала также женщин и детей. В сентябре или октябре 1941 г. шеф оперативной группы С д-р РАШ предоставил в мое распоряжение газовый автомобиль, и одна казнь была проведена посредством газового автомобиля. Это была 3-тонная машина, которая могла быть герметически закрыта и которая вмещала примерно 30–40 человек. Через 7–8 минут все люди в машине, которые были подвергнуты действию отравляющих газов, были мертвы. Я сам видел тела, когда их вытаскивали из машины.

8. В конце сентября 1941 г. зондеркоманда 4а совместно со штабом оперативной группы С и двумя подразделениями находившегося в Киеве полицейского полка совершила массовую казнь евреев в Киеве. Я считаю, что цифра 33 771, названная мне как количество казненных в Киеве лиц, завышена. Я считаю, что было расстреляно не более половины названного количества.

9. С июня 1941 г. до января 1942 г. я несколько раз серьёзно болел и находился в различных госпиталях. Поэтому я не могу нести ответственность за все казни зондеркоманды 4а. В моё отсутствие командой руководили д-р д-р Раш, гауптштурмфюрер Вальдемар фон Радецки и гауптштурмфюрер д-р Бейер, под чьим руководством также состоялось некоторое количество массовых казней.

[...]

Trials of war criminals..., vol. IV, p. 212–213 (Nürnb. Dok. NO 3824).

Из выступления полковника Котляра Н. М. на процессе бывших членов 9-го резервного полицейского батальона в Берлине 8 августа 1947 г.

[...]

Например, 3-й взвод 3-й роты, из состава которого к суду привлечено 15 человек, в июле 1941 г. в Ровно расстрелял свыше 400 человек, в Новоград-Волынском 200 человек, в августе 1941 г. в Житомире в 8 расстрелах было убито 1250 человек. В г. Коростень в этом же месяце расстреляно 400 человек, в г. Чернигов — 200 человек, в г. Коростышев — 200 человек. На реке Тетерев близ Житомира — 150 мужчин, женщин и детей. В сентябре в г. Радомышль было расстреляно 2850 человек. В октябре в Киеве в 6 расстрелах было убито более 6000, в Переяславе — 400, в Лубнах — 400. В конце декабря 1941 г. и в начале января 1942 г. в Харькове было убито 16500 человек. Кроме перечисленных расстрелов, при участии 3-го взвода 3-й роты проводились многочисленные аресты и расстрелы одиночек и небольших групп советских граждан. Всего с июля 1941 г. по январь 1942 г. при участии 3-го взвода было расстреляно не менее 29 000 человек.

[...]

Архив автора.

Обобщенные данные о казнях, совершенных зондеркомандой 4а с 28 июня по 30 ноября 1941 г.: распределение казненных по отдельным периодам и населенным пунктам

Населенный пункт	Число жертв	Населенный пункт	Число жертв
28.6. — 26.7.41			**2531**
Сокаль	317	**27.7. — 9.8.**	
Горохов	7	Житомир	1015
Луцк	1530	Новоград-Волынский (Звягель)	234
Барановка	74	Бердичев	148
Житомир	363		

Населенный пункт	Число жертв	Населенный пункт	Число жертв
Черняхов	143	**7–13.9.**	
Радомышль	113	?	2000 ?
Коростышев	40	Кагарлык	72
Макаров	14	Коростень	1019 ?
Брусилов	34	Радомышль	3
Троянов	22		**3094 (14 422)**
Рудня, Троянов	26	**14–20.9.**	
села севернее Житомира	15	Житомир	3145
		Иванков	166
	1804 (4335)	р-он Коростеня	177
10–23.8.		Коростышев	60
Коростень	215	Макаров	39
Ходорков	19		**3548 (17 970)**
Радомышль	163	**21–27.9.**	
Черняхов	13	Иванков	30
Белая Церковь	1192?	Киев	27
Житомир	266		**57 (18 027)**
Тараща	109	**28.9. – 4.10.**	
Мелени	74	Киев	33771
	2051 (6386)	Переяслав	537
24–30.8.			**34308 (52 335)**
Народичи	268		
Коростень	238	**5–11.10.**	
Фастов	262	Яготин	125
	768 (7154)	Варва — Дедерев	32
31.8. – 6.9.			**157 (52 492)**
Коростышев	1200	**12–18.10.**	
Васильков	300	Борисполь	1133
Радомышль	1668	Лубны	1865
Малин	670	?	2
Базар	140		**3000 (55 492)**
?	198	**19.10. – 8.11.**	
	4176 (11 328)	Козелец	136
		Чернигов	587

239

Населенный пункт	Число жертв	Населенный пункт	Число жертв
Остер	245	**9–29.11.**	
Дымер	120	Лубны	107
Горностайполь	385	Полтава	1600
Нежин	300	Киев	68
Киев	38		**1775 (59 078)**
	1811 (57 303)		

Таблица составлена на основании анализа «Донесений о событиях в СССР» за июль 1941 г. — январь 1942 г. с привлечением материалов ГАРФ (фонд 7021).

Распределение казненных зондеркомандой 4а в июле — ноябре 1941 г. по населенным пунктам

Киев	33 900[1]
Житомир	4789
Белая Церковь	3390
Лубны	1 972
Полтава	1600
Радомышль	1944
Луцк	1530
Коростень	1472
Коростышев	1300
Борисполь	1134
Малин	670
Чернигов	587
Переяслав	537
Горностайполь	385
Васильков	300
Нежин	300
Народичи	268

---

[1] Фактически две трети расстрелянных приходятся на 45-й полицейский батальон и 3-ю роту батальона войск СС особого назначения.

Фастов	262
Звягель (Новоград-Волынский)	234
Остер	245
Иванков	196
Черняхов	156
Бердичев	148
Козелец	136
Яготин	125
Дымер	120
Тараща	109
Кагарлык	72

Члены зондеркоманды 4а, осужденные американским военным трибуналом на процессе в Нюрнберге 15.9.1947 — 10.4.1948

Имя, фамилия	Приговор
Пауль БЛОБЕЛЬ	смертная казнь казнен в 1951 г.
Эуген ШТАЙМЛЕ	смертная казнь освобожден в 1954 г.
Вальдемар фон РАДЕТЦКИ	20 лет освобожден в 1952 г.

Приговоры, вынесенные судами бывшей ГДР по делам бывших членов зондеркоманды 4а

Суд, дата приговора	Подсудимые+приговор
ОС[1] Хемниц 24.5.1950	Бруно ГОДЕХАРДТ 20 лет[2] освобожден 31.12.1955 г.

---

[1] ОС — окружной суд (Bezirksgericht).

[2] Обвиняемый состоял в 9-м полицейском батальоне, обвинялся в участии в расстреле 250 человек в Житомире в 1941 г.

Приговоры, вынесенные судами ФРГ
по делам бывших членов зондеркоманды 4а

Суд, дата приговора	Подсудимые + приговор
ЗС[1] Дармштадт 29.11.1968	Куно КАЛЛСЕН 15 лет Август ХЭФНЕР 9 лет Адольф ЯНССЕН 11 лет Христиан ШУЛЬТЕ 4 года 6 месяцев Виктор ВОЙТОН 7 лет Александр РИСЛЕ 4 года Эрнст (Оскар) КОНЗЕЕ без наказания Виктор ТРИЛЛ без наказания Георг ПФАРРКИРХЕР без наказания Генрих ХУН без наказания
ЗС Дармштадт 18.4.1969	Вильгельм ФИНДАЙЗЕН оправдан Карл КРЕТЦШМЕР оправдан Фриц ШМИДТ из-за болезни дело отделено и судопроизводство временно приостановлено
ЗС Дармштадт 23.12.1971	Вильгельм ФИНДАЙЗЕН 3 года 1 месяц
ЗС Дармштадт 12.12.1973	Август ХЭФНЕР 8 лет

---

[1] ЗС — земельный суд (Landgericht).

Личный состав команды

1. Офицеры

BLOBEL, Paul
SS-Standartenführer
13.8.1894–1951
Командир с июня 1941 г. до конца марта 1942 г.
✻ Фюрер СД Дюссельдорф[1]
Заявление под присягой Блобеля 6.6.1947 г. (Nürnb. Dok.
NO 3824 // BArch B 162/5641)
Казнен в 1951 г.

CALLSEN, Kuno
SS-Hauptsturmführer
19.10.1911–2002
В команде до 2.10.1941 г.
✻ СД Дармштадт
Кандидат руководящей службы
Допрос 17.4.1962 (BArch B 162/5643), 28.6.1965 (BArch B
162/5653); 6.11.1967 г. (BArch B 162/17909)
В 1968 г. приговорен к 15 годам тюремного заключения

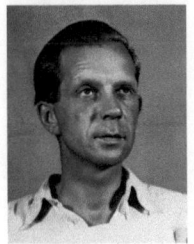

von RADETZKY, Waldemar
SS-Hauptsturmführer
8.5.1910–1990
Главный переводчик
✻ «Бюро по ресоциализации этнических немцев» в Познани
Допросы 24.7.1947 (BArch B 162/19208); 23.5.1966 (BArch
B 162/6661)
В 1948 г. приговорен к 20 годам тюремного заключения,
освобожден в 1954 г.

Dr. FUNCK, Heinrich
SS-Obersturmführer
3.8.1908–1945
В команде до октября 1941 г.
✻ Крипо Бремен
Умер в 1.7.1945 г. от огнестрельного ранения

---

[1] Здесь и далее знаком ✻ обозначается место службы
в Германии

HANS, Kurt
SS-Obersturmführer
14.4.1911 —
В команде до 2.10.1941 г.
✻ Крипо Вупперталь
Кандидат руководящей службы
Допросы 7.12.1961 (BArch B 162/5642), 7.7.1965 (BArch B 162/5653); 12.8.1965 (BArch B 162/5654)
В 1968 г. приговорен к 11 годам тюремного заключения

HÄFNER, August
SS-Obersturmführer
31.1.1912–1999
В команде до 2.10.1941 г.
✻ Школа пограничной полиции Претцш-на-Эльбе
Кандидат руководящей службы
Допросы 12.1.1948 г. (BArch B 162/1055); 31.5.1965 г. (BArch B 162/5652); 16.6.1965 г. (BArch B 162/5653); 2., 10. и 17.10.1967 г. (BArch B 162/17908); 7.11.1967 г. (BArch B 162/17909); 15.1.1968 г. (BArch B 162/17911)
В 1968 г. приговорен к 9 годам тюремного заключения

JANSSEN, Adolf
SS-Obersturmführer
20.5.1916 —
В команде до 2.10.1941 г.
✻ Гестапо Франкфурт/Майн
Кандидат руководящей службы
Допросы 24.6.1965 (BArch B 162/5653); 22.7.1965 (BArch B 162/5654); 17.10.1967 (BArch B 162/17908); 7.11.1967 г. (BArch B 162/17909)
В 1968 г. приговорен к 11 годам тюремного заключения

MATYSIK, Paul
SS-Untersturmführer
2.8.1906 –
(Verwaltungsführer/руководитель административно-хозяйственной части) в июне-октябре 1941 г.
✻ Гестапо Франкфурт/Одер
Судом первой инстанции в Херфорде 13.8.1952 г. объявлен мертвым.

MÜLLER, Alfred
SS-Untersturmführer
26.8.1898 -
Переводчик
В команде до февраля 1942 г.
✳?
BArch B 162/5650, Bl. 2186–2189)

SCHULTE, Christian
30.7.1912
SS-Obersturmführer
В команде с ноября 1941 г.
✳ СД Кёнигсберг
На процессе в Дармштадте в 1967–68 гг. был приговорен
к 4 годам и 6 месяцам тюремного заключения.
Допросы 21.12.1965 (BArch B 162/19216), 31.5.1967 (BArch
B 162/5667), 6.6.1967 (BArch B 162/19216)

WOITHON, Victor
30.9.1909
SS-Untersturmführer
В команде с конца октября 1941 г.
✳ Гестапо Познань
На процессе в Дармштадте в 1967–68 гг. был приговорен
к 7 годам тюремного заключения.
Допрос 8., 9.7.1965 (BArch B 162/5653), 11., 16.5.1966
(BArch B 162/19213)

MÜLLER, Wilhelm
15.4.1903
SS-Untersturmführer
В команде с конца сентября 1941 г.
✳ Гестапо Дюссельдорф

RIESLE, Alexander
4.5.1908
SS-Untersturmführer
В команде с конца сентября 1941 г.
✳ Крипо Карлсбад
На процессе в Дармштадте в 1967–68 гг. приговорен к 4 го-
дам тюремного заключения.
Допрос 21.10.1966 (BArch B 162/5663), 11.4.1967 (BArch B
162/5666)

WIECHERT, Arnold
17.10.1916
SS-Untersturmführer
В команде с конца сентября 1941 г.
✳ Крипо Кёнигсберг
Пропал без вести в августе 1944 г. в Кишиневе. В 1960 г. судом первой инстанции в Штутгарте объявлен мертвым.

HELLENBROICH, Heinz
31.3.1906
SS-Hauptsturmführer
В команде с конца октября 1941 г.
✳ Гестапо Дармштадт
Казнен 15.10.1948 г.

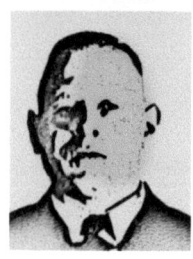

KNIGGE, Kurt
5.9.1898
SS-Untersturmführer
В команде с октября 1941 г.
✳ Крипо Кассель
В 1946 г. выдан Польше из американский зоны оккупации Германии, приговорен в Варшаве к смертной казни, замененной пожизненным заключением, освобожден в 1959 г. Покончил жизнь самоубийством 1.12.1963 г.

GRUNERT, Heinz
26.7.1916
Секретарь полиции
SS-Sturmscharführer
Административный руководитель с ноября 1941 г. до августа 1942 г.
✳ РСХА IV

2. Чиновники гестапо и уголовной полиции

PFARRKIRCHER, Georg
27.8.1902
Polizei-Oberassistent
SS-Hauptscharführer
✳ гестапо Аугсбург

допросы 4.4.1962 (BArch B 162/5643), 24.6.1964 (BArch B 162/5651), 2.12.1965 (BArch B 162/5658)
29.11.1968 судом оставлен без наказания

CONSEE, Ernst
14.2.1904
Krim. Angestellte
SS-Oberscharführer
✱ гестапо Хильдесхейм
допросы 28.2.1962 (BArch B 162/5642), 19.3.1964 (BArch B 162/5649), 6.9.1965 (BArch B 162/5655), 31.5.1972 (BArch B 162/17060)
29.11.1968 судом оставлен без наказания

HUHN, Heinrich
16.10.1903
Krim. Oberassistent
SS-Hauptscharführer
✱ гестапо Хильдесхейм
допросы 13.9.1962, 17.10.1962 (BArch B 162/5644), 18.3.1964 (BArch B 162/5649), 16–17.3.1966 (BArch B 162/5660)
Умер 23.11.1968

PUCHTA, Lienhard
26.8.1911
Krim. Assistent
SS-Oberscharführer
✱ гестапо Люнебург
допросы 11.12.1961 (BArch B 162/5642), 26.5.1965 и 3.6.1965 (BArch B 162/5652)

VÖLKER, Heinrich
Krim. Assistent
SS-Oberscharführer
✱ гестапо Люнебург
Погиб в Дании

KERL, Richard
24.7.1906
Krim. Assistent
SS-Oberscharführer
✳ гестапо Хильдесхейм
допросы 14.12.1961 (BArch B 162/5642), 6.12.1965 (BArch B 162/5658)

KAISER, Wilhelm
23.1.1907
Krim. Assistent
SS-Oberscharführer
✳ крипо Дессау

HALLE, Franz
5.7.1908
Krim. Assistent
SS-Oberscharführer
✳ крипо Дессау
допросы 2.3.1962 (BArch B 162/5642), 16.7.1965 (BArch B 162/5654)

PUSCHMANN, Friedrich
20.10.1909
Krim. Oberassistent
SS-Oberscharführer
✳ крипо Рейхенберг
допросы 30.1.1963 (BArch B 162/5644), 4.6.1965 (BArch B 162/5653), 1.3.1966 (BArch B 162/5659)

EISEL, Rudolf
9.4.1907
Krim. Oberassistent
SS-Hauptscharführer
✳ гестапо Хильдесхейм
допросы 18.7.1963 (BArch B 162/5645), 5.8.1965 (BArch B 162/5654)
В 1950 г. приговорен в Хильдесхейме к 5 годам и 6 месяцам заключения

WEIRUP, Hans
22.10.1904
Krim. Assistent
SS-Oberscharführer
✳ гестапо Хильдесхейм
допросы 26.11.1963 (BArch B 162/5648), 15.11.1965 (BArch
B 162/5655), 29.5.1972 (BArch B 162/17060)

TEMPEL, Wilhelm
17.4.1904
Krim. Angestellte
SS-Oberscharführer
✳ гестапо Хильдесхейм
Заявление под присягой 15.11.1947 г. (Nürnb. Dok. NO-5123)

KRAEGE, Gustav
17.5.1907
Krim. Angestellte
SS-Oberscharführer
✳ гестапо Хильдесхейм
Заявление под присягой 21.8.1947 (NO-4765)
допросы 18.11.1960 (BArch B 162/5641), 18.3.1964 (BArch B 162/5649),
23.7.1965 (BArch B 162/5654)

FROBÖSE, Fritz
Krim. Assistent
SS-Oberscharführer
✳ гестапо Хильдесхейм
Погиб с семьей в марте 1945 г. во время воздушного налета

SANDER, Herbert
2.11.1911
Krim. Assistent
SS-Oberscharführer
✳ гестапо Гамбург

 KRAMER, Anton
11.12.1909
Krim.Oberassistent
SS-Hauptscharführer
✴ гестапо Хильдесхейм

BÖCKER, Fritz
✴ гестапо Хильдесхейм

EBERT, Fritz
Krim. Sekretär
SS-Hauptscharführer
✴ Гестапо Вайзенфельс
назван Куртом Вернером
(Допрос 28.5.1964: BArch B 162/5651)

OBERHERZOG
Krim. Assistent
SS-Oberscharführer
✴ крипо Дессау
назван Куртом Вернером
(Допрос 28.5.1964: BArch B 162/5651)

SCHRAMM
Krim. Assistent
SS-Oberscharführer
✴ крипо Дессау?
назван Пушманом (B 162/5653, Bl. 3037–3038)

WINKLER
SS-Sturmscharführer
назван Зуханеком (B 162/19209, Bl. 1883)

WARNECKE
Krim. Assistent
SS-Oberscharführer
Назван Эйзелем (допрос 18.7.1963: BArch B 162/5645)

WEISS
назван переводчиком Линдом (допросы 20.1.1964: BArch B 162/5649; 1.10.1965: BArch B 162/5655)

WOLF
назван переводчиком Линдом

RENNER
назван переводчиком Линдом

3. Шофера

OSTERMANN, Walter
27.10.1911
SS-Hauptscharführer
начальник автотранспортной части
✳ СД Дюссельдорф
Допросы 30.6.1964 (BArch B 162/5652), 3.11.1965 (BArch B 162/5655), 23.6.1966 (BArch B 162/5661)
Умер 8.5.1967 г.

GOLDMANN, Werner
16.10.1911
SS-Hauptscharführer
✳ Гестапо Познань
Допросы 31.10.1963 (BArch B 162/5647), 9.9.1965 (BArch B 162/5654), 22.8.1966 (BArch B 162/19203)

BERG, Hans
13.4.1909
SS-Oberscharführer
✳ Гестапо Везермюнде
Допросы 14.10.1965 (BArch B 162/5655), 16.12.1965 (BArch B 162/5658)

HÖFER, Fritz
2.9.1911
SS-Scharführer
✳ Гестапо Гёттинген
Допросы 27.8.1959, 15.12.1961 (BArch B 162/5642), 17.3.1964 (BArch B 162/5649), 30.6.1965 (BArch B 162/5653)

BAUER, Julius
18.9.1910
SS-Scharführer
шофер Блобеля
✳ Гестапо Нюрнберг
Допросы 29.1.1962 (BArch B 162/5642), 28.6.1965 (BArch B 162/5653), 2.8.1965 (BArch B 162/5654)

TRILL, Victor
22.11.1905
SS-Oberscharführer
✳ Гестапо Брно
Допросы 26.5.1964 (BArch B 162/5651), 26.5.1965 (BArch B 162/5652), 8.6.1965 (BArch B 162/5653)
29.11.1968 г. судом в Дармштадте оставлен без наказания.

MAURER, Ludwig
13.11.1913
SS-Scharführer
✳ Гестапо Нюрнберг
Допросы 3.9.1963 (BArch B 162/5646), 13.2.1964 (BArch B 162/5649), 19.7.1965 (BArch B 162/5654)
покончил жизнь самоубийством 24.11.1967

WERNER, Kurt
10.4.1913
SS-Oberscharführer
✳ Гестапо Хильдесхейм
Допросы 28.5.1964 (BArch B 162/5651), 12.7.1965 (BArch B 162/5653)

BURGER, Ulrich
26.2.1906
✳ Гестапо Хильдесхейм
назван Конзее (допрос 28.2.1962: BArch B 162/5642)

SPRINGER, Erich
✳ Гестапо Брно
назван Триллем (допрос 25.6.1960: BArch B 162/19216)

EXNER, Egon
23.1.1911
SS-Oberscharführer
назван Конзее (допрос 28.2.1962: BArch B 162/5642)

BERGER, Josef
✳ Гестапо Люнебург?
назван Пфарркирхером (допрос 4.4.1962: BArch B 162/5643)

BANNACH, Theodor
2.9.1902
SS-Oberscharführer
✳ Гестапо Познань
Допросы 3.2.1966
(BArch B 162/5659), 3.3.1966, 2.6.1964 (BArch B 162/5659)
MERENS, Adolf

SCHWARZER
назван Хёфером
SCHNELL
SS-Unterscharführer

FINDEISEN, Wilhelm
6.8.1908
Обершарфюрер СС

В команде с декабря 1941 г. (шофер газового автомобиля)
✳ РСХА, шофер Гейдриха
Допросы 29.9.1967, 17.10.1967, 23.11.1967 (BArch B 162/5669)

Буланов, Михаил
1917–1943
в ЗК с октября 1941 г.
Повешен в Харькове 19.12.1943 г.

Бойко, Иван
в ЗК с ноября 1941 г.
Свидетель на процессе в Харькове в декабре 1943 г.

Блохин, Александр

Омельяненко, Алексей

Зимовец, Валентин

Бондаренко, Григорий
в ЗК с октября 1941 г.
Назван Булановым

Харченко, Федор
в ЗК с ноября 1941 г.

Гейдеман, Константин
в ЗК с октября 1941 г.
Назван Булановым

Эйхин, Николай
Назван Булановым

Ребянов, Дмитрий
в ЗК с октября 1941 г.
Назван Булановым

Горобцов, Петр
в ЗК с октября 1941 г.
Назван Булановым

Бартц, Эдуард
в ЗК с ноября 1941 г.
автослесарь, затем шофер
фольксдойче из Житомира
Свидетель на процессе в Дармштадте по делу Кристензена и др.

4. Переводчики

MATERNA, Johann
15.12.1912, Калинов (Kaisersdorf) Самборского р-она Львовской обл.
SS-Oberscharführer
Допросы 23.3.1966 (BArch B 162/5659), 25.4.1966 (BArch B 162/5660)

BRAUN, Lienhard
фольксдойче (Республика немцев Поволжья)
перебежчик
назван Вернером, Линдом и Дайнлайном

BEIGERT
из Галиции
в ЗК с июня 1941 г.
назван Матерной

MENSCH, Oscar
14.10.1912
колония Розенберг близ Щирца (Львовский район)
в ЗК с июня 1941 г.
назван Матерной

KARCHER
фольксдойче из Украины
в ЗК с июня 1941 г.
назван Матерной и шофером Маурером

FEDAK, Stepan
1900–1945
В ЗК с июля 1941 г.
Пропал без вести в Берлине весной 1945 г. как ваффен-
оберштурмфюрер

TSCHOGLOKOW, Nikolaj
из Украины, 16 лет
перебежчик
назван Матерной и Дайнлайном. Погиб в 1943 г. в районе Чернигова

KOWSCHUN, Leonhard
из Львова
назван Матерной. Остался в Харькове после убытия команды

BURMEISTER
назван Матерной

BERGER
фольксдойче из Украины
назван Матерной

NICKO, Igor
назван Матерной. Отец как немецкий специалист в свое время приехал в СССР и потом остался в Киеве. Сам Игорь Нико учился в Киеве и до войны работал там инженером (*Рябцева А.* Слабый женский полк // Армейский сборник. Журнал Министерства обороны Российской Федерации, 13.4.2020) (https://army.ric.mil.ru/Stati/item/253498/?print=1).

HEINRICH
назван Матерной

Dr.BOSS, Arthur
27.1.1908
Петерсталь близ Одессы
В ЗК с июля до октября 1941 г.
Допросы 8.1.1963 (BArch B 162/5644), 23.6.1965 (BArch B 162/5653). С ноября 1041 г. до февраля 1942 г. начальник отдела кадров в городской управе Киева, затем — врач в Житомире.

LIND, Edgar
25.11.1915
фольксдойче из Украины (Катериненталь, с 1920 г. в Розенталь, Запорожская обл.)
в ЗК с конца июля-начала августа 1941 г.
Допросы 20.1.1964 (BArch B 162/5649), 1.10.1965 (BArch B 162/5655)

KLEIN
фольксдойче
в ЗК с августа 1941 г.
назван Зуханеком

LIEBL
фольксдойче
перебежчик
назван Дайнлайном

BÄR, Hans
назван шофером Бойко

BABIJ, Oleksa
1909–1944
В Полтаве в ноябре (?) 1941 г. переведен в команду абвера.
Погиб 20.7.1944 г. как «Левчук Петро» — унтерштурмфюрер СС в артполку 14-й дивизии СС

5. Полицейские

(3-й взвод 3-й роты 9-го резервного полицейского батальона)

TÄCKELBURG, Paul
22.5.1910
Zugwachtmeister
командир взвода
Самоубийство 11.8.1945 г. (BArch B 162/5650, Bl. 2103)

LIEBAU, Karl
3.6.1903
Wachtmeister
В 1947 г. в Берлине приговорен советским военным трибуналом к 25 годам за-
ключения
Допрос 12.1.1966 (BArch B 162/5658)

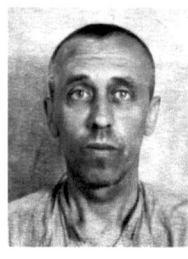

EBELING, Friedrich
5.7.1901
Wachtmeister
В 1947 г. в Берлине приговорен советским военным трибуналом к 25 годам заключения
Допросы 30.10.1963 (BArch B 162/5647), 11.8.1965 и 6. 9. 1965 (BArch B 162/5654)

MAI, Herbert
13.11.1909
Wachtmeister
В 1947 г. в Берлине приговорен советским военным трибуналом к 25 годам заключения
Допрос 8.11.1963 (BArch B 162/5647), 24.1.1966 (BArch B 162/5659)

FISCHER, Johannes
11.6.1909
Wachtmeister
В 1947 г. в Берлине приговорен советским военным трибуналом к 25 годам заключения
Допросы 30.10.1963 (BArch B 162/5647), 27.1.1966 (BArch B 162/5659), 24.10.1968 (BArch B 162/16584)

PIETSCH, Walter
22.3.1906
Wachtmeister
Допрос 7.12.1965 (BArch B 162/5658)

PLOCH, Walter
8.5.1902
Wachtmeister
Допросы 5.11.1963 (BArch B 162/5647), 25.2.1966 (BArch B 162/5659), 29.2.1968 (BArch B 162/16583)

GABEL, Heinz
5.6.1909
Wachtmeister
Допросы 19.9.1959 (BArch B 162/19214), 27.2.1964 (BArch B 162/5649), 29.9.1965 (BArch B 162/19214)

MOHNS, Heinz
24.12.1906
Wachtmeister
В 1947 г. в Берлине приговорен советским военным трибуналом к 25 годам заключения
Допрос 21.6.1966 (BArch B 162/5661)

BÖRNECKE, Ernst
12.8.1909
Wachtmeister
Допрос 29.10.1963 (BArch B 162/5647)

PECHTEL, Josef
Oberwachtmeister
командир отделения

KRAFT, Erwin
Oberwachtmeister
командир отделения
см. допрос Лауэра 26.4.1968 (BArch B 162/16583)

BERG, Günther
Wachtmeister

ALTMANN
Oberwachtmeister
командир отделения
см. допрос Лауэра 26.4.1968 (BArch B 162/16583)

GAU, Richard
Wachtmeister
BArch B 162/28726, Bl. 410 (постановление прокуратуры Берлин от 14.12.1959 о закрытии дела)

LAUER, Anton Rudolf
29.3.1903
Wachtmeister
В 1947 г. в Берлине приговорен советским военным трибуналом к 25 годам заключения
Допросы 4.6.1964 (BArch B 162/5651), 19.11.1965 (BArch B 162/5655), 26.4.1968 (BArch B 162/16583)

MÜLLER, Albert
8.1.1909
Wachtmeister
BArch B 162/28726, Bl. 467 (постановление прокуратуры Берлин от 10.12.1959
о закрытии дела)

POOK, Karl
13.3.1909
Wachtmeister
В 1947 г. в Берлине приговорен советским военным трибуналом к 25 годам заключения
Допросы 17.4.1959, 6.11.1963 (BArch B 162/5647), 23.2.1966 (BArch B 162/5659),
1.3.1968 (BArch B 162/16583)

HEIDBORN, Erich
17.1.1909
Wachtmeister
В 1947 г. в Берлине приговорен советским военным трибуналом к 25 годам заключения
Допросы 1.11.1963 (BArch B 162/5647), 31.1.1966 (BArch B 162/5659)

SCHREIBER, Franz
Wachtmeister
назван Эрихом Хейдборном
(Допрос 1.11.1963/BArch B 162/5647)

TSCHÖPL
Wachtmeister
назван Эрихом Хейдборном
(Допрос 1.11.1963/BArch B 162/5647)

BIEHL, Herbert
23.4.1915
Zugwachtmeister
командир отделения
Допрос 29.9.1967
(BArch B 162/5669), 30.9.1968 (BArch B 162/16584)

PILZ, Max
Wachtmeister

SCHMIDT, Josef
3.5.1907
Wachtmeister
Допросы 8.11.1963
(BArch B 162/5647), 14.9.1966 (BArch B 162/5663). 1.11.1968 (BArch B 162/16584)

BARTH, Hans
19.3.1907
Wachtmeister
Допрос 24.2.1968 (BArch B 162/16583)

MANN, Erwin
Wachtmeister
Назван Шмидтом (допрос 8.11.1963: BArch B 162/5647)

SCHÄFER, Fritz
Wachtmeister
BArch B 162/28727, Bl. 737 (постановление прокуратуры Берлин от 29.12.1959 о закрытии дела)

HEINDL, Willy
30.5.1909
Wachtmeister
Допрос 3.11.1965
(BArch B 162/5657), 29.10.1968 (BArch B 162/16584)

KAMPS, Paul
15.9.1909
Wachtmeister
Допрос 6.6.1968 (BArch B 162/16583), 1.11.1968 (BArch B 162/16584)

3-й взвод 2-й роты 3-го резервного полицейского батальона
(с января 1942 г.)

FRIEDRICH, Willi Tilmann
16.9.1909
Лейтенант полиции
Командир взвода
Допрос 8.3.1966, 3.5.1966, 13.7.1967, 12.12.1967 (BArch B 162/19202)

ALBRECHT, Hermann
BArch B 162/25717, Bl. 9

DREBLOW
BArch B 162/25717, Bl. 9
Будто бы погиб

BORGIEL, Bernhard
BArch B 162/25717, Bl. 9

MUCH, Willibald
1.1.1909
Допрос 6.5.1969 (BArch B 162/25717)

WINZENBURG, Georg
16.1.1908
BArch B 162/25717, Bl. 9

WEISE, Willi
21.10.1908
BArch B 162/25717, Bl. 9

GRÄN, Erich
14.10.1908
С 1.9.1942 г., до этого — повар в штабе роты в Киеве
Допрос 21.4.1969 (BArch B 162/25717)

KAMMLER
Zugwachtmeister
Возглавлял команду в Фатеже (см. показания Grän)
Будто бы погиб

KAMINSKI
Застрелен ночью спящим одним членом СД (см. показания Фридриха)

?
Шофер
Застрелен ночью спящим одним членом СД (см. показания Фридриха)

BATHE, Werner
Oberwachtmeister d. Reserve
см. показания Фридриха 13.7.1967

BUSCH, Fritz
Wachtmeister d. Reserve
см. показания Фридриха
13.7.1967

BERG
Wachtmeister d. Reserve
см. показания Фридриха
13.7.1967

MUCH, Willibald
1.1.1909
Допрос 6.5.1969 г. (BArch B 162/25717)

6. Резервисты войск СС

HEYER, Heinrich
6.12.1909
SS-Sturmmann
Допросы 3.12.1963 (BArch B 162/5648), 2.7.1965 (BArch B 162/5653)

DEINLEIN, Johannes
3.6.1909
SS-Sturmmann
Допросы 2.6.1964 (BArch B 162/5651), 9.8.1965 (BArch B 162/5654)

HLAWITSCHKA, Franz
15.11.1910
SS-Rottenführer
из Судет
назван Конзее

SCHENK, Alfred
27.10.1902
Рядовой СС
В марте 1942 г. переведен в Ровно
из Судет
Допросы 14.10.1965 (BArch B 162/19216), 2.3.1966 (BArch B 162/5659)

WICHA, Hugo
24.11.1902

В марте 1942 г. переведен в Ровно
Допрос 27.9.1966 (BArch B 162/40038)

HOFMANN, Otto
SS-Sturmmann
из Судет
назван Конзее и Вайрупом

 LATZEL, Theodor
29.6.1902
SS-Rottenführer
из Судет
назван Конзее

 NAGEL, Kurt
25.12.1907
В войсках СС с 7.11.1939
SS-Unterscharführer
из Судет
назван Конзее

PFAFF, Franz
8.10.1906
SS-Sturmmann
1.6.1943: SS-Rottenführer
Поступление на службу: 31.10.1940
из Судет
назван Конзее

THOMA, Richard
5.2.1906
SS-Sturmmann
1.11.1944 SS-Rottenführer
Поступление на службу: 17.11.1939
из Судет
назван Конзее

RIEDL, Gustav
SS-Sturmmann
из Судет
назван Дайнлайном и Вайрупом

SCHROTH, Otto
25.1.1909
SS-Sturmmann
из Виттенберга
назван Вайрупом и Зуханеком

RÖSER
SS-Mann
назван Вайрупом

BLOCH
SS-Mann
из Судет
назван Халле (допрос 2.3.1962: BArch B 162/5642)

BRUCH, August
25.4.1902
SS-Sturmmann
1.8.1942 SS-Rottenführer
Поступление на службу: 15.8.1940

LINK

GRÜN, Karl
3.11.1908
SS-Unterscharführer
из Судет
назван Хейером и Вайрупом
Решением суда первой инстанции Бад Киссинген от 19.7.1955 г. объявлен мертвым с 31.12.1945

SUCHANEK, Josef
15.3.1909
SS-Unterscharführer (25.8.1940)
Поступление на службу: 14.1.1941
из Судет
Допрос 30.11.1965 (BArch B 162/5658), 20.1.1966 (BArch B 162/5658)

JARMER, Ludwig
20.12.1906
SS-Sturmman
1.1.1943: SS-Rottenführer
Поступление на службу: 14.1.1941
из Судет
назван Зуханеком
Решением суда первой инстанции Миндельхейм от 3.5.1960 г. объявлен мертвым с 31.12.1945

VOLLPRECHT, Kurt
23.7.1909
SS-Sturmmann
назван Зуханеком
погиб 24.12.1942 г. в Бердичеве

SCHÖN, Franz
11.4.1905
SS-Rottenführer
1.9.1942 SS-Unterscharführer
Поступление на службу: 14.1.1941
из Судет
назван Зуханеком

ALBERS
SS-Scharführer
назван Дайнлайном

JOHN, Konrad
SS-Sturmmann
(возможно, August JOHN, род. 1.8.1905 в Neu-Mösland/Зап. Пруссия, SS-Strm.)
из Катовице
назван Дайнлайном

SMRZ, Wilhelm
15.4.1905
из Судет
назван Зуханеком

266

BENNINGER, Reinhard
Радист
(возможно, Rudolf BENNINGER, род. 25.5.1904 г.)
BArch B 162/5645, Bl. 935
Также назван переводчиком Линдом (допросы 20.1.1964: BArch B 162/5649; 1.10.1965: BArch B 162/5655)

BARTMANN, Erwin
7.9.1908
SS-Unterscharführer
В команде с октября 1941 г. до 13.2.1942 г., когда был ранен
Допрос 4.3.1964 г. (BArch B 162/5649)

Ункельбах, Фридрих
24.5.1902
штурмман СС
в ЗК с октября 1941 г.
Допрос 26.2.1962 (BArch B 162/5642)

Штумм, Август
31.3.1909
в ЗК в октябре-ноябре 1941 г., затем в ЕК 5
Допрос 16.4.1962 (BArch B 162/5643)

Фетт, Юлиус
10.1.1903
штурмман СС
в ЗК с октября 1941 г.
погиб 28.4.1943 г.

Шмидт, Герберт
15.6.1917
унтершарфюрер СС
в ЗК с октября 1941 г.

Нагель, Карл
20.1.1907 Пазевальк
роттенфюрер СС
в ЗК с октября 1941 г.

Рейссенвебер, Фридрих
2.7.1911
гауптшарфюрер СС
радист с октября 1941 г. в ЗК 4b, с марта 1942 г. в ЗК 4а
Допрос 1.12.1965 (BArch B 162/5658)

3-я рота батальона войск СС особого назначения

Согласно показаниям бывшего командира отделения во 2-м взводе унтершарфюрера СС Гарри Зейделя 8.8.1966 г., в роте насчитывалось 120–130 человек (BArch B 162/19215).

Согласно показаниям 17.2.1966 г. Альфонса Шпринга, в мае 1941 г., когда батальон находился в Радоме, 20 рядовых и 1 унтерфюрер из каждой роты были переведены в «Лейбштандарт СС Адольф Гитлер» в Брно (в том числе и он), но большая часть роты осталась в Радоме (IfZ Archiv, Gd01.54 (Callsen u. 9 Andere-Verfahren), Bd. 28, Bl. 5761ß5762).

GRAFHORST, Bernhard
12.1.1913
SS-Obersturmführer
Командир роты
Погиб 2.9.1943

GLIMM, Ottomar
21.8.1919
SS-Untersturmführer
Командир 1-го взвода
Погиб 8.7.1943

KLEIN, Anton
11.1.1907
SS-Untersturmführer
Командир 2-го взвода
Погиб 25.4.1945 г. в Чехии

BALDAUF, Paul
19.2.1912
SS-Untersturmführer
Командир 3-го взвода[1]
Погиб 7.7.1944 г. во Франции

JÄGER, Fritz
10.8.1913
SS-Oberscharführer
1.6.1942: гауптшарфюрер СС
Умер 3.10.1964

SEIDEL, Harry
1.9.1920
Унтершарфюрер СС
2-й взвод
Командир 3-го отделения
В 1947 г. приговорен советским военным трибуналом к 25 годам каторжных работ, освобожден 24.12.1955 г. 10.1.1956 г. бежал в западную зону (Ратцебург) и 1.8.1956 г. получил должность в районной администрации Ратцебурга. Допросы 15.4.1959, 16.5.1960, 14.7.1961, 30.11.1963, 16.9.1965, 8.8.1966 (BArch B 162/19215)

RENGTORF, Henry
16.2.1920
1-й взвод
Командир взводного отряда
Допрос 17.11.1966 (BArch B 162/19215)

WAGNER, Heinz
17.4.1923
Допрос 1.12.1966 (BArch B 162/5664)

---

[1] Согласно показаниям 17.11.1966 г. бывшего члена 3-й роты Генри Ренгторфа, 3-й взвод возглавлял обершарфюрер СС Фриц Егер (Jäger), а Балдауф был командиром 1-го или 2-го взвода (BArch B 162/19215, Bl. 2641–2642). Согласно показаниям 15.4.1959 г. и 30.11.1963 г. бывшего члена 3-й роты (3-й взвод) Гарри Зейделя, командиром его взвода был унтерштурмфюрер СС Клейн. В первой половине августа взвод был в Житомире и участвовал в операции против партизан в районе Радомышля, затем был направлен в Винницу, где находился 4–5 недель, а оттуда в конце сентября 1941 г. — в Киев. 1-й взвод был в Белой Церкви, 2-й — в районе Коростень-Радомышль (BArch B 162/19215, Bl. 1771–1776).

BUECKLE, Hans
5.6.1921
SS-Sturmmann
NARA, RUS, A5267, fr. 1002

ESPENSCHEID, Ferdinand
24.5.1920
SS-Mann
NARA, BDC, RuSHA, reel B426

GOTTSCHLICH, Walter
19.7.1920
NARA, BDC, RUS, B5256, fr. 1200

VOGEL, Heinz
24.5.1921
SS-Mann
NARA, BDC, RUS, G 446
Допрос 22.3.1966 (B 162/17991, Bl. 2220–2223)

SCHOELLER, Fritz
23.4.1922
SS-Sturmmann
NARA, RUS, F 537

ANDERS, Gerhard
10.7.1922

BÄSSLER, Gerhard
9.8.1921
Погиб 7.12.1942 г.

BERENDT, Hans
10.3.1921

BORNEMANN, Wilhelm
6.12.1920

BRANDT, Josef
7.3.1921
Умер в лазарете 11.7.1944 г.

BRESEMANN, Erwin
24.11.1920

BUSSE, Wilhelm
13.2.1922

DOMKE, August
10.4.1914
В 1959 г. жил в Бракведе близ Билефельда

DZIERZENGA, Richard
26.10.1921
В 1965 г. жил в Рейнкамп-Эйк-Вест

GOSDEK, Kurt
10.5.1923

GRIMM, August
24.6.1921

GUCKERT, Willibald
17.5.1921

GUNKEL, Gerhard
12.3.1923

HÖFLICH, Franz
27.7.1921
Погиб 2.11.1942

HOFFMEISTER, Karl
8.7.1922

HÜHN. Hermann
21.1.1921
Умер в лазарете 1.11.1943

HUMMEL, Eberhard
7.11.1910
В 1963 г. жил в Блаубойрене (Blaubeuren)

KNÖPFLE, Alfred
24.8.1921
Жил в Riedbohringen близ Donaueschingen

KURTH, Siegfried
2.9.1915

RUMPF, Heinz
23.11.1921
Пропал без вести 18.8.1944 г.

SPRING, Alfons
10.2.1920
Жил в Grundremmingen, район Günzburg

SPRINGEN, Erwin
4.4.1921
В 1965 г. жил в Ганновер-Рикингене

SUCKAU, Alfred
6.8.1912
В 1958 г. жил в Rodalben/Pfalz

SCHERER, Oskar
11.3.1922

SCHÜTZ, Karl
8.3.1920

SCHUSTER, Josef
8.7.1922

SCHINNERL, Alfred
9.5.1922
Жил в Фюрстенфельде (Австрия)

WAHLER, Herbert
10.12.1921

WENGMEYER, Josef
30.6.1922
Жил в Шабрингене близ Диллингена

WALTHER, Gottfried
11.5.1923
Пропал без вести 4.1.1944 г.

ZIRN, Otto
12.12.1920
Пропал без вести 24.12.1944 г.

BÄSSMANN, Fritz
9.9.1920
В 1965 г. жил в Нинбурге

BREITENBAUCH, Helmut
29.1.1923

GÖMANN, August
27.6.1920
Пропал без вести 3.9.1943 г.

GRETHE, Heinrich
4.8.1920
В 1954 г. жил в Crätze/Burgdorf

MAIER, Hans
20.11.1917
Пропал без вести в январе 1944 г.

MEIRER, Werner
8.2.1920

PLEW, Heinz
20.7.1922
Пропал без вести 17.2.1944 г.

POLZER, Johann
16.4.1921

PRINZ, Ernst
23.1.1920
В 1954 г. жил в Дуйсбург-Хамборн

RAPP, Alfred
7.8.1921

TERMES, Jan
3.2.1919

TOTTMANN, Wilhelm
3.12.1917

ZIZMANN, Willy
13.3.1913

IfZ Archiv, Gd01.54 (Callsen u. 9 Andere-Verfahren), Bd. 26, Bl. 5384–5387, 5388–5389

ARNDT, Erwin
18.1.1918
SS-Unterscharführer
Командир отделения

STEGMANN, Kurt
SS-Sturmmann
Командир отделения

BALZER, Gerhard
15.1.1920

KASSLER, Fritz
11.2.1920

Допрос 17.2.1966 Alfons SPRING (IfZ Archiv, Gd01.54 (Callsen u. 9 Andere-Verfahren), Bd. 28, Bl. 5761ß5762)

Биографические справки

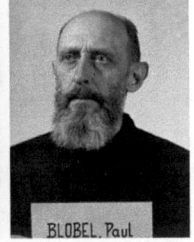

BLOBEL. Paul

БЛОБЕЛЬ (BLOBEL), Пауль, род. 13.8.1894 г. в Потсдаме в семье плотника. В 1899 г. его семья переехала в Ремшейд. В 1901–09 гг. учился в народной школе в Ремшейде, а в 1909–11 гг. обучался ремеслу плотника и каменщика. В 1910–11 гг. посещал художественное ремесленное училище в Бармене. В 1912–13 гг. учился на архитектора в строительном училище в Бармене, а в 1913–14 гг. — в королевском строительном ремесленном училище (высшем техническом учебном заведении по надземному и подземному строительству) в Бармен-Эльберфельде. В 1914–18 гг. находился в действующей армии (саперные войска) на Западном фронте, был награжден железными крестами 1-го и 2-го классов, демобилизовался в звании вице-фельдфебеля. С декабря 1918 г. до августа 1920 г. вновь учился в строительном ремесленном училище в Эльберфельде. 23.8.1920 г. сдал выпускной экзамен с оценкой «хорошо». 15.09.1921 — 31.03.1924 — архитектор и производитель работ в архитектурном бюро Франца Перлевитца в Золингене. 5.12.1922 был принят в качестве учащегося в государственную художественную академию в Дюссельдорфе. С 1.4.1924 самостоятельный архитектор в Золингене. В 1928–29 гг. не имел заказов. В 1930–33 гг. жил на пособие по безработице в Золингене. В 1933–34 гг. работал в городском управлении Золингена.

1.5.1931 вступил в резерв СА. 1.12.1931 г. вступил в НСДАП и перешел из СА в СС в качестве кандидата. 1.1.1932 был принят в СС в качестве рядового (№ СС 29 100). С марта 1932 г. до 15.8.1933 г. руководитель «службы печати и информации» (так тогда называлась будущая СД) СС в районе Золинген-Ремшейд. С марта до ноября 1933 г. сотрудник государственной полиции (на общественных началах). 14.5.1933 г. произведен в шарфюреры СС. В 1933 г. получил тяжелое ранение головы во время проверки документов у «враждебных государству лиц», которые оказали при этом сопротивление. С 15.8.1933 до 31.5.1934 г. руководитель СД в районе 20-го штандарта СС (Дюссельдорф). Одновременно с ноября 1933 г. до 31.5.1935 г. служащий (вспомогательный чиновник) в гестапо Дюссельдорф. 15.5.1934 г. произведен в обершарфюреры СС. С 1.6.1934 до 31.5.1936 г. возглавлял V абшнитт СД в оберабшнитте СД «Запад» (Дюссельдорф). 1.7.1934 г. был уволен со службы в гестапо и предоставлен в полное распоряжение СД. 17.9.1934 г. произведен в труппфюреры СС (с выслугой с 4.7.34), 25.3.35 — в унтерштурмфюреры СС (с выслугой с 21.3.35). С 1.6.1935 г. штатный сотрудник оберабшнитта СД «Запад». С 1.6.1936 г. до мая 1941 г. фюрер унтерабшнитта СД Дюссельдорф. 9.11.1935 г. произведен в оберштурмфюреры, 9.11.1936 г. в гауптштурмфюреры, 30.1.1938 г. в штурмбаннфюреры, 30.1.1939 г. в оберштурмбаннфюреры и 30.1.1941 г. в штандартенфюреры СС. 10.12.1940 г. пострадал в результате несчастного случая.

С июня 1941 г. возглавлял зондеркоманду 4а. 13.1.1942 г. был назначен фюрером абшнитта СД Нюрнберг, но фактически руководил командой до 24.3.1942 г., когда сдал руководство своему преемнику. В 1942–44 г. уполномоченный шефа полиции безопасности и СД по уничтожению следов массовых казней на Востоке. С конца сентября 1944 г. командир группы особого назначения «Ильтес» в Югославии.

30.10.1941 г. начальником тыла группы армий «Юг» награжден пряжкой к железному кресту 2-го класса. 30.1.1944 г. награжден Гиммлером крестом за военные заслуги 1-го класса с мечами и 4.10.1944 г. — пряжкой к железному кресту 1-го класса.

В 1948 г. приговорен в Нюрнберге американским военным трибуналом к смертной казни. Казнен в 1951 г.

БОКХОРН (BOCKHORN), Фриц, род. 5.10.1909 г. После окончания средней школы 1.4.1930 г. поступил на службу в охранную полицию в Бремене, но из-за болезни 30.4.1931 г. оставил службу в полиции. 6 семестров изучал этнографию и педагогику, в 1934 г.

сдал государственный экзамен и затем работал учителем народной школы. В 1934–38 гг. состоял в «Гитлерюгенде». В НСДАП с 1.5.1937 г., в СС с февраля 1940 г. (№ СС 399 928). С мая 1940 г. кандидат в криминал-комиссары в крипо Бремен. В 1941 г. окончил школу фюреров полиции безопасности, был назначен помощником криминал-комиссара и переведен в крипо Гамбург как криминал-комиссар на испытательном сроке. В декабре 1942 г. назначен криминал-комиссаром. 30.1.1942 г. произведен в унтерштурмфюреры СС, 30.1.1943 — в оберштурмфюреры СС. Из-за ссоры с руководителем криполейтштелле Гамбург в конце 1942 г. был откомандирован к начальнику полиции безопасности и СД в Киеве. С конца января до марта 1943 г. в ЗК 4а. Критиковал порядки в команде, выступал против расстрелов и отпустил доставленных к нему русских. Был сам арестован, доставлен в Киев, где некоторое время находился под арестом. Однако возбужденное против него дело по обвинению в трусости было «спущено на тормозах». Для «реабилитации» был направлен в подразделение по борьбе с партизанами (Житомирская область). В 1942 г. награжден полицейским служебным значком 3-й степени, в 1944 г. — железным крестом 2-го класса.

ВАЙНМАН (WEINMANN), Эрвин, род. 6.7.1909 г. С 1927 г. изучал медицину в университете Тюбинген. В 1933 г. сдал государственный медицинский экзамен с оценкой «очень хорошо», затем работал практикантом в гигиеническом институте и в медицинской клинике в Тюбингене. С 1.5.1934 до 30.11.1936 г. помощник врача в университетской клинике в Тюбингене. С января 1935 г. доктор медицины.

В НСДАП с 1.12.1931 г., в СС с 30.1.1937 г. (№ СС 280196). 30.1.1937 г. произведен в оберштурмфюреры СС, 20.4.1937 г. в гауптштурмфюреры, 11.9.1938 г. в штурмбаннфюреры СС, 9.11.1939 г. в оберштурмбаннфюреры.

С 1.12.1936 г. штатный сотрудник СД. С 1.2.1937 г. до 15.10.1937 г. начальник штаба оберабшнитта СД «Юго-Запад» в Штутгарте. С 15.10.1937 г. начальник штаба при фюрере СД оберабшнитта СС «Восток» в Берлине. С начала 1940 г. руководитель лейтабшнитта СД в Берлине. С июня 1940 г. до начала 1941 г. «SD-Einsatz» в Меце. С июля 1941 г. руководитель группы D в IV управлении РСХА. В январе 1942 г. назначен командиром зондеркоманды 4a (приступил к исполнению обязанностей 24 марта 1942 г.). С 1.9.1942 г. до 9.5.1945 г. начальник полиции безопасности и СД в Праге. 1.9.1942 г. произведен в штандартенфюреры СС, 28.10.1943 г. в полковники полиции, 21.12.1944 — в оберфюреры СС. Награжден Крестами за военные заслуги с мечами 2-го и 1-го классов.

Решением суда первой инстанции Ройтлинген от 9.6.1949 г. признан мертвым (с 11.5.1945 г.). По другим данным, будто бы через Италию сначала бежал в Испанию, а затем в Египет, и в Александрии был консультантом египетской полиции.

ВИХЕРТ (WIECHERT), Арнольд, род. 17.10.1916 г. После окончания в марте 1936 г. средней школы с октября 1936 г. до октября 1938 г. служил в армии. С 1.3.1939 г. кандидат в криминал-комиссары в крипо Кенигсберг. В НСДАП с 1.10.1939 г. С мая 1940 г. до февраля 1941 г. учился в школе фюреров полиции безопасности в Берлин-Шарлоттенбурге, после ее окончания был назначен помощником криминал-комиссара в крипо Кёнигсберг и 1.3.1941 г. произведен в унтерштурмфюреры СС (№ СС 391783). С октября 1941 г. до лета 1942 г. в зондеркоманде 4a. В ноябре 1941 г. назначен криминал-комиссаром и 1.9.1942 г. произведен в оберштурмфюреры СС. С марта 1943 г. при командире полиции безопасности и СД в Симферополе. С лета 1944 г. в оперативной группе G.

Награжден крестом за военные заслуги 2-го класса с мечами и Восточной медалью.

Пропал без вести в августе 1944 г. в Кишиневе.

В 1960 г. судом первой инстанции в Штутгарте объявлен мертвым.

ВОЙТОН (WOITHON), Виктор, род. 30.9.1909 г. в Берлине в семье мясника. Образование незаконченное среднее. Учился на предприятии отца профессии мясника и в 1927 г. сдал экзамен на подмастерье. До 1933 г. работал мясником. В 1931 г. вступил в СА, 1.9.1932 г. — в НСДАП. Увлечение мотоциклами привело его в 1933 г. в НСКК. В мотоспортшколе НСКК выучился на автослесаря и водителя и затем в этой же школе работал инструктором. В 1938 г. из-за низкой зарплаты в звании штурмфюрера НСКК оставил школу и поступил в качестве крим. служащего (шофера) в гестапо Берлин. В конце 1939 г. переведен в качестве технического обер-секретаря в гестапо Позен, где ведал автопарком. В июне 1941 г. в звании унтерштурмфюрера СС (только «носитель формы») откомандирован в штаб оперативной группы С, а в конце октября 1941 г. переведен в зондеркоманду 4a. С октября 1943 г. некоторое время находился при начальнике полиции безопасности и СД Россия-Центр и Белоруссия в Минске, а в начале 1944 г. переведен к начальнику полиции безопасности и СД в Вероне (Италия)

На процессе в Дармштадте в 1967–68 гг. был приговорен к 7 годам тюремного заключения. Умер 26.12.1976 г. в Испании.

ГЁЛКЕЛ (Gölkel), Карл, род. 16.4.1898 г. Окончил семь классов народной школы, по профессии — кровельщик. С 1.12.1916 г. до 16.9.1918 г. в армии (сапер). Принимал участие в первой мировой войне, был награжден железным крестом 2-го класса и другими орденами.

1.6.1930 г. вступил в НСДАП. С 1.8.1931 г. до 2.12.1937 г. в СА. 2.12.1937 г. был принят в СС (№ СС 290432). 2.12.1937 г. произведен в оберштурмфюреры СС, 20.4.1940 г. — в гауптштурмфюреры СС. Отечественное ведомство — абшнитт СД Байройт.

В 1942 г. в связи с алкогольным эксцессом был наказан строгим выговором с запретом употреблять алкоголь в течение года.

В команде с конца 1942 — начала 1943 г. С октября 1943 г. в ведомстве начальника полиции безопасности и СД Россия-Центр и Белоруссия в Минске. Умер в 1965 г.

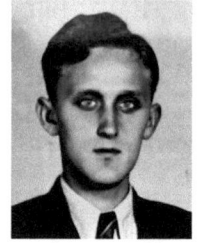

ГРУНЕРТ (Grunert), Хайнц, род. 26.7.1916 г. в Берлине. Образование — средняя школа до Untertertia, торговая школа и административная академия (2 семестра в 1937–38 гг.).

В «Гитлерюгенд» с 1.10.1929 г. до 2.10.1933 г. В СА с 3.10.1933 г. до 1.10.1934 г. В НСДАП с 1.5.1937 г. В СС с 7.10.1937 г. (№ СС 290829). 5.10.1938 г. произведен в роттенфюреры СС, 10.9.1939 г. в обершарфюреры СС, 20.4.1941 г. в гауптшарфюреры СС, 30.1.1942 г. — в штурмшарфюреры СС, 9.11.1943 г. — в унтерштурмфюреры СС.

С 2.10.1934 г. до 30.9.1935 г. служил в земельной полиции (группа земельной полиции «Генерал Гёринг», с 2.4.1935 г. — полк земельной полиции «Генерал Гёринг»). С 1.10.1935 г., когда полк был переведен в люфтваффе, до 25.9.1937 г. служил в вермахте. С 1.10.1937 г. канцелярский служащий в управлении гестапо в Берлине. 1.6.1939 г. назначен ассистентом полиции, 1.8.1940 г. — секретарем полиции в РСХА IV. Административный руководитель в ЗК 4а с ноября 1941 г. до августа 1942 г. Затем вновь в РСХА IV.

В 1967 г. коммерсант в Штутгарте. С 1968 г. под следствием в связи с деятельностью в РСХА IV, прекращенном в 1969 г. по причине недостатка доказательств.

КАЛЛСЕН (CALLSEN), Куно, род. 19.10.1911 г. После окончания в 1931 г. гимназии работал в редакции газеты «Фленсбургер Нахрихтен».

В 1929–33 гг. член «Гитлерюгенда». С 1929 г. член «национал-социалистического студенческого союза». 1.10.1931 г. вступил в НСДАП, 22.11.1934 г. принят в СС (№ СС 107 362). 20.4.1937 г. произведен в гауптшарфюреры СС, 30.1.1938 г. — в унтерштурмфюреры СС, 9.11.1938 г. в оберштурмфюреры, 30.1.1939 г. в гауптштурмфюреры, 30.1.1944 г. в штурмбаннфюреры.

С 1.3.1935 г. в СД как референт по прессе в оберабшнитте СД «Рейн» во Франкфурте-на-Майне. С 1.7.1937 г. руководитель отдела прессы в абшнитте СД Дармштадт. С 1.7.1940 г. заместитель фюрера абшнитта СД Нойштадт. С 1.10.1940 г. обучение как кандидата руководящей службы в системе полиции безопасности и СД (за государственный счет стал изучать право в университете). С 31.5. до 5.10.1941 г. участие в операции «Барбаросса» в составе зондеркоманды 4а, затем продолжение учебы. С 4.3. до 5.8.1942 г. участие в операции «Цеппелин». В 1942 г. сдал референдарский экзамен, в 1943 г. — большой юридический экзамен и 1.9.1943 г. был назначен регирунгс-асессором и личным референтом шефа III управления РСХА. С ноября 1944 г. руководитель абшнитта СД Люнебург. В декабре 1944 г. назначен регирунгс-ратом.

Награжден Железным крестом 2-го класса (8.12.1941).

На процессе в Дармштадте в 1967–68 гг. был приговорен к 15 годам тюремного заключения. Умер 17.5.2001 г.

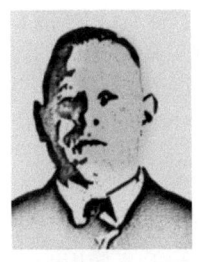

КНИГГЕ (Knigge) (до 2.2.1939 г. Щепаньски), Курт, род. 5.9.1898 г. С января 1917 г. до января 1919 г. служил в армии, в том числе с августа до конца октября 1917 г. на фронте, где был тяжело ранен. С июня 1920 г. до марта 1922 г. рабочий в одной фирме. С 3.3.1922 г. до 31.8.1931 г. служил в охранной полиции в Брауншвейге. С 24.1.1932 г. тюремный надзиратель в тюрьме в Брауншвейге, в том числе с 1.1.1933 г. — в полицейской тюрьме в Брауншвейге. С 17.5.1935 г. в крипо Брауншвейг. 1.6.1938 г. переведен в крипо Кассель. 23.12.1937 г. назначен криминал-оберассистентом, 1.10.1938 г. — криминал-секретарем, 1.10.1940 г. — криминал-оберсекретарем.

1.12.1931 г. вступил в НСДАП и в СА.

11.7.1940 г. в звании унтерштурмфюрера СС (только носитель формы) был откомандирован для заграничной деятельности. 28.5.1941 г. из-за болезни возвращен в отечественное ведомство.

С октября 1941 г. до лета 1942 г. в ЗК 4а. В 1943 г. в ведомстве командира полиции безопасности и СД в Чернигове. До середины апреля 1943 г. возглавлял отделение полиции безопасности в Прилуках. С октября 1943 г. в ведомстве начальника полиции безопасности и СД Россия-Центр и Белоруссия в Минске.

Награжден железным крестом 2-го класса (12.11.1917), Крестом фронтовика, полицейской служебной медалью III (1938) и II (1939) степени, черным значком за ранение.

Покончил жизнь самоубийством 1.12.1963 г.

КРАНЕР (KRAHNER), Макс, род. 8.3.1904 г. в семье владельца кожевенного завода. После окончания средней школы обучался на кожевника на отцовском предприятии и после сдачи в 1923 г. общего профэкзамена работал на отцовском предприятии и отчасти на других предприятиях. Когда в начале 1930-х гг. предприятие отца прекратило работу и было продано, в 1932–36 гг. работал коммерческим служащим у своего дяди.

В НСДАП с 1.1.1931 г., в СС с 15 мая 1931 г. (№ СС 9777). 20.4.1936 г. произведен в унтерштурмфюреры СС, 9.11.1937 г. в оберштурмфюреры СС, 1.9.1940 г. в гауптштурмфюреры СС.

С 1.11.1936 г. в оберабшнитте СД в Лейпциге. С августа 1937 г. работал в унтерабшнитте СД Магдебург-Анхальт в Дессау и с конца 1937 г. руководил постом СД в Йене.

С мая 1943 г. в ЗК 4а в Конотопе, где сменил гауптштурмфюрера СС Шу. После роспуска команды в конце ноября 1943 г. в Минске с 7.12.1943 г. командир зондеркоманды 1005-центр, которая занималась уничтожением следов массовых казней (сжигание трупов). С октября 1944 г. командир оперативной команды 13 в составе оперативной группы СД «Илтис» (борьба с партизанами в Словении).

Награжден крестом за военные заслуги 2-го класса без мечей (1942 год) и крестом за военные заслуги 2-го класса с мечами (1944 год).

В 1945–48 гг. в британском плену. С мая 1950 г. коммерческий служащий в Кёльне. 3.12.1966 г. арестован. 9.2.1968 г. в Гамбурге приговорен к пожизненному заключению. Помилован в 1977 г. Умер 31.5.1997 г.

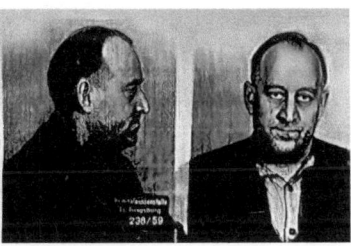

КРЕТЦШМЕР (KRETZSCHMER), Карл, род. 6.3.1908 г. После окончания 8 классов средней школы сначала учился на аптекаря (1925 г.), затем работал коммерческим служащим в различных берлинских фирмах, а с октября 1927 г. до 1938 г. служил в охранной полиции в Берлине (последнее звание — гауптвахтмейстер полиции). С 1.6.1938 г. в гестапо Карлсруэ в качестве кандидата в административные чиновники. В 1940 г. сдал экзамен на административного чиновника и был назначен инспектором полиции.

В НСДАП с начала 1940 г., в СС с 1942 г. (№ СС 456 462).

В августе-декабре 1942 г. в ЗК 4а в качестве административного руководителя в звании оберштурмфюрера СС (сначала только как «носитель формы»). С конца декабря 1942 г. до конца 1943 г. в отделе I/II ведомства командира полиции безопасности и СД в Житомире. С марта 1944 г. до начала 1945 г. административный руководитель в ведомстве командира полиции безопасности и СД в Штульвайссенбурге (Секешфехервар, Венгрия). 21.6.1944 г. произведен в гауптштурмфюреры СС. В 1945 г. в немецком штабе при «армии Власова».

На процессе в Дармштадте 10.12.1968 — 18.4.1969 г. оправдан из-за недостатка доказательств.

МАТЫСИК (MATYSIK), Пауль, род. 2.8.1906 г. в Бохуме. С 1.4.1926 г. до 30.4.1938 г. служил в охранной полиции в Мюнстере, Реклингхаузене и Берлине, последнее звание — цугвахтмейстер земельной полиции. С 1.5.1938 г. кандидат полицейской административной службы в гестапо Франкфурт/Одер. В 1941 г. назначен обер-секретарем полиции в гестапо Франкфурт/Одер.

В НСДАП с 1.5.1937 г. В СС с 23.6.1938 г. (№ СС 327 253). 9.11.1942 г. произведен в унтерштурмфюреры СС, 30.1.1943 г. — в оберштурмфюреры СС, 30.1.1945 г. — в гауптштурмфюреры СС.

В июне — октябре 1941 г. в ЗК 4а в качестве административного чиновника. С ноября 1941 г. вновь в гестапо Франкфурт/Одер. 9.11.1942 г. назначен инспектором полиции. В мае 1944 г. назначен обер-инспектором полиции в гестапо Франкфурт/Одер.

Судом первой инстанции в Херфорде 13.8.1952 г. объявлен мертвым.

МЮЛЛЕР (MÜLLER), Вильгельм, род. 15.4.1903 г. В 1917–20 гг. канцелярский ученик. В 1920–25 гг. канцелярский помощник. С 1.7.1925 г. до 30.6.1937 г. служил в охранной полиции, последнее звание — участковый обер-вахтмейстер. С 1.7.1937 г. криминал-оберассистент на испытательном сроке в гестапо Вильгельмсхафен. 1.4.1938 г. назначен криминал-оберассистентом.

В НСДАП с 1.5.1937 г. 28.2.1941 г. принят в СС (№ СС 402 442) в звании унтерштурмфюрера. 9.11.1942 г. произведен в оберштурмфюреры СС.

После окончания в феврале 1941 г. школы фюреров полиции безопасности назначен криминал-комиссаром на испытательном сроке в гестапо Вильгельмсхафен. С мая 1941 г. в гестапо Бремен, с июля 1941 г. в гестапо Дюссельдорф.

В октябре 1941 г. откомандирован в зондеркоманду 4а. Офицер связи при штабе 6-й армии с 3.10.1941 г. до февраля 1942 г.

В 1944 г. награжден крестом за военные заслуги 2-го класса с мечами.

МЮЛЛЕР (MÜLLER), Альфред, род. 26.8.1898 г. во Львове. Участвовал в первой мировой войне в составе австрийской армии, был ранен. После войны осел в Германии (Лейпциг). В 1938–39 гг. в Вене. С 20.9.1939 г. вновь в Лейпциге. С февраля 1940 г. в гестапо Бромберг.

В НСДАП с 1.5.1937 г.

Переводчик в зондеркоманде 4а с июня 1941 г. до февраля 1942 г. в звании унтерштурмфюрера СС (носитель формы). В октябре

1941 г. был назначен руководителем передовой команды «Харьков». В марте 1942 г. переведен в ведомство командира полиции безопасности и СД в Ровно (руководитель III отдела).

 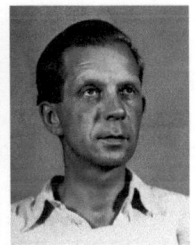

РАДЕТЦКИ (RADETZKY) фон, Вальдемар, род. 8.5.1910 г. в Москве. В ноябре 1919 г. с матерью и сестрой бежал из Москвы в Ригу, на родину отца. После окончания в 1927 г. гимназии в Риге в 1927–31 гг. учился на коммерсанта в одной транспортно-экспедиционной фирме в Риге. В 1931/32 гг. служил в лат. армии (демобилизован в звании капрала). В 1933–39 гг. работал в импортной фирме в Риге. Одновременно с осени 1938 г. руководитель «хозяйственно-научного исследовательского бюро» при институте Хердера в Риге. С осени 1933 г. член нацистского движения в Латвии в качестве руководителя подразделения. В июле 1936 г. был арестован на 1 месяц. Затем до сентября 1939 г. руководитель немецкого земельного объединения (ландесманншафтсфюрер). Одновременно «уполномоченный движения по экономике» и как таковой с 15.12.1938 г. руководитель управления профессиональной консультации «для немецкой народной общности в Латвии» и член его президиума. 13.11.1939 г. переселился в Германию (Познань) и до января 1940 г. работал в иммиграционном консультационном бюро в Познани, с января 1940 г. до мая 1941 г. — в «бюро по ресоциализации этнических немцев» в Познани.

13.12.1939 г. лично Гиммлером был принят в СС (№ СС 351 254) в звании унтерштурмфюрера СС. В НСДАП с 1.12.1940 г. 1.9.1940 г. произведен в оберштурмфюреры СС, 20.4.1941 г. — в гауптштурмфюреры СС, 9.11.1942 г. — в штурмбаннфюреры СС.

19.5.1941 г. был призван в связи с чрезвычайными обстоятельствами на службу в СД и в качестве переводчика и знатока страны включен в зондеркоманду 4а. В команде находился до февраля 1943 г., исключая период с середины декабря 1941 г. до середины марта 1942 г., когда болел и был в отпуске по болезни. В команде, кроме обязанностей переводчика, выполнял обязанности офицера связи с вермахтом и руководителя подкоманды. С марта 1943 г. руководитель отдела III (СД) в ведомстве командира полиции безопасности и СД в Чернигове. 20.9.1943 г. ранен близ Чернигова осколком гранаты. После выздоровления с ноября 1943 г. в ведомстве начальника полиции безопасности и СД Россия-Центр и Белоруссия (офицер связи со 2-й армией в Пинске).

Приказом РСХА от 27.3.1944 г. откомандирован в полевой командный пункт рейхсфюрера СС как офицер связи по вопросам деятельности на Востоке.

В 1944/45 гг. офицер связи РСХА VI C при Власове.

Награжден Железным Крестом 2-го класса (4.1.1942 г.), медалью за опеку немецкого народа (17.4.1942), Восточной медалью (8.9.1942), почетным значком рейхсгау Вартеланд (26.10.1942), крестом за военные заслуги 2-го класса с мечами (30.1.1943 г.), почетным значком за опеку немецкого народа 3-й степени (15.4.1943), рыцарским крестом на военной ленте с мечами венгерского ордена за заслуги (20.9.1943), серебряной медалью за храбрость для восточных народов 2-го класса (29.2.1944), штурмовой медалью (13.1.1944).

В 1948 г. в Нюрнберге приговорен к 20 годам тюремного заключения, замененным в 1951 г. 8 годами. Освобожден в 1954 г. Умер в 1990 г.

РИСЛЕ (RIESLE), Александр, род. 4.5.1908 г. Образование среднее. В 1930–32 гг. учился на коммерческого служащего в крупной типографии в Ганновере и с октября 1933 г. до конца июня 1939 г. работал в этой фирме (Engelhardt und Co.) руководителем отдела коммерции.

В НСДАП с 1.3.1933 г. В СА с мая 1933 г. до мая 1934 г. В СС с 23.11.1938 г. (1.1.1940) (№ СС 398 280). 20.4.1941 г. произведен в унтерштурмфюреры СС, 9.11.1942 г. в оберштурмфюреры и 30.1.1945 г. в гауптштурмфюреры СС.

С 1.7.1939 г. кандидат в криминал-комиссары в уголовной полиции Ганновера. В феврале 1941 г. окончил школу фюреров полиции безопасности, был назначен помощником криминал-комиссара в уголовной полиции Карлсбада. 6.10.1941 г. назначен криминал-комиссаром. С октября 1941 г. до 4 ноября 1942 г. служил в зондеркоманде 4а. С конца февраля 1942 г. долго болел и после возвращения в команду осенью 1942 г. из-за болезни окончательно из нее выбыл (формально в команде состоял до ноября 1942 г.). С конца 1942 г. до весны 1945 г. служил в уголовной полиции Мангейма.

Награжден Крестом за военные заслуги 2-го класса с мечами (30.1.1942) и Восточной медалью (3.9.1942).

На процессе в Дармштадте в 1967–68 гг. приговорен к 4 годам тюремного заключения. В заключении с 26.6.1975 г. до 1.3.1978 г. Умер 14.11.2001 г.

ФЕНТЦ (VENTZ), Карл, род. 11.9.1900 г. После окончания в 1919 г. средней школы в 1920–21 гг. учился в высшей технической школе в Аахене. С 1.7.1921 г. до 31.7.1938 г. служащий в городском управлении Дортмунда; последнее звание — городской инспектор. В марте 1937 г. вступил в НСДАП. С 1.8.1938 г. в гестапо Мюнстер как инспектор полиции на испытательном сроке. С 1.2.1939 г. — инспектор полиции. С 1.4.1940 г. в гестапо Вильгельмсхафен. В июне 1940 г. назначен оберинспектором полиции. С мая до октября 1942 г. начальник административно-хозяйственного отдела в ведомстве командира полиции безопасности и СД в Киеве в звании унтерштурмфюрера СС (носитель формы), сменив на этом посту секретаря полиции Вильса. С ноября 1942 г. до 31.3.1943 г. административный руководитель в ЗК 4а. В апреле-июне 1943 г. в РСХА для производства расчета, затем вновь в гестапо Вильгельмсхафен. В августе 1943 г. переведен из гестапо Вильгельмсхафен в ведомство командира полиции безопасности и СД в Белостоке. В марте 1944 г. переведен из ведомства командира в Белостоке в гестапо Дортмунд.

В 1945–47 гг. в лагере для интернированных. Умер 22.8.1965 г.

ФУНК (FUNCK), Генрих, род. 3.8.1908 г. в Бремене. После окончания в 1928 г. гимназии изучал музыковедение, историю искусства и германистику в университетах во Фрайбурге и в Лейпциге и в 1932 г. сдал докторский экзамен. С апреля 1930 г. до марта 1934 г. занимал должность ассистента в институте музыковедения при университете во Фрайбурге.

С августа 1935 г. до апреля 1936 г. служил в вермахте, последнее звание — фельдфебель резерва и кандидат в офицеры резерва.

С 1.2.1937 г. кандидат в криминал-комиссары в крипо Бремен. Как таковой стажировался в дирекции полиции Бремена, в гестапо Бремена и в бюро СД Везер-Эмс. С 12.10.1938 г. учился в школе фюреров полиции безопасности в Берлин-Шарлоттенбурге и после ее окончания в 1939 г. был назначен помощником криминал-комиссара.

В СА с 5.11.1933 г., последнее звание — роттенфюрер СА. В НСДАП с 1.5.1937 г. 1.7.1939 г. принят в СС (№ СС 327285) в звании унтерштурмфюрера, 20.4.1940 г. произведен в оберштурмфюреры СС, 30.1.1943 г. в гауптштурмфюреры СС.

В 1940 г. стал криминал-комиссаром в уголовной полиции Бремена. С июня до октября 1941 г. служил в зондеркоманде 4а. С октября 1941 г. преподаватель в школе полиции безопасности в Фюрстенберге. В апреле 1944 г. был произведен в криминал-раты и назначен руководителем уголовной полиции Аугсбурга.

Награжден Железным крестом 2-го класса (8.12.1941).

Умер 1.7.1945 г. в Хойя/Везер вследствие огнестрельного ранения, нанесенного поляками.

ХАНС (HANS), Курт, род. 14.4.1911 г. После окончания в 1930 г. гимназии 4 семестра изучал горное дело в университетах Тюбингена и Кёльна, но весной 1932 г. оставил учебу в связи с банкротством предприятия отца. Был землекопом, продавцом газет,

безработным. В 1933 г. вследствие ранения во время «коммунистического нападения» длительное время был нетрудоспособным. Примерно 6 месяцев работал тарифным служащим в городской сберкассе в Вуппертале. 8.1.1934 г. как кандидат в криминал-ассистенты на испытательном сроке был принят на службу в уголовную полицию Вупперталя. В декабре 1935 г. сдал экзамен на криминал-ассистента, 1.8.1937 г. был назначен кандидатом в криминал-комиссары, а после успешного окончания в 1939 г. школы фюреров полиции безопасности 1.7.1939 г. помощником криминал-комиссара, 15.7.1939 г. — криминал-комиссаром на испытательном сроке и 15.1.1940 г. — криминал-комиссаром. Как таковый в уголовной полиции Вупперталя возглавлял комиссию по расследованию убийств.

С 1.6.1931 г. до 1.8.1933 г. член СА. 1.3.1932 г. вступил в НСДАП. С 1.10.1932 г. политический руководитель и с марта 1936 г. до конца сентября 1938 г. партийный судья в районном суде НСДАП. 1.7.1938 г. вступил в СС (№ СС 335 652), и 1.7.1939 г. был произведен в унтерштурмфюреры СС, а 20.4.1940 г. — в оберштурмфюреры СС.

В 1940 г. был отобран кандидатом «руководящей службы» и стал изучать право в университете Кёльна, а с 1941 г. — в университете Франкфурта-на-Майне. С июня до начала октября 1941 г. служил в зондеркоманде 4а. После отпуска в октябре с ноября 1941 г. продолжил изучение права в Берлине. В 1942 г. сдал референдарский экзамен и был направлен для прохождения дальнейшей службы в уголовную полицию Мёнхен-Гладбаха. 30.1.1944 г. произведен в гауптштурмфюреры СС, а 20.4.1944 г. назначен криминал-ратом и руководителем уголовной полиции в Вюрцбурге. В январе 1945 г. назначен регирунгс- и криминалратом.

22.5.1945 г. арестован американскими властями. 10.10.1947 г. военным трибуналом в Дахау был приговорен к смертной казни за участие в убийстве пяти летчиков. В 1951 г. помилован, а 4.10.1957 г. освобожден. На процессе в Дармштадте в 1967–68 гг. приговорен к 11 годам тюремного заключения. В 1973 г. Федеральный суд отменил приговор, так как в нем речь идет о преступлениях, которые в начале процесса подпадали под закон о сроке давности. Умер 20.10.1997 г.

ХЕЛЛЕНБРОЙХ (HELLEN-BROICH), Хайнц, род. 31.3.1906 г. В январе 1924 г. сдал экзамен на аттестат зрелости. С 1.4.1924 г. полгода был учеником на одной фабрике в Дюссельдорфе. С зимнего семестра 1924 г. изучал право в Кёльне и Фрайбурге. В 1929 г. сдал первый юридический госэкзамен. 15.1.1930 г. был назначен референдаром и как таковой проходил обучение в судах и в прокуратуре. С апреля 1932 г. стал работать кандидатом в криминал-комиссары в президиуме полиции в Дюссельдорфе. В 1934 г. окончил восьмимесячные курсы в институте полиции в Берлин-Шарлоттенбурге и с 1.9.1934 г. работал криминал-комиссаром в президиуме полиции в Дюссельдорфе. 1.12.1934 г. был переведен в гестапо Дортмунд и 1.8.1938 г. — в гестапо Мюнстер. Вскоре был откомандирован в гестапо Вена. 13.4.1940 г. назначен криминал-ратом в гестапо Дармштадт.

В НСДАП с 1.5.1933 г. В СА с 8.8.1933 г. до конца 1937 г. В СС с 25.3.1941 г. (№ СС 396212). 25.3.1941 г. произведен в обершарфюреры СС, 1.9.1941 г. — в гауптштурмфюреры и 9.11.1943 г. — в штурмбаннфюреры СС.

С 25.10.1941 г. откомандирован в зондеркоманду 4а. После окончания командировки (февраль 1942 г.) продолжал службу в гестапо Дармштадта в должности начальника отдела и заместителя руководителя гестапо. В феврале и марте 1945 г. участвовал в расстреле пленных американских летчиков.

21.3.1947 г. американским военным трибуналом в Дахау приговорен к смертной казни. Казнен 15.10.1948 г.

ХЭФНЕР (HÄFNER), Август, род. 31.1.1912 г. После того как в 1927 г. оставил школу, учился на бочара (профессия отца) и до марта 1934 г. работал бочаром как у отца, так и в других мастерских. В марте-ноябре 1932 г. был членом СА и с августа 1932 г. до марта 1933 г. — членом «Гитлерюгенда». В СС с 4.3.1933 г. (№ СС 105693). В НСДАП с 1.1.1932 г. С марта 1934 г. до конца июля 1937 г. служил в штандарте СС «Дойчланд» (последнее звание — обершарфюрер СС). В августе 1937 г. был принят на службу в гестапо в качестве криминального служащего и в ноябре 1937 г. назначен инспектором в школу пограничной полиции в Претцше-на-Эльбе; в школе ведал внутренней службой, полицейской службой и обучением стрельбе, а после того как 9.11.1939 г. он был произведен в унтерштурмфюреры СС, с лета 1940 г. руководил всей внутренней службой школы. В 1940 г. был отобран «кандидатом руководящей службы» и после сдачи экзамена на аттестат зрелости с 1941 г. изучал право в университете. 20.4.1941 г. произведен в оберштурмфюреры СС. С июня до начала октября 1941 г. служил в зондеркоманде 4a, затем продолжение учебы до августа 1942 г., когда был отстранен от дальнейшего продолжения учебы из-за несоответствия предъявляемым требованиям. Сдал экзамен на криминал-комиссара и как таковый в ноябре 1942 г. был назначен в гестапо Инсбрук. Примерно в апреле 1943 г. по требованию гаулейтера Хофера был переведен в гестапо Брегенц, так как не проявил необходимой жестокости во время расследования порученных ему дел. В Брегенце у него имела место стычка с начальником, так как X. вступился за одного пленного француза. После этого в августе 1943 г. он был откомандирован к начальнику полиции безопасности в Киев, который назначил его в оперативную команду 11b. В октябре 1943 г. в автокатастрофе получил сотрясение мозга и после трехнедельного пребывания в госпитале через Брест и Варшаву прибыл к начальнику полиции безопасности в Афинах, который в декабре 1943 г. назначил его руководителем отделения полиции безопасности в г. Патры. Зимой 1944/45 гг. был переведен к командиру полиции безопасности в Вене.

На процессе в Дармштадте в 1967–68 гг. приговорен к 9 годам тюремного заключения. В 1973 г. Федеральный суд отменил приговор, так как в нем речь идет о преступлениях, которые в начале процесса подпадали под закон о сроке давности. На новом процессе в Дармштадте 12.12.1973 г. приговорен к 8 годам лишения свободы. Умер в 1999 г.

Дочь Хэфнера Гудрун (в 1964 г. эмигрировала в Канаду) в 2010 г. опубликовала биографию своего отца (*Moore G.* A Duty of Remembrance: The Story of My German Family. Trafford Publishing, 2010, 568 p.)

ШЛИРБАХ (SCHLIERBACH), Гельмут, род. 17.6.1913 г. С 1931 г. изучал право в университетах во Франкфурте/Майн и в Берлине. 23.2.1935 г. сдал первый юридический госэкзамен. В качестве референдара проходил юридическую подготовительную службу в разных судах и в гестапо Франкфурт/Майн. 18.12.1937 г. сдал докторский экзамен и 18.7.1938 г. — большой юридический госэкзамен. С 10.11.1938 г. асессор в управлении гестапо в Берлине, затем в РСХА (отдел I Д 2).

В СА с 10.5. до 14.6.1933 г. В СС с 15.6.1933 г. (№ СС 107 970). В НСДАП с 1.5.1937 г. С конца сентября до начала ноября 1938 г. служил в соединении СС «Мертвая голова» (штандарт «Тюрингия»). 1.6.1939 г. произведен в оберштурмфюреры СС, 20.4.1940 г. в гауптштурмфюреры СС, 20.4.1943 г. в штурмбаннфюреры СС.

12.5.1942 г. откомандирован в оперативную группу С, временно руководил внешней командой. С августа до октября 1942 г. офицер связи ЗК 4а при 6-й армии. Отличился в спецоперациях в Калаче и Сталинграде. С апреля 1943 г. руководитель IV отдела в ведомстве командира полиции безопасности и СД в Днепропетровске, с конца октября 1943 г. — и. о. командира и фюрер оперативной команды 6b при 1-й танковой армии. 31.5.1944 г. откомандирован в ведомство начальника полиции безопасности и СД в Страсбурге в качестве руководителя IV отдела и 22.6.1944 г. был переведен в это ведомство с 1.7.1944 г. С ноября 1944 г. до февраля 1945 г. руководитель гестапо в Карлсруэ.

30.1.1943 г. награжден крестом за военные заслуги 2-го класса с мечами как член ведомства командира полиции безопасности и СД в Ровно.

В 1946 г. английским военным трибуналом приговорен к 10 годам тюремного заключения, 4.4.1952 г. освобожден. 2.7.1954 г. военным трибуналом в Меце заочно приговорен к смертной казни. Синдик в гессенском объединении сберегательных касс. 2.6.1975 г. из-за недостатка доказательств прекращено начатое против него следствие в связи с его деятельностью в Днепропетровске.

Умер 21.3.2005 г.

ШМИДТ (SCHMIDT), Фриц, род. 6.12.1908 г. В 1928 г. сдал экзамен на аттестат зрелости и до 1932 г. изучал право в университетах Бонн, Мюнстер и Кельн. 19.3.1932 г. сдал первый юридический госэкзамен с оценкой «удовлетворительно». 11.10.1935 г. сдал большой юридический госэкзамен с оценкой «удовлетворительно». С 12.4.1932 г. до 30.4.1935 г. находился на подготовительной службе в сфере высшего областного суда (Oberlandgericht) Хамм. Некоторое время был безработным. В январе-мае 1936 г. был штатным судьей в областном суде НСДАП в Мюнстере.

В НСДАП с 1.2.1931 г., в СА с 1.5.1933 г., в СС с 14.6.1937 г. (№ СС 290 023). 15.6.1937 г. произведен в унтершарфюреры СС, 9.11.1938 г. в гауптштурмфюреры СС, 30.1.1939 г. в штурмбаннфюреры СС.

С 1.6.1936 г. в гестапо Берлин на испытательном сроке. С назначением 1.6.1937 г. регирунгс-асессором окончательно принят на службу в гестапо. 15.9.1937 г. переведен в управление гестапо в Берлине. 15.12.1937 г. переведен в гестапо Ганновер как постоянный заместитель руководителя гестапо, затем заместитель руководителя гестапо Штутгарт. 4.11.1938 г. назначен регирунгс-ратом. С мая 1940 г. зам. руководителя гестапо Нойштадт. С весны 1941 г. в РСХА I. С августа 1942 г. в ЗК 4а, в феврале-октябре 1943 г. фюрер ЗК 4а. С ноября 1943 г. руководитель гестапо Киль.

С декабря 1963 г. находился в следственной тюрьме в Киле по обвинению в участии в расстреле 4 пленных английских офицеров, затем под следствием как бывший фюрер ЗК 4а. Следствие было приостановлено из-за болезни и больше не возобновлялось. 20.5.1968 г. приговорен в Киле к 2 годам тюремного заключения за расстрел бежавших из лагеря Саган британских офицеров-летчиков.

Умер 17.4.1983 г.

ШТАЙМЛЕ (STEIMLE), Эуген, род. 8.12.1909 г. Образование высшее филологическое: изучал историю, германистику и французский язык в университетах в Тюбингене и Берлине. В мае 1935 г. сдал госэкзамен, в марте 1936 г. — асессорский экзамен.

В НСДАП с 1.5.1932 г., в СС/СД с 1.4.1936 г. (№ СС 272 575). 13.9.1936 г. произведен в унтерштурмфюреры СС, 12.9.1937 г. в оберштурмфюреры, 20.4.1938 г. в гауптштурмфюреры, 9.11.1938 г. в штурмбаннфюреры, 30.1.1941 г. в оберштурмбаннфюреры, 21.6.1944 г. в штандартенфюреры.

В апреле-августе 1936 г. начальник штаба оберабшнитта СД Штутгарт. С сентября 1936 г. фюрер оберабшнитта СД Штутгарт. С 7.9. до 10.12.1941 г. фюрер ЗК 7а. С середины августа 1942 г. до февраля 1943 г. фюрер ЗК 4а. С февраля 1943 г. руководитель группы Б (Западная Европа) в РСХА VI. С августа 1944 г. руководитель группы «Мил Б» в РСХА.

В 1948 г. приговорен в Нюрнберге к смертной казни, замененной в 1951 г. 20 годами тюрьмы. Освобожден из тюрьмы в 1954 г. После освобождения — учитель немецкого языка и истории в евангелической гимназии в Вильгельмсдорфе. Умер в 1987 г.

ШУ (SCHUH), Фридрих-Вильгельм, род. 18.4.1909 г. В 1919–27 гг. учился в школе. После окончания школы работал в фирме отца (оптовая торговля вином). С осени 1933 г. служащий в ландрате в Мюльхаузене и с февраля до июля 1935 г. — в объединении «Сила через радость» (занималась организацией и контролем досуга населения). С 1.7.1935 г. в СД (оберабшнитт СД Центр). С 1.1.1938 г. референт в абшнитте СД Веймар. В 1941 г. стал фюрером гауптауссенштелле СД Йена.

В НСДАП с 1929 г. В СА с 1.11.1929 г. до 31.7.1931 г. В СС с 1.8.1931 г. (№ СС 17 261). 20.4.1938 г. произведен в унтерштурм-

фюреры СС, 20.4.1939 г. в оберштурмфюреры СС, 1.9.1940 г. в гауптштурмфюреры СС.

С середины апреля 1942 г. в ведомстве начальника полиции безопасности и СД в Киеве (руководитель отдела III). С июля 1942 г.
до июня 1943 г. в ЗК 4а. Во второй половине 1943 г. вновь в СД
Веймар. В конце 1943 г. переведен в абшнитт СД Дессау. С апреля
1944 г. руководитель гауптауссенштелле СД Магдебург.

28.3.1943 г. награжден железным крестом 2-го класса,
20.4.1943 г. — крестом за военные заслуги 2-го класса с мечами.

12.7.1945 г. арестован в Магдебурге. 31.10.1947 г. этапирован
в Киев. 18.6.1948 г. приговорен к 25 годам ИТЛ. 13.12. 1955 г. передан ФРГ и сразу освобожден.

ШУЛЬТЕ (SCHULTE), Христиан, род. 30.7.1912 г. После окончания в 1930 г. средней школы два
года с небольшим перерывом был
практикантом на моторном и ма-
шиностроительном заводе в Киле,
затем работал в цеху по проверке
моторов.

В НСДАП с 1.12.1931 г. В СА с 9.11.1933 г. до 1.7.1934 г. В СС
с 1.7.1934 г. (№ СС 107202). 20.4.1939 г. произведен в унтерштурмфюреры СС, 9.11.1940 г. в оберштурмфюреры СС.

С августа 1934 г. штатный сотрудник СД в Берлине. Сначала работал в реферате «экономика» и с мая 1936 г. до октября 1938 г. исполнял
обязанности руководителя этого реферата. С ноября 1938 г. до сентября
1939 г. учился в «имперской академии физической культуры» в Берлине. С сентября 1939 г. до апреля 1940 г. в РСХА. В мае 1940 г. назначен референтом по спорту при инспекторе полиции безопасности и СД
в Кенигсберге. В середине июля 1941 г. откомандирован в оперативную
группу С в качестве адъютанта шефа группы. В ноябре 1941 г. переведен в зондеркоманду 4а и в феврале 1942 г. назначен офицером связи
при штабе 6-й армии. С мая до августа 1942 г. возглавлял созданное им
отделение полиции безопасности в Полтаве. С августа 1942 г. офицер
связи и адъютант от полиции безопасности при высшем фюрере СС

и полиции Прютцмане. В 1943 г. два месяца исполнял обязанности начальника разведотдела в штабе по борьбе с бандами, после чего был откомандирован в VI управление РСХА и несколько месяцев участвовал в операции «Цеппелин». В конце войны служил в войсках СС.

На процессе в Дармштадте в 1967–68 гг. был приговорен к 4 годам и 6 месяцам тюремного заключения. Умер 27.6.1988 г.

ЯНССЕН (JANSSEN), Адольф, род. 20.5.1916 г. После окончания в 1935 г. гимназии в Кобленце был направлен в «рейхсарбайтсдинст» (РАД). В РАД был в апреле-октябре 1935 г. и с октября 1936 г. до октября 1937 г. С 29.10.1935 г. до 3.10.1936 г. служил в рейхсвере; 1.6.1939 г. произведен в лейтенанты резерва. С 1.11.1929 г. до 1.4.1935 г. в «Гитлерюгенде», награжден золотым почетным значком «Гитлерюгенда». В НСДАП с 1.5.1934 г. В СС с 18.2.1938 г. (№ СС 392501). 20.4.1941 г. произведен в оберштурмфюреры СС, 20.4.1944 г. в гауптштурмфюреры СС. С 4.10.1937 г. крим. служащий в гестапо Франкфурт/Майн. 1.3.1939 г. назначен кандидатом в криминал-комиссары. С 4.12.1939 г. 9 месяцев учился в школе фюреров полиции безопасности, после окончания школы назначен помощником криминал-комиссара и произведен в унтерштурмфюреры. В начале 1941 г. назначен криминал-комиссаром. После отбора кандидатом «руководящей службы» изучал право за счет РСХА. В июне-сентябре 1941 г. служил в зондеркоманде 4а, затем продолжение учебы. В 1942 г. сдал референдарский экзамен и после непродолжительной работы в мюнхенской гражданской администрации стал преподавателем в школе фюреров полиции безопасности. В 1944 г. переведен в VI управление РСХА и назначен преподавателем в диверсионной школе в Каменц/Саксония. В декабре 1944 г. назначен регирунгс-ратом, а в январе 1945 г. переведен в вермахт, где под конец был начальником разведотдела в 38-й гренадерской дивизии СС.

На процессе в Дармштадте в 1967–68 гг. приговорен к 11 годам тюремного заключения. Умер 23.4.2004 г.

Часть II

КАРАТЕЛЬ

ЖИЗНЬ АВГУСТА ХЭФНЕРА, ОБЕРШТУРМФЮРЕРА СС, РАССКАЗАННАЯ ИМ САМИМ, или КАК МОЛОДОЙ ИДЕАЛИСТ СТАЛ МАССОВЫМ УБИЙЦЕЙ

Введение

29 ноября 1968 г. суд присяжных земельного суда в Дармштадте объявил приговор по делу бывших членов зондеркоманды 4а. Среди десяти подсудимых находился и 56-летний бывший оберштурмфюрер СС Август Хэфнер (August Häfner). Прокуратура обвиняла Хэфнера по восьми пунктам, а именно участие в расстреле 117 коммунистов в Сокале 29.6.1941 г., участие в убийстве 1160 евреев в Луцке 2.7.1941 г., содействие испытанию разрывных пуль на 11 пленных в Житомире в июле 1941 г., участие в расстреле 402 евреев в Житомире 7.8.1941 г., участие в убийстве свыше 500 взрослых евреев в Белой Церкви в августе 1941 г., содействие убийству еврейских детей в Белой Церкви 21 или 22.8.1941 г., участие в расстреле примерно 300 человек (в том числе 80–100 душевнобольных женщин) в Василькове в конце августа или начале сентября 1941 г. и участие в расстреле 33 771 еврея в Киеве 29–30.9.1941 г.[1] Суд признал Хэфнера виновным в содействии убийству в четырех случаях (в Житомире в июле 1941 г., в Белой Церкви — убийство детей, в Василькове и в Киеве) и приговорил к 9 годам заключения в тюрьме строгого режима с зачетом срока предварительного заключения и пятимесячного заключения в качестве свидетеля на процессе по делу оперативных групп в Нюрнберге в 1947–48 гг.; ему было также запрещено в течение пяти лет занимать общественные должности[2].

Преступления, в которых Хэфнер обвинялся, он совершил, будучи членом зондеркоманды 4а. Эта команда была одной из наиболее кровавых команд СД, действовавших в тылу немецких войск на

---

[1] Anklageschrift in der Strafsache gegen Callsen und andere // BArch B 162/4698, Bl. X.

[2] Urteil LG Darmstadt Ks 1/67 gg. Callsen u. A. // Justiz und NS-Verbrechen. Sammlung deutscher Strafurteile wegen nationalsozialistischer Tötungsverbrechen 1945–1999, Bd. 31 / Herausgeber Christian F. Rüter, Dick W. De Miidt. Amsterdam: Amsterdam University Press, 2004 (Lfd. № 694).

оккупированной территории тогдашнего Советского Союза. К началу октября 1941 г., к моменту убытия из команды Хэфнера, на ее счету было свыше 51 тысячи жертв[1], в основном евреев. Хэфнер в команде сначала был офицером связи с 6-й армией (в ее тылу команда действовала), со штабом оперативной группы *С* и «высшим фюрером СС и полиции Россия-Юг», а с 8 августа 1941 г. возглавлял самостоятельный отряд в Белой Церкви. На посту «фюрера» этого отряда, который в течение примерно месяца истребил несколько тысяч человек, Хэфнер окончательно превратился в массового убийцу.

Превращение это произошло не одномоментно. Началось оно тогда, когда в самом начале 1930-х годов молодой мастер по изготовлению винных бочек Август Хэфнер, увлекающийся идеями «перелетных птиц», пропагандировавших «свободный дух» молодости, независимость его носителей от «стариков» — собственных родителей, механической рутины их жизни, по «идеалистическим причинам» вступил в нацистскую партию и ее подразделения — СА и СС. Возможно, в то время Хэфнер искренне верил в то, что нацизм даст ему возможность подняться над этой рутиной жизни, однако путь наверх фактически оказался путем, ведущим вниз.

Хэфнер был из тех, о ком говорят — «солдатская косточка». И эта «солдатская косточка», помноженная на консервативное воспитание и «кодекс чести СС» с его безоговорочным повиновением вышестоящему «фюреру», с готовностью выполнить любой приказ, в условиях порожденного ожесточением военного времени процесса возрастающей бесчувственности и равнодушия к жизни вообще в конце концов и сделали из Хэфнера массового убийцу.

Ниже «путь вниз» представлен в изложении самого Хэфнера — имеются в виду его показания, которые он давал вскоре после войны, находясь в заключении, а также позднее, уже в 1960-е годы — во время предварительного следствия и особенно суда[2]. Поскольку его

---

[1] См.: «Донесение о событиях в СССР» (*Ereignismeldung UdSSR*) № 111 от 12.10.1941 г. // BArch B 162/440, Bl. 147.

[2] Соответствующие документы хранятся в Федеральном архиве ФРГ — филиал в Людвигсбурге.

показания далеко не всегда являются искренними, они дополняются отступлениями, которые содержат необходимые разъяснения, дополнения и уточнения.

Обращение к биографии одного из нацистских преступников объясняется, во-первых, необходимостью персонификации нацистских преступлений. На наш взгляд, если говорить вообще о гитлеровцах или фашистах, то тем самым нивелируется индивидуально-личностная составляющая нацистских преступлений, у каждого из которых были организаторы и конкретные исполнители — те, кто отдавал приказ, и те, кто нажимал на курок. Игнорирование индивидуально-личностного компонента приводит к тому, что преступления как бы повисают в воздухе, становятся чем-то абстрактным. Во-вторых, обращение к биографии конкретного преступника важно для уяснения причин и мотивов преступных деяний. В приводимых ниже собственных показаниях Хэфнер пытается эти причины и мотивы объяснить. Из его показаний мы можем увидеть, как происходило постепенное втягивание Хэфнера в убийства — от первой крови 29 июня 1941 г. в Сокале до массовых убийств мужчин, женщин и детей спустя всего два месяца.

От ученика бочара до солдата войск СС

«Я родился 31.1.1912 г. в Меллингене (Швейцария) в семье бочара. Мои родители были родом из Швебиш-Халла[1], куда они вернулись в 1914 г. Там я учился сначала в начальной школе, а затем в средней школе. В 1927 г. я получил свидетельство об окончании неполной средней школы. Вопреки моему желанию я по финансовым причинам должен был учиться на бочара на отцовском предприятии. Затем я работал в различных бочарных мастерских, был безработным, и в 1932–34 гг. вновь работал на отцовском предприятии. Затем я вступил в политический оперативный отряд (*Politischen Bereitschaft*) — будущие части СС для поручений (*SS-Verfügungstruppe*), это было примерно в марте 1934 г.

---

[1] Швебиш-Халл (Schwäbisch Hall) — город в Германии (земля Баден-Вюртемберг). Семья Хэфнера вернулась в Швебиш-Халл 30.7.1914 г.

С 1.1.1932 г. я был членом НСДАП, в 1932 г. я также стал членом СА. Я туда пришел из "Союзной молодежи"[1] и в 1932 г. стал фюрером в ГЮ[2]. Из-за этого в СА я не служил. В "Гитлер-Югенде" я был фюрером примерно до апреля 1933 г. Я имею золотой значок ГЮ. 4.3.1933 г. я стал членом СС»[3]. «Я по идеалистическим причинам вступил в партию и ее подразделения, и верил, что в СС отношение к вещам иное, чем в вермахте. Я воспринимал вермахт по-другому. Правильно ли это было — я должен оставить вопрос открытым»[4].

ОТСТУПЛЕНИЕ ПЕРВОЕ

Бывший бургомистр Швебиш-Халла, социал-демократ Юнг в заявлении от 30.3.1948 г. так охарактеризовал Хэфнера периода 1933 г.: «У меня с ним не раз были политические дискуссии делового характера. В ходе этих дискуссий я установил, что Хэфнер как молодой человек эту [нацистскую] систему считает правильной, и он тогда из-за огромного влияния даже вступил в СС. Все эти дискуссии мне доказали, что я имею дело с молодым идеалистом, который, несмотря на свой молодой возраст, никак не использовал мои высказывания, что является доказательством его политической порядочности и его терпимости. Спустя много лет я встретил его во время его отпуска. Тогда уже давно бушевала война, и я обратил внимание Хэфнера на то, что я говорил ему в 33-м. По его сдержанности я понял, что он осознал свои ошибки, так как он никак не использовал мое свободное мнение, хотя был обязан. Из-за этих высказываний я бы неизбежно попал в концлагерь...»[5].

---

[1] «Союзная молодежь» (*Bündische Jugend*) — политически и конфессионально нейтральное молодежное движение в Германии в начале 1930-х гг., разделявшее идеи «перелетных птиц», запрещенное нацистами в 1933 г.

[2] ГЮ — «Гитлер-Югенд» — нацистская молодежная организация, объединяла юношей в возрасте 14–18 лет. В СА Хэфнер состоял с 1.3. до 16.11.1932 г., в «Гитлер-Югенде» — с 1.8.1932 г. до 27.3.1933 г.

[3] Показания Хэфнера на судебном процессе в Дармштадте 2.10.1967 г. // BArch B 162/17908, Bl. 18. В СС Хэфнер имел № 105 693.

[4] См.: протокол допроса Хэфнера 12.1.1948 г. // BArch B 162/1055, Bl. 1808.

[5] BArch B 162/17918, Bl. 2462–2463.

Претцш-на-Эльбе: инструктор и классный руководитель в школе пограничной полиции

«Служба в частях СС для поручений с 1.3.1935 г. считалась официальной службой в армии. Я обязался служить длительное время. До середины апреля 1936 г. я был в Эллвангене, а затем был переведен в Мюнхен[1]. В течение 1937 г. я выбыл из войск СС мирного времени[2]. У меня была возможность вступить в гестапо или в пограничную полицию. Я выбрал пограничную полицию и должен был 2 месяца служить в пограничном контроле СС[3]. Затем мне было предложено сделать карьеру криминального чиновника, но я должен был по каким-то причинам остаться служащим[4]. Осенью 1939 г. пограничная полиция стала подразделением гестапо[5]. Я служил в Киферсфельдене и Куфштейне. 1.11.1937 г. я был переведен в Претцш-на-Эльбе, где была создана школа пограничной полиции. Я был туда переведен в качестве начальника строевой службы и занимался там внутренней службой, а также стрелковой подготовкой и полицейской службой. Примерно с лета 1940 г. мне подчинялась вся внутренняя служба школы пограничной полиции»[6].

ОТСТУПЛЕНИЕ ВТОРОЕ

В ноябре 1937 г. вместе с 25-летним Хэфнером в Претцш для создания школы пограничной полиции был откомандирован оберштурмфюрер СС Карл Эссиг. После войны Эссиг так охарактеризовал своего бывшего подчиненного: «Хэфнер вместе со мной был откомандирован для создания школы пограничной полиции

---

[1] В Эллвангене и Мюнхене дислоцировались штурмбанны (батальоны) штандарта СС «Дойчланд».

[2] Хэфнер выбыл из войск СС в июле 1937 г., когда был обершарфюрером СС в 10-й роте полка СС «Дойчланд».

[3] В пограничном контроле СС Хэфнер служил с июня до августа 1937 г.

[4] Хэфнер 1.8.1937 г. был зачислен в гестапо в качестве криминального служащего.

[5] Это произошло в 1937 г. 8.5.1937 г. Гёринг подписал приказ, согласно которому для задач пограничной полиции компетентным является только Гиммлер.

[6] Показания Хэфнера на судебном процессе в Дармштадте 2.10.1967 г. // BArch B 162/17908, Bl. 18–20.

Замок в Претцше-на-Эльбе, в котором находилась школа пограничной полиции

в Претцше. Командиром в то время был штандартенфюрер Данге-ло[1]. Хэфнер, после того как он отбыл срок своей службы, пришел туда потому, что он служил в СС «Дойчланд», если я правильно помню, то есть в полку войск СС. Он был придан мне лично в качестве инструктора и руководителя инспекции для текущих тогда курсов учащихся пограничной полиции. Хэфнер был тогда гауптшарфю-рером СС. Я полагаю, что он в то время был служащим крипо[2], как и я сам. В этой школе в мои обязанности входило вышеназванное руководство инспекциями. Курсы были разбиты на отдельные инспекции или классы. Я одновременно осуществлял и руководил войсково-полицейским обучением и оружейно-технической подготовкой. Для этого мне был придан Хэфнер... Хэфнер был солдатом душой и телом. Именно поэтому он вступил и в СС «Дойчланд». Он был очень искусным тактиком в войсково-полицейском обучении, как в практике, так и в оружейной технике. Он был очень корректным руководителем инспекции. В его инспекции всё получалось стопроцентно. У него никогда не было никаких особых происшествий. Он был абсолютно порядочным и честным человеком. Я не

---

[1] Правильно — Карл д'Ангело (Karl d'Angelo). С марта 1939 г. командиром школы был штандартенфюрер СС д-р Ганс Трумллер.

[2] Крипо — Kripo — Kriminalpolizei — уголовная полиция.

могу сказать о нем ничего плохого... Хэфнер был чрезвычайно молодцеватым солдатом, и у начальства о нем было очень хорошее мнение...»[1].

Осенью 1939 г. Хэфнер был награжден железным крестом 2-го класса[2]. Он не рассказал, за что он получил железный крест, а следственные органы и суд этим не заинтересовались. Скорее всего, Хэфнер был награжден за участие в провокациях в конце августа 1939 г. в районе немецко-польской границы — провокациях, которые Гитлер использовал для нападения на Польшу. Хэфнер, по всей видимости, входил в отряд «немецких пограничников» под руководством командира школы пограничной полиции штандартенфюрера СС Труммлера. Отряду Труммлера была предназначена роль «защитника» немецкого городка Хоэнлихен (Hohenlychen) в 100 км севернее Берлина, на который с польской территории должны были напасть «поляки» — отряд начальника школы

Хэфнер в 1937 г. в звании обершарфюрера СС

фюреров полиции безопасности в Берлин-Шарлоттенбурге оберштурбаннфюрера СС Отто Хеллвига. За четыре дня до объявления войны отряд Труммлера занял стратегически важный пункт — вокзал в польском городе Мосина (юго-западнее Познани), который и удерживал до подхода немецких войск. Рапорт о занятии вокзала был, в сущности, первой военной сводкой второй мировой войны[3].

---

[1] См. показания Карла Эссига в качестве свидетеля на судебном процессе в Дармштадте 7.5.1968 г. // BArch B 162/17915, Bl. 1854–1856.

[2] См.: показания Хэфнера 31.5.1965 г. // BArch B 162/5652, Bl. 2905. Из отличий СС Хэфнер имел кольцо «мертвая голова» и подсвечник СС (*Julleuchter*).

[3] *Мельников Д.Е., Чёрная Л.Б.* Преступник № 1. Нацистский режим и его фюрер. — Москва: Новости, 1991 (Глава VII. В борьбе за мировое господство); *Runzheimer J.* Die Grenzzwischenfälle am Abend vor dem deutschen Angriff auf Polen //

«Кандидат руководящей службы»

«Тем временем я стал обершарфюрером и в Претцше — унтерштурмфюрером[1]. 20.4.1941 г. я стал оберштурмфюрером. Я был также привлечен к отбору для руководящей службы, который проходил в Претцше[2]. Я должен был координировать всю внутреннюю службу и должен был сам участвовать в этом отборе, и притом на спортивных курсах в качестве так называемого экзаменатора; я должен был давать характеристику отдельным людям. При этом я узнал, что спрашивают другие экзаменаторы. Я беседовал с референтами и был поражен тем, что в СД все оказалось несколько иначе, чем я себе представлял. Я был свидетелем, что каждый может свободно критиковать. Я считаю, что экзаменатор должен приложить много усилий, чтобы обучить людей, которые имеют мужество находить критические слова. Вскоре я сам получил задание вести различные беседы за круглым столом, и затем мне было заявлено, что я должен сам записаться на эти курсы по отбору. После этого я был зачислен на курсы. На этих курсах было 16 человек, которые еще не имели полного среднего образования. К 1.9.1940 г. мы были вызваны в Берлин и стали готовиться к сдаче экзамена на аттестат зрелости для одаренных; одновременно мы в Берлинском университете слушали 1-й триместр. Экзамен на аттестат зрелости мы должны были сдавать между Рождеством и новогодней ночью в имперском министерстве образования[3]. Это был очень строгий экзамен.

Benz W., Graml H. Sommer 1939. Die Großmächte und der Europäische Krieg. — Stuttgart, 1979. — S. 110 (заявление под присягой д-ра Ганса Труммлера от 13.8.1947 г.).

[1] В унтерштурмфюреры СС Хэфнер был произведен 9.11.1939 г.

[2] В 1940 г. среди криминал-комиссаров в гестапо и уголовной полиции, а также фюреров СС в СД 1910 года рождения и младше было отобрано около 100 человек для подготовки к занятию руководящих постов в системе полиции безопасности и СД (так называемые «кандидаты руководящей службы» — *Anwärter des Leitenden Dienstes*). Подготовка предусматривала двухгодичное изучение права за государственный счет и годичную стажировку в органах общей администрации.

[3] См.: протокол допроса Хэфнера 12.1.1948 г. // BArch B 162/1055, Bl. 1808. Хэфнер сдавал экзамен на аттестат зрелости 29 и 30.12.1940 г.

Потом была командировка в Претцш[1]. Там я сразу был привлечен к такой же службе, что и раньше. В первую очередь речь шла о том, чтобы обмундировывать постоянно прибывающих людей свободных профессий, делать прививки и пр. О задачах команд вообще ничего не было известно. Для меня было ясно, что предстояла деятельность за пределами империи. О каких-либо задачах объявлено не было. Сначала там были созданы роты, но они были никак не связаны с созданными позднее оперативными командами. Это было чисто организационное мероприятие. Затем были сформированы оперативные команды. Мы в Претцше все построились, пришел Гейдрих и объявил, что

Хэфнер с женой (1938 г.) в звании гауптшарфюрера СС

предстоит операция. Затем были сделаны обычные заявления, что следует себя хорошо проявить. Было ясно, что если предстоит деятельность за пределами империи, то следует считаться с тем, что будут какие-то воздействия со стороны противника и что нужно себя показать мужчиной. В принципе речь шла только о задачах полиции безопасности без детализации. Само собой разумеется, что они в первую очередь служили обеспечению безопасности тыла боевых частей. О расстрелах евреев речи не было [...] В Бад-Шмидеберге Гейдрих собрал руководителей команд. Я должен был тогда стоять у двери и не пускать посторонних. На этом собрании были Штрекенбах, Раш, Олендорф, Неебер [Небе], фон Ар [?], Штальэкер,

---

[1]   В Претцш Хэфнер был направлен в середине мая 1941 г.

Зикс и все руководители команд I — XII. Из команды 4а там был Блобель»[1].

ОТСТУПЛЕНИЕ ТРЕТЬЕ

Шеф одной из оперативных групп — Отто Олендорф — уже после войны так изложил суть отданных приказов: «Во время формирования оперативных групп в Дюбене в Саксонии перед началом кампании против России оперативные группы и оперативные команды наряду с обычными задачами по линии абвера и информационной службы получили дополнительный приказ — по причинам безопасности убивать политических комиссаров, коммунистических активистов, евреев и цыган и всех тех лиц, которые угрожают безопасности. При отдаче приказа и неоднократно в Берлине, и позднее в других местах было добавлено, что вермахт об этих задачах информирован и получил указание поддерживать их выполнение. Как при отдаче этого приказа об убийствах, так и во время дискуссии о приказе об убийствах, вызванной сильными протестами против приказа, Штрекенбах, который передал приказ, подчеркнул, что этот приказ является непосредственным приказом фюрера, и поэтому всякая дискуссия об этом приказе является бессмысленной. Убийства, которые совершали члены оперативных групп в 1941 г. и в последующие годы, были, таким образом, не дикими акциями или актами произвола, а планомерной деятельностью по исполнению отданного приказа фюрера [...]»[2].

Наличие уже накануне нападения Германии на СССР приказа об убийстве евреев подтвердил и бывший «фюрер» одной из команд СД Вальтер Блуме: «...По моему мнению, сначала было совещание в Берлине, которое провел Гейдрих. На этом совещании, на котором речь шла о России и на котором Гейдрих дал описание вещей, которые ожидают там оперативные группы, вопрос об уничтожении восточного еврейства был предметом очень краткого изложения. Речь Гейдриха касалась в первую очередь ожидаемых стычек с партизанами. Этому было уделено основное внимание.

---

[1] Показания Хэфнера на судебном процессе в Дармштадте 2.10.1967 г. // BArch B 162/17908, Bl. 18–20, 24.

[2] См. показания Отто Олендорфа 9.11.1948 г. // BArch B 162/3300, Bl. 2047–2048.

В рамках этого изложения он затем заявил, что восточное еврейство как духовный резервуар мирового большевизма в этом случае должно быть уничтожено [...] На совещании в Берлине не было никакой возможности для дискуссии, она была тогда невозможна. Я еще припоминаю, что возникло беспокойство, когда был объявлен приказ, и кто-то сзади выкрикнул: "как такое должно происходить". На это Гейдрих заявил: "это вы узнаете на собственном опыте на месте". Такой выкрик с места был совершенно необычным, поэтому он мне запомнился [...]»[1].

Бывший фюрер зондеркоманды 4а, в которую был зачислен Хэфнер, штандартенфюрер СС Пауль Блобель на послевоенных допросах также подтвердил существование такого приказа. Так, на допросе 28.10.1947 г. он заявил: «17 или 18.6.1941 г. офицеры были вызваны в школу фюреров Претцш [...] [В Претцше шеф 1-го управления РСХА] Штрекенбах сообщил: "С этого момента вы все, унтерфюреры и рядовые, которые откомандированы сюда, находитесь под действием закона военного времени. Для вас вступают в силу все предписания, которые должен соблюдать солдат на поле боя. Вы все присягаете фюреру. Вы должны, как любой солдат фюрера, выполнять задачи, которые я теперь объявляю, в противном случае вы должны ожидать принятия мер по законам военного времени. По приказу фюрера формируются оперативные группы и делятся на команды. Эти оперативные группы во время предстоящего похода на Восток будут подчиняться командующим армиям. Ваши задачи следующие: совместно с вермахтом производить захват всех элементов, которые угрожают безопасности. К этим лицам относятся члены НКВД, политические активисты, функционеры, агенты коммунистической партии, а также евреи. Офицеры отвечают за дисциплину своих подчиненных. Фюреры оперативных групп имеют право применять нормы уголовного права. В сотрудничестве с вермахтом с вашей стороны по строгим меркам следует уделять особое внимание личному поведению и дисциплине во время продвижения и при выполнении задач [...]"». На допросе 29.10.1947 г. он сделал следующее уточнение: «Вопрос: Поняли ли вы приказ Штрекенбаха так, что должны быть расстреляны все

---

[1] См. показания Вальтера Блуме на судебном процессе в Дармштадте 4.3.1968 г. // BArch B 162/17913, Bl. 1340–1341, 1344

евреи? Ответ: Да. [...] Вопрос: Было ли вам Штрекенбахом категорически сказано, что по крайней мере часть вашей деятельности будет состоять в убийстве безоружных людей? Ответ: Да, что касается приказа в отношении евреев, то да [...]».[1]

Сам Гейдрих в письме «высшим фюрерам СС и полиции» Екельну («Россия-Юг»), фон дем Баху («Россия-Центр»), Прютцману («Россия-Север») и Корземану («особого назначения») от 2 июля 1941 г. так изложил те задачи, которые он поставил командам СД: «[...] Ближайшей целью всей деятельности является политическое умиротворение вновь оккупированных областей, то есть главным образом умиротворение в понимании полиции безопасности. Конечной целью является экономическое умиротворение. Хотя все предписанные мероприятия надлежит подчинять конечной цели, которой придаётся главное значение, все же, принимая во внимание десятилетиями длившуюся большевизацию страны, их следует осуществлять на обширной территории с беспощадной суровостью [...]

4. Казни:

Казнить надлежит всех:

функционеров Коминтерна (как вообще профессиональных коммунистических политиков),

высших, средних и радикальных низших функционеров партии, Центрального Комитета, областных и районных комитетов,

народных комиссаров,

евреев на партийных и государственных постах,

все прочие радикальные элементы (саботажники, пропагандисты, партизаны, террористы, подстрекатели и т.д.),

поскольку они не нужны или больше не нужны для политических и экономических справок, которые являются особенно важными для дальнейших мероприятий полиции безопасности или для хозяйственного восстановления оккупированных областей.

Особое внимание следует обращать на то, чтобы не были полностью ликвидированы хозяйственные, профсоюзные и торговые органы, так как в противном случае не окажется подходящих лиц для справок. Попыткам самоочищения антикоммунистических

---

[1] United States National Archives and Record Administration (NARA), M 895 roll 14, Bl. 1527–1528 (допрос 28.10.1947 г.), roll 15, Bl. 1675–1676 (допрос 29.10.1947 г.).

и антиеврейских кругов во вновь оккупированных областях не следует чинить никаких препятствий. Напротив, им следует, разумеется, незаметно, содействовать, но так, чтобы эти местные круги самообороны позднее не могли сослаться на распоряжения или данные им политические гарантии. Так как по понятным причинам такие действия возможны только в течение первого времени военной оккупации, оперативные группы ЗП (СД) по возможности по договоренности с военными органами должны стремиться к тому, чтобы как можно быстрее вступить в соответствующие вновь оккупированные районы, по крайней мере передовой командой. Особенно тщательно следует действовать при расстрелах врачей и прочих лиц, занятых в здравоохранении. Так как в сельской местности на 10 000 жителей приходится только один врач, то в случае эпидемий вследствие расстрела большого числа врачей возникнет трудно заполняемый вакуум. Если в отдельном случае казнь необходима, её, само собой разумеется, следует провести, но ей должна предшествовать тщательная проверка дела [...]»[1].

Сокаль: первая кровь

«В Претцше 21 июня (это была суббота) состоялось уже упомянутое совещание руководителей команд. На этом совещании было официально объявлено, что предстоит операция против России. Еще раньше шли подобные разговоры, были также прочитаны лекции о России. Я на таких лекциях никогда не присутствовал, так как мне что-то мешало. Поэтому я только в субботу, 21 июня, первый раз узнал, что мы пойдем в Россию. Официальное построение подразделения тогда не состоялось.

На рассвете в воскресенье, т. е. 22 июня, команда выехала. В команду входили, включая Блобеля, 9 офицеров СС и 53–56 унтер-офицеров и рядовых[2]. Мы имели 16–20 легковых машин, несколько

---

[1] Die Einsatzgruppen in der Sowjetunion 1941/42. Die Tätigkeits- und Lageberichte des Chefs der Sicherheitspolizei und des SD / Hg. von P. Klein. — Berlin, 1997. — S. 324–326.

[2] В команде на 28.6.1941 г. было 52 человека, в том числе 7 офицеров (*Streim A*. Das Sonderkommando 4a der Einsatzgruppe C und die mit diesem

грузовиков и 1–2 мотоцикла. Путь лежал на восток. Сначала мы не знали, как мы поедем. Я выполнял обязанности адъютанта и постоянно сидел в машине штандартенфюрера Блобеля. В Глейвице мы переночевали. Затем мы еще были в Кракове. Я могу абсолютно точно сказать, что во Львове команда не была. Это я хотел бы категорически констатировать. Блобель сказал мне, что команда должна явиться к генерал-фельдмаршалу фон Рейхенау. Блобель в течение всего времени никогда не давал мне в руки письменный приказ. Информацию о каких-либо событиях я получал только устно. Блобель сказал мне, что 6-ю армию мы должны искать в районе Сокаля. Вскоре мы достигли польского замка, который служил нам местом расквартирования. Команда прибыла вслед за нами [...] В среду около 14 часов мы прибыли в место расквартирования 6-й армии. Сама команда должна была собраться примерно в 10–15 км позади. Блобель велел доложить о себе генерал-фельдмаршалу фон Рейхенау. Я слышал, как фон Рейхенау сказал Блобелю, что хотя команда предназначена для тыла армии, но для него важнее, чтобы команда была в оперативной зоне. Он подчинил ЗК 4а лично себе и заявил, что он лично отвечает за все происходящее, и команда должна выполнять отдаваемые им приказы и распоряжения. Если руководитель команды планирует какие-либо крупные акции, он перед их осуществлением должен запросить его разрешение. Если из-за опасности промедления проведение акции потребуется без его предварительного согласия, то он сразу же должен быть об этом проинформирован. Чтобы обеспечить передачу приказов и связь между ним и командой 4а, команда должна немедленно выделить ему офицера связи. Тогда Блобель в качестве офицера связи уполномочил меня. Я был направлен к гауптману Лулаю[1]. Я сначала побеспокоился о технических вещах и затем вернулся к другим во двор. О чем там тем

Kommando eingesetzten Einheiten. Abschlussbericht. Exekutionen des Sonder-kommandos 4a der Einsatzgruppe C und der mit diesem Kommando eingesetzten Einheiten während des Russland-Feldzuges in der Zeit vom 22.6.1941 bis zum Sommer 1943. – Ludwigsburg, den 30.12.1964, Bl. 44, 53 (Bundesarchiv B 162/195).
   [1] Гауптман Фридрих Лулай (Friedrich Lulay) представлял абвер III (контрразведка) в разведотделе штаба 6-й армии.

временем говорили, я не знаю. Блобель затем дал мне приказ поехать в Сокаль. Я должен выяснить, какая там ситуация, затем должен вернуться на сборный пункт и там расквартироваться. Я знаю, что я еще в тот же вечер поехал в Сокаль и явился к ортскоменданту. Когда он меня увидел, он закричал: «Слава Богу, что вы пришли! Я уже не знаю, как мне можно помочь. За эти 4 дня оккупации Сокаля у нас убитых в 4 раза больше, чем при занятии всего участка Сокаль». Он попросил немедленно направить команду в Сокаль. Я сразу поехал назад и вскоре нашел команду. Я информировал Блобеля о положении в Сокале. Блобель решил, что команда на следующий день должна выехать в Сокаль. Затем я еще должен был заехать за картой для танковой группы Клейста, что я также сделал. Как все это конкретно происходило, я уже сказать не могу. Затем я явился к «генералу тыла»[1]. Я ему доложил, что команда прибыла и в настоящий момент находится, очевидно, в районе Сокаля. Далее я ему сообщил, что генерал-фельдмаршал ф. Рейхенау подчинил команду лично себе, если где-нибудь будет что-то особенное, он может затребовать команду, но я не могу принимать об этом решение. О самом воздушном налете[2] я ничего не знаю, так как я не прибыл с командой в Сокаль, а как офицер связи был совершенно самостоятельным.

Итак, я был у «генерала тыла» и у Блобеля. Блобель сказал мне: «Теперь идите на расстрел». Я был удивлен и спросил: «Почему?» На это он мне сказал: «Вы же знаете, что здесь было застрелено много немецких солдат». Они арестовали столько-то людей, и теперь они будут расстреляны, продолжал он […] Блобель еще сказал мне, что украинцы указали команде, где были советские учреждения. В сейфах этих учреждений они нашли документы, по которым русские солдаты должны выдавать себя за местных жителей и затем

---

[1] Имеется в виду начальник тыла 6-й армии. Им в то время был генерал-лейтенант Альфред фон Путткаммер (1882–1946).

[2] Перед Сокалем Блобель приказал установить на радиаторах машин флаги со свастикой для опознания немецкими летчиками. Однако это привело к тому, что команда была обстреляна советским самолетом, и тогда флаги были убраны (см., например, показания на судебном процессе в Дармштадте 16.10.1967 г. бывшего шофера в команде Виктора Трилла // BArch B 162/17908, Bl. 106–107).

стрелять в спину немцам. У меня не было никакого повода сомневаться в этих словах Блобеля. В ходе беседы выяснилось, что речь идет о круге лиц в 85–95 человек, а не о 115–117, как это указано в «Донесении о событиях». Блобель сказал далее, что в отношении этого круга лиц был проведен целый ряд расследований, а также уже произведены допросы и при этом были получены позитивные данные. В остальном в настоящий момент допросы еще продолжаются. Я высказал сомнения, что это все же невозможно, чтобы люди были расстреляны просто так без приговора военно-полевого суда, для меня это чудовищно и совершенно непонятно. В то время я еще был криминальным служащим, однако я знал, что без приговора военно-полевого суда никто не может быть расстрелян. Блобель заявил мне на мои сомнения, что генерал-фельдмаршал ф. Рейхенау об этом деле информирован и распорядился допросы прекратить и всех арестованных без всяких формальностей расстрелять, и притом на основании приказа «Барбаросса»[1]. Я еще попытался узнать

---

[1] Имеется в виду приказ начальника штаба верховного главнокомандования вооруженных сил Германии от 13.5.1941 г. о применении военной подсудности в районе «Барбаросса» и об особых полномочиях войск. Этим приказом, в частности, предписывалось: «1. Преступления враждебных гражданских лиц впредь до дальнейших распоряжений изымаются из подсудности военных и военно-полевых судов. 2. Партизаны должны беспощадно уничтожаться войсками в бою или при преследовании. 3. Всякие иные нападения враждебных гражданских лиц на вооруженные силы, входящих в их состав лиц и обслуживающий войска персонал также должны подавляться войсками на месте с применением самих крайних мер для уничтожения нападающего. 4. Там, где будет пропущено время для подобных мероприятий или где они сразу были невозможны, заподозренные элементы должны быть немедленно доставлены к офицеру. Последний решает, должны ли они быть расстреляны. В отношении населенных пунктов, в которых вооруженные силы подверглись коварному или предательскому нападению, должны быть немедленно применены распоряжением офицера, занимающего должность не ниже командира батальона, массовые насильственные меры, если обстоятельства не позволяют быстро установить конкретных виновников» (Преступные цели — преступные средства. Документы об оккупационной политике фашистской Германии на территории СССР (1941–1944 гг.) / Составители сборника: Г. Ф. Заставенко (руководитель), Т. А. Иллерицкая и др. — Москва: Политиздат, 1968. — С. 31–33).

что-нибудь об этом приказе, но это мне не удалось [...] Если генерал-фельдмаршал отдает подобный приказ, то я должен считать, что он имеет для этого правовые основания, по крайней мере, что он предписанными расстрелами осуществляет акцию возмездия. Имел ли он фактически для этого правовые основания или нет — по этому вопросу я не чувствовал себя компетентным. Как оберштурмфюрер я должен был доверять генерал-фельдмаршалу. Я мог только полагаться на то, что он не потребует от меня ничего незаконного, и поэтому я должен участвовать в этих расстрелах. В организационных деталях я не разбирался. Блобель дал мне приказ, я должен был сесть к нему в машину. Мы проехали небольшое расстояние до места, которое часто обозначалось как «кирпичный завод». Там уже были все возможные люди подразделения. Я почти никого не знал. Рядом стояла также пара людей в штатском, которые казались находящимися под охраной. На более или менее большом удалении стояли солдаты, которые явно хотели поглядеть. Блобель затем определил несколько людей из команды. Как он это конкретно сделал, я не знаю. Были приведены 6 штатских. Там уже стояла расстрельная команда. Было ли стрелков 6 или 12, я уже сказать не могу. Во всяком случае, я знаю, что все происходило в ритме шестерок. Люди были отведены к яме. Я не знаю, была ли яма выкопана собственно для этой цели или же она раньше служила для добычи глины. Все говорило о том, что она была выкопана для этой цели. Насколько я помню, ее ширина была 2,5 метра. Длину ямы я уже не помню. Сначала Блобель трижды давал приказ «огонь», затем я трижды дал приказ «огонь» [...] По приказу Блобеля я был кем-то сменен. Я уже не знаю, кто это был. Я получил другое задание и ушел с места расстрела. Вечером я еще раз был в Сокале. Таковы мои воспоминания об этом инциденте. Я могу еще добавить, что команда гласила: «прицелиться, огонь». Блобель лично убеждался в смерти жертв после того, как они падали в яму. Если я еще правильно помню, Блобель дал стрелкам указание стрелять в сердце. Но я не могу сказать это со 100-процентной уверенностью.

Я не могу с уверенностью сказать, как должны были стоять стрелки и как — жертвы. Я прошу понять, что́ для меня как офицера означало участие в этом расстреле, который, даже если считать его законным, был ужасным. Я уже высказался об этом. Несмотря на все сомнения, я считал правильным участвовать в этом расстреле, также в интересах немецких солдат, в которых эти люди стреляли, пока были на свободе.

Среди них могли быть евреи. Я не хочу это оспаривать. Но я не видел типичной картины абсолютно еврейской внешности. В этой местности имелось много ортодоксальных евреев. Эти люди носили кафтаны и маленькие шапочки; часто у них были длинные волосы и бороды. Я не помню, чтобы среди них были такие типичные евреи. Но я не могу исключить, что среди них были евреи и что они были расстреляны [...] Среди тех, кто был расстрелян, детей не было, была только одна женщина. Ей могло быть 35−40 лет. Я не видел собранных в кучу людей, а всегда только шестерых, которых вели на расстрел [...]»[1].

ОТСТУПЛЕНИЕ ЧЕТВЕРТОЕ

Сокаль — город во Львовской области на правом берегу реки Западный Буг. Город был захвачен уже 22 июня 1941 г. Согласно «Донесению о событиях в СССР» № 24 от 16.7.1941 г., в городе «28.6.1941 г. среди обнаруженных там штатских пленных были выявлены 17 коммунистических функционеров, агентов и партизан, которые были расстреляны. 29.6. с помощью украинской милиции были выявлены еще 117 активных коммунистов и агентов НКВД, которые в тот же день были казнены. Наконец, 30.6. в Сокале с помощью местных, надежных украинцев были схвачены и ликвидированы 183 еврейских коммуниста»[2]. О своем участии в этих казнях Хэфнер на предварительном следствии упомянул вскользь — несколькими словами во время допроса 4.8.1965 г. («Я считаю возможным, что я под его [Блобеля] руководством и по его приказу 1 или 2 раза давал команду "огонь"»[3]). Следователь эту тему не развивал, и Хэфнер только перед судом присяжных дал развернутые

---

[1] Показания Хэфнера на судебном процессе в Дармштадте 10.10.1967 г. // BArch B 162/17908, Bl. 96−103.

[2] BArch B 162/434, Bl. 191.

[3] Показания Хэфнера на предварительном следствии 4.8.1965 г. // BArch B 162/5654, Bl. 3579.

показания о своем участии в расстрелах в Сокале и мотивах своих действий.

Утверждение Хэфнера, что он только три раза давал команду «огонь» (то есть фактически был причастен к убийству минимум 18 человек), а затем Блобель заменил его другим офицером, противоречит показаниям шофера Блобеля Юлиуса Бауэра, согласно которым Блобель начал казнь, пробыл на месте казни некоторое время, затем уехал, а руководство дальнейшим ходом казни возложил на Хэфнера[1]. На судебном процессе в Дармштадте Бауэр даже заявил, что Хэфнер с самого начала руководил казнью, а Блобель приехал на 5–10 минут, чтобы убедиться, что все идет как надо[2].

Суд оправдал Хэфнера по этому эпизоду на том основании, что он не осознавал преступный характер приказа Блобеля об участии в расстреле и считал расстрел законным.

Луцк: акция возмездия

«Я получил от Блобеля задание поехать в Кременец, который находился значительно южнее. Ортскомендант мне сообщил, что перед уходом русских войск 16 украинцев были брошены в котел с кипящей водой, кроме того, до вступления немецких войск были убиты 160–180 человек[3]. Я поехал назад в Сокаль, но команду там уже не обнаружил. Я должен оставить открытым вопрос, предпринимал ли я в этот период до момента, когда я команду вновь нашел, какие-либо другие поездки. Это я уже сегодня не знаю, так как у меня было много заданий. Возможно, что я во время одной из поездок был также в Луцке. Но я уже не могу точно сказать, было ли это до моей поездки в Кременец или после. Я абсолютно точно помню, что господин Янссен и притом, вероятно, в Луцке, информировал меня

---

[1] См. показания Ю. Бауэра 29.1.1962 г. (*BArch B 162/5642, Bl. 401–402*).

[2] Показания Бауэра на судебном процессе в Дармштадте 27.11.1967 г. // BArch B 162/17910, Bl. 610.

[3] Из «Донесения о событиях в СССР» № 28 от 20.7.1941 г.: «В Кременце русские убили 100–150 украинцев. Часть этих украинцев была, по-видимому, брошена в котел с кипящей водой; об этом говорит то, что трупы при их эксгумации не имели кожи. В рамках самопомощи украинцы в качестве возмездия убили дубинками 130 евреев» (BArch B 162/434, Bl. 236).

о том, что во дворе Луцкого замка при вступлении немцев были обнаружены свыше 2000 украинцев[1] и некоторое количество фольксдойче. Янссен заявил мне далее, что он случайно пришел во двор замка. Там также был генерал-фельдмаршал ф. Рейхенау. Он сказал ему, что он уже отдал приказ в качестве возмездия расстрелять 3000 евреев. Он категорически назначает для этого ЗК 4а, и он, Янссен, должен позаботиться о том, чтобы была уведомлена главная команда. Сделал ли это Янссен, а если сделал, то в какой форме, я уже сказать не могу. Я точно помню, что, приехав в Сокаль, где команду я уже не обнаружил, я поехал после этого в Луцк. Я не мог узнать в Сокале, куда поехала главная команда. Я сориентировался и, наконец, нашел главную команду в Луцке. Первым я встретил Каллсена. Он заявил мне, что у Блобеля нервный срыв и притом в связи с заданием ф. Рейхенау произвести в качестве возмездия расстрелы. Насколько я до этого времени узнал Блобеля, для меня было совершенно ясно, что Блобель не в состоянии справиться с этой проблемой — расстрелять сразу 3000 евреев. Насчет этого у меня не было ни малейших сомнений. Припоминаю, что когда Каллсен это рассказывал, присутствовал ф. Радецки. Он сказал далее, что поместил Блобеля в его комнату и уведомил врача вермахта. Но Блобель не хотел ничего знать о враче и угрожал застрелить любого офицера вермахта. Я был очень поражен, но полностью понимал ситуацию. Я пошел к Блобелю в комнату; он сразу же схватился за пистолет. Я окликнул его, Блобель повернул ко мне голову

---

[1] Согласно спецсообщению начальника тюремного управления НКВД УССР от 28.6.1941 г., в Луцке 23.6. были расстреляны около 2 тысяч заключенных (*Білас I.* Репресивно-каральна система в Україні 1917–1953. Суспільно-політичний та історико-правовий аналіз. У двох книгах. Книга друга. — Київ, 1994. — С. 236), а согласно рапорту начальника тюремного отделения УНКВД по Волынской области от 3.9.1941 г., 23 июня расстреляны были в тюрьме и возле нее около 1000 заключенных и оставлено в тюрьме около 1000 человек, большинство которых обвинялось по бытовым статьям (Там же. — С. 271–273). В телеграмме отдела Ic/AO штаба 6-й армии от 1.7.1941 г. мы читаем: «Зверства в советских тюрьмах перед отступлением красных. В Луцке 2800 человек, в Дубно 500 человек. Задействованы зондеркоманда СС и рота пропаганды» (BArch B 162/5663, Bl. 164).

и отложил пистолет. Речь его была бессвязной. Все это я еще сегодня вижу так, как будто это было вчера. Он говорил что-то о 3000 человек, которых нужно убить, запахать и т. п. Наконец, мне удалось с ним заговорить, но из этого ничего путного не вышло. Я опасался, что Блобель устроит стрельбу, и попросил одного товарища как можно быстрее привести врача. Когда врач пришел, Блобель вновь схватился за пистолет. У врача не было никакого желания идти навстречу выстрелу Блобеля. Мне удалось отобрать у него пистолет и преодолеть его сопротивление. Врач сразу же сделал ему укол и сказал мне, что теперь Блобель некоторое время, я полагаю; 36–38 часов, будет бездеятельным. Врач выписал направление в больницу или лазарет в Люблине и сказал, что направление должно состояться немедленно. Этот лазарет был, как позднее выяснилось, просто сумасшедшим домом. В кругу товарищей тогда началась дискуссия, что же теперь следует делать. Одно было ясно, а именно, что Блобель должен быть доставлен в Люблин. Я вызвался доставить его туда. Автоматически также возник вопрос: «Кто теперь будет главным в подразделении в отсутствие Блобеля?» Некоторые из нас обратились к Каллсену, что он на основании своего звания должен заменить Блобеля. Он от этого отмахивался руками и ногами. Он категорически заявил, что он точно так же, как Янссен, Ханс и я, является участником курсов для «руководящей службы», и на этих курсах звание не играет никакой роли. Я сказал, что я теперь должен уехать, а они могут уведомить д-ра Раша[1]. Мы поместили Блобеля в машину, и шофер Бауэр и я поехали в Люблин. В этой связи мне уже указывали на то, что гауптштурмфюрер ф. Радецки неоднократно заявлял, что это он доставил Блобеля в Люблин, а не я. Я просто и ясно утверждаю: гауптштурмфюрер ф. Радецки не доставлял Блобеля в Люблин [...] Вернулся ли я из Люблина спустя 2 или 3 дня, я уже не знаю. Дату я также уже не помню. Но я полагаю, что через 3 дня. Мы приехали в Луцк, и я увидел большое скопление солдат всех родов войск. Я из любопытства велел Бауэру остановиться. Я еще очень хорошо помню, что это была большая базарная

---

[1] Бригадефюрер СС д-р д-р Отто Эмиль Раш (1891–1948) был шефом *Einsatzgruppe C* полиции безопасности и СД; умер в 1948 г.

площадь, на которой одну сторону составлял ряд домов, а на самой базарной площади находилась яма. Насколько большой она была, я уже сказать не могу. Вокруг стояли сотни солдат в самой разной форме, также члены ОТ[1]. У них было оружие всех видов, и мне было ясно, что вновь речь идет о казни. Так как я отсутствовал несколько дней, я вообще не знал, что происходит. Я не увидел ни одного человека из нашего подразделения. Я подошел к яме и везде увидел легкое шевеление, то есть людей, которые еще не были мертвы. В этот момент снизу высунулся старый еврей. Я увидел, что у него касательное ранение головы. Он крикнул: «Дайте мне еще пулю, дайте мне еще пулю!» Рядом со мной стоял майор. У него был тяжелый пулемет, он подтянул его и выпустил всю ленту вертикально вниз в яму. Меня ужаснула эта картина, и я ушел. Я отправился на наше место расквартирования и спросил, что происходит. Ответа я не получил. Я спросил, здесь ли д-р Раш. Я получил утвердительный ответ [...] Круг, о котором я говорил перед этим, составляли Каллсен, Ханс и Янссен, но кто был со мною во время беседы, я не знаю; иногда то тот, то другой выходили. Как мне сказано, был там и д-р Раш. Они высказали возмущение тем, что их как офицеров СС и криминальных чиновников хотят вовлечь в подобную казнь. Они отказываются производить эти расстрелы. Они вообще против акций возмездия. На это д-р Раш им заявил, что он не слышал эти их замечания, их поведение — это неповиновение и бунт. За этим следует немедленный расстрел. Если члены этой команды откажутся произвести казнь, то достаточно вызвать ближайшее подразделение охранной полиции или вермахта, и они немедленно казнят эсэсовцев. Так завершилась дискуссия об этих вещах.

Мы все были едины в том, что эти люди, которые убили 2000 человек, уже давно скрылись, и мероприятия возмездия затронули совершенно невиновных. Затем еще добавилась другая проблема, а именно, выполнять, что нам приказано, каждый приказ, который нам отдает вермахт. В этот момент мы полностью скатились до уровня гнусной расстрельной команды и остались ею все время. Д-р

---

[1] ОТ — «организация Тодт» — военно-строительная организация в нацистской Германии.

Раш затеял с нами неслыханную игру. Дело не в том, чтобы теперь все сваливать на вермахт. Для Янссена и меня существенным было то, что мы были поставлены в ситуацию, которую мы не понимали. Мы просто не могли понять, почему нас считают способными на такие вещи. Я еще знаю только одно, что господин Янссен тогда сказал: «Если в России это существует в таких формах — горе, если Германия проиграет войну». Таким было наше отношение к этим вещам […] Все были возбуждены и нервничали. Это и понятно, так как мы в конце концов были чиновниками крипо и тем самым вспомогательным органом прокуратуры. Я уверен, что ни один до этого времени не участвовал в расстрелах. У нас не было никакой возможности к кому-нибудь обратиться, поскольку наш начальник был таким, который все блокировал. До этого момента мы ничего не знали о том, что для нас имелись другие вышестоящие ведомства. С нашей позиции все это было очень непрозрачно. Мы ведь не могли просто сесть в машину и поехать в Берлин. У Гейдриха и Гиммлера мы бы точно не нашли никакой помощи. Мы были абсолютно бесправны. До сих пор никто из нас не может сказать, как бы мы могли защищаться, добровольно никто бы не стрелял»[1].

ОТСТУПЛЕНИЕ ПЯТОЕ

Бывший гауптштурмфюрер СС Вальдемар фон Радецки, который был включен в команду как переводчик и знаток страны[2], события в Луцке изложил несколько иначе. По его словам, сначала «в Луцке находилась передовая команда. Блобель появился спустя несколько дней. Когда он появился, он был подвыпившим и сообщил, что в Луцке должна быть расстреляна пара тысяч евреев».

Блобель приехал в Луцк 1 июля. Он действительно был подвыпившим, если не сказать больше — всю дорогу он пил ром, отмечая 20-ю годовщину своей свадьбы, продолжал пить он и в Луцке.

«Расстрел должен быть возмездием за расстрел большевиками пары тысяч украинцев, — продолжал ф. Радецки. — Мы это восприняли с ужасом, т.е. не “3000 украинцев”, а “3000 евреев”. Мы

---

[1] Показания Хэфнера на судебном процессе в Дармштадте 17.10.1967 г. // BArch B 162/17908, Bl. 144–150.

[2] Фон Радецки родился в Москве в 1910 г., в 1919–39 гг. жил в Латвии.

тогда конфисковали большую бочку крымского вина. Блобель пил, и пил охотно. Затем мы, чтобы не спускать с него глаз, принесли ему столько крымского вина, что он не смог больше отдавать никаких приказов. Затем мы привели врача, который, с одной стороны, был готов выписать направление в госпиталь, и, с другой стороны, сделать ему укол, чтобы он не просыпался всю дорогу от Луцка до Люблина. Затем я поехал с Блобелем в военный госпиталь в Люблин. Он был помещен в инфекционное отделение. Тамошний врач заверил меня, что он проведет в госпитале 4–6 недель. Я видел Блобеля еще раз на следующее утро, когда он, протрезвев, упрекнул меня в том, что я доставил его в Люблин. Об этом состоялась беседа с офицерами команды. Тогда это казалось мне единственным выходом из ситуации. В беседе участвовали Янссен, Хэфнер и, вероятно, Каллсен, но точно сказать я уже не могу. Эта беседа произошла перед убытием Блобеля. Насколько я помню, только я один был с Блобелем в Люблине. Но я не могу исключить, что также Хэфнер поехал с нами в Люблин...»[1].

Как установил суд, Блобель находился в госпитале в Люблине 4–7 июля. Суд также установил, что отвозили Блобеля в Люблин ф. Радецки и Хэфнер, причем ехали они всю ночь — поездка заняла около 20 часов. Таким образом, по мнению суда, в расстрелах в Луцке Хэфнер не участвовал, хотя по возвращении в Луцк на месте расстрела был. Согласно обвинительному заключению, Хэфнер будто бы находился непосредственно на месте казни и отдавал распоряжения. При этом обвинение основывалось на показаниях бывшего шофера команды Курта Вернера, согласно которым Хэфнер был тем человеком, который давал команды «прицелиться, огонь»[2]. Однако суд все же счел участие Хэфнера в расстреле в Луцке недоказанным. Тем не менее, поскольку Хэфнер повез Блобеля в Люблин только вечером 3 июля, он вполне мог быть одним из тех, кто этим расстрелом руководил.

---

[1] Показания ф. Радецки в качестве свидетеля на судебном процессе в Дармштадте 16.1.1968 г. // BArch B 162/17911, Bl. 1010–1011.

[2] Показания Курта Вернера 28.5.1964 г. // *BArch B 162/5651, Bl. 2296–2298*. Во время допроса в качестве свидетеля на судебном процессе в Дармштадте 28.11.1967 г. Вернер заявил: «Сегодня я сомневаюсь, был ли это Хэфнер» (BArch B 162/17910, Bl. 640).

В «Донесении о событиях в СССР» № 24 от 16.7.1941 г. относительно расстрелов в Луцке говорится следующее: «Передовая команда, которая 27.6. была послана в Луцк, обнаружила, что большая часть города горит. По данным ортскомендатуры, в поджогах виновны только евреи. В тюрьме в Луцке большевики перед своим уходом из 4000 заключенных там украинцев расстреляли 2800. По показаниям 19 украинцев, которые пережили резню с более или менее тяжелыми ранениями, в арестах и расстрелах вновь в значительной степени участвовали евреи. В самом городе все находится в полном беспорядке. Все магазины разграблены населением. Для поддержки ортскомендатуры после прибытия оперативной команды были использованы все имеющиеся силы, которым удалось сохранить по крайней мере крупные склады продовольствия. После этого начались планомерные обыски общественных зданий и розыски ответственных за поджоги и грабежи евреев и коммунистов. При этом удалось арестовать 300 евреев и 20 грабителей, которые 30.6. были расстреляны. После того как 2.7. были обнаружены трупы 10 солдат вермахта, в качестве возмездия за убийство немецких солдат и украинцев с помощью взвода полиции порядка и взвода пехоты были расстреляны 1160 евреев. Наконец, 6.7. удалось разыскать в совокупности 50 польских агентов и шпионов, которые также были ликвидированы»[1].

Житомир I: испытание разрывных пуль

«Я сам с главной командой поехал из Звягеля [Новоград-Волынский] в Житомир. Так как машины для меня не нашлось, я поехал на трофейном русском грузовике. Я вернулся из какой-то курьерской поездки, тут Блобель мне приказал с другими членами «руководящей службы» идти на вскрытие трупов. Вскрытие мы до сих пор не видели, и как будущие руководящие криминальные чиновники мы, безусловно, должны были принять в нем участие. Где все это было, я сначала не знал. Я уже не помню, с кем я поехал. Мы прибыли на местность, которую я мог бы назвать кладбищем. В центре находилось здание, которое внешне выглядело как железнодорожная сторожевая будка. Но это была, пожалуй, небольшая часовня. Блобель

---

[1] BArch B 162/434, Bl. 191.

на месте расквартирования заявил, что в этом должны участвовать все члены «руководящей службы». Но все ли пришли, я сказать не могу. Я еще помню, что на этом кладбище нас было трое. Когда мы туда пришли, там уже был оберштабсарцт[1], который представился мне как д-р Паннинг. Д-р Паннинг сделал приготовления к казни, о которой мне самому не было ничего известно. Я перед этим не имел никакого представления о том, будет ли казнь. Во всяком случае, я должен констатировать, что он беседовал с членами команды, которые находились позади часовни. Затем каким-то членом команды, в которую также входили шупо, был приведен человек, который рассматривался как жертва. Д-р Паннинг повернулся и спросил, можно ли начинать. Мы тогда посмотрели на Каллсена, Каллсен посмотрел на нас, и все закончилось тем, что Каллсен слегка наклонил голову. Затем всё взял в свои руки д-р Паннинг. Поблизости находились два ящика, которые можно назвать ружейными ящиками. Возле ящиков находился унтер-офицер санитарного подразделения, которого д-р Паннинг назвал своим шофером. По распоряжению д-ра Паннинга этот унтер-офицер подавал отдельные винтовки. Это были русские, французские и английские винтовки. Д-р Паннинг давал указание, какими патронами должна быть заряжена соответствующая винтовка. Отчасти патроны для определенных винтовок заменялись. Затем д-р Паннинг велел поставить жертвы в определенное положение — отчасти они должны лечь, отчасти они должны повернуться. Затем он дал стрелку винтовку и указал, в какую часть тела он должен стрелять — или в плечо, руку, ногу или в определенные части лица. В жертву каждый раз производилось 2–3 выстрела. Последний выстрел каждый раз был смертельным. Насколько я помню, были расстреляны примерно 7–8 человек. Мы сами по отношению к этому факту стояли совершенно растерянными. Мы не могли ничего поделать. Ни один из нас, трех офицеров, не давал в какой-либо форме приказ или организационные указания. Каллсен не отдавал никакого приказа о расстреле. Все дело находилось исключительно в руках оберштабсарцта. Затем трупы

---

[1] Оберштабсарцт (Oberstabsarzt) — звание в медико-санитарной службе Германии, соответствует званию майора.

были доставлены в часовню. Оберштабсарцт начал вскрывать трупы. Я еще припоминаю, что он давал разъяснения, что он должен установить, какие последствия отдельные выстрелы вызывали в отдельных частях тела. Это исследование было предписано потому, что было установлено, что против немецких солдат использовались русские разрывные пули, что обнаружилось при обследовании раненых и трофейных боеприпасов. Я первый раз присутствовал при таком вскрытии, на котором людей разрезали так, как там происходило. Затем нам дали знать, что это конец. Мы пошли назад. Ни один из нас ничего не сказал. Для нас было просто слишком тяжело то, что мы там видели [...]

На допросе я показал, что стрелками были два человека, которые сменяли друг друга. Стрелял всегда только один. Также со стороны д-ра Паннинга было видно, что плохо, если бы оба стреляли, так как д-р Паннинг хотел научно установить, попала ли пуля в цель и куда именно.

По некоторым жертвам стреляли одной и той же винтовки, но разными патронами; в других случаях менялась винтовка. Оберштабсарцт д-р Паннинг каждый раз приказывал готовить винтовку. Всем жертвам сначала наносилось ранение, затем, возможно, еще одно ранение, и затем следовал смертельный выстрел. Расстояние между стрелками и жертвами каждый раз менялось, оно могло колебаться между 4 и 10 метрами. Расстояние в каждом случае определял д-р Паннинг. Расстрел происходил на территории кладбища.

После того как все дело стало более чем мрачным, для меня практически было совершенно ясно, что здесь не обошлось без генерал-фельдмаршала фон Рейхенау, который в то время также был в Житомире. Вспомнив об отданных им приказах, я понял, что подобные вещи он или приказал, или они зависели от его решения. Я считал абсолютно бесполезным выступать против, поскольку оберштабсарцт был из ОКВ, а мы подчинялись Блобелю. Это дело я также считал грубым нарушением международного права. Я обдумывал мысль выступить против этого дела. Говорил ли я об этом с другими, я уже не помню. Но я хорошо помню, что в ходе нашей беседы мы пришли к единому мнению, что если Германия и дальше будет делать то, что происходит здесь, на Востоке, то наше поведение не будет ничем отличаться от поведения коммунистической партии по отношению к собственному народу. Это была картина, которую я для себя лично составил и которая в основном совпадала с мнением моих товарищей».[1]

ОТСТУПЛЕНИЕ ШЕСТОЕ

Д-р Герхарт Паннинг был доцентом и руководителем судебно-медицинского института военно-медицинской академии в Берлине. В начале июля 1941 г. он был уполномочен произвести медицинскую экспертизу «большевистских зверств» и действия советских разрывных пуль. Сначала действие разрывных пуль проверялось путем выстрелов в землю, воду, куски картона, доски и разделанные части лошади. Полученные при этом данные Паннинга не удовлетворили, и поэтому он решил проверить действие разрывных пуль на живых людях. С этой целью он со своим помощником Вильгельмом Крёше отправился в штаб 6-й армии, где обратился за помощью к начальнику разведывательного отдела майору Пальтцо и армейскому судье д-ру Нойману. По их совету Паннинг пришел к Блобелю и попросил его о поддержке. Блобель с готовностью выделил для опытов минимум шесть военнопленных, которые как «нежелательные» были отобраны в лагере военнопленных в Житомире, а также стрелков.

В 1942 г. в журнале «Немецкий военный врач» Паннинг опубликовал статью о результатах своих исследований, в которой он сообщил, что для проверки действия разрывных пуль были обследованы раненые этими пулями немецкие солдаты, а также расстрелянные этими пулями «русские» (6 выстрелов в голову и 5 — в грудь или живот), то есть всего было убито 11 пленных. Бывший шофер команды Курт Вернер, который был назначен стрелком, говорил о 8–12 расстрелянных пленных, в то время как бывшие полицейские 3-го взвода 3-й роты 9-го резервного полицейского батальона Лауэр и Шмидт, назначенные в оцепление, говорили о нескольких пленных, привезенных на грузовике[2].

---

[1] Показания Хэфнера на судебном процессе в Дармштадте 17.10.1967 г. // BArch B 162/17908, Bl. 191–197.

[2] Landgericht Darmstadt Ks1/67 (Gsta), Urteil v. 29.11.1968 gegen Kuno Callsen u. a.

Об этих экспериментах было доложено в ОКВ. Эксперт по международному праву в ОКВ (управление Заграница/Абвер) граф Гельмут фон Мольтке в письме жене 12.9.1941 г. так отозвался о них: «[...] Вчера на мой стол легло следующее: один офицер сообщает, что у русских обнаружены запрещенные международным правом боеприпасы: пули дум-дум. Что действительно речь идет именно о них, подтверждается заключением оберштабсарцта д-ра Паннинга; для проверки он использовал эти боеприпасы во время казни евреев. При этом обнаружилось следующее: при попадании в голову пуля реагировала так и так, при попадании в грудь — так и так, при попадании в живот — так и так, при попадании в конечности — так и так. Эти результаты научно обрабатываются, чтобы безупречно доказать нарушение международного права. Все же это высшая точка озверения и упадка, и ничего нельзя сделать. Но я надеюсь, что все же можно будет однажды привлечь к суду доложившего офицера и господина Паннинга [...]»[1].

Суд признал Хэфнера виновным по этому эпизоду, так как он осознавал преступный характер происходившего и своим присутствием на этом преступлении содействовал его беспрепятственному совершению.

Житомир II: «образцовый» расстрел

«Вернувшись из курьерской поездки, я услышал о повешении. Это могло быть дня за 3–4 до этого. Говорили, что схватили важную птицу, народного судью, на совести которого много украинцев. Насколько я помню, я рано утром вернулся из курьерской поездки и хотел с новой почтой снова куда-то ехать. Блобель сообщил мне, что состоится расстрел. Он сказал мне далее, что при

---

[1] Die Verfolgung und Ermordung der europäischen Juden durch das nationalsozialistische Deutschland 1933–1945: Bd. 7: Sowjetunion mit annektierten Gebieten I. Besetzte sowjetische Gebiete unter deutscher Militärverwaltung, Baltikum und Transnistrien, bearb. von Bert Hoppe und Hildrun Glass. München: Oldenbourg Wissenschaftsverlag, 2011, S. 288 (Dok. 80). В январе 1944 г. фон Мольтке был арестован за оппозиционную деятельность и в январе 1945 г. казнен.

этом будет много офицеров из штаба 6-й армии, и я должен позаботиться о них. Я уже не знаю, поехал ли я туда с Блобелем или на своей машине. Я приехал на площадь, которая была известна как базарная площадь. По очереди пришли офицеры вермахта, солдаты и тысячи людей. Люди стояли вплотную друг к другу. Виселица была такой высокой, что под ней мог проехать грузовик. Перед большим количеством зрителей я увидел большую группу людей, которых я мог бы назвать евреями, так как большая часть из них носила кафтаны. Но там также были и люди, на которых была западная одежда. Мое впечатление состояло в том, что это были в основном евреи. Я уже не помню, что с помощью громкоговорителей и афиш были сделаны объявления. Но после того как мне на это было указано, я припоминаю, что нечто подобное имело место. Детали я уже не помню. Оба осужденных стояли на грузовике. Затем им на шею была наброшена петля, и шофер машины получил приказ отъехать.

Я не знаю, кто набросил осужденным петлю на шею. Мое знание людей было таким незначительным, что я ничего конкретного сказать не могу.

Вскоре оба человека умерли от удушения. Затем я подошел к Блобелю и сказал, что теперь мы можем вернуться на наше место расквартирования, на что он сказал: «Нет, здесь евреи, которые теперь будут расстреляны. Вы займитесь господами из вермахта». Я спросил, почему люди должны быть расстреляны. Он кратко сказал: «Люди будут расстреляны — конец!» Он приказал садиться на грузовики. Я увидел, что подъехал ряд грузовиков. На машинах были знаки СС. Мы поехали за город. Я не знаю, как долго мы ехали. Остановились и пошли по слегка холмистой местности к кустарникам. Там уже была выкопана яма. Я увидел, что машины по дороге подъехали как можно ближе к яме. Солдаты войск СС отвели людей к яме. Они стояли лицом к стрелкам. Сами стрелки стояли на относительно небольшом расстоянии от жертв. Это расстояние ни в коем случае не было больше 5 метров, а, скорее всего, даже меньше. Казнь производила рота войск СС. Какой взвод там был и сколько людей было задействовано, я сказать не могу. Командовал лично оберштурмфюрер

Графхорст[1]. Всей акцией руководил Блобель. Графхорст приказал одному из унтер-офицеров давать команду «огонь». Я вместе с другими офицерами вермахта находился в 3–4 метрах рядом с цепью стрелков. Люди спиной падали в яму. После того как первые две группы были расстреляны, Графхорст или унтер-офицер установили, что некоторые жертвы в яме еще шевелятся, то есть не были мертвыми. Теперь я подключился. Я подошел к яме и в этом убедился. Поводом к тому, что теперь произошло, было пережитое в Луцке, где каждые 2–3 метра лежал не мертвый, а только тяжело раненый, пытавшийся выбраться. Я считал своим офицерским долгом принять меры. Я бы это сделал и сегодня. Сам расстрел я не мог предотвратить. Но я должен был принять меры, если люди в яме подвергались страшной смерти от удушья. Я принял меры. Это я обсудил с Блобелем, Графхорстом и унтер-офицером.

Первыми залпами, которые были произведены, были выстрелы в сердце. Я стремился найти метод, который приводил к немедленной смерти. В результате Графхорст приказал стрелять в голову, выше носа. Но так как стрелки находились в 3–5 метрах от жертв, стрелки и жертвы должны были смотреть друг другу в глаза. Невозможно себе представить, что это означало. Как для жертв, так и для стрелков это было ужасно. Это приводило к тому, что некоторые промахивались и жертвы продолжали стоять. У других сносило половину черепной коробки. Это было ужасное зрелище. Части черепа летели назад над стрелками. Мне в лицо попал кусок мозга. Я повернулся и увидел, что стоящему за мной офицеру СС также попал в лицо кусок головы. Насколько я помню, это был г-н Янссен. Необходимо было что-то предпринять. Я потребовал, после того как Блобель не сделал то, что он должен был сделать, чтобы метод расстрела был еще раз изменен. К этому меня побудило мое внутреннее убеждение, так как я сказал себе: «При чем здесь эти евреи, при чем здесь эти 400 человек? Ведь они невиновны», в то время как

---

[1] Оберштурмфюрер СС Бернхард Графхорст (1913–1943) был командиром 3-й роты батальона войск СС особого назначения. Его рота с конца июля до начала октября 1941 г. была придана оперативной группе *C*.

я предполагал, что перед этим были осуждены 2 человека. Это привело к еще одному совещанию. Затем я увидел, что пришли евреи, которые были сильно окровавлены, так как они подвергались истязаниям. Я увидел, что солдаты избивают этих евреев. Я немедленно вмешался, чтобы это прекратить.

Как я уже сказал, он еще раз изменил метод расстрела. Сегодня я уже не знаю, как затем это делалось [...] После окончания мы поехали назад, и Блобель попросил офицеров вермахта прийти на совещание в место расквартирования. Я припоминаю, что там определенно был армейский судья. В небольшом кругу затем обсуждались различные вещи, которые были связаны с деятельностью судьи и дисциплинарными наказаниями [...]

Я сказал, что я, будучи взволнованным, производил добивание. Я не могу сказать, производил ли добивание лично я. Однако вполне возможно, что я, находясь в состоянии возбуждения из-за того, что люди в яме должны мучиться до самой смерти, производил добивание. Как офицер, я не мог на все это спокойно смотреть. Кто-то должен был нести ответственность и положить этому конец...»[1]

ОТСТУПЛЕНИЕ СЕДЬМОЕ

Согласно «Донесению о событиях в СССР» № 58 от 20.8.1941 г., «в Черняхове удалось арестовать председателя "тройки" тамошнего района и его помощника-палача [...] Наряду с главным преступником, народным судьей Кипером, были выявлены еще 15 членов ГПУ и другие 11 осведомителей [...] Сам Кипер и его помощник-палач 7.8.41 были публично повешены на новом базаре в Житомире. В центре большой площади для обоих евреев была сооружена виселица, на которой оба еврейских убийцы были повешены. Место казни окружала многотысячная толпа. Также очень сильно был представлен вермахт. В казни должны были участвовать, кроме того, 402 еврея, которые были собраны оперативной командой 4а. Перед осуществлением казни через передвижную станцию громкой связи роты пропаганды на русском и украинском языках было объявлено о зверствах, совершенных Кипером и его помощником, а также

---

[1] Показания Хэфнера на судебном процессе в Дармштадте 24.10.1967 г. // BArch B 162/17908, Bl. 235–239.

о том, какое они понесут наказание. Кроме того, на двух больших щитах, укрепленных на виселице, еще раз указывалось на совершенные преступления. Это объявление приговора неоднократно прерывалось криками одобрения и аплодисментами. Местное население восприняло это возмездие за десятилетия еврейского ужаса с чувством глубокого удовлетворения. Вслед за этим был произведен расстрел 402 евреев из Житомира. Организация — как казни обоих еврейских убийц, так и расстрела — может считаться образцовой...»[1].

Согласно обвинительному заключению по делу бывших членов ЗК 4а, Хэфнер не только присутствовал на месте расстрела, но и некоторое время давал команду «огонь» и контролировал непрерывную доставку жертв[2]. Хэфнер сам признался, что вполне возможно, что он «из сострадания» производил добивание еще живых жертв, «чтобы они не мучились».

Суд оправдал Хэфнера по этому эпизоду на том основании, что он считал казнь законной: она была не тайной, а публичной — на ней присутствовали многочисленные военнослужащие вермахта, а также 7–10 офицеров из штаба 6-й армии, в том числе адъютант полковник Шулер, врач д-р Флат и даже армейский судья д-р Нойман. Эту казнь Хэфнер считал допустимой акцией возмездия за обстрел легковой машины команды, поджог склада боеприпасов или бомб и прочие акты саботажа.

Белая Церковь I: убийство взрослых евреев

«В начале августа предположительно вырисовывалось занятие Киева. Блобель сформировал для этой цели передовую команду. Я был назначен фюрером этой команды с одновременным освобождением от деятельности в качестве офицера связи со штабом 6-й армии [...] Я получил приказ явиться к майору Науку[3] в Белую

---

[1] BArch B 162/436, Bl. 102–103.

[2] BArch B 162/4698, Bl. X.

[3] 42-летний майор Гельмут Наук был главным переводчиком 6-й армии. В Белой Церкви он был офицером службы комплектования, возглавлял пункт явки для команд, предназначенных для Киева (см.: показания Наука на судебном процессе в Дармштадте 25.3.1968 г. // BArch B 162/17914, Bl. 1520–1521).

Церковь. Как мне было сказано, он был сборным и командным пунктом для всех команд, предназначенных для Киева. Позднее я узнал, что Наук входил в штаб 6-й армии. Что касается задач передовой команды, то я хотел бы сказать, что д-р Раш дал указание, чтобы я как фюрер передовой команды в компетентном для занятия Киеве штабе выдвинул претензии на имевшиеся в Киеве два здания НКВД, а после захвата Киева эти здания занять, охранять и контролировать до прибытия в Киев команды 4а. Когда я явился к майору Науку, мне было сообщено, что пока я должен ждать и расквартироваться. Мы заняли две усадьбы, которые я мог бы назвать крестьянскими дворами. В передней усадьбе разместился я сам с моими собственными членами команды 4а, в здании на заднем дворе расквартировался взвод войск СС. Служба проходила полностью раздельно. Я сам мог давать указания командиру взвода, но не имел права давать какие-либо указания солдату войск СС. Продовольствие было забрано в Житомире. Так случилось, что войска СС забрали продовольствие на собственном грузовике, в то время как основная команда свое продовольствие забрала сама. В войсках СС ответственным был командир взвода. Затем на мое место расквартирования прибыл еще небольшой отряд из 3–4, возможно, 5 офицеров и рядовых из оперативной группы *С*, который также назывался передовой командой. Он находился там в течение первых 8 дней; находились ли они там 3–4 дня, я сказать не могу. Затем они убыли. На третий день моего пребывания в Белой Церкви, примерно 8 или 9.8., я получил приказ немедленно явиться к фельдкоменданту[1]. До этого времени я вообще не знал, что там имеется фельдкомендант. Я пришел и получил взбучку за то, что до сих пор не представился. Я заявил ему, что являюсь фюрером передовой команды в Киеве, для Белой Церкви не имею никаких указаний и не уполномочен к нему явиться. Дело было затем улажено. Спустя примерно час пришел гауптман тайной

---

[1] Фельдкомендантом (фельдкомендатура 198) в Белой Церкви был 62-летний подполковник Йозеф Ридль (1879–1957), в прошлом штандартенфюрер СА.

полевой полиции[1], который во двор нашего места расквартирования с помощью охраны загнал около 500 евреев. Он сказал мне, что по приказу фельдкоменданта я должен расстрелять этих 500 евреев. Я заявил ему, что не имею указаний расстреливать евреев и будто бы не уполномочен на это. Переданный мне моим командиром приказ д-ра Раша, что мы должны расстреливать всех евреев, не был отозван и, как и прежде, сохранял свою силу. Но я от него дистанцировался и заявил гауптману, что я не имею никакого приказа, он должен забрать 500 евреев. Тогда гауптман со своей охраной ушел, а 500 евреев оставил; их я освободил. Затем это повторилось еще раз. Я уже не знаю, в тот же день или на следующий день 500 евреев вновь были пригнаны во двор. Я вновь отказался расстреливать евреев, гауптман снова ушел, а евреев я опять отпустил. После этого я был вызван к фельдкоменданту. Там произошла сильная ссора, так как я и там отказался расстреливать 500 евреев. Я заявил дополнительно, что мне абсолютно ничего не известно о том, что эти евреи в той или иной форме выступали против вермахта. На это мне фельдкомендант заявил, что по приказу «Барбаросса» он должен всех евреев собрать и велеть СД их расстрелять. Я вновь отказался расстреливать евреев и ушел. На следующее утро появился Блобель. Он пошел к фельдкоменданту, спустя некоторое время вернулся и заявил мне, что 500 евреев должны быть расстреляны, я должен произвести расстрел. Я заявил ему, что если евреи должны быть расстреляны, то почему это должны делать именно обученные криминальные чиновники. Блобель некоторое время подумал и заявил мне, что этот и другие расстрелы должен производить взвод войск СС. Пришел приказ немедленно арестовать всех сторонников Бандеры и отправить их в Житомир, я должен этим заняться. Я информировал об этом деле моих чиновников и говорил об этом также с переводчиком. Под вечер я узнал, что под руководством Блобеля взвод войск СС расстрелял 500 евреев, и притом у стрельбища, где по приказу

---

[1] Этим гауптманом был комиссар тайной полевой полиции (группа ГФП 708) Бернхард Зюссе (см. показания Зюссе на судебном процессе в Дармштадте 25.3.1968 г. // BArch B 162/17914, Bl. 1534–1537).

фельдкоменданта военнопленные уже вырыли большую яму. Блобель в этот же вечер уехал в Житомир. Был еще один офицер, который затем также уехал […] Спустя 2–3, возможно, 4 дня, то есть числа 12-го — 14-го, мне по дороге встретился фельдкомендант и сказал, хотя я лично с членами штаба не расстреливал евреев, что теперь, когда расстреляны все евреи-мужчины, настала очередь женщин. Я был совершенно беспомощным по отношению к приказу Блобеля и сказал ему, если я могу дать ему совет, он должен не лезть в это дело; я оставил его стоять и ушел. На следующий день ко мне пришел командир взвода войск СС[1] и сказал, что так дальше идти не может, он больше не может поддерживать нормальный порядок службы, когда с утра до вечера ему беспрерывно приводят небольшие группы для расстрела. Он постоянно мотается между стрельбищем и местом расквартирования. Когда я его спросил, кого к нему приводят, он сказал, что теперь приводят евреек, еврейских военнопленных из лагеря и единично политкомиссаров. Через 2–3 дня[2] ко мне пришел фельдкомендант и сказал, я должен ему помочь, он зашел в тупик, он дальше больше не может. Он рассказал мне, что он между 10 и 12-м велел расстрелять также матерей маленьких детей. Дети собраны в одном доме. Теперь у него возникла проблема с питанием этих детей. Когда я ему сказал, что он должен обратиться к украинским семьям, чтобы они приняли этих детей, он заявил мне, что он уже пытался это сделать, но украинцы отказались принять еврейских детей. Я ответил, что я ведь ему советовал держаться подальше от этого дела, он к этому совету не прислушался, теперь он должен сам думать, как с этим справиться; я не знаю, что посоветовать. Больше я об этом деле не заботился […]

Я два раза был на месте расстрела, когда расстреливали взрослых. Первый раз я был там тогда, когда мои люди информировали меня, что после расстрелов выявились ужасные последствия;

---

[1] Им был обершарфюрер СС Фридрих Егер (Friedrich Jäger) (1913–1964) (BArch B 162/5658, Bl. 275).

[2] Это было 17.8.1941 г. (см.: показания Хэфнера на судебном процессе в Дармштадте 15.1.1968 г. // BArch B 162/17911, Bl. 989).

начался процесс разложения. Второй раз я был тогда, когда поехал к Егеру, чтобы узнать у него, правда ли, что расстреливаются еврейские дети.

Егер был обершарфюрером; он поехал с моей командой в Белую Церковь. Я мог давать Егеру указания, но солдату войск СС я сам никаких указаний давать не мог. Расстрелы, которые производил Егер, производились не с моего согласия и притом не с моего согласия потому, что Блобель распорядился, чтобы расстрел 500 и других евреев был произведен солдатами войск СС. У меня не было никакой возможности этому делу в принципе помешать после того, как Блобель сам отдал приказ обершарфюреру. Я сам подобного приказа Егеру не давал. Я был здесь исключен. Фельдкомендант также обращался больше не ко мне, а шел прямо к Егеру»[1].

ОТСТУПЛЕНИЕ ВОСЬМОЕ

В военном дневнике отдела Ic[2] штаба 6-й армии за период с 6 до 31.8.1941 г. в отчете о деятельности 8.8.1941 г. мы находим такую запись: «Явились гауптман Лулай, абвер III, с командой СД Хэфнера для переговоров о деятельности в Киеве. Команда СД придается отряду Наука»[3]. В этот же день начальник отдела Ic майор Пальтцо послал следующую телеграмму 29-му армейскому корпусу: «В качестве еще одного спецотряда 29-му корпусу 8.8.41 примерно до 19 часов придается 1 спецотряд группы 4а СД РФ СС[4] и подчиняется в отношении передвижения и снабжения. Свои оперативные приказы отряд получает от органов РФ СС. Отряд надлежит присоединить к команде майора Наука. Численность отряда: 32 члена СС, 4 PKW[5], 2 LKW[6], 1 мотоцикл. Фюрер спецотряда СД, оберштурмфюрер Хэфнер, должен доложить о себе Ic 29-го АК»[7].

---

[1] Показания Хэфнера на судебном процессе в Дармштадте 30.10.1967 г. // BArch B 162/17909, Bl. 269–273, 280–281.

[2] Отдел Ic — разведывательный отдел.

[3] BArch B 162/5663, Bl. 166.

[4] РФ СС — рейхсфюрер СС.

[5] PKW — Personalkraftwagen — легковая машина.

[6] LKW — Lastkraftwagen — грузовик.

[7] BArch B 162/5663, Bl. 167.

Штаб 29-го армейского корпуса в то время находился в Василькове. Поэтому Хэфнер со своим отрядом сначала поехал в Васильков, а уже оттуда — в Белую Церковь. В «Донесении о событиях в СССР» № 60 от 22.8.1941 г. мы читаем: «Отправившаяся в Васильков передовая команда группы тем временем вернулась, так как наступление на Киев прекращено и в обозримом будущем новое наступление на Киев не предвидится. Также посланная в Васильков оперативной командой 4а передовая команда пока осталась в Василькове, чтобы проверить тамошнюю территорию. Как известно, именно в этой местности русские шпионы из Киева регулярно переправляются через линию фронта в тыл немецких войск с определенными разведывательными заданиями. Как установлено штабом армии, до сих пор этим способом на этой территории было задействовано около 25 шпионов [...] По желанию 6-й армии передовая команда 4а принимает участие в розысках этих агентов [...] Партизанские группы, в сущности, являются бандами, которые еще и сегодня бродят вокруг в основном в здешней местности [...] В соответствии с желанием 6-й армии передовая команда оперативной команды 4а, которая в настоящее время находится в Василькове (30 км от Киева), предприняла особые розыски этих банд»[1].

После того как захват Киева был отложен[2], отряд Хэфнера был назначен для обработки в понимании полиции безопасности района Белой Церкви, то есть для выявления и уничтожения политических и расовых противников нацистов. В частности, отряд Хэфнера участвовал в розысках советских «шпионов», производил аресты бандеровцев[3], выявлял в лагере военнопленных «нежелательных» пленных (евреев и «комиссаров») и истреблял оставшееся еврейское население. В «Донесениях о событиях

---

[1] BArch B 162/436, Bl. 143, 158

[2] 10.8.1941 г. 29-й корпус из-за больших потерь прекратил наступление на Киев с севера и даже отошел на рубеж реки Северка.

[3] В отчете № 10 от 5.10.1941 г. уполномоченного Восточного министерства при группе армий «Юг» гауптмана д-ра Коха, в частности, говорится: «Бандеровцы пока не смогли осуществить свой первоначальный план провозглашения самостоятельного правительства в Киеве, так как назначенная для этого команда СД "Киев" в Фастове и Василькове его ликвидировала...» (ГАРФ, ф. 7445, оп. 2, д. 138, л. 268).

в СССР» расстрелы в Белой Церкви упоминаются вскользь только один раз, а именно в донесении № 86 от 17.9.1941 г. В этом донесении, в котором идет речь о событиях второй половины августа, указывается, что в городе «в ходе новых акций» расстреляны 68 человек[1]. Согласно отчету фельдкомендатуры 198 454-й охранной дивизии от 11.9.1941 г., «в Белой Церкви большая часть евреев расстреляна. Остаток бежал. Фактически больше нет ни одного еврея...»[2].

На допросах Хэфнер дистанцировался от истребления евреев, все сваливал на Блобеля, Ридля и Егера. Прямых доказательств участия Хэфнера в расстрелах евреев в Белой Церкви следствие и суд добыть не смогли. Тем не менее, Хэфнер как «фюрер» отряда СД, без сомнения, не мог не принимать в этих убийствах активного участия, в частности, он контролировал ход расстрелов, давал команду «огонь» и из автомата производил добивание еще живых жертв. Об участии Хэфнера в убийствах именно в такой форме имеются указания в показаниях бывшего кандидата в офицеры в 13-м авиаотряде связи особого назначения Вильгельма Либе[3]. Упомянутым в показаниях Либе офицером СС со знаками различия оберштурмфюрера (три звезды и одна полоса) мог быть только Хэфнер, так как другого оберштурмфюрера и вообще другого офицера СС в Белой Церкви тогда просто не было. Либе видел примерно 6 казней, в ходе которых было убито около 900 человек, а всего, по его оценке, в Белой Церкви были расстреляны около 3 тысяч человек[4].

---

[1] BArch B 162/437, Bl. 116. В донесении также упоминается задержание в Белой Церкви 9 человек, у которых были отобраны удостоверения, выданные «украинскими организациями» (Bl. 113).

[2] United States National Archives and Record Administration, Record Group RG-242, microcopy T-501, roll 33, frame 886. Опубликован в: Історія застерігає. Трофейні документи пр. злочини німецько-фашистських загарбників та їхніх пособників на тимчасово окупованій території України в роки Великої Вітчизняної війни / Кер. кол. упоряд. В. М. Нем'ятий. — Київ: Видавництво політичної літератури України, 1986. — С. 35.

[3] Показания В. Либе 14.6.1965 г. // BArch B 162/5653, Bl. 3059–3063.

[4] По данным ЧГК, «осенью 1941 г.» в Белой Церкви на территории стрелкового тира были расстреляны около 5000 евреев и около 1000 советских активистов и военнопленных (ГАРФ, ф. 7021, оп. 65, д. 241, л. 182; Зверства

Утверждение Хэфнера, что он будто бы дважды отпускал евреев, доставленных к нему для расстрела, является явной ложью. Упомянутый им «гауптман тайной полевой полиции» (Бернхард Зюссе из группы ГФП 708) на судебном процессе в Дармштадте показал, что ни к кому он евреев не доставлял, а только присутствовал со своими людьми при регистрации «жителей», в ходе которой ремесленники были отделены, а остальные евреи уведены. Во время ожидания команды СС Зюссе даже будто бы отпустил несколько женщин, чтобы они смогли покормить оставленных дома детей. Когда об этом узнал возглавлявший команду офицер СС, он заявил Зюссе, что тот не имел права это делать[1].

Тем не менее суд счел недоказанным участие Хэфнера в убийстве евреев и оправдал его по этому пункту.

Белая Церковь II: убийство детей

«Затем произошли события 20-го; я сам не могу определить эту дату, но она должно быть правильной. В первой половине дня я уехал, чтобы арестовать бандеровцев, которые в основном находились за пределами Белой Церкви. Во второй половине дня я раньше, чем обычно, вернулся на место расквартирования. Я уже не знаю, получил ли я вскоре приказ по телефону или через посыльного немедленно явиться к командиру или 1а[2] 295-й пехотной дивизии. Затем я на своей машине поехал в штаб дивизии, который находился в большом здании на окраине города. Я зашел в комнату и там заявил, что я должен явиться к командиру дивизии или 1а. Был ли

немецко-фашистских захватчиков. Документы. Выпуск 13. — Воениздат НКО, 1945. — С. 8; Документы обвиняют. Холокост: свидетельства Красной Армии / Составитель Ф. Д. Свердлов. — Москва, 1996. — С. 51–52). Нам эта цифра представляется завышенной. В августе 1943 г. трупы были вырыты и сожжены.

[1] См.: показания на судебном процессе в Дармштадте 25.3.1968 г. бывшего комиссара полевой полиции Бернхарда Зюссе // BArch B 162/17914, Bl. 1534–1537.

[2] Ia — начальник оперативного отдела. В штабе 295-й пехотной дивизии начальником оперативного отдела был подполковник Гельмут Гроскурт (умер в 1943 г. в советском плену).

1а в комнате или потом зашел, я уже больше сказать не могу. 1а, подполковник, обратился ко мне и заявил, что расстрел еврейских детей в Белой Церкви немедленно по его приказу должен быть прекращен, в противном случае он силой заставит выполнить этот приказ. Я заявил ему, что мне о расстреле еврейских детей ничего не известно и что, напротив, согласно приказу имел место расстрел взрослых евреев. Подполковник заявил мне, что он полностью уверен в том, что еврейские дети будут расстреляны. После этого заявления я уже не сомневался в том, что нечто подобное действительно происходило. Я попросил у подполковника письменное подтверждение его приказа, так как я любые расстрелы должен прекратить только по приказу. Со взрослыми уже была масса хлопот. С другой стороны, я для Блобеля должен иметь письменное подтверждение, так как я сам в принципе расстрелы прекратить не мог. IА отказался составить письменное подтверждение и заявил мне, что все дело должно быть разъяснено генерал-фельдмаршалом фон Рейхенау. Я заявил ему, что о здешних событиях я должен информировать свое начальство. Все это дело протекало турбулентно. Повышенный тон и резкости были с обеих сторон. Офицеры, количество которых все увеличивалось, вели себя по отношению ко мне угрожающе: заявляли, что я свинья и что меня следует повесить. Мой уход можно назвать просто бегством. Затем я сразу поехал на место расстрела, где я встретил командира взвода войск СС с его людьми. Я спросил его, правда ли, что были расстреляны еврейские дети. Командир взвода подтвердил мне, что в этот день и уже раньше были расстреляны в общей сложности около 35 детей. На мой вопрос, кто об этом распорядился и откуда пришли дети, он заявил мне, что в доставке детей по приказу фельдкоменданта участвовала украинская милиция, фельдкомендант видел детей и сам участвовал в их расстреле. Дети были доставлены тягачом. Я передал ему приказ 1А, что расстрелы детей должны быть немедленно прекращены, и добавил, что в принципе до выяснения должны быть прекращены все расстрелы. Что в этот день расстрелы имели место, я видел сам. Командир взвода приказал своим людям прекратить расстрелы, они затем сразу ушли. Я вернулся на место расквартирования. Поехал ли я затем лично в Житомир или позвонил Блобелю, я уже не знаю; во всяком случае, в этот вечер я информировал Блобеля о событиях в Белой Церкви. Блобель заявил мне, что он уже все знает, и дело будет разъяснено генерал-фельдмаршалом фон Рейхенау. На следующий день приехали Блобель с Лулаем. У фельдкоменданта состоялось совещание. Присутствовали Блобель, Лулай, фельдкомендант, 1А 295-й пехотной дивизии подполковник Гроскурт, его 01[1] и я. Председательствовал Лулай как особоуполномоченный генерал-фельдмаршала. Он заявил, что имеет категорический приказ командующего выяснить дело и принять необходимые меры. Блобель приказал мне доложить о событиях в Белой Церкви с момента моего прибытия. Я изложил события в той последовательности и форме, как я их уже описал здесь; мой доклад ни одна сторона не прерывала. Затем Лулай спросил у других офицеров, хотят ли они что-нибудь сказать. Гроскурт заявил, что он в принципе не хочет ничего говорить против расстрела евреев. Обстановка на месте расстрела имела негативное воздействие на воинскую дисциплину; как он лично убедился и как видно из доклада дивизионных священников, условия размещения детей были крайне неудовлетворительными и такими остаются. Блобель выразился в том смысле, что он против продолжения расстрела детей. Ридель теперь попытался объяснить, что условия размещения и уход за детьми являются вовсе не такими, как их описали 1А и священники. Лулай на это сказал, что дивизионные священники находятся здесь только для того, чтобы заботиться о душевном здоровье солдат, и не должны вмешиваться в другие дела. Он отрицательно высказался о евреях. Теперь набросились на евреев, в том смысле, что их уничтожение является безусловно необходимым. Когда Ридель захотел узнать, что теперь должно произойти, Лулай сначала заявил, что командующий его уполномочил настоятельно сообщить командиру дивизии через Гроскурта, что командующему, генерал-фельдмаршалу фон Рейхенау, бросилось в глаза то, что состояние обучения 295-й пехотной дивизии является отвратительным, и господам его штаба следует заботиться об этом деле, а не о других вещах, которые их не касаются. Теперь вновь выступил Блобель и заявил, что после описания

---

[1] Обозначение офицера для поручений.

размещения и ухода за еврейскими детьми должно быть что-то предпринято. Я заявил на это, что когда я ретроспективно думаю о том, что дети находятся без нормального питания 4 или 5 дней, что у меня лично нет никаких сомнений в описании 1А и священниками тамошних условий, то срочно необходимо урегулировать питание и уход за детьми. После этого Блобель попытался предложить фельдкоменданту, как он с украинцами может обеспечить в будущем нормальное питание детей. Теперь вскочил Лулай и заявил, что командующий приказал немедленно расстрелять всех еврейских детей. После этого Блобель распорядился, чтобы расстрел был немедленно произведен. На мой вопрос, кто должен произвести расстрел, Блобель приказал, что это должен сделать я с солдатами войск СС. В ответ я ему заявил, что я не могу приказать 18−20 летним военным добровольцам расстрелять маленьких детей. Вся их жизнь будет этим омрачена. Тогда Блобель приказал мне, чтобы расстрел был произведен основным составом ЗК 4а. Это я отверг с обоснованием, что у нас у самих маленькие дети дома и для нас неприемлемо расстреливать детей. Перед этим Блобель еще сказал, что ведь солдаты войск СС уже расстреливали детей, на что я возразил, что это произошло по его приказу, а не по моему. После того как я расстрел еврейских детей основным составом назвал неприемлемым, Блобель вскочил, ударил кулаком по столу и заорал на меня: «Вы сами расстреляете детей, вы знаете, что за отказ выполнить приказ полагается расстрел, вы хотите выполнить приказ — да или нет?». Я сказал, что те, кто собрал евреев, должны также расстрелять евреев. Затем Блобель и Лулай кратко переговорили, и было решено, что еврейских детей во второй половине дня в моем присутствии должна расстрелять украинская милиция. По словам фельдкоменданта, детей было 26. Ридель заявил, что теперь он должен произвести всю техническую подготовку для расстрела детей. Я сам получу приказ, когда и где я должен находиться на следующий день. Подполковник Гроскурт, его 01 и я затем были отпущены. Когда я стоял перед фельдкомендатурой, ко мне подошел лейтенант, и мы в товарищеской форме обсудили это дело. Он спросил меня, должны ли мы еще производить такие расстрелы. Я заявил ему, что нас уже давно превратили в расстрельную команду. В это время пришел

Гроскурт и захватил меня на мое место расквартирования. Спустя некоторое время на место расквартирования вернулся Блобель. Он бушевал, как дикарь: сначала я создал ему трудности из-за 500 евреев, теперь я опозорил всю команду перед генерал-фельдмаршалом фон Рейхенау. Рейхенау должен считать команду ненадежной, и он, Блобель, в последний раз терпит мои попытки в той или иной форме уклониться от выполнения приказа[1]. «В будущем я должен расстреливать всех евреев, также по абсолютно собственной инициативе; он еще раз указывает мне на последствия невыполнения приказа. Я также должен соответственно самостоятельно действовать во всех случаях с партизанами, саботажниками и пр. На мой вопрос, должен ли я тем самым быть в одном лице розыскником, следователем, прокурором, защитником, судьей и возможным исполнителем, он ответил, что так это предписано и в остальном согласно приказа «Барбаросса» это следует осуществлять «без всяких формальностей»[2]. «Затем Блобель в тот же вечер уехал. На следующий день я получил от фельдкоменданта приказ явиться в определенное время на отдаленную просеку. Затем я один — без шофера и переводчика — поехал туда. Там уже была вырыта яма. Вскоре на грузовике подъехала украинская милиция с еврейскими детьми. Украинцы высадили детей и стали отводить по 2–3 ребенка на край ямы. Они расстреливали детей из винтовок 2–3, иногда 4 выстрелами. Их начальник, фельдфебель, каждый раз контролировал смерть детей. Я сам стоял примерно в 10 метрах от ямы и наблюдал за всем происходящим. Тут ко мне подошла маленькая девочка примерно двух с половиной лет, это был милый черноволосый ребенок, и доверчиво схватила меня за руку. Я вспомнил свою маленькую дочурку[3]. Украинец забрал ребенка, и он был также расстрелян. Фельдфебель-украинец затем

---

[1] Показания Хэфнера на судебном процессе в Дармштадте 30.10.1967 г. // BArch B 162/17909, Bl. 273–279.

[2] Показания Хэфнера на предварительном следствии 16.6.1965 г. // BArch B 162/5653, Bl. 3087.

[3] Хэфнер женился 12.11.1938 г. на 24-летней Ирмгард Эрнст (она была членом нацистской партии с 1.5.1937 г.). От этого брака у него было 2 дочери — Гудрун (род. 12.11.1939 г.) и Ингеборг (род. 13.11.1941 г.) (см. показания Хэфнера на предварительном следствии 31.5.1965 г. // BArch B 162/5652, Bl. 2898).

подошел ко мне, отдал честь и что-то доложил на украинском языке. Я сам подошел к яме и убедился, что в живых нет ни одного ребенка. Я поехал назад и сообщил Блобелю, что приказ выполнен»[1].

ОТСТУПЛЕНИЕ ДЕВЯТОЕ

В отличие от убийства взрослых евреев, суд признал причастность Хэфнера к убийству детей, хотя скорее следует говорить не о содействии убийству, а о соучастии в нем. Об этом мы находим указание в донесении Гроскурта от 21.8.1941 г.[2] Из этого донесения видно, что «украинская милиция» «по распоряжению СД» (т.е. Хэфнера) уже 19 августа расстреливала детей, что Хэфнер был крайне недоволен вмешательством Гроскурта в процесс убийства детей, которое он считал правильным и хотел довести до конца, что все убийства в Белой Церкви организовал не фельдкомендант, а сам Хэфнер, на распоряжения которого фельдкомендант не имел никакого влияния.

Что касается препирательств Хэфнера с Блобелем, то трудно представить, чтобы член нацистской партии с десятилетним стажем, член СС с восьмилетним стажем, «солдат душой и телом» вел себя так по отношению к своему непосредственному начальнику. Напротив, Хэфнер как «солдат» действовал без жалости и сомнения, стремился и добивался того, чтобы полученные им приказы выполнялись безоговорочно и в полном объеме.

По словам Хэфнера, 20 августа он будто бы приказал командиру взвода войск СС Егеру прекратить не только расстрелы детей, но вообще все расстрелы. Однако, согласно показаниям одного очевидца, во второй половине дня 21 августа в городе все же происходили массовые расстрелы евреев, в том числе и детей[3].

«Еврейские акции» в Белой Церкви примечательны тем, что в ходе этих акций произошел **качественный скачок**

---

[1] Показания Хэфнера на судебном процессе в Дармштадте 30.10.1967 г. // BArch B 162/17909, Bl. 279–280.

[2] Донесение Гельмута Гроскурта от 21.8.1941 г. // Groscurth H. Tagebücher eines Abwehroffiziers 1938–1940. Stuttgart 1970, S. 534–537.

[3] См. заявление анонимного лица в «Центральное бюро по раскрытию нацистских преступлений» в Людвигсбурге 5.12.1966 г. // BArch B 162/5664, Bl. 183a, 183b.

в истребительной политике и практике в Украине, который выразился в переходе от убийства взрослых евреев к поголовному истреблению евреев[1], и этот скачок был связан именно с деятельностью Хэфнера.

Васильков: убийство евреев и душевнобольных

«Я получил от Блобеля приказ поехать в Васильков, доложить о себе в ортскомендатуре и во взаимодействии с ортскомендантом расстрелять в Василькове евреев. Я поехал с моим шофером и переводчиком в Васильков. Там были различные офицеры, с которыми я вел переговоры. Будто бы там был и сам комендант, и я сообщил ему о своем приказе. Совещания закончились тем, что вермахт велел выкопать соответствующую яму для расстрела, который должен был состояться на следующий день. На следующий день я приехал со взводом войск СС и доложил о себе ортскоменданту. Я сослался на переговоры в предыдущий день, и мне было сообщено, где выкопана яма. Затем я информировал об этом Егера и передал ему приказ Блобеля о сгоне и расстреле евреев. Затем Егер ушел. Ортскомендант сообщил мне, что я одновременно должен велеть расстрелять некоторое количество душевнобольных. Я заявил ему, что у меня нет приказа и никаких полномочий делать что-либо подобное. На это он сообщил мне, что этих душевнобольных русские перегнали через линию фронта. Они там были кое-как обучены тому, как нарушать немецкие средства связи, и они делали это жестоким способом. Теперь сверху пришел приказ, чтобы СД расстреляла этих

---

[1] Известные немецкие исследователи нацистских преступлений К.-М. Mallmann и M. Wildt этот скачок связывают с поголовным истреблением евреев в Каменец-Подольске в конце августа 1941 г. (см.: *Mallmann K.-M.* Der qualitative Sprung im Vernichtungsprozeß. Das Massaker von Kamenez-Podolsk Ende August 1941 // Jahrbuch für Antisemitismusforschung, 10, 2001. — S. 239–264; *Wildt M.* Kamenez-Podolsk, Handlungsoptionen und Radikalisierung in der nationalsozialistischen Mordpraxis im Krieg gegen die Sowjetunion im Sommer 1941 (неопубликованная рукопись), однако в действительности убийства не только взрослых евреев, но и детей начались на неделю раньше, и именно в Белой Церкви.

душевнобольных. На это я ему заявил, что я об этом должен информировать своего начальника и получить от него указания о моем образе действий во всем этом деле. Я уже не знаю, поехал ли я к Блобелю или позвонил ему. Во всяком случае, спустя два дня команда еще раз поехала в Васильков, и там эти душевнобольные по приказу Блобеля были расстреляны. Был ли я сам в этот день в Василькове, я сказать не могу, я об этом уже ничего не помню. О первом дне я знаю, что речь шла о 200–250 евреях. Я был на месте казни, но не у ямы и сам расстрел не видел. Я также не знаю, где это было. Ортскомендант описал Егеру местность, где это было. Мне было затем сообщено о выполнении приказа, я доложил об этом дальше.

Я передал Егеру приказ Блобеля, он мне сообщил, что он выполнен. Членов основной команды при этом не было. Основная команда занималась арестом бандеровцев. Это была организация, которая была распространена по всей Западной Украине. После того как во Львове была провозглашена свободная Украина, они теперь захотели распространить свое влияние и в Восточной Украине и считали Киев столицей их Украины. Мы во всех окрестностях занимались их розысками на дорогах. Бандеровцы в основном носили западную одежду, в то время как местные жители были одеты совсем по-другому […]

Ортскомендант мне сказал, что душевнобольные были исключительно женщинами. Если я правильно помню, Егер мне также сообщил, что это были исключительно женщины. Я полагаю, было названо число 90–95, но точно я уже сказать не могу. Я знаю, что речь также шла о том, что эти женщины носили длинную белую одежду.

Я думаю, что я слышал, что душевнобольные будто бы перерезали телефонный кабель. То, что сообщил мне ортскомендант, я передал Блобелю. Принимать решение по этому делу я был не вправе»[1].

ОТСТУПЛЕНИЕ ДЕСЯТОЕ

В отчете о деятельности отдела 1с 29-го армейского корпуса за 1–15.9.1941 г. имеется следующая запись за 1.9.1941 г.: «... прибывает зондеркоманда СС для контроля украинских осведомителей

---

[1] Показания Хэфнера на судебном процессе в Дармштадте 30.10.1967 г. // BArch B 162/17909, Bl. 285–288.

в Василькове, чтобы ликвидировать в В. сторонников движения Бандеры...»[1]. Таким образом, евреи в Василькове были расстреляны, по всей видимости, 2 сентября 1941 г. Местом расстрела было ассенизационное поле в предместье Ковалевка, где была выкопана яма размером 7 на 5 метров и глубиной до 6 метров. «По словам очевидцев», в этой яме было расстреляно 106 человек[2].

Что касается душевнобольных, то в отчете отдела 1с 29-го армейского корпуса за 16–31.8.1941 г. мы находим за 20.8.1941 г. такую запись: «...IVb[3] и ГФП обсудили устранение душевнобольных, которые шлялись в районе группы Шееле [в районе села Хотов]. Транспортабельные душевнобольные были отправлены в лагерь пленных в Василькове (60–70 штук, в основном женщины). Остаток, около 30, был расстрелян»[4]. Согласно акту от 28.11.1943 г., в районе «Заготзерно», где находился лагерь военнопленных, были расстреляны свыше 200 душевнобольных и зарыты в двух ямах[5].

Акцию в Василькове Хэфнер назвал сам. Следствие не располагало информацией об этой акции (о ней не упоминается как в «Донесениях о событиях в СССР», так и в показаниях бывших членов зондеркоманды 4а) и о причастности к ней Хэфнера. Тем самым Хэфнер как бы говорил следствию: он готов сотрудничать, он человек искренний и не собирается ничего утаивать. Другими словами, Хэфнер старался создать себе репутацию порядочного и честного человека и тем самым повлиять на следствие в своих интересах.

Забытые расстрелы

Отряд Хэфнера производил «чистку» не только собственно Белой Церкви, но также прилегающих районов — до Василькова на севере и до Ржищева на восток.

---

[1] BArch B 162/5663, Bl. 170.

[2] См.: «акт о зверствах немецко-фашистских захватчиков в г. Васильков» от 28.11.1943 г. // Киевщина в годы Великой Отечественной войны. 1941–1945. Сборник документов / Под редакцией П. Т. Тронько. — Киев, 1963. — С. 339–340.

[3] IVb — обозначение врача в штатном расписании немецкого штаба.

[4] BArch B 162/1172, Bl. 17.

[5] Киевщина в годы Великой Отечественной войны. — С. 340.

Вероятно, уже 24 августа 1941 г. отряд совершил расстрелы в Фастове. Входивший в отряд Хэфнера в качестве переводчика Йоганнес Матерна вспоминал после войны:

«...Фастов я помню, так как я говорил с бургомистром этого города, который был школьным товарищем моего дяди. Это был д-р Селецкий, который сегодня будто бы живет в США. У него я провел первую половину дня, я сидел до полудня с ним и его сыном, который был студентом, и когда я после полудня с обоими вышел на улицу и стал искать команду, я заметил, что вновь что-то происходит с евреями. После того как мы прошли часть дороги, я услышал отдельные выстрелы. Тогда я посоветовал моим сопровождающим, что им лучше пойти домой. Я же пошел дальше в направлении этих выстрелов, и когда я приблизился, я сначала увидел двух священников вермахта, которые за всем наблюдали. Когда я достиг этого места, казнь завершалась. После этого были расстреляны, возможно, 6, возможно, 8 человек. Я видел женщин и мужчин. Расстреливал солдат войск СС, имя которого мне не известно, но о котором я знаю, что он раньше был членом Иностранного легиона. Руководителем этой подкоманды был тогда господин Хэфнер...»[1].

В «Донесении о событиях в СССР» № 80 от 11.9.1941 г. о расстрелах в Фастове сказано следующее:

«В Фастове, где ГФП, ортскомендатура и ландесшютцен-батальон прикончили около 30 партизан и 30 евреев, настоящий порядок был установлен лишь тогда, когда ЗК 4а расстреляла одного бывшего террориста и всех евреев в возрасте 12–60 лет, в совокупности 262 человека. Вследствие этого число казненных ЗК 4а до 24.8.41 возросло до 7152 человек»[2].

26 августа 1941 г. были расстреляны все оставшиеся в оккупации евреи в Гребенках (16 км севернее Белой Церкви). 25 августа евреи (37 человек) были собраны в сарае сахарного завода, а на

---

[1] Из показаний 25.4.1966 г. бывшего переводчика в ЗК 4а Йоганнеса Матерны // BArch B 162/19206, Bl. 1337.

[2] BArch B 162/437, Bl. 28

следующий день расстреляны в яме в лесу. «Детей бросали в яму живыми»[1].

28 августа[2] (по другим данным — 9 сентября[3]) 1941 г. были расстреляны 72 еврея в Кагарлыке (28 км восточнее Белой Церкви).

Вероятнее всего, именно отряд Хэфнера в конце августа — начале сентября 1941 г. произвел расстрелы евреев также в Узине (19 км восточнее Белой Церкви), Ржищеве (46 км восточнее Белой Церкви), Обухове (48 км северо-восточнее Белой Церкви).

Бабий Яр

«19.9. я должен был явиться в штаб 29-го корпуса в Василькове. Но, насколько я помню, я поехал в Фастов. Я там доложил о себе и получил задание находиться близ 29-го корпуса. Там я узнал, что Киев еще должен ждать 2–3 дня. 19-го я с Янссеном отъехал, так как мы хотели увидеть настоящий фронт. Мы заехали на ничейную землю, но были отогнаны и на следующий день вновь поехали туда. 18.9. состоялось совещание в командном автобусе. Присутствовали Обстфельдер[4], Эберхардт[5] и все офицеры этой зондеркоманды. На совещании было объявлено, что Киев, вероятно, будет взят в первой половине дня 19.9., но команда

---

[1] См.: акт представителей воинской части и местных жителей от 2.1.1944 г. // Документы обвиняют. Холокост: свидетельства Красной Армии / Составитель Ф. Д. Свердлов. — Москва, 1996. — С. 45.

[2] См. письмо правления Киевской областной организации Украинского общества охраны памятников истории и культуры от 22.10.1990 г. в Общество еврейской культуры.

[3] Государственный архив Киевской области, фонд 4758, опись 2, дело 45, лист 6.

[4] Генерал пехоты Ганс фон Обстфельдер (1896–1976) был командиром 29-го армейского корпуса.

[5] Генерал-майор Курт Эберхардт (1874–1947) был начальником фельдкомендатуры 195 и с 24.9.1941 г. — городским комендантом Киева (сменил генерал-лейтенанта фон Путткаммера); покончил жизнь самоубийством 8.9.1947 г. в американском плену.

может въехать только 20.9. 19.9. Янссен и я уехали. Мы беспрепятственно добрались до Киева. Центр города полностью сохранился. Только на окраине города были выявлены 8–10 небольших пожаров. Мы осмотрели город, а также здание, которое было нам предназначено. Вечером мы поехали назад в наше подразделение. На следующее утро пришел окончательный приказ, что мы должны вступить в Киев. Мы вступили с усиленным взводом войск СС. В этот день, 20.9., во второй половине дня произошел взрыв. Затем было так, что каждые полчаса где-нибудь взлетало на воздух здание и всюду грохотало. Я распорядился, чтобы все было тщательно обыскано в поисках мин и бомб. В связи с этим я также увидел двор, который упомянул Янссен. На стене были видны следы от пуль. Земля была совсем недавно зацементирована, и имелся водосток. Затем во второй половине дня взлетела на воздух комендатура. Подробности в этой связи я уже не помню. Этот взрыв положил начало большому пожару в Киеве. Я вспоминаю, что на следующий день в Киев прибыл полк пожарной охраны. Все это происходило между 20 и 29 сентября. Я проанализировал даты, и притом потому, что взрыв комендатуры мне запомнился 23.9. Теперь я должен этот решающий день отнести на день вперед [т. е. на 24.9.], иначе перерасчет вообще не выходит. После этого взрыва я отправился в город, чтобы увидеть происходящее. Для каждого было непонятно, как могли возникнуть такие пожары. Когда я так стоял и глядел, на другом конце улицы поднялся сильный крик. В 50–70 метрах от меня стояли солдаты. Мимо была проведена группа людей. Они выглядели как пленные штатские. Я пошел и увидел на улице в направлении городской комендатуры большую толпу. Я расспросил, и мне сказали, что эта группа из 50–60 человек, в основном евреев, были теми, кто поджигал дома. Я сказал Янссену: «Ади, мы идем в наше ведомство», так как к нам подходили, во-первых, с этими поджигателями и, кроме того, так как наше место расквартирования было не очень далеко. Спустя 20–25 минут мы пришли на наше место расквартирования. Там для меня лежало сообщение, что я должен немедленно явиться к городскому коменданту. Я явился. Меня отвели в комнату, в которой были 3 офицера, и притом один генерал-майор (для меня было ясно, что это был Эберхардт), один обер-лейтенант и еще один офицер. Эберхардт сразу заговорил со мной и сообщил, что 60 евреев схвачены как поджигатели. Они были доставлены к нему и по его приказу сейчас будут повешены. Он сказал, что Киев большей частью разрушен пожарами, должно быть спасено то, что может быть спасено; если ему это не удастся, то он будет привлечен к ответственности. Он сказал, что он вынужден принять строгие превентивные меры и меры возмездия. Он спросил, уполномочен ли я произвести расстрел евреев. После истории с Белой Церковью мне ничего не оставалось, как утвердительно ответить. Это был бы третий раз, когда я должен был отказаться. Затем он меня спросил, сколько евреев в Киеве. Я сказал, что это мне совершенно неизвестно, и назвал в прикидку цифру в 5000. Теперь он мне приказал, чтобы я со своей командой расстрелял всех евреев Киева. Я сказал: «Господин генерал-майор, я это не в состоянии сделать уже по техническим причинам». Он сказал, что у меня будет 2 пехотных батальона и что я должен выполнить его приказ. Он сказал далее, что я должен выполнить все, что с этим связано: согнать евреев, выкопать могилы, произвести оцепление, достать боеприпасы и пр. Я вновь указал ему на то, что я технически не в состоянии выполнить его приказ, и предложил ему немедленно информировать об этом фюрера команды Блобеля. Эберхардт пригрозил мне, что за отказ выполнить приказ он немедленно предаст меня военно-полевому суду и велит расстрелять, если я не выполню его приказа. Я еще раз пояснил ему, что я действительно не в состоянии технически это сделать, но я хочу информировать Блобеля, чтобы он со своей командой немедленно прибыл в Киев. Затем он меня уполномочил информировать Блобеля. Я говорил об этом с Янссеном. Нам было ясно, что д-р Раш и Екельн сразу прибудут в Киев, и тогда судьба евреев будет предрешена. Из простого расчета выходило, что мы должны считаться с нашим отзывом, и если нам удастся всю историю затянуть еще на 2–3 дня, то мы выйдем из этого дела. Мы Блобеля не информировали. На следующий день я был вызван к Эберхардту. Я сказал ему, что я не смог связаться с Блобелем. Но это не соответствовало фактам, так как я даже не пытался с ним связаться.

Тогда он предложил мне 60 000 патронов. Я вновь сказал, что ничего не выйдет. Я отказывался и защищался. Я обратил его внимание на мою задачу и под конец сказал ему, что если я предстану перед военно-полевым судом, то я сделаю его ответственным за то, что происходит со зданиями. Тогда он отступил и сказал, что я должен немедленно поехать в Житомир и информировать Блобеля. Я уже не знаю, поехал ли я в тот же день или на следующее утро. Я поехал в Житомир и нашел Блобеля в состоянии опьянения. На голове у него была огромная повязка. Были трудности взаимопонимания при передаче приказа Эберхардта. Он сказал, что я должен вернуться в Киев и информировать Эберхардта о том, что он в Житомире занят одним расстрелом и будет в Киеве не ранее чем через 2–3 дня. Тем временем я узнал, что Блобель 2–3 дня назад так напился, что упал, и на голову должен быть наложен шов. Поэтому у него была повязка на лбу. Несомненно, он не хотел появляться в Киеве с повязкой. Это он мне подтвердил в 1947 г. в Нюрнберге. 26.9. я сообщил Эберхардту, что Блобель из-за расстрела еще будет находиться в Житомире и сможет прибыть в Киев через 1–2 дня. Затем я получил приказ немедленно уведомить Екельна и д-ра Раша. Я сказал, что я это сделать не в состоянии, так как я не знаю, где эти господа находятся в настоящий момент. Он приказал мне тогда, что когда эти господа прибудут в Киев, я должен немедленно его уведомить. У меня была свобода действий. Я мог бы без труда связаться с высшим фюрером СС и полиции — в этом не было никакой проблемы. После некоторой реорганизации было бы также просто произвести расстрел евреев. Я мог бы собрать 40–45 человек. Многие другие расстрелы были произведены с меньшим количеством людей. Если бы я захотел, я бы в этот день получил 40–45 человек и смог бы произвести расстрел евреев. Я этого не сделал, так как я считал это абсолютно несправедливым. Я был против того, чтобы казнить так много невиновных людей.

На следующий день прибыл Екельн. О нем мне сообщил связной войск СС. Вскоре ко мне пришел д-р Раш, и я сказал, что Эберхардт желает, чтобы он его немедленно нашел. Затем я занимался своими собственными делами. Вечером прибыла передовая команда, это могло быть около 5 или 6 часов. Я немедленно позвал Каллсена, Ханса и Янссена и информировал их о происходящем — что было запланировано и что в принудительном порядке должно произойти, а именно расстрел евреев. Я сказал, мы должны найти другой путь, чтобы ЗК 4а и офицеров руководящей службы не впутать в это дело. Я хотел попытаться уговорить Блобеля, чтобы он с командой немедленно убыл дальше и притом к штабу 6-й армии. В то время штаб находился в 60–100 км севернее Киева. Я сказал моим товарищам, что если нам удастся отсюда убраться, то я хочу попытаться так запутать следы, чтобы они нас искали со связным и не смогли найти. Янссен сказал: «Но если это провалится и если обнаружится, что ты все это организовал, то тебя возьмут за шиворот». Я сказал: «Мы попробуем». Я должен был переговорить с Блобелем, он был контактным в эти дни, так как не был пьян. Итак, я пошел к Блобелю и изложил ему дело. Он колебался. В то время как мы не могли объединиться, я сказал Блобелю: «Вы что же, добиваетесь того, чтобы в Киеве расстрелять евреев?» Он посмотрел на меня удивленно и сказал: «Хорошо, мы едем». Я хотел, чтобы Блобель вслед за этим сказал: «Немедленно садимся и уезжаем». Но он этого не сделал. Около 7 или в полвосьмого у него появилась идея сообщить Рашу об отъезде. Это было понятно, но мне также стало ясно, что с нашим планом ничего не выйдет. Когда Блобель через некоторое время вернулся, я по его лицу заметил, что дело пошло вкривь и вкось. Он отчитал меня и приказал всем оставаться на местах. Мы остались. На следующий день я был занят внутренними делами. Блобель утром уехал на совещание. На следующее утро, 29 сентября, состоялось объявление приказа офицерам. Нам было сообщено, что батальон полиции порядка и вся ЗК 4а, включая роту Графхорста, должны произвести расстрелы евреев Киева. Один офицер был назначен на пункт сбора имущества. Я получил приказ сначала идти к яме. Имена я уже назвать не могу. Я был до некоторой степени ошеломлен тем, что я тогда был единственным, кто был для этого назначен. Затем я узнал, что уже было построение, и все уехали. Подробностей я не знаю. Затем мы прибыли в эту местность, к оврагу Бабий Яр. Он находился северо-западнее Киева. Я не помню, чтобы севернее этого места расстрела находились дома. Я припоминаю, что по дороге мы видели большое количество евреев, которые двигались в этом направлении. Это была большая территория, на одной стороне — небольшие садовые участки, она была слегка холмистой. Случайно я также узнал, что должны быть созданы пункт регистрации и пункт сбора имущества. Когда я прибыл, там уже были охранная полиция и команда. Вокруг ходило много людей. Блобель давал указания. Блобель сказал, что я должен идти с ним. Между нами произошел спор. Я защищался, так как я должен был идти на расстрел. Он сказал: вот впереди овраг, слева должны стрелять шупо, справа — СС. Я сказал, что знаю совершенно точно, что войска СС действуют по своему усмотрению и Графхорст сделает дело, но он прямо запретил вмешиваться в его действия. Он приказал мне, что я должен действовать, но не должен показываться у полицейского батальона. Днем раньше возникли неприятности: 2 полицейских офицера заявили, что из-за пары евреев ЗК 4а не нуждается в усилении. Но Екельн сказал, что ЗК 4а должна быть усилена. Чтобы не допустить в этом отношении никаких неприятностей, я не должен показываться. Блобель еще мне сказал: «Вы и так были обойдены расстрелами, из-за Вас у меня вчера были неприятности, и теперь в качестве наказания — действуйте». Я пошел вперед. Евреи шли несколькими рядами. Они должны были сдавать свой багаж, а некоторые из них — и верхнюю одежду. В яме 3, 4 и даже 5 евреев свободно ложились друг возле друга[1]. Справа и слева стояли шупо. Это было внутреннее оцепление[2], шло, возможно, до так называемого оврага Бабий Яр. Понятие «овраг Бабий Яр» тогда мне не было известно. Первый раз я об этом услышал в Нюрнберге. Примерно в 100 метрах перед оврагом стояли примерно 2–3 полицейских в качестве своего рода регулировщиков. Часть евреев шла в направлении шупо, другие — в направлении войск СС. Я встретил Графхорста и еще одного офицера его роты. Расстрел уже начался. Я наблюдал за ним. Относительно самого оврага я могу сказать, что он был чем-то вроде глиняного

---

[1] В оригинале «друг на друга».
[2] В оригинале «соглашение».

карьера, примерно 300–350 метров длиной, имел уклон, скос был разным. Я не помню ни бокового оврага, ни деревянного моста.

У войск СС был участок примерно 30 метров длиной. Графхорст рассказал мне, что евреи должны ложиться на дно вплотную друг к другу. Друг возле друга ложились примерно 4–6 евреев. Так они ложились до тех пор, пока не было заполнено все дно. Затем то же самое начиналось снова. Другие должны были ложиться на уже мертвых евреев. В течение двух дней могло образоваться 6–7 слоев. Сначала войска СС производили расстрел двумя расстрельными отрядами. Вся акция была названа «акцией по выстрелу в затылок». В действительности это было не так. То, как расстреливали солдаты войск СС, не подпадало под «выстрел в затылок». Я все это наблюдал некоторое время и шатался наверху на плато. Что мне было еще делать, если там был Графхорст? Затем я пошел в направлении шупо, чтобы посмотреть, что они там делают. Когда я подошел, я увидел, что там имеется 8–10 расстрельных отрядов. За поворотом должны были быть еще 2–3 расстрельных отряда, но я их видеть не мог. Я сразу же ушел и находился и дальше наверху на плато. В середине дня пришел Блобель и сказал, что войска СС и я будем сменены ЗК 4а. Я мог поехать на обед на место расквартирования и должен был вновь появиться, когда снова прибудут войска СС. Примерно в полтретьего мы вновь были на передовом сборном пункте. Нас вновь сменили, и с наступлением темноты дело было прекращено. Мы отправились на место расквартирования, и я больше ничем не интересовался. С меня было достаточно. На следующее утро вновь было то же самое. Я вновь должен был поехать. От войск СС пришли 12–15 человек. От них стрелял только один расстрельный отряд. В середине дня была такая же смена. Графхорста в середине дня уже не было. Я услышал, что он в этот день поехал в Берлин, чтобы попытаться отозвать свою роту. Неожиданно меня сзади окликнули моим званием. Я повернулся и увидел бригадефюрера Раша и уйму офицеров. Я увидел, как он там наверху стоит, белый как мел, и смотрит вниз в эту долину бедствия. Я обратился к нему и сказал: «Господин бригадефюрер, внизу это выглядит так, как было приказано сверху, — ручеек крови». Он мне приказал взять пистолет, спрыгнуть вниз и произвести добивание. Что я должен был делать? Я велел дать мне пистолет и спрыгнул вниз. Я сделал, вероятно, пару выстрелов на добивание. Раш удалился, и я вернул автомат. Я выбрался из ямы и через площадь пошел назад. Я отошел метров на 150–200, как тут пришел полковник шупо Франц[1]. Он был один, я тоже. Я сказал ему: «Господин полковник, скажите-ка, вам приходилось когда-нибудь расстреливать до 10000 человек?» Он с ужасом посмотрел на меня. Тем временем он, должно быть, вспомнил, что мы знакомы. Он сказал: «До сих пор я произвел только один расстрел, и это были 9500». Этот человек был очень подавлен, было ясно. Он отсалютовал, и мы распрощались. Когда я вернулся на место расквартирования, мне было сообщено, что мы на следующий день должны убыть на родину. Вечером мы вместе выпили, возможно, 2–3 бутылки. О попойке не могло быть и речи, к тому же у нас пропала всякая радость. На следующий день мы на русском автобусе поехали назад. По дороге мы подобрали Ханса. Я в этот же вечер поехал из Ровно в Киев и сообщил Блобелю, что автобус сломался и нам нужна другая машина. Блобель вновь был со странностями. Машины он мне не дал. На следующий день я вновь пошел к нему. В его ведомстве я его не застал. Мне сказали, что он уже ушел. Я уехал, и тут я в первый раз осознанно посмотрел на эту гору одежды. Я спросил: «И сколько же у вас уже тут?». Мне ответили, что насчитали уже 35000. Затем я еще увидел, как подъехали старые дрожки. Извозчикам хорошо платили. Они грузили старых и больных евреев, у которых не было сил и которые не могли явиться на сборный пункт. Они были также расстреляны. Там еще были те, кто это делал. Я нашел Блобеля, получил грузовик и отъехал. Я уехал не задерживаясь. Янссен и я попеременно вели машину, мы ехали через Варшаву, Франкфурт/Одер в Берлин. Каллсен сказал, что мы в Берлин прибыли 4 октября...»[2].

---

[1] Полковник полиции Герман Франц был командиром полицейского полка «Юг» до конца августа 1941 г., когда он передал руководство полком подполковнику полиции Рене Розенбауэру. Таким образом, Франц не мог быть в Киеве в конце сентября 1941 г., в Киеве был Розенбауэр.

[2] Показания Хэфнера на судебном процессе в Дармштадте 7.11.1967 г. // BArch B 162/17909, Bl. 388–398.

ОТСТУПЛЕНИЕ ОДИННАДЦАТОЕ

В рассказе Хэфнера о событиях в Киеве имеется ряд неточностей. Так, Блобель был в Киеве уже 21 и 22 сентября. Поэтому представляется сомнительным утверждение Хэфнера, что Блобель долго не хотел приезжать в Киев из-за того, что расшиб голову в состоянии опьянения. Окончательно Блобель прибыл в Киев с главной командой зондеркоманды 4а 25 сентября. В этот же день в Киев прибыли штаб оперативной группы С и из Бердичева — часть штаба «высшего фюрера СС и полиции Россия-Юг» обергруппенфюрера СС Фридриха Екельна[1].

Отряд Хэфнера в Киеве отнюдь не бездельничал, как это изображает Хэфнер. В «Донесении о событиях в СССР» № 97 от 28.9.1941 г. деятельность полиции безопасности в первые дни оккупации Киева излагается следующим образом: «В ходе первой акции 1600 арестов, приняты меры по захвату всего еврейства, предусмотрена казнь по меньшей мере 50 000 евреев. Вермахт приветствует меры и просит о радикальных действиях. Городской комендант ходатайствует о публичной казни 20 евреев. Арестовано большое количество чиновников НКВД, политкомиссаров, партизанских руководителей и партизан. Сегодня утром захвачены вражеские листовки. Установлена связь с вермахтом и властями. Активное участие в формировании городской администрации. Внедрены осведомители»[2].

Не выдерживает никакой критики и утверждение Хэфнера о том, что он составил заговор с целью не допустить участия команды в расстрелах киевских евреев и вовлек в этот заговор офицеров команды Каллсена, Ханса и Янссена. Последние в своих показаниях на предварительном следствии и в ходе судебного процесса ни прямо, ни косвенно не упомянули о таком заговоре. Более того, Каллсена в конце сентября в Киеве вообще не было: он как офицер связи находился при штабе 6-й армии[3]; приехал в Киев вечером 30 сентября, а уже утром 1 октября со всеми уехал

---

[1] См. подробно: *Круглов А.* Трагедия Бабьего Яра в немецких документах. — Днепропетровск: Ткума, 2011.

[2] BArch B 162/439, Bl. 437.

[3] Штаб 6-й армии 18.9.1941 г. переехал из Иванкова в Козелец.

в Берлин[1]. Ханс приехал в Киев из Радомышля вечером 28 сентября, сумел, по его словам, воспользовавшись неразберихой, увильнуть от участия в расстрелах 29 сентября, а утром 30 сентября снова уехал в Радомышль[2]. Янссен хотя и находился в Киеве с 19 сентября, но тоже, по всей видимости, к расстрелам не был причастен. Согласно его показаниям на судебном процессе в Дармштадте, вечером 29 сентября в месте расквартирования Хэфнер жаловался на то, что только его одного из всех офицеров Блобель назначил непосредственно участвовать в расстрелах[3]. Не припомнил Янссен и разговоров о том, как бы избежать участия в расстрелах евреев Киева. Что касается намерения побудить Блобеля немедленно покинуть Киев, то Янссен в ходе предварительного следствия на соответствующий вопрос ответил так: «Я не могу сказать, что этой беседы не было, и не могу сказать, что она была»[4].

Не вызывают доверия и слова Хэфнера о его препирательствах с комендантом Киева Эберхардтом. По словам Янссена, Эберхардт не вызывал к себе Хэфнера. Он и Хэфнер встретили Эберхардта случайно у взорванной комендатуры. Расстрелять евреев Киева потребовал также не Эберхарт, а командир 29-го армейского корпуса Обстфельдер («24.9. вновь было сильное сотрясение. Хэфнер как раз был в месте расквартирования, и мы поехали посмотреть, что произошло. Нам навстречу шли раненые штатские. Мы установили, что на этот раз это было здание городской комендатуры. Вокруг лежало много мертвых. Я еще припоминаю, что нам навстречу шел генерал-майор Эберхардт без головного убора и без портупеи. Когда Хэфнер и я стояли там с Эберхардтом, я услышал, что пришел генерал, который был непосредственным начальником Эберхардта. Первым вопросом генерала Обстфельдера было: "Господа, когда здесь будут расстреляны евреи?" Мы сказали, что ничего не

---

[1] Показания Куно Каллсена на судебном процессе в Дармштадте 6.11.1967 г. // BArch B 162/17909, Bl. 350–351.

[2] Показания Курта Ханса на судебном процессе в Дармштадте 7.11.1967 г. // BArch B 162/17909, Bl. 374–376. По словам Ханса, он даже будто бы увез с Бабьего Яра в Киев двух евреек — мать и дочь.

[3] Показания Адольфа Янссена на судебном процессе в Дармштадте 7.11.1967 г. // BArch B 162/17909, Bl. 384–385.

[4] См. показания Адольфа Янссена 24.6.1965 г. // BArch B 162/5653, Bl. 3177.

знаем. На это генерал Обстфельдер: "Позаботьтесь о том, чтобы расстрелять евреев". Мы уклонились — у нас маленькая команда и мы не в состоянии это сделать. На это он сказал: "У вас же здесь есть охранная полиция и пр." Я отдал честь и с Хэфнером ушел. Мы не хотели иметь такое задание...»[1]).

Криминал-комиссар в гестапо

«Из Киева мы, по моему мнению, прибыли в Берлин 4 или 5.10.1941 г. Я был вместе с Каллсеном, Хансом и Янссеном. Мы приехали на одной легковой и одной грузовой машинах. В Берлине учеба была продолжена. В августе 1942 г. у меня случилось нервное расстройство. Я в седьмой раз обратился с просьбой направить меня на фронт. Мне было заявлено, что если я еще раз попытаюсь это сделать, я попаду в концлагерь. После примерно 2/3 курсов для руководящей службы я был отчислен с курсов. После этого я сдал экзамен на криминал-комиссара и был переведен в уголовную полицию в Инсбрук. Там я заявил руководителю ведомства, что я был в гестапо и как у криминального чиновника у меня опыта мало. Тогда я получил 2 месяца для ознакомления с работой. Затем мне был поручен один реферат, и уже в первые 8 дней у меня произошли тяжелейшие споры с гаулейтером, а также с моим шефом, так как я не хотел выполнять предписанные мероприятия. Я был затем переведен, так как я потребовал, чтобы против крейслейтера, который изнасиловал женщину, было начато расследование. Я в качестве наказания был переведен в Брегенц, где нес обычную службу. Там у меня произошел еще один спор с начальником. Я протестовал против того, чтобы 200 пленных французов в бесчеловечных условиях использовались на строительстве плотины в Сильвретта. В связи с этими обстоятельствами я обратился к гаулейтеру. Это привело к моему переводу в качестве наказания в Россию»[2].

---

[1] Показания Адольфа Янссена на судебном процессе в Дармштадте 7.11.1967 г. // BArch B 162/17909, Bl. 380–381. В протоколе вместо «24.9.» ошибочно стоит «22.9.».

[2] Показания Хэфнера на судебном процессе в Дармштадте 2.10.1967 г. // BArch B 162/17908, Bl. 21.

«...В Брегенце я был в комиссариа-
те пограничной полиции. Затем я был
возвращен в гестапо Инсбрук, нес там
службу в июле 1943 г., в августе я был
в отпуске и был затем переведен в Россию к *BdS* [начальнику полиции без-
опасности] Киев. Он распределил меня
в оперативную команду 11b. Оттуда
я был придан [11-му] полицейскому
полку [в Дубно]. Я приступил к службе 9 сентября 1943 г. [...] Это было распоряжение соответствующего высшего
фюрера СС и полиции. Подразделени-
ям, которые участвовали в борьбе с бандами, должны были быть приданы чиновники для производства допросов.

*Хэфнер в 1943–44 гг. в звании
оберштурмфюрера СС*

Я должен был сменить некоего другого комиссара. Там были 4 или
6 чиновников для производства допросов [...] Все, которые были откомандированы из 11b, находились в моем подчинении. Люди были
распределены по отдельным батальонам, я сам был при штабе полка
[...] Я лично никого не допрашивал. Батальоны присылали результаты допросов, и я исполнял обязанности *Iс* [начальника разведотде-
ла]. Я указывал моим чиновникам, что в тот момент было важным.
Кроме того, я выступал с полковым резервом, это были тяжелые по-
ходы [...] 21 или 22 сентября 1943 г. я был ранен и, таким образом,
находился в этом полку только 12 или 13 дней. Затем я 4 недели лежал в госпитале в Дубно. Тем временем оперативная команда 11b
была переведена в Брест-Литовск и была там собрана с целью роспуска. После пребывания в госпитале я затем поехал на 14 дней в отпуск в Линдау и вновь прибыл в Брест-Литовск между 5 и 10 ноября
1943 г. Оттуда эта команда 15 ноября была переведена в Варшаву
для роспуска. Часть офицеров осталась в Варшаве как офицерский
резерв РСХА [...] Мы несколько раз были у *KdS* [командира полиции безопасности], там нам показывали различные документы, но
службу мы не исполняли. *KdS* это надоело. Он сделал запрос у *BdS*
относительно нашего использования. Я должен был пойти к *KdS*

Люблин. Когда я откреплялся, мне было сказано, что я переведен не в Люблин, а к *BdS* Афины, Греция. Туда я и поехал. 14 декабря 1943 г. я туда прибыл [...] Там я был до 15 апреля 1944 г., при *BdS* в Афинах. Затем я был в отпуске, примерно 15 мая 1944 г. вернулся в Афины и был назначен руководителем отделения в Патрах. На эту должность я заступил 20 мая и был там примерно до конца августа — начала сентября. В это время я со своим ведомством вернулся в Афины, затем поехал в Вену. Туда команда прибыла в первой трети октября. Ведомство было реорганизовано и стало называться командой особого назначения 19, 20 или 21. Эта команда была предоставлена в распоряжение *KdS* Вена и им была распределена по всем возможным рефератам. Я как фюрер команды полиции безопасности был назначен на строительство юго-восточного вала. Там я оставался примерно до 7 или 8 апреля 1945 г. Затем несколько дней я был в Кремсе, затем я был назначен фюрером одной команды при 6-й танковой армии СС. 6-я танковая армия СС стояла на участке от Дуная до Земмеринга. Моя задача на этом участке состояла в устранении опасностей для *HKL* [главной боевой линии] — имелись в виду дезертиры и акты саботажа (борьба с бандами). Кроме того, я должен был выполнять задачи по сбору информации. При капитуляции я с моей командой попал в американский плен»[1].

ОТСТУПЛЕНИЕ ДВЕНАДЦАТОЕ

Бывший криминал-рат Гельмут Хюбнер после войны показал, что Хэфнер был переведен в Брегенц по распоряжению гаулейтера Хофера за то, что не проявлял необходимой строгости при расследовании так называемых «дел о вероломстве».

В Афинах в ведомстве начальника полиции безопасности Хэфнер возглавлял отдел «по борьбе с бандами». Задача отдела состояла в том, чтобы с помощью агентов и допросов пленных собирать информацию о партизанах — дислокации, численности, вооружении и т. п. В начале февраля 1944 г. к нему доставили трех пленных 18-м полицейским полком англичан — членов «коммандос», и хотя они на основании соответствующего приказа должны были

---

[1] См.: протокол допроса Хэфнера 12.1.1948 г. // BArch B 162/1055, Bl. 1811–1814.

быть после допроса расстреляны, он с помощью своего шефа штандартенфюрера СС д-ра Блуме будто бы поместил их в лагерь военнопленных[1]. Хэфнер также будто бы пресекал жестокое обращение с пленными со стороны своих подчиненных[2]. Однако подтверждения этой «мягкотелости» Хэфнера мы не нашли.

С другой стороны, один бывший сослуживец Хэфнера, Альберт Кольб, рассказывая о поведении Хэфнера зимой 1944/45 гг. на строительстве юго-восточного вала в районе Нижнего Дуная, засвидетельствовал, что Хэфнер заботился о сносном размещении и снабжении еврейских рабочих и в связи с этим препятствовал спекуляциям продовольствием со стороны политических руководителей[3]. Сам Хэфнер об этих фактах, которые говорят в его пользу, не упомянул ни на одном из допросов.

После войны

«В плену я находился до 1946 г., когда нам было заявлено, что теперь мы больше не являемся военными преступниками, а интернированными. С мая 1945 г. до августа 1948 г. я был в более чем 20 лагерях, в том числе 5 месяцев я был на Нюрнбергском процессе военных преступников»[4].

«...в этих лагерях или только в лагере военнопленных Эбензее я был допрошен *CIC* [американской разведкой]. При этом речь шла не о формальных допросах, а больше об информативных беседах. При этом я неоднократно указывал на то, что ответственность за то, что происходило во время войны, нельзя взваливать только на СС. Американцев прежде всего интересовала основная структура. В детали организации, например, касательно состава оперативной команды 11, они вообще не углублялись. Само собой разумеется, в ходе

---

[1] См. заявление под присягой Августа Хэфнера от 12.1.1948 г. (NARA M 895 roll 22).

[2] См. заявление под присягой Августа Хэфнера от 17.12.1947 г. (NARA M 895 roll 22).

[3] BArch B 162/17918, Bl. 2463.

[4] Показания Хэфнера на судебном процессе в Дармштадте 2.10.1967 г. // BArch B 162/17908, Bl. 22.

этих бесед были также названы имена. Дознаватели мне заявили, что они считают необходимым объявить виновной определенную группу, т. е. СС, так как нельзя обвинять и хотеть наказать весь народ. Я уже в Эбензее не был готов всю вину за происходившее в России возлагать только на оперативные команды. Я уже там указал на то, что на вермахте и полиции порядка лежит по меньшей мере такая же большая вина, на вермахте даже еще бо́льшая вина. Этой моей позицией я объясняю то, что я в Нюрнберге не стал обвиняемым. Там как раз стремились всю вину оставить на СС или полиции безопасности.

Во время позднейшего пребывания в лагере интернированных я в качестве свидетеля был в Нюрнберге. Я был доставлен туда по требованию Блобеля в качестве свидетеля защиты. Во время моего пятимесячного пребывания в Нюрнберге Блобель неоднократно требовал меня на совещания. Но я также встречался и с другими людьми, такими как Олендорф, Шульц, Фендлер, Рюль, Брауне и Радецки. Во время этих бесед я узнал, что обвиняемые на Нюрнбергском процессе по делу оперативных групп также были готовы не возлагать вину на вермахт и полицию порядка. Правильнее сказать: они не хотели давать никаких показаний против вермахта и полиции порядка. У меня был спор с Блобелем, так как он не хотел назвать того, кто фактически отдал приказ о массовом расстреле в Киеве[1]. Я пошел с ним к Олендорфу и говорил с ним об этом деле. Олендорф заявил мне на это примерно следующее: «Мой дорогой Хэфнер! Американцы хотят нас повесить и повесят. Это не подлежит сомнению. Если мы все выложим, то на очереди будут еще многие офицеры и генералы вермахта и полиции порядка — и что, это поможет Германии?»[2].

«После того как комиссией по денацификации я был определен как главный виновник, утратил свою собственность и все

---

[1] В своем последнем слове на процессе по делу айнзатцгрупп в Нюрнберге 13.2.1948 г. Блобель заявил, что он лично не отдавал приказы о казнях, и все казни, произведенные его командой, были совершены по приказу командующего 6-й армий фон Рейхенау (Trials of war criminals before the Nuernberg Military Tribunals under Control Council Law № 10, vol. IV: “The Einsatzgruppen Case”, “The RuSHA Case”, Nuernberg October 1946 — April 1949. — Washington, 1950. — P. 397).

[2] См. показания Хэфнера 11–12.6.1963 г. // BArch B 162/1055, Bl. 1799–1800.

имущество, я вновь стал работать бочаром на предприятии моего отца и в 1951 г. стал торговцем вином. Осенью 1954 г. я принял предприятие моих родителей и затем открыл предприятие по оптовой и розничной продаже винно-водочных изделий, которое приняла и руководит моя жена [...]»[1].

ОТСТУПЛЕНИЕ ТРИНАДЦАТОЕ

Находясь в плену и в лагере интернированных в 1945–1948 гг., Хэфнер скрыл свое активное участие в акциях зондеркоманды 4a, особенно в расстрелах в Белой Церкви и в Киеве. В заявлении под присягой от 3.11.1947 г.[2] и во время допроса 12.1.1948 г.[3] о Белой Церкви он вообще не упомянул, в Киеве был, но будто бы оставил город уже 27.9.1941 г. и, таким образом, к расстрелам евреев в Бабьем Яру якобы не имел никакого отношения; эти показания Хэфнера подтвердил и Пауль Блобель, свидетелем защиты которого Хэфнер выступал во время процесса по делу айнзацгрупп. Доказательства преступной деятельности Хэфнера американцы не нашли и поэтому на процессе по делу айнзацгрупп Хэфнер не фигурировал в качестве обвиняемого. Ему инкриминировали фактически только формальное членство в преступных организациях (без совершения преступных деяний), что автоматически влекло за собой лишение свободы только на 2 года.

Суд и приговор

Чиновники Центрального бюро земельных управлений юстиции по раскрытию национал-социалистских преступлений вышли на Хэфнера в 1962 г., когда в ходе допросов бывших членов зондеркоманды 4a Бауэра и Хуна всплыло его имя. Установить местопребывание Хэфнера оказалось нетрудно — он по-прежнему жил

---

[1] Показания Хэфнера на судебном процессе в Дармштадте 2.10.1967 г. // BArch B 162/17908, Bl. 23.

[2] Опубликовано в: *Walendy U.* Babi Jar — Die Schlucht „mit 33.771 ermordeten Juden?" // Historische Tatsachen № 51. Vlotho: Verlag für Volkstum und Zeitgeschichtsforschung, 1992. — S. 35ff

[3] BArch B 162/1055, Bl. 1806–1814.

в Швебиш Халле. 11–12 июня 1963 г. Хэфнер был первый раз допрошен, 20 мая 1965 г. земельный суд в Дармштадте отдал приказ о его аресте, 25 мая 1965 г. он был арестован и 2 октября 1967 г. вместе с другими бывшими членами зондеркоманды 4а предстал перед судом.

По кассационной жалобе Хэфнера Верховный суд ФРГ 5.4.1973 г. за давностью прекратил его преследование за убийства в Василькове, заменил в приговоре тюрьму строгого режима на лишение свободы и в этом объеме направил дело на новое рассмотрение. Оно состоялось в суде присяжных земельного суда Дармштадт 12 декабря 1973 г.: за содействие убийству в трех случаях Хэфнер был приговорен к 8 годам лишения свободы с зачетом срока предварительного заключения и пятимесячного заключения в качестве свидетеля на процессе по делу оперативных групп в Нюрнберге в 1947–48 гг.; на пять лет ему было запрещено занимать общественные должности.

«Плохой хороший человек» (вместо заключения)

После освобождения Хэфнер продолжал жить в Швебиш Халле, сначала работал на доставшемся ему от отца предприятии, владельцем которого затем стала его жена. В связи с этим Хэфнер собственных доходов не имел и находился на содержании жены. Вероятно, передача Хэфнером отцовского предприятия в собственность жены и отход его от дел были связаны с его состоянием здоровья — он страдал нарушением мозгового кровообращения в результате сотрясения мозга, полученного еще в 1943 г.

Долгое время Хэфнер жил в Канаде у старшей дочери Гудрун , которая туда эмигрировала еще в 1964 г. Гудрун Мур в 2010 г. опубликовала историю своей семьи[1], в которой не жалела слов на описание того, каким замечательным человеком, мужем и отцом был

---

[1] *Moore G.* A Duty of Remembrance: The Story of My German Family. — Trafford Publishing, 2010.

Август Хэфнер: он был честным и прямым, мягким, добрым, сердечным, общительным и веселым человеком, ответственным за себя и свою семью, за тех, кто работал на него и с ним, никогда не лгал, был большим любителем истории и никаким не головорезом, как его охарактеризовал один из его сослуживцев по СС. В связи с этим возникает вопрос, как человек с такими добродетелями и достоинствами оказался замешанным в преступлениях, другими словами, как «хорошие» люди могут делать плохие вещи. Объясняя этот феномен, русский совет-

Гудрун Хэфнер (Мур)

ский переводчик (с немецкого) и публицист Лев Гинзбург писал:

> «Одна из зловещих особенностей фашизма состоит в том, что под свои зверства он подвел базу "исторической целесообразности" и пытался логически обосновать пытки, убийства, агрессию. Каждый, даже самый мелкий, палач получал от нацистского государства идеологическую "оснастку", достаточную для того, чтобы бестрепетно убивать и считать при этом, что он не только не совершает ничего безнравственного, а, напротив, является носителем "высшей морали", высших "нравственных ценностей" [...] Убивая ни в чем не повинных людей, фашисты знали, что действуют в "рамках закона", впрочем, ими же самими созданного. Поэтому не приходится удивляться тому, на первый взгляд поразительному обстоятельству, при котором заботливые отцы, примерные мужья, люди вполне благовоспитанные и отнюдь не страшные в "быту", там, у себя на фашистской службе, совершали чудовищные бесчинства с садистскими вывертами и сладострастием»[1].

«Плохой хороший человек» Август Хэфнер умер в 1999 г. в возрасте 87 лет.

---

[1] Цит. по: *Гинзбург Л.* Бездна. Потусторонние встречи. — Москва: Издательство «Новости», 1990. — С. 15.

СПИСОК СОКРАЩЕНИЙ

01 — обозначение офицера для поручений в штабах немецкой армии
ГАРФ — Государственный архив Российской Федерации. Москва
ГПУ — Государственное политическое управление
ГФП (Geheime Feldpolizei) — тайная полевая полиция
ГЮ — Гитлерюгенд
ДАКО — Державний архів Київської області. Київ
ЕК (Einsatzkommando) — айнзатцкоманда
ЗК (Sonderkommando)– зондеркоманда
ЗП (Sicherheitspolizei) — полиция безопасности
ЗПиСД (Sicherheitspolizei un des SD)– полиция безопасности и СД
ЗС — земельный суд (Landgericht)
крипо — криминальная (уголовная) полиция
НКВД — Народный комиссариат внутренних дел
НКГБ — Народный комиссариат государственной безопасности
НСВ/NSV (Nationalsozialistische Volkswohlfahrt, NSV) — нацистская
    благотворительная организация
НСДАП — Национал-социалистическая немецкая рабочая партия
НСКК — национал-социалистский автокорпус
ОКВ, OKW — верховное командование вермахта
ОКХ — верховное командование сухопутных войск (Oberkommando
    des Heeres)
ОС — окружной суд (Bezirksgericht)
ОТ — Организация Тодт (военно-строительная организация в нацист-
    ской Германии)
РСХА — Главное управление имперской безопасности (Reichssicher-
    heitshauptamt)
РФ СС — рейхсфюрер СС
СА — штурмовые отряды (Sturmabteilung)
СД — служба безопасности (Sicherheitsdienst)
УНКВД МО — Управление Народного комиссариата внутренних дел
    по Московской области
ф. — фон

ФК — фельдкомендатура

ЦГАВО Украины — Центральный государственный архив высших органов власти Украины

ЧГК = Чрезвычайная государственная комиссия по установлению и расследованию злодеяний немецко-фашистских захватчиков и их сообщников

Шупо (Schutzpolizei/Schupo) — охранная полиция

AOK — штаб армии (Armee-Oberkommando)

BArch B = Bundesarchiv Berlin-Lichterfelde

BdS (Befehlshaber d. Sicherheitspolizei) — начальник полиции безопасности

Ia — начальник оперативного отдела в штабах вермахта

Ic — начальник разведотдела штаба вермахта

KdS (Kommandeur d. Sicherheitspolizei) — командир полиции безопасности

Korück — тыловой район армии

LKW — Lastkraftwagen (грузовик)

NARA — United States National Archives and Record Administration (Национальный архив США)

PKW — Personalkraftwagen (легковая машина)

СОДЕРЖАНИЕ

Предисловие..3

Часть I
Документы и материалы

Донесение о событиях в СССР № 8 от 30 июня 1941 г....................15
Донесение о событиях в СССР № 9 от 1 июля 1941 г.....................15
Донесение о событиях в СССР № 14 от 6 июля 1941 г....................15
Заявление Августа Хэфнера от 3 ноября 1947 г. о начале деятельности
    зондеркоманды 4а 16
Донесение о событиях в СССР № 19 от 11 июля 1941 г...................20
Вечернее донесение от 10 июля 1941 г. АОК 6/1с в группу армий Юг/1с,
    в ОКХ/отдел иностранные армии Восток, в АОК 2 и АОК 4 20
Донесение о событиях в СССР № 24 от 16 июля 1941 г...................21
Из приговора суда присяжных при земельном суде Дармштадт от
    29 ноября 1968 г. по делу бывших членов зондеркоманды 4а
    о расстрелах в Сокале и Луцке в конце июня — начале июля 1941 г. 22
Из показаний 10.1.1968 г. бывшего военнослужащего 3-й роты 699-го
    мостостроительного батальона Вилли Шпанга о расстрелах в Сокале
    в конце июня 1941 г. 28
Из показаний 22.1.1968 г. военнослужащего 3-й роты 699-го
    мостостроительного батальона Вильгельма Рипперта о расстрелах
    в Сокале 29
Из показаний на судебном процессе в Дармштадте 17.10.1967 г. бывшего
    члена зондеркоманды 4а Адольфа Янссена о событиях в Луцке 31
Из показаний 16.6.1965 г. Августа Хэфнера о расстреле евреев в Луцке 35
Из показаний 28.5.1964 г. бывшего члена зондеркоманды 4а Курта
    Вернера о расстрелах в Луцке в начале июля 1941 г. 36
Из показаний 6.11.1962 г. шофера в зондеркоманде 4а Рудольфа Бузе
    о расстреле евреев в Луцке 37
Из дневника фельдфебеля санитарной службы из фельдкомендатуры 579
    Алоиза Кройтле/Alois Kräutle..............................39
Из протокола допроса в качестве свидетеля Алоиза Кройтле 3.7.1961 г. 39
Донесение о событиях в СССР № 28 от 20 июля 1941 г...................41

Из показаний бывших полицейских 3-го взвода 3-й роты 9-го резервного
    полицейского батальона о расстрелах евреев в Ровно и Звягеле 42
Донесение о событиях в СССР № 30 от 22 июля 1941. 52
Донесения о событиях в СССР № 37 от 29 июля 1941 г. 53
Донесение о событиях в СССР № 38 от 30 июля 1941 г. 54
Донесение о событиях в СССР № 47 от 9 августа 1941 г. 55
Из приговора Житомирского областного суда от 15.3.1974 г.
    по делу бывших полицейских Черняховской районной полиции,
    участвовавших в расстрелах евреев в Черняхове летом 1941 г. 56
Из показаний бывшего члена (резервист войск СС) зондеркоманды 4а
    Йоганнеса Дайнлайна об акциях в Барановке и Бердичеве летом 1941 г. .. 57
Показания бывшего оберштурмфюрера СС Августа Хэфнера
    (зондеркоманда 4а) на судебном процессе в Дармштадте 17.10.1967 г.
    об испытании разрывных пуль в Житомире в июле 1941 г. 58
Из показаний бывшего члена зондеркоманды 4а Йозефа Зуханека
    о расстрелах в Бердичеве 62
Приказ командующего 6-й армией от 10 августа 1941 г. относительно
    «казней СД» 63
Донесение о событиях в СССР № 58 от 20 августа 1941 г. 64
Из показаний шофера 6-го технического батальона Петера Аватера
    о расстреле евреев в Житомире 7 августа 1941 г. 67
Из показаний 16 июня 1965 г. бывшего оберштурмфюрера СС Августа
    Хэфнера (зондеркоманда 4а) о расстреле евреев в Житомире 7 августа
    1941 г. 68
Из показаний бывших полицейских 3-го взвода 3-й роты
    9-го полицейского батальона о массовых расстрелах, совершенных
    зондеркомандой 4а в Корце 69
Донесение о событиях в СССР № 59 от 21 августа 1941 г. 70
Донесение о событиях в СССР № 60 от 22 августа 1941 г. 71
Из приговора суда присяжных при земельном суде Дармштадт
    от 29 ноября 1968 г. по делу бывших членов зондеркоманды 4а
    о расстрелах евреев в Белой Церкви и Василькове в августе 1941 г. 72
Из показаний 12.2.1963 г. бывшего радиста в 295-й пехотной дивизии
    Франца Колера о расстрелах в Белой Церкви. 76
Из показаний 14.6.1965 г. бывшего кандидата в офицеры в 13-м
    авиаотряде связи особого назначения Вильгельма Либе о расстрелах
    евреев в Белой Церкви в августе 1941 г. 80
Из показаний 31.5.1965 г. бывшего оберштурмфюрера СС Хэфнера
    о расстрелах в Белой Церкви. 82
Донесение католического дивизионного священника
    при 295-й пехотной дивизии д-ра Ройсса от 20 августа 1941 г. 87
Донесение 1-го офицера штаба 295-й пехотной дивизии подполковника
    Гельмута Гроскурта от 21 августа 1941 г. 89

Замечания к отчету 295-й див. о событиях в Белой Церкви командующего
6-й армией генерал-фельдмаршала фон Рейхенау от 26 августа 1941 г. ... 95
Из показаний 25.4.1966 г. бывшего переводчика в зондеркоманде 4а
Йоганнеса Матерны 95
Из показаний бывшего переводчика в зондеркоманде 4а Йоганнеса
Матерны на процессе в Дармштадте 6 февраля 1968 г. 97
Из заявления анонимного лица
в «Центральное бюро по раскрытию нацистских преступлений»
в Людвигсбурге 5.12.1966 г. 98
Из показаний 16.4.1975 г. бывшего кандидата в офицеры
(штабсфельдфебеля) и офицера для поручений в 415-м батальоне
земельных стрелков (Landesschützen-Bataillon 415) Алоиза Цвада
(Alois Zwad) 99
Из показаний 21.4.1975 г. бывшего мотоциклиста-связного 4-й роты 415-
го батальона земельных стрелков Мельхиора Зетца (Melchior Setz) ... 100
Из показаний 23.4.1975 г. бывшего военнослужащего 1-го взвода 3-й роты
415-го батальона земельных стрелков Рихарда Кернера 101
Из военного журнала (Kriegstagebuch) отдела Ic/A. O. штаба 6-й армии
(начальник отдела — майор Пальтцо), запись 2.9.1941 г. 101
Донесения о событиях в СССР № 80 от 11 сентября 1941 г. 102
Из показаний 30.10.1963 г. бывшего обервахтмейстера приданного
зондеркоманде 4а 3-го взвода 3-й роты 9-го резервного полицейского
батальона Фридриха Эбелинга о расстрелах евреев в Коростене
и Черняхове в августе 1941 г. 103
Из приговора судебной коллегии по уголовным делам Житомирского
областного суда от 15.3.1974 г. по делу бывших полицейских
Черняховской районной полиции относительно расстрела евреев
в конце августа 1941 г. 105
Из свидетельства С. Фридмана о расстреле евреев в Народичах 105
Из отчета фельдкомендатуры 198, Белая Церковь, от 11 сентября 1941 г. . . 106
Донесение о событиях в СССР № 86 от 17 сентября 1941 г. 107
Донесения о событиях в СССР № 88 от 19 сентября 1941 г. 108
Из показаний 30.10.1963 г. бывшего полицейского в 3-м взводе 3-й роты
9-го полицейского батальона Йоганнеса Фишера о расстреле евреев
в Радомышле 109
Из показаний 11 февраля 1947 г. бывшего обервахтмейстера 3-го взвода
3-й роты 9-го полицейского батальона Фридриха Эбелинга о массовых
расстрелах, совершенных зондеркомандой 4а в Радомышле 110
Из показаний бывших полицейских Радомышльской районной полиции
о расстреле евреев в городе. 111
Из отчета фельдкомендатуры 197 от 20 сентября 1941 г. 113
Донесение о событиях в СССР № 94 от 25 сентября 1941 г. 113
Донесение о событиях в СССР № 97 от 28 сентября 1941 г. 114

Донесение о событиях в СССР № 101 от 2 октября 1941 г. 116
Из отчета 454-й охранной дивизии от 2.10.1941 г. о расстрелах евреев
    в Киеве. 116
Из отчета № 10 (составлен 5 октября 1941 г.) уполномоченного
    рейхсминистерства оккупированных восточных областей при группе
    армий «Юг» гауптмана д-ра Коха о расстрелах евреев в Киеве. 116
Донесение о событиях в СССР № 106 от 7 октября 1941 г. 117
Из показаний 17.3.1966 г. бывшего «шписса» команды Генриха Хуна
    о расстреле евреев в Житомире в сентябре 1941 г. 121
Из показаний свидетеля Пресман И. Я. о расстреле евреев в Житомире . . . 122
Из показаний 3.12.1963 г. бывшего штурмана СС в зондеркоманде 4а
    Генриха Хейера о деятельности в Киеве до акции 29–30.9.1941 г. 123
Из показаний Августа Хэфнера на судебном процессе в Дармштадте
    7.11.1967 г. о расстрелах евреев в Бабьем Яру 124
Из показаний бывшего обершт урмфюрера СС Августа Хэфнера
    6.7.1965 г. 131
Из показаний бывшего полицейского 3-го взвода 3-й роты 9-го резервного
    полицейского батальона Антона Лауэра об акции в Киеве 132
Из показаний 28 мая 1964 г. бывшего члена зондеркоманды 4а Курта
    Вернера о расстрелах евреев в Киеве 133
Из показаний 1 ноября 1963 г. бывшего полицейского 3-го взвода 3-й
    роты 9-го резервного полицейского батальона Антона Хейдборна 135
Из показаний бывшего шофера в зондеркоманде 4а Виктора Трилла
    о расстрелах в Бабьем Яру 136
Из свидетельских показаний 217 бывшего шофера в зондеркоманде 4а
    Фрица Хёфера о расстрелах в Бабьем Яру 140
Из показаний 28.2.1962 г. бывшего обершарфюрера СС в зондеркоманде
    4а Эрнста Конзее о расстрелах в Бабьем Яру. 144
Из показаний 12.8.1965 г. бывшего обершт урмфюрера СС Курта Ханса
    (зондеркоманда 4а) 146
Из показаний 24.6.1965 г бывшего обершт урмфюрера СС Адольфа
    Янссена (зондеркоманда 4а) 147
Из показаний обвиняемого Адольфа Янссена на судебном процессе
    в Дармштадте 7.11.1967 г. 149
Донесение о событиях в СССР № 111 от 12 октября 1941 г. 150
Объявление [от 15 октября 1941 г.] о сборе евреев в Лубнах 151
Донесение о событиях в СССР № 119 от 20 октября 1941 г. 152
Из показаний 13.9.1943 г. бывшего полицейского Чинакало Г. В.
    о расстреле евреев в Макарове 17.9.1941 г. 153
Из показаний на допросе 23.12.1943 г. бывшего коменданта полиции
    в Иванкове Ивана Голубенко о расстреле евреев 154
Из показаний заместителя коменданта Иванковской районной полиции
    Иосифа Рябушенко о расстреле евреев 155

Из показаний 22.12.1943 г. бывшего полицейского Иванковской полиции
Александра Дживага о расстреле евреев осенью 1941 г.. 156

Из показаний 8.11.1966 г. бывшего радиорепортёра 637-й мотороты
пропаганды д-ра Вольфганга Бробейля о расстреле евреев в Переяславе158

Из показаний 10.11.1966 г. бывшего репортера 637-й мотороты
пропаганды Карла Хольтца о расстреле евреев в Переяславе 159

Донесение о событиях в СССР № 128 от 3 ноября 1941 г.. 161

Донесение штандартенфюрера СС Блобеля коменданту Киева генерал-
майору Эберхардту от 28 октября 1941 г. относительно структуры
подпольного горкома компартии в Киеве 162

Донесение о событиях в СССР № 132 от 12 ноября 1941 г.. 167

Донесение штандартенфюрера СС Блобеля в оперативную группу С от
12 ноября 1941 г. относительно «ликвидации нелегального собрания
в бывшем информационном центре НКВД в Киеве» 169

Донесение о событиях в СССР № 135 от 19 ноября 1941 г.. 173

Из показаний 25.11.1943 г. бывшего полицейского в Чернигове Ивана
Красиловца о расстреле евреев в городе 175

Из показаний 25.11.1943 г. бывшего полицейского Игоря Андрусенко
о расстреле черниговских евреев 175

Из отчета фельдкомендатуры 197 от 18. 12. 1941 г. за период с 29.11 по
18.12.41 включительно. 176

Из показаний бывшего обершарфюрера СС в зондеркоманде 4а Виктора
Трилла от 26 мая 1964 г. о расстреле евреев в ноябре 1941 г.. 176

Из показаний бывшего обершарфюрера СС Вильгельма Финдайзена от
29.9.1967 г. о применении в Киеве осенью 1941 г. газовой автомашины 177

Донесение о событиях в СССР № 143 от 8 декабря 1941 г.. 178

Донесение о событиях в СССР № 156 от 16 января 1942 г.. 178

Из разведсводки заместителя наркома внутренних дел Украинской ССР
С. Р. Савченко заместителю наркома внутренних дел СССР С. И.
Серову от 4.4.1942 г. о расстреле евреев в Полтаве 179

Из докладной записки начальника управления НКГБ Харьковской
области подполковника государственной безопасности Тихонова
«О зверском расстреле в Харькове немецкими фашистами
470 психо- и нервнобольных» на имя Народного комиссара
Государственной безопасности УССР, комиссара Государственной
безопасности Савченко 180

Из письма бывшего главного врача Харьковской психиатрической
больницы А. А. Игнатова 182

Из показаний 14.11.1943 г. бывшего шофера в зондеркоманде 4а Михаила
Буланова о деятельности в Харькове в ноябре-декабре 1941 г. 183

Донесение о событиях в СССР № 164 от 4 февраля 1942 г.. 186

Из приговора суда присяжных при земельном суде Дармштадт
от 29 ноября 1968 г. по делу бывших членов зондеркоманды 4а. 187

Содержание

Из показаний бывшего обершарфюрера СС Виктора Трилла 25 июня
1960 г. о расстрелах евреев в Харькове. 190
Из показаний 11.5.1966 г. бывшего члена зондеркоманды 4а
Виктора Войтона о расстреле евреев в Харькове 191
Из показаний 28.2.1962 г. бывшего члена зондеркоманды 4а
Эрнста Конзее. 192
Из показаний 17.10.1962 г. бывшего члена зондеркоманды 4а
Генриха Хуна. 193
Из показаний 26.11.1963 г. бывшего члена зондеркоманды 4а
Ганса Вайрупа. 194
Донесение командира 1-й роты 314-го полицейского батальона (Харьков)
обер-лейтенанта охранной полиции Криста от 24 января 1942 г. 196
Из спецсообщения начальника Управления НКГБ Харьковской области
начальнику 2-го Управления НКГБ УССР от 5 сентября 1943 г.
о расстреле евреев в Харькове в начале января 1942 г. 197
Из показаний 4.3.1964 г. бывшего унтершарфюрера войск СС в ЗК 4а
Эрвина Бартмана о расстреле евреев в Белгороде 199
Заявление жителя Белгорода Леонида Телепнева (в 1942 г. — 33 года)
от 3.9.1943 г. о подготовке и ходе акции в Белгороде 199
Показание жителя Белгорода
Елизаветы Ветровой (не ранее 5 августа 1943 г.) 202
Из заключения старшего оперативного уполномоченного УНКВД
в Сумской области от 24.9.1943 г. об истреблении евреев в Сумах
в феврале 1942 г. 203
Донесение о событиях в СССР № 183 от 20 марта 1942 г. 204
Из отчета о деятельности группы 1с/АО 6-й армии 24 марта 1942 г. 205
Донесение о событиях СССР № 187 от 30 марта 1942 г. 205
Донесение о событиях в СССР № 191 от 10 апреля 1942 г. 206
Из показаний 14.11.1943 г. бывшего шофера в зондеркоманде 4а Михаила
Буланова о деятельности в Харькове в первой половине 1942 г. 206
Из показаний 8.3.1966 г. бывшего командира 3-го взвода 2-й роты
3-го резервного полицейского батальона Вилли Тильмана Фридриха
о применении «газового автомобиля» в Харькове 209
Из «Особого распоряжения по снабжению № 38» начальника тыла
2-й армии (Korück 580) от 24 июля 1942 г. 213
Из сообщений из оккупированных восточных областей № 15 от 7 августа
1942 г. 213
Из акта, составленного жителями города Короча и представителями
воинской части (1943 г.) 214
Из показаний 28–31.8.1943 г. бывшего шофера в ЗК 4а Ивана Бойко 214
Из показаний 11.7.1943 г. бывшего полицейского Михаила Венедиктова
о расстреле евреев в Курске летом 1942 г. 216

Из показаний на судебном процессе в Харькове 16 декабря 1943 г.
бывшего шофера и переводчика в зондеркоманде 4а Ивана Бойко..... 217

Из показаний на процессе в Харькове 16 декабря 1943 г. бывшего шофера
в зондеркоманде 4а Михаила Буланова............................ 218

Акт от 12.8.1943 г. 219

Акт от 23.6.1943 г. 220

Письмо начальника тыла 2-й армии от 5 октября 1942 г. зондеркоманде 4а
в Курске 221

Передача пленных СД в тылу 2-й армии 222

Из показаний 26.11.1963 г. бывшего обершарфюрера СС Ганса Вайрупа
о расстреле евреев в Курске поздней осенью 1942 г. 223

Из показаний 30.6.1964 г. бывшего гауптшарфюрера СС Вальтера
Остермана о расстреле евреев в Курске поздней осенью 1942 г. 223

Сообщение наркома госбезопасности СССР В. Н. Меркулова
председателю ЧГК Н. М. Швернику от 16 октября 1943 г. 224

Приказ командира зондеркоманды 4а штурмбаннфюрера СС Кристензена
от 19 марта 1943 г. «всем руководителям внешних команд СД лично» 227

Из отчета о деятельности отдела Ic/AO штаба 2-й армии за период
1–31.3.1943 г., запись 9.3.1943 г.: 229

Служебная записка (Akten-Notiz) начальника отдела Ic/AO
штаба 2-й армии подполковника фон Брунна от 10.3.1943 г. 230

Из протокола допроса 31.3.1967 г. бывшего командира хозяйственной
команды Отто Бюринга.. 231

Из отчета о деятельности отдела Ic/AO штаба 2-й армии за период
1–31.3.1943 г., запись 15.3.1943 г. 232

Из отчета о деятельности отдела Ic/AO штаба 2-й армии с 1.4. до
30.6.1943 г., запись 3.4.1943 г. 232

Из приговора советского военного трибунала от 18.6.1948 г. по делу
бывшего гауптштурмфюрера СС в зондеркоманде 4а Фридриха-
Вильгельма Шу 232

Из приказа 2-й армии от 21 мая 1943 г. относительно деятельности СД
в тылу армии 233

Из отчета начальника тыла 2-й армии (Korück 580) от 29 мая 1943 г. 233

Заявление под присягой бывшего штандартенфюрера СС Эугена
Штаймле от 14 декабря 1945 г. 234

Аффидавит (письменное заявление под присягой) бывшего командира
зондеркоманды 4а штандартенфюрера СС Пауля Блобеля от 6 июня
1947 г. 235

Из выступления полковника Котляра Н. М. на процессе бывших членов
9-го резервного полицейского батальона в Берлине 8 августа 1947 г. ... 238

Обобщенные данные о казнях, совершенных зондеркомандой 4а с 28 июня
по 30 ноября 1941 г.: распределение казненных по отдельным
периодам и населенным пунктам 238

Содержание

Распределение казненных зондеркомандой 4a в июле — ноябре 1941 г.
по населенным пунктам. 240
Члены зондеркоманды 4a, осужденные американским военным
трибуналом на процессе в Нюрнберге 15.9.1947 — 10.4.1948. 241
Приговоры, вынесенные судами бывшей ГДР по делам бывших членов
зондеркоманды 4a 241
Приговоры, вынесенные судами ФРГ
по делам бывших членов зондеркоманды 4a 242
Личный состав команды 243
3-я рота батальона войск СС особого назначения. 268
Биографические справки. 275

Часть II
Каратель

Введение 299
От ученика бочара до солдата войск СС 301
Претцш-на-Эльбе: инструктор и классный руководитель
в школе пограничной полиции. 303
«Кандидат руководящей службы» 306
Сокаль: первая кровь. 311
Луцк: акция возмездия 317
Житомир I: испытание разрывных пуль. 323
Житомир II: «образцовый» расстрел. 327
Белая Церковь I: убийство взрослых евреев. 331
Белая Церковь II: убийство детей. 338
Васильков: убийство евреев и душевнобольных 344
Забытые расстрелы 346
Бабий Яр 348
Криминал-комиссар в гестапо 358
После войны. 361
Суд и приговор 363
«Плохой хороший человек» (вместо заключения). 364

Список сокращений. 366

Научное издание

Александр Иосифович Круглов

ЗОНДЕРКОМАНДА

Сборник документов и материалов о деятельности зондеркоманды 4а
на оккупированной территории СССР
в 1941–1943 гг.

Корректор *Л. А. Мосионжник*
Оригинал-макет *Л. Е. Голод*
Дизайн обложки *И. А. Тимофеев*

Подписано в печать 31.01.2025. Формат 60×90 $^1/_{16}$
Бумага офсетная. Печать офсетная. Усл.-печ. л. 23,5

Издательство «The Historical Expertise»